修訂九版

國際貿易實務

International Trade Practice

張錦源　劉　玲　編著

三民書局

國家圖書館出版品預行編目資料

國際貿易實務 / 張錦源, 劉玲編著.－－修訂九版
二刷.－－臺北市: 三民，2015
　　面；　　公分

　ISBN 978-957-14-5918-9 　(平裝)

　1.國際貿易實務

558.7　　　　　　　　　　　　　　103011169

© 國際貿易實務

編 著 者	張錦源　劉　玲
發 行 人	劉振強
著作財產權人	三民書局股份有限公司
發 行 所	三民書局股份有限公司
	地址　臺北市復興北路386號
	電話　(02)25006600
	郵撥帳號　0009998-5
門 市 部	(復北店) 臺北市復興北路386號
	(重南店) 臺北市重慶南路一段61號
出版日期	初版一刷　2001年8月
	修訂九版一刷　2014年7月
	修訂九版二刷　2015年8月
編 　 號	S 552070

行政院新聞局登記證局版臺業字第○二○○號

有著作權·不准侵害

ISBN　978-957-14-5918-9　　(平裝)

http://www.sanmin.com.tw　三民網路書店

修訂九版序

　　此次修訂有以下三項：

一、增　刪

　　1.增加「國際貿易組織」相關說明（取代原第十七章）。

　　2.刪除原第十七章內容。

二、改　寫

　　1.海運運費（第九章第四節）。

　　2.空運運費（第十章第三節）。

　　3.輸出保險（第十一章第八節）。

三、更　新

　　1.信用狀（第六章第五節）。

　　2.海關業務（第十二章第一節）。

　　由於國際貿易實務的內容廣泛、複雜，貿易環境變化快速，書中難免有思慮不周之處，尚祈讀者不吝指正。

張錦源　謹識

Aug. 1, 2014

序

　　這本書終於出爐了！它是由作者歷年授課所使用的教材，經過課堂上的實際教學，以及一番斟酌損益，逐漸累積而來。

　　本書不僅適合作為大專用書使用，對於有心從事貿易的讀者，也是一本精要實用的操作手冊。其特色如下：

一、章節分明，簡潔易懂

　　本書按貿易實務的作業程序編寫，第一章到第三章是從事貿易實務的「工具」，第四章到第十六章則是作業程序。

二、貿易單據準備齊全

　　貿易的操作需要靠貿易文件，如何使用與操作，在本書不但列表，更作簡潔的解釋，對初學者而言，是最佳的操作手冊。

三、貿易實務的實例連貫

　　整套貿易文件的實例連結，讓學習者有知其所以然的感覺。

四、名詞彙編的統整

　　辭典式的名詞彙編異於坊間同類書籍，使本書的附加價值因而提昇許多。

　　本書雖以認真、謹慎的態度撰稿、校對，但仍不免有所疏漏，尚請讀者不吝指正。

張錦源　謹識
劉　玲
Aug. 1, 2002

國際貿易實務

目 次

第十二章　出口報關、裝船

第十三章　匯票與貨運單據

第十四章　進出口結匯

第一章

緒　論

第一節　國際貿易實務的概念

　　國際貿易 (International trade) 是指國與國之間的交易。其研究的範疇通常可分兩大類，一為「國際貿易理論」(Theory of international trade)，是以公經濟的觀點探討國際貿易發生的原因及其對總體經濟活動的影響，兼論國際金融理論；另一為「國際貿易實務」(Practice of international trade) 的研究，是以私經濟的觀點，探討本國企業與他國企業之間進行商品交易的一切有關知識及實際貿易作業。

　　國際貿易實務是建築在法律基礎之上，而以國際間商品買賣的理論和國際商務慣例為基礎。其內容包括貨物買賣契約、外匯買賣契約、運輸契約及保險契約等的簽訂，貨物的包裝、檢驗、裝卸及報關納稅的手續，以及製作單據、草擬文電及解決糾紛的方法等。因此，國際貿易實務的研究除涉及各種商品知識外，舉凡貿易習慣、貿易法規、海關手續、電訊交通、貨幣及度量衡制度、檢驗公證，乃至運輸業務、保險業務及銀行業等均在涉及之列。故國際貿易實務實際上就是商業、運輸、保險和銀行等四種實務的延續與綜合，運輸、保險、銀行無國際貿易不盛，而國際貿易無運輸、保險、銀行則不立。然而，國際貿易實務本身具有獨立的性格，運輸、保險、銀行不過是扮演著輔助角色的功能而已。

第二節　國際貿易的型態

　　國際貿易的經營方式有下列不同的分類：

 ## 一、按商品的出入國境，可分

(一)出口貿易 (Export trade)

　　又稱輸出貿易，俗稱外銷。是本國出口商接受國外廠商訂貨，而將本國貨物運往國外的交易。

(二)進口貿易 (Import trade)

　　又稱輸入貿易。是本國進口商向國外購買貨物，貨物自國外運輸到本國的交易。

㈢過境貿易 (Transit trade)

　　貨物自輸出國運往輸入國並非直接運達，而是經由第三國的交易，故就該第三國的立場而言即為過境貿易。現代國家對於通過本國國境的貨物已不再課徵過境稅 (Transit duty)，因貨物的裝卸、存儲、轉運可獲得運費、保險費、保管費、駁運費及其他各種勞務收入。

　　此外，輸入本國的貨物再輸出時稱為「復運出口貿易」(Re-export trade)。反之，輸出國的貨物再行輸入本國時稱為「復運進口貿易」(Re-import trade)。

二、按交易進行途徑的不同，可分

㈠直接貿易 (Direct trade)

　　由輸出國與輸入國出進口商直接完成交易，而不假手於第三國商人的貿易。

㈡間接貿易 (Indirect trade)

　　兩國間的貿易透過第三國商人介入所進行的交易。其型態又有下列三種：

　　1.**媒介貿易** (Merchanting trade)——又稱三角貿易或**居間貿易** (Intermediary trade)。輸出國出口商與輸入國進口商的貨品買賣未經雙方直接簽訂契約，而經由第三國的商人立於中間商的地位成立的貿易方式。中間商利用其從事國際貿易的經驗及商務關係，對於輸出國出口商站在買方的立場，對輸入國進口商則站在賣方的立場分別簽訂買賣契約，從中獲取買價與賣價的差異，貨品實際上並未在第三國出進口，而逕由輸出國直接運往輸入國。由於第三國中間商僅涉及文書往來的方式達成貿易，故亦稱**文書作業** (Documents process)。

　　2.**轉口貿易** (Entrepôt trade)——又稱**中繼貿易** (Intermediate trade)。指輸出與輸入兩國間的貨品交易經由第三國的商人成交，貨品則自輸出國運至第三國通關進口後，以原來狀態或經簡單的加工，再出口至輸入國的貿易方式。貨物在輸出國裝運時，其真正的輸入地未必已經確定，往往係貨物運到第三國卸船後，甚或在經過簡單加工後，才決定輸入地。

　　此與過境貿易在輸出地裝運時其貨品的輸入地已經確定，而僅為通過第三國過境港的情況，迥然不同。亦與媒介貿易的貨物由輸出國直接運交輸入國進口商的情形有異。

　　3.**轉換貿易** (Switch trade)——即輸出（入）國的出（進）口商直接訂立買賣契約，貨物的運送亦由輸出國直接運往輸入國，但貨款的清算由第三國業者

出來辦理融通，故它並非指貨品的交易，而是指外匯的交易，以便提供國際間貨物交易的融資。

 ## 三、按是否需要報關，可分

(一)有形貿易 (Visible trade)

指有具體型態的商品經過報關手續而進行的貿易。且交易金額被列入海關對外貿易統計金額內，一般商品貿易屬之。

(二)無形貿易 (Invisible trade)

指非具體型態的商品，不須經過報關手續而進行的貿易。亦即其交易金額，不被列入海關對外貿易統計金額內，如保險、運輸、旅行、勞動等勞務的提供與接受等屬之。

 ## 四、按加工貿易，可分

(一)主動加工貿易 (Active improvement trade)

又稱加工出口貿易 (Improvement trade for export)。即由國外輸入原料或半成品，在本國加工製成成品或半成品後再輸出外國。

(二)被動加工貿易 (Passive improvement trade)

又稱加工進口貿易 (Improvement trade for import)。即指將本國原料或半成品輸出國外，經由國外加工製成成品或半成品後再輸入本國。

(三)過境加工貿易 (Transit improvement trade)

將原料或半成品，運到國外加工後，再輸出至第三國者。我國的加工貿易幾乎多屬主動加工貿易和過境加工貿易。

 ## 五、按貨價清算的不同，可分

(一)商業方式貿易 (Commercial system trade)

國際貿易買賣雙方貨款的清償，以貨幣作為償付手段的交易即為商業方式貿易。現代的國與國之間交易多以貨幣作為償付工具，而此貨幣亦多為國際間所願意接受的關鍵貨幣 (Key currency)，如美元、歐元等。

(二)易貨方式貿易 (Barter system trade)

國際間買賣交易貨款的清償，以貨物作為償付工具即為易貨方式貿易。也

就是不以貨幣為衡量貨價的標準而以易貨方式進行。此種方式的貿易多由外匯短缺的國家採用。

 六、按交易所承擔風險的大小，可分

㈠通常貿易 (Regular trade)

買賣雙方談妥交易條件後，賣方依約交貨，買方依約付款，交貨後貨物所有權歸買方，此後由買方自負盈虧的風險。一般所指貿易即為此種。

㈡寄售貿易 (Consignment)

出口商將貨物運交進口地商人委託其代為銷售，進口地商人僅從中抽取佣金，盈虧風險則歸由出口商負擔。

第三節　國際貿易的主體

國際貿易的主體為**貿易商** (Trader)，係指以營利為目的而在國際間從事商品買賣活動的公司行號而言。這種公司行號本身如不從事生產而只從事商品的交易，則稱為狹義的貿易商；其中專營進口業務的貿易商，稱之為**進口商** (Importer)。專營出口業務的貿易商稱為**出口商** (Exporter)。同時兼營出進口業務的稱為**出進口商** (Exporter & Importer)。在我國，不論是貿易商或生產事業均可依法從事出進口貿易，稱為出進口廠商。

以商人從事國際商品買賣時，是否自行承擔盈虧風險以及是否由製造商直接從事貿易為標準，可將貿易商分兩種貿易經營型態：

 一、主體制貿易的貿易商

主體制貿易乃經營貿易的當事人以自己的名義從事交易，因而產生的一切盈虧通通歸由交易當事人自己享受或承擔。因此交易當事人所負擔的風險較大。茲就其經營國際貿易的方式及其在交易中所處地位加以說明。

㈠**出口製造商或生產者** (Exporting manufacturer or maker or producer)

製造商或生產者對於自己產品的銷售，除可透過專業出口商外銷外，往往也以自己的名義直接向國外市場銷售。

(二)進口製造商 (Importing manufacturer)

國內製造商所需用的原料或半成品或機器設備、零件等，有向國內專業進口商購買的，也有透過國內進口代理商向國外訂購的，如製造商規模宏大，需用原料較多，則可由製造商以自己名義直接向國外供應商（國外製造商或其出口代理商）採購，需要量愈多自行採購愈經濟。

(三)專業出口商 (Export merchant)

本身並非製造商或生產者，而是以中間商的身分，從事貨物買賣賺取利潤的公司，其經營方式是以自己名義從國內生產者或製造商購進貨物，再行輸往國外市場銷售。買賣盈虧均由本人自行負擔，因此具有採購和推銷的雙重任務。

(四)專業進口商 (Import merchant)

本身不是貨物的需要者，但卻以自己的名義直接從國外製造商或出口商採購貨物，然後運入本國市場銷售，自己負責買賣盈虧風險。

二、佣金制貿易的貿易商

佣金制貿易並不以自己的名義從事貿易，而是以他人的名義來經營貿易，或雖以自己的名義出面，但卻以他人的名義和計算從事貿易的經營，自己只是從中賺取佣金，而交易的盈虧由他人享受或承擔。現就從事佣金制貿易的商人，以其所處地位來加以說明：

(一)在輸出國的佣金制貿易商

1.**購貨代理商** (Export commission agent, Buying agent)——指受國外進口商或需要者的委託，在輸出國採購貨物辦理出口，以賺取佣金為目的的貿易商。委託購買時用**委託購買書** (Indent form) 進行。購貨代理商在我國稱採購代理商，其任務為依國外買主的指示從本國製造商或供應商購入買主所指定的貨物，並依其規定將購入的貨物運交買主，國外委託人（買主）對購貨代理商的服務除付予墊付的各項費用外並應酌付佣金。

2.**製造商的外銷代理商** (Manufacturer's export agent)——其產生的原因多半是製造商自己不善經營直接出口業務，或其銷售能力不佳時，就在國內指定外銷代理商委託其充任銷售代理人。當然雙方之間應訂有**外銷代理契約** (Export agency agreement)，由製造商授權代理商為其外銷代理。

3.**出口售貨代理商** (Export sales agent)——為在出口地受本國製造商的委

託，以委託人的名義及計算，向國外推銷委託廠商產品，並從中賺取佣金的代理商。

（二）**在輸入國內的佣金制貿易商**

1.**進口代理商** (Import commission house)──是在輸入國接受國內需要者的委託，代從國外進口貨物的貿易商。在本質上屬於委託買賣，盈虧風險是由委託者負擔，進口代理商僅從交易中賺取若干**購貨佣金** (Buying commission) 而已。

2.**售貨代理商** (Selling agent)──是在輸入國為輸出國製造商或供應商或專業出口商從事代理推銷貨物的中間商。有時又稱國外售貨代理商。

3.**寄售代理商** (Consignment agent)──製造商或專業出口商為爭取市場或打開新市場或推廣新產品，往往先將貨物運往國外市場，委託其在進口地的代理商代為銷售。等貨物售出後再由代理商將貨款匯給國外製造商或出口商，這種代理商稱為寄售代理商。他本身不負盈虧責任，同時也不保證貨物如期售清，完全依照委託人的意旨代為銷售，其服務的代價即為**寄售佣金** (Consignment commission)。

第四節　國際貿易的客體

國際貿易的客體為商品，凡以買賣為目的的物品總稱為商品。在國際間的商品種類繁多，對於商品分類各國原各有自己的一套分類標準，因此國與國之間交易時，就會造成商品排列次序、分類項目範圍、商品解釋的定義難求一致。雖然於二次世界大戰後，先後有**標準國際貿易分類**（Standard International Trade Classification，簡稱 SITC）及**布魯塞爾稅則分類**（Brussels Tariff Nomenclature，簡稱 BTN）兩類制度實施，但使用時還是有諸多不便。所以有推出一套國際性的商品分類制度的必要，於是有調和關稅制度的產生。

調和關稅制度（Harmonized System，簡稱 HS）又稱國際商品統一分類制度，其設立目的在於統一國際間商品名稱及號列，以作為各國海關稅則與貿易統計的基礎，便利商情資料的蒐集、比對與分析，簡化國際間運輸文件的格式，促進國際貿易發展。調和關稅制度的內容以**關稅合作理事會稅則分類**（Customs Cooperation Council Nomenclature，簡稱 CCCN）的 4 位數字為基礎，並參酌國際間常用的各種商品分類制度，再細分為各 6 位數商品的分類；該 6 位數號列

由 5,052 組 (Group) 商品組成，並作系統的排列，共分 21 類 (Section)，97 章 (Chapter)，1,221 節 (Heading)，5,052 目 (Sub-heading)，各種商品上下階層的分類系統及結構明確嚴謹，其中 77 章係空白，保留供各國作特定用途。基本上調和關稅制度的商品號列是以 6 位數統一規定，6 位數以下的細分類由各國按其需要自行決定。例如：在新的調和關稅制度下，美國的關稅項目是以 8 位數來區分，我國則採 11 位數號列。

調和關稅制度於 1988 年 6 月起即由美國、歐洲共同市場、北歐國家、日本及澳洲等同時實施，我國也於 78 年元月 1 日起實施，並獲下列效益：

1.提高財經政策的決策品質——由於國內出進口貿易、關稅及運輸資料分類一致，決策者得以運用正確的資料作為政策分析與制訂的參考，促使政策能夠有效推行。

2.增進對外貿易談判效率——由於國際間使用相同的貿易統計分類制度，透過具有一致性的商情資料交換，有助於監視及檢討外國對我國貿易設限的執行情形以及各國貿易消長的分析，進而可以提高我國對外貿易談判的效率。

3.便利國際運輸作業的進行——國際間運輸資料採用統一的商品分類後，有利於推行運輸文件格式標準化及運輸商品資料傳送自動化，不僅可避免因商品分類制度轉換所造成時間及費用的增加，更能增進運輸作業效率。

4.簡化進出口簽證及報關手續——在 78 年元月 1 日以前，我國廠商辦理進出口貨品簽證及報關手續須查詢兩套不同的商品分類制度。由於兩種分類制度的分類原則、方法與目的均不相同，申報進出口簽證貨品名稱常與實際通關海關核定者有相當的出入，廠商頗感困擾；採用調和關稅制度後，則簽證機關與海關對分類核定見解一致，不再產生上述問題。

第五節　國際貿易的交易程序

國際貿易的交易程序須視貨物的性質、雙方協定的交易條件，以及進出口國家外匯貿易管制的規定，而有不同的處理手續。

 ### 一、國際貿易的交易程序

典型的出進口貿易交易程序如以 CIF 條件、信用狀付款條件以及海運為前

提，則其作業程序如下：

㈠出口程序

1.市場調查，尋找適當市場——出口商要將貨物推銷到國外市場，首先必須做國外市場調查，蒐集商情資料，仔細分析研究，然後再採取推銷行動。國際市場範圍廣大，各地市場特性並不相同，因此除對於某地區的一般性調查外，最重要的毋寧是關於擬銷貨物的產銷調查。

2.尋求交易對手——經過市場調查後出口商即可根據調查的結果，選定某些潛在的輸出市場，作為推銷的目標市場。但儘管多麼有希望的市場，假若找不到特定的交易對手，交易仍然無法進行。因此，尋找交易對手對於出口商而言，可以說是比探求交易市場更為重要的問題。

3.發出招徠函——在市場上找到潛在買主時，即可發出**招徠函** (Letter of proposal)，表示願意交貨並附上產品**目錄** (Catalog, Catalogue)、**價目表** (Price list)，言明函索即寄樣品等，同時亦將往來銀行告知買方，作為**備詢人** (Reference)，供其調查信用之用。

4.調查信用——取得聯絡並獲得潛在買方反應表示願意交易後，在尚未進行交易之前，應調查對方的信用情況。出口商對交易對手的信用可透過多種途徑進行調查，如調查結果顯示信用欠佳，應即停止往來，以免日後蒙受損失。

5.招請訂貨及報價——出口商經調查進口信用良好後，即可積極進行推銷。平常推銷的手段，不外寄發**通函** (Circular)、產品目錄、價目表、市場報告以及樣品等。如適合對方需要，對方當會來函或來電詢價。接獲詢價後如出口商本身為製造商，自應根據貨物成本、出口費用及銷售利潤，算出出口價格，向買方提出**報價** (Offer)。國外進口商接到報價後，如認為合意而**接受** (Accept)，交易即告成立。

6.簽訂書面貿易契約——交易成立後，一般均需簽訂書面貿易契約。簽訂書面契約的方式，常見的有三種：

　　⑴由買方向賣方發出**訂單** (Order)，或**購貨確認書** (Purchase confirmation)。

　　⑵由賣方向買方發出**售貨單** (Sales note)、**售貨確認書** (Sales confirmation) 或**預期發票** (Proforma invoice)。

　　⑶由買方製作**輸入契約書** (Import contract) 或**購貨契約書** (Purchase

contract) 簽字後寄兩份給賣方，由賣方簽字後將其中一份寄回買方。或由賣方製作**輸出契約書** (Export contract) 或**售貨契約書** (Sales contract) 簽字後寄兩份給買方，由買方簽字後將一份寄回賣方。

7.準備貨物——簽訂書面契約後，出口商如為製造商當視交貨期的遠近，將貨物排入生產計畫，如為專業出口商也應向國內製造商或供應商訂購。

8.洽訂艙位——如依交易條件須由出口商負責洽船時，出口商必須依買賣契約或信用狀規定，配合備貨情形向船公司洽訂艙位，通常洽船的手續是填具**託運單** (Booking note)，經船公司接受後，船公司即交給**裝貨單** (Shipping order，簡稱 S/O) 憑以辦理裝貨。

9.辦理出口簽證——簽證是指貨物的出口依規定須申請許可證時，必須經簽證機構核發許可證的行為。國貿局對於法令限制輸出的貨品，應彙編限制輸出貨品表，並將該表公佈後，依該表所列載的管制事項辦理輸出貨品管理。故出口商的出口產品項目如列入「限制輸出貨品表」者，其輸出手續均應依該表所規定事項申請簽證，取得輸出許可證後始得輸出。目前大部分貨品均屬免證出口貨品。

10.出口檢驗與檢疫——貨物如屬應實施出口檢驗的項目，出口商須向檢驗機構洽取「報驗申請書」連同「輸出檢驗合格證書」，按欄先予繕填，持向檢驗機構申請檢驗。

11.購買保險——貨物從出口地運到進口地路程遙遠，運送途中可能會有意想不到的危險發生，所以國際貿易貨物運輸必須購買保險以防危險發生時，貨物所有人可以獲得補償。在 CIF 條件下，由出口商負責投保。

12.辦理出口報關與裝船——貨物出口報關與裝運手續乃一事的兩面，不能分割，必須雙管齊下。裝貨單一經船公司簽署，須一面向海關辦理報關，一面向棧埠管理處及輪船辦理裝船，才能完成裝運手續。裝貨完竣後，船上大副即在**收貨單**（Mate's receipt，簡稱 M/R）上簽署發交裝貨人，由裝貨人將收貨單提交船公司換領**提單**（Bill of lading，簡稱 B/L）。

13.開掣發票——貨物裝上船後，出口商應即開掣發票。發票為整套貨運單據的中心，是出口商押匯時不可缺少的基本單據之一。

14.申請產地證明書——進口商如有要求或信用狀另有規定需提供產地證明書，則出口商應向有關單位申請此項文件。簽發產地證明書的機構有標準檢驗局及商會等。

15.發出裝貨通知——出口商將貨物運出後應即通知買方，俾便買方購買保險或準備提貨手續。出口商作此項裝貨通知時，並應附上或另行寄上貨運單據副本，以便進口商瞭解裝貨內容。

16.辦理押匯——上述各種單據準備齊全後，出口商即可持向外匯銀行辦理押匯。

㈡進口程序

國際間的交易，不論是由賣方或買方發動，進口商在交易準備階段的手續大致與前述出口程序相同。進口商經營進口貿易，首先也須調查市場。等到與國外出口商取得聯繫後，便應著手調查對方信用。上面這些買賣之前的準備手續，實為出口商和進口商雙方所共同必經的步驟，非僅著眼於一筆交易而已。所以，進口程序為：

1.市場調查，尋找適當市場。

2.尋找交易對手。

3.調查信用。

4.詢價及接受——進口商與出口商議定一般交易條件（目前多不做此種議定）後，可就出口商提供的貨品目錄、價目表與樣品等進行研究。如合意，即將品名、規格、數量、希望交貨時期通知出口商請其報價。出口商接獲此項詢價後，當即提出報價，報價一經進口商接受，交易即告成立。

5.簽訂書面貿易契約——簽訂書面契約乃買賣雙方的共同行為，所以這項手續與前節所述的完全相同。

6.辦理進口簽證——我國的貨品輸入管理辦法係採取原則准許，例外限制的方式，故在「限制輸入貨品表」外的貨品非屬限制輸入，輸入時可免除輸入許可證，逕向海關申請報關進口，而屬「限制輸入貨品表」內的貨品，則依規定至簽證機構辦理簽證，取得輸入許可證始得輸入。

7.辦理結匯與申請開發信用狀——進口商取得輸入許可證後，應於有效期限內向指定銀行辦理結匯並申請開發信用狀。信用狀以郵寄或以電傳開發，悉依買賣雙方的約定。

8.洽訂艙位——如貿易條件為 FAS、FOB 等條件，而須由進口商洽船者，進口商應依契約交貨期限洽訂船位，並應適時通知出口商，以便出口商按時裝貨。

9.購買保險——如貿易條件為 FAS、FOB、CFR 等條件時，買方須負責投

保運輸保險，因此在申請開發信用狀時，即應預先購買保險。

10.付款贖單——出口地押匯銀行押匯後便將匯票連同貨運單據寄到進口地的開狀銀行（或其指定付款銀行）請求付款，開狀銀行則對進口商發出付款贖單的通知，進口商付清墊款及利息後，即可取得貨運單據。

11.進口檢驗與檢疫——依規定須辦理進口檢驗的貨物，進口商應向港口檢驗機構申請檢驗，取得合格證書後即可憑以報關進口。

12.辦理進口報關及繳納關稅——貨物運抵進口國後，進口商應依規定填具進口報單向海關申報進口事宜，並依規定繳納稅捐。

13.辦理提貨——貨物辦妥報關手續後，即可到貨物儲存倉庫請駐倉庫海關關員及倉庫管理人員核銷進口倉單，而後至倉庫提貨。進口手續於是完成。

14.進口貨物索賠——進口貨物若發生短缺或毀損，應由船公司負責的，可向船公司索賠。如非船公司負責的，應向保險公司或其他應負責的單位提出索賠。

 ## 二、國際貿易的作業程序

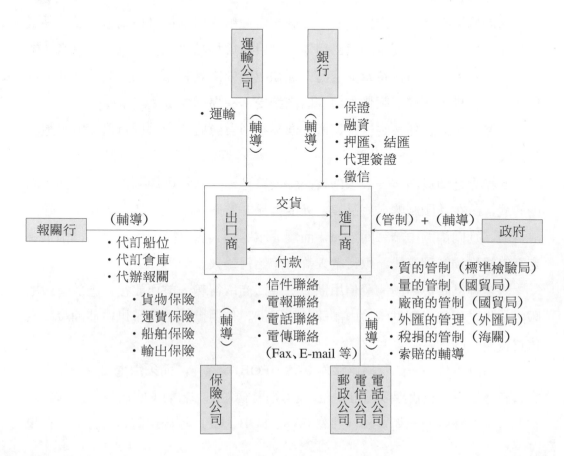

第六節　國際貿易電子商務

　　電子商務（Electronic-commerce, E-commerce，簡稱 EC）一詞近年來頗為風行，何謂電子商務? 依我國經濟部商業司的解釋:「電子商務包括企業對企業間的**快速回應計畫** (Quick response) 以及企業對個人消費者的**電子商務計畫** (Electronic business)。」簡單地說，舉凡交易的當事人均是以電腦透過網路，而非借助書面文件的傳輸所進行的交易活動，均可稱為電子商務。根據統計，**企業對企業**（Business to Business，簡稱 B to B）的電子商務總額遠高於**企業對個人消費者**（Business to Consumer，簡稱 B to C）的電子商務總額。

　　早在 1970 年代，利用電子方式，例如**電子郵件**（Electronic-mail，簡稱 E-mail）以及**電子資料交換**（Electronic data interchange，簡稱 EDI）等所進行的貿易活動就已經發展起來了。到了 1990 年代，隨著**網際網路** (Internet) 的盛行，在網際網路上出現了日益蓬勃的經濟貿易活動，透過網際網路，實現了市場調查、尋找交易對手、信用調查、產品介紹、廣告、詢價、報價、訂購、付款等一系列的網路交易活動。隨著這些網路交易活動的迅速發展，真正的、全面的電子商務乃應運而生，並且快速地演變成為一股全球性的經貿活動新潮流。

　　由於全球經濟發展快速，競爭日益激烈，國際貿易的交易效率不斷提昇。近年來，隨著電子商務的廣泛應用，更加快了國際貿易活動的節奏，大幅降低交易的成本，而國際貿易的信息化與**無紙化** (Paperless) 也已成為未來的必然趨勢。1998 年**亞太經濟合作會議**（Asia Pacific Economic Cooperation，簡稱 APEC）吉隆坡領袖及部長會議通過「APEC 電子商務行動藍圖」，將經由減少貿易行政管理、關務程序、海陸運輸所需的書面文件，期使早日達到商品貿易無紙化的目標。

　　利用電子商務方式進行的**網路貿易** (Trade on internet)，可大略區分為以下四個階段:

 ## 一、建立貿易關係階段

　　係指買賣雙方當事人在交易之前的準備活動階段，包括在網路上發佈和尋找交易機會、比較交易條件、瞭解對方國家的經貿政策和一般市場狀況、寄發

電子開發信、信用調查、選擇交易對象等。

 二、交易磋商與簽約階段

係指買賣雙方利用網路進行詢價、報價、還價、下單、接單，以及簽訂電子式的貿易契約的階段。

 三、履約階段

這個階段除買賣雙方之外，另涉及各輔導及支援的相關機構及行業，例如銀行、運送人、保險人、海關、簽審機關等，買賣雙方利用網路相互或與這些當事人進行各種聯繫、申請及電子單據交換作業，也同時透過電腦網路追蹤貨物、付款等。

 四、索賠階段

買賣雙方有一方（或雙方）未依約履行，將遭另一方索賠，另貨物運到目的地發現毀損、短失，將向運送人、保險人或其他應負責的當事人索賠。當然，糾紛與索賠的處理也同樣透過網路來進行。

在傳統的貿易作業方式之下，無論是報價、簽約、各種手續的申請，均以書面形式進行。此外，貨物的運送及貨款的清償，也以單據代表，將其文件化，以單據表彰貨物，提示單據以請求付款，這種作法，隨著國際貿易電子商務（或貿易無紙化）時代的來臨，將呈現完全不同的面貌。

以電子商務方式完成國際貿易，可以省卻貿易單據的製作和往返傳遞的手續，進而縮短貿易流程與時間，減少人為錯誤和干預、降低成本、加速資金周轉，對於促進國際經濟貿易的發展，將產生深遠的影響。

不過，由於電子商務發展所衍生出的諸多法律問題，例如租稅的課徵、交易安全的維護、電子文件的法律效力及定位、智慧財產權的保護等，各國雖已逐步就此方面立法。但國際間迄無統一的法律規定或原則可資遵循（聯合國國際貿易法委員會 UNCITRAL 為因應全球電子商務的發展而於 1996 年通過「**電子商務模範法**」(Model Law on Electronic Commerce)，供各國電子商務立法參考的法律範本，並為各國電子商務統一提供一個示範的法律模式，但並不具國際法的效力）。因此業者必須對上述問題有所認識，並掌握其發展趨勢，方能避免

不必要的法律紛爭。

就我國情況來看，目前已全面實施貨物進出口通關自動化，所有報關相關文件，如報單、艙單、准單、稅單、放行通知單、進倉單等已全部電子化，但除通關作業外，其他貿易相關作業仍多以傳統書面方式處理。如商業發票、包裝單、提單、信用狀申請書、保險單等，貿易相關單位須花費相當時間處理文件繕打、郵寄等作業。因文件錯誤或郵寄錯誤等的補救措施，更是耗時費力，影響貿易作業的效率。為提昇我國整體貿易的國際競爭力，貿易作業無紙化（電子化）勢在必行，因此相關主管機關已著手推動相關計畫。

第七節　國際貿易的管理及輔助機構

國際貿易的主角為出進口商，進口商的任務在付款取得貨物，出口商的任務在交貨取得貨款。為了使整個交易過程順利圓滿達成，就會有配角出現，這些配角有的是在旁輔導、協助，有的則是管理，茲將配角逐一介紹：

 ### 一、管理貿易機構

㈠經濟部（Ministry of Economic Affairs，簡稱 MOEA）國際貿易局（Bureau of Foreign Trade，簡稱 BOFT）

經濟部是我國管理貿易事務的主管機關，國貿局則隸屬於經濟部直接管理出進口貿易的機關，掌理出進口廠商、出進口貨品種類和數量的管制，以及貿易推廣、提供商情服務、商約談判、索賠輔導、貿易糾紛的處理等事項。

㈡海關 (Customs, Customs house)

隸屬於財政部（Ministry of Finance，簡稱 MOF），為貿易管理的第一線控制機關，掌理貨品進出國境的驗估、徵稅、退保稅等工作。

二、主管外匯機構

中央銀行（Central Bank of China，簡稱 CBC）的外匯局（Foreign Exchange Department，簡稱 FED）為外匯主管機關，掌管有關進出口結匯、匯款、外匯稽核及外匯準備運用等。

三、輔助機構

㈠指定外匯銀行 (Appointed foreign exchange bank)

受中央銀行外匯局所指定授權辦理有關出進口外匯業務的銀行。其業務範圍包括徵信、進出口簽證、融資、結匯以及信用狀的開發、通知和押匯。

㈡經濟部標準檢驗局 (Bureau of Standards, Metrology and Inspection，簡稱 BSMI)

掌理出進口貨品品質檢驗、檢疫工作。

㈢中華民國對外貿易發展協會 (Taiwan External Trade Development Council，簡稱 TAITRA)

一般稱外貿協會，為政府與民間共同捐出基金合組而成的非營利性財團法人，其工作項目為調查國外市場、收集商情資料、介紹貿易機會、統籌參加國外商展、在臺舉辦外銷產品展覽、組團出國推銷、接待來訪廠商、訓練國際企業人才和解決貿易困難。

㈣公證行 (Surveyor)

對出進口貨品執行質、量或包裝上的公證報告 (Survey report)。

㈤運輸公司 (Transportation company)

從事出進口貨物的載運工作。

㈥保險公司 (Insurance company)

承辦出進口貨物運輸保險業務。

㈦報關行 (Customs broker)

受理出進口商委託代辦報關、進出口簽證、申請開狀、結匯、押匯、沖退稅及代訂艙位、倉庫等事宜。

㈧其　他

由於出進口貨物的不同，可能牽涉到有關機關也就略有不同，如國防部、交通部、教育部、工業局和紡拓會等等。

一、國際貿易實務的概念

(一)國際貿易研究範疇

  1. 國際貿易理論──以公經濟觀點探討國際貿易發生原因、對總體經濟的影響

  2. 國際貿易實務──以私經濟觀點探討本國企業與他國企業之間進行商品交易的一切有關知識和作業

(二)國際貿易實務──商業、運輸、保險和銀行等四種實務的延續和綜合

二、國際貿易的型態

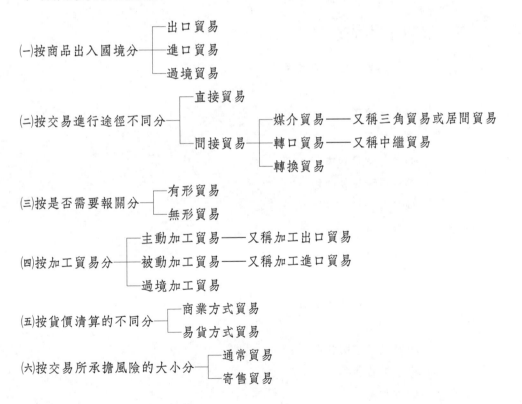

三、國際貿易的主體──出進口廠商

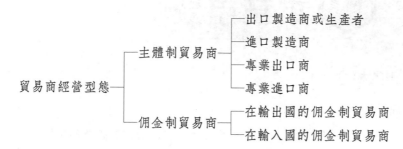

```
                                    ┌─出口製造商或生產者
                                    ├─進口製造商
                      ┌─主體制貿易商─┤
                      │             ├─專業出口商
貿易商經營型態─────────┤             └─專業進口商
                      │             ┌─在輸出國的佣金制貿易商
                      └─佣金制貿易商─┤
                                    └─在輸入國的佣金制貿易商
```

四、國際貿易的客體──商品

```
                        ┌─標準國際貿易分類
國際間商品分類標準───────┤─布魯塞爾稅則分類
                        └─調和關稅制度
```

五、國際貿易的交易程序

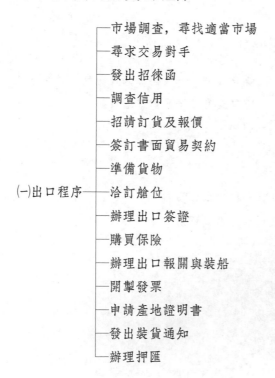

```
                ┌─市場調查，尋找適當市場
                ├─尋求交易對手
                ├─發出招徠函
                ├─調查信用
                ├─招請訂貨及報價
                ├─簽訂書面貿易契約
                ├─準備貨物
(一)出口程序─────┤─洽訂艙位
                ├─辦理出口簽證
                ├─購買保險
                ├─辦理出口報關與裝船
                ├─開掣發票
                ├─申請產地證明書
                ├─發出裝貨通知
                └─辦理押匯
```

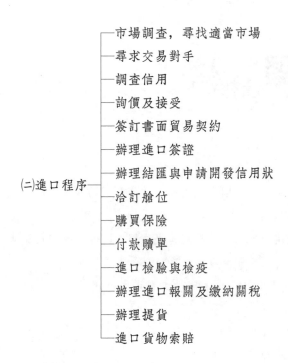

仁進口程序
- 市場調查，尋找適當市場
- 尋求交易對手
- 調查信用
- 詢價及接受
- 簽訂書面貿易契約
- 辦理進口簽證
- 辦理結匯與申請開發信用狀
- 洽訂艙位
- 購買保險
- 付款贖單
- 進口檢驗與檢疫
- 辦理進口報關及繳納關稅
- 辦理提貨
- 進口貨物索賠

六、國際貿易電子商務

(一)建立貿易關係階段

(二)交易磋商與簽約階段

(三)履約階段

(四)索賠階段

七、國際貿易的管理及輔助機構

(一)管理貿易機構
- 經濟部國際貿易局
- 海關

(二)管理外匯機構——中央銀行外匯局

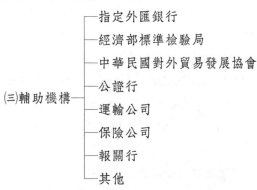

(三)輔助機構
- 指定外匯銀行
- 經濟部標準檢驗局
- 中華民國對外貿易發展協會
- 公證行
- 運輸公司
- 保險公司
- 報關行
- 其他

習　題

一、是非題

（　）1.國際貿易實務是以公經濟的觀點來探討本國與他國之間的商品交易技術。

（　）2.凡經過報關手續而進行的貿易，均稱有形貿易。

（　）3.寄售貿易係指出口商將貨物運交進口地商人，委託其代為銷售，進口地商人除抽取佣金外，並負盈虧風險。

（　）4.過境加工貿易為國外輸入原料或半成品，在本國加工製成成品後再輸出至原料國。

（　）5.易貨方式貿易多在外匯短缺的國家採用。

（　）6.商業方式貿易是以關鍵貨幣作為主要償付工具。

（　）7.調和關稅制度是為簡化貿易作業手續，使貿易分類及說明統一，因而產生新的商品分類制度。

（　）8.國貿局是掌理貨品進出口國境的驗估工作。

（　）9.海關是受理出進口商委託代辦報關等事宜。

（　）10.某些貨物雖只是過境，但卻可增加我國的外匯收入。

二、選擇題

（　）1.(1)出口貿易　(2)進口貿易　(3)過境貿易　俗稱外銷。

（　）2.貨品自輸出國運至第三國通關進口後，以原來狀態或經簡單的加工，再出口至輸入國的貿易方式，稱之為　(1)轉換貿易　(2)媒介貿易　(3)轉口貿易。

（　）3.(1)轉換貿易　(2)媒介貿易　(3)轉口貿易　係指出進口商訂立契約後並交貨，但貨款的清算卻由第三國業者出來辦理融通。

（　）4.外匯的行政主管機關是　(1)財政部　(2)外匯局　(3)國貿局。

（　）5.中華民國商品標準分類係依據　(1) SITC　(2) CCCN　(3) HS　部分藍本改編而成的。

（　）6.我國現行海關的進出口稅則係依據　(1) HS　(2) CCCN　(3) SITC　方法編製而成。

（　）7.(1)國貿局　(2)海關　(3)標準檢驗局　負責出進口貨品數量的管制。

（　）8.(1)外銷代理商　(2)售貨代理商　(3)購貨代理商　是指受國外進口商委託，在輸出

國採購、辦理出口，以賺取佣金為目的的貿易商。

（　）9.(1)經濟部　(2)財政部　(3)中央銀行　是管理外匯業務的機關。

（　）10.(1)轉口貿易　(2)媒介貿易　(3)轉換貿易　是貨物直接從輸出國至輸入國，而第三
國中間商僅涉及文書往來的方式來達成貿易。

三、翻　譯

1. 國際貿易
2. 調和關稅制度
3. 關鍵貨幣
4. 製造商
5. 報關行
6. BOFT
7. BSMI
8. FED
9. Customs
10. TAITRA

四、問答題

1. 國際貿易的研究範疇有哪些？
2. 調和關稅制度設立的目的何在？
3. 我國於 78 年採用調和關稅制度，獲致的效益有哪些？

第二章

國際貿易慣例
與規則

第一節　慣例與規則的起源

　　買賣雙方交易成立，需要先談妥條件。假設天氣熱了要買一臺冷氣機，於是到家電行選中一臺自己所需的規格樣式後，就會找老闆談價錢，老闆一定會問你：你是否自己帶回去安裝，還是我們替你運回安裝？你家住在哪裡？萬一要付過橋費或還得走高速公路那就複雜了。最後他還要知道安裝在哪裡，如果有現成的冷氣孔就簡單，否則硬是要在牆上打個洞將冷氣裝上，其工程就滿大的。老闆之所以要問得詳細，主要是他必須瞭解自己到底要負擔多少費用、多少風險。當他告訴你最後價錢時，你一定會問這價錢到底包含了些什麼？因此，光買個冷氣就有這麼多的問題，更何況國際貿易買賣雙方距離遙遠，有時需經陸、海、空聯運，其中問題更為複雜。面對這麼多複雜的細節，訂約時難免會有所遺漏，萬一出了問題那就麻煩了。

　　所以，出進口商都以**貿易條件** (Trade terms)（在國內，又譯成貿易條規、價格條件、價格術語、貿易術語或價格交貨條件等）來確定買賣貨物的交付方式，買賣雙方可藉由這些貿易條件所表彰的價格結構進行交易。一般而言，貿易條件的意義主要在於規定買賣雙方在一筆交易中所應負擔的義務、費用及危險負擔界線，其內容如下：

　　1.規定在一筆交易中，賣方應負擔貨物的危險到何時何地為止，在何時何地以後的風險就由買方來負擔。故貿易條件可以劃分買賣雙方就買賣貨物應負擔的風險界線。所以在一筆交易中，所選用的貿易條件一經確定其交付方式也就確定，從而危險負擔移轉界線也就隨之確定。因此，貿易條件具有**交貨條件** (Delivery terms) 的意義。

　　2.規定在一筆交易中哪些費用應包括在售價中而由賣方負擔，而哪些費用不應包括在售價中而需由買方負擔，故貿易條件在於規定買賣標的物價格的結構內容，因此貿易條件具有**價格條件** (Price terms) 的意義。

　　3.規定一筆交易中，由何方負責安排運輸、保險、申請輸出入許可證、辦理通關、買賣雙方應負何種通知義務，或賣方應向買方提出何種單據文件，以及這些單據文件應具備哪些內容。

　　所以貿易條件是規定買賣雙方各應履行的義務、負擔的費用以及危險移轉

的分界點。

從上述可知貿易條件包含了許多內容甚為複雜而又極為重要的法律涵義，其在國際貿易實務中的重要性有：

1. 就國際商品買賣契約的成立而言，買賣雙方以貿易條件作為報價與接受的基準。

2. 就國際商品買賣契約的履行而言，買賣雙方以貿易條件作為各自履行義務的依據。

3. 就國際商品買賣契約的糾紛而言，買賣雙方以貿易條件作為解決糾紛，劃分責任的準則。

由此可知我們為使國際貿易的工作進行順利，減少貿易糾紛的發生，不僅對於貿易條件的內涵須有充分的認識，而且必須能隨情況的不同活用各種貿易條件。出進口商面對多種貿易條件應如何選用呢？所以就有貿易條件的統一法典，陸續產生了幾種解釋規則。這些解釋規則本身不具有法律上的效力，但買賣雙方在契約訂立時，約定貿易發生糾紛時願意依據某一解釋規則來決定買賣兩造的責任義務時，則該解釋規則對出進口商而言是具有法律效力的。以下就常見的解釋規則做進一步的分析。

第二節　國貿條規

國貿條規（International Commercial Terms，簡稱 INCOTERMS）其副標題為 International Rules for the Interpretation of Trade Terms（貿易條件的國際解釋規則），是由國際商會（International Chamber of Commerce，簡稱 ICC）於 1936 年所制訂的貿易條件解釋規則。

為適應國際情勢的變遷，INCOTERMS 先後於 1953 年、1967 年、1976 年、1980 年、1990 年、2000 年及 2010 年做了修訂。現行 INCOTERMS® 2010 的貿易條件分為二大類共十一種。

這十一種貿易條件均為已確立的定型貿易習慣，國際商會將其做統一解釋，是希望將這些定型的貿易條件予以國際規則化，其解釋貿易條件範圍著重在買賣雙方義務的確定、貨物風險的轉移地點、雙方費用負擔的界限及應提供的單據。

INCOTERMS® 2010	適合任何運送方式的貿易條件	EXW	工廠交貨條件
		FCA	貨交運送人條件
		CPT	運費付訖條件
		CIP	運保費付訖條件
		DAT	終點站稅前交貨條件
		DAP	目的地稅前交貨條件
		DDP	目的地稅訖交貨條件
	適合海運及內陸水路運送方式的貿易條件	FAS	裝船港船邊交貨條件
		FOB	裝船港船上交貨條件
		CFR	運費在內條件
		CIF	運保費在內條件

 ## 一、Ex Works (...named place of delivery)

工廠交貨條件（……指定交貨地），國際代號 EXW。是指賣方在其營業處所或其他指定地（工廠、倉庫）將貨物交付買方處置時，即已履行其交貨義務。採用此條件的賣方須在出口國約定交貨地點於規定日期或期間內，將約定貨物交由買方處置。買方必須於約定時間或期間內安排運送工具在賣方營業處所或其他的指定地提取、接運貨物，辦理貨物出口手續，並將貨物裝運出口，承擔貨物交由其處置後的一切風險及費用。因此，買方若無法直接或間接處理貨物通關手續時不宜使用此貿易條件。由於在賣方營業處所或其他指定地交貨，故在所有的貿易條件中，工廠交貨條件 (EXW) 的賣方所承擔的責任風險是最少，而報出的價格也是最低的。當賣方採用本條件報價給買方時，應注意在本條件之後，列明交貨地點，例如：

"We offer to sell sport shirts 500 dozen US$25.72 per dozen Ex seller's Factory in Taoyuan, delivery during August."（我們謹此報價 500 打運動衫，每打 25.72 美元，於 8 月間在桃園賣方工廠交貨。）

在 EXW 條件下，買賣雙方的主要義務如下：

	賣方義務	買方義務
風險	負擔貨物滅失或毀損的一切風險直至將其在賣方營業場所或其他指定地交由買方處置時為止。	負擔賣方於其營業場所或其他指定地交付貨物時起的一切滅失或毀損風險。
費用	支付有關貨物的一切費用直至其交貨時為止，包括檢查包裝刷嘜等費用。	支付 PSI 費用、怠於接受已交由其處置的貨物而發生的額外費用，以及自賣方交付貨物時起的一切費用，包括輸出通關手續費用、關稅、稅捐及其他費用。

| 責任 | 1.提供符合契約的貨物並提供發票及符合證明。
2.以買方風險及費用協助其取得輸出許可證。
3.在約定交貨日期或期間於其營業處所或其他指定地，約定貨物交由買方處置。
4.將貨物交由買方處置的時間及地點給予買方充分的通知以俾提貨。
5.適時提供或協助買方取得貨物輸出許可證，及／或為其運送至最終目的地所需任何單據及資訊（包括貨物安檢資訊）。 | 1.依約支付價金。
2.自負風險及費用取得輸出入許可證並辦理貨物輸出入通關手續。
3.一俟貨物交由其處置時即受領貨物並提供已接受貨物的證明。
4.若有權決定規定期間內接受貨物時間及／或地點則應將其決定給予賣方充分通知。
5.(1)補償賣方為提供或協助取得左述單據及資訊（包括貨物安檢資訊）而生的一切費用。
(2)適時通知賣方任何貨物安檢資訊。 |

二、Free Carrier (...named place of delivery)

貨交運送人條件（……指定地），國際代號 FCA。是指賣方於其營業處所或其他指定地點，將貨物交給買方指定的運送人或其他指定人時（例如承攬運送人），即已履行交貨的義務。交貨地點的選擇對於在該地點裝貨或卸貨的義務會產生影響。若在賣方營業處所交貨，賣方負責裝載；若在其他地點交貨，賣方不負責卸貨。此貿易條件最大的優點是它可適用於包括複合運送在內的任何運送方式的運送交易。當賣方採用本條件報價給買方時，應注意表明交貨地點，例如：

1.約定在基隆貨櫃集散站交由某船公司承運：

"We offer to sell sport shirts 500 dozen US$28.00 per dozen FCA Keelung CFS, delivery during August."（我們謹此報價 500 打運動衫，每打 28.00 美元，於 8 月間在基隆貨櫃集散站交貨。）

2.約定在臺灣桃園國際機場交由某航空公司承運：

"We offer to sell sport shirts 500 dozen US$27.50 per dozen FCA Taoyuan International Airport, Taiwan, delivery during August."（我們謹此報價 500 打運動衫，每打 27.50 美元，於 8 月間在臺灣桃園國際機場交貨。）

在 FCA 條件下，買賣雙方的主要義務如下：

	賣方義務	買方義務
風險	負擔貨物滅失或毀損的一切風險，直至將其交付買方所指定的運送人或其他指定人時為止。	負擔自貨物交付其所指定的運送人或其他指定人時起的一切滅失或毀損風險。

費用	支付有關貨物的一切費用，直至其交貨時為止，包括檢查、包裝、刷嘜費用、輸出通關手續費用、關稅、稅捐及其他費用。	支付 PSI 費用及自賣方交付貨物時起的一切費用，包括輸入通關手續費用、關稅、稅捐及其他費用。
責任	1. 提供符合契約的貨物，並提供發票及符合證明。 2. 自負風險及費用取得輸出許可證，並辦理貨物輸出通關手續。 3. 依買方要求或有商業習慣，買方未適時作相反指示時，得以買方風險及費用，訂立運送契約。如拒絕，應迅速通知買方。 4. 在約定日期或期間內，於指定地，在約定地點（如有者），將貨物交付買方所指定的運送人或其他人（例如承攬運送人），並提供證明交貨的通常單據。 5. 將貨物已交付運送人或其他人乙節，給買方充分的通知。 　(1) 提供或協助買方取得貨物進口（或運至最終目的地）所需單據及資訊（包括貨物安檢資訊）。 　(2) 補償買方因提供或協助取得單據資訊而生的費用。 6. (1) 適時提供或協助買方取得貨物進口（或運至最終目的地）所需單據及資訊（包括貨物安檢資訊）。 　(2) 補償買方因提供或協助取得右述單據及資訊而生的一切費用。	1. 依約支付價金。 2. 自負風險及費用取得輸入許可證，並辦理貨物輸入及通過他國的通關手續。 3. 自負費用訂立自指定交貨地點起運的運送契約。 4. 貨物交付運送人時，即予接受，並接受交貨證明。 5. 將運送人或其他人的名稱，必要時，將接管時間、接受地點及運送方式給賣方充分的通知。 6. (1) 補償賣方為提供或協助取得左述單據及資訊而生的一切費用。 　(2) 適時提供或協助賣方取得貨物運送及輸出所需單據及資訊（包括貨物安檢資訊）而生的一切費用。

 ## 三、Free Alongside Ship (...named port of shipment)

　　裝船港船邊交貨條件（……指定裝運港），國際代號 FAS。所謂「船邊」係指船上的吊索能夠吊到貨物的地方。故此條件是指賣方將貨物放置在指定裝運港買方所指定船邊時，即為已履行其交貨義務。買方則需負擔從那時起貨物滅失或毀損的一切費用及風險。本條件只適用於海運或內陸水運。在本條件下出口通關手續由賣方負責。例如賣方採用本條件報價給買方時：

　　"We offer to sell sport shirts 500 dozen US$27.00 per dozen FAS Keelung, delivery during August."（我們謹此報價 500 打運動衫，每打 27.00 美元，於 8 月間在基隆船邊交貨。）

　　在 FAS 條件下，買賣雙方的主要義務如下：

	賣方義務	買方義務
風險	負擔貨物滅失或毀損的一切風險，直至將其貨物交到指定裝船港買方指定船舶邊（即碼頭或駁船上）為止。	負擔賣方於指定裝船港買方指定船舶邊（即碼頭或駁船上）交付貨物時起的一切滅失或毀損風險。
費用	支付有關貨物的一切費用，直至其交貨時為止，包括檢查、包裝刷嘜費用、輸出通關手續費用。	支付 PSI 費用及自賣方交付貨物時起的一切費用，包括輸入及／或通過任何國家的通關手續費用、關稅、稅捐及其他費用。
責任	1.提供符合契約的貨物，並提供發票及符合證明。 2.自負風險及費用取得輸出許可證，並辦理貨物輸出通關手續。 3.在規定日期或期間，於指定裝船港裝載地點將貨物交到買方所指定船舶邊，並提供證明交貨的通常單據。 4.將貨物已交到指定船舶邊乙節，給予買方充分的通知。 5.(1)適時提供或協助買方取得貨物輸入運至最終目的地所需單據及資訊（包括貨物安檢資訊）。 　(2)補償買方因提供或協助取得右述單據及資訊而生的一切費用。	1.依約支付價金。 2.自負風險及費用取得輸入許可證，並辦理貨物輸入通關手續。 3.貨物交到指定裝船港裝載地點指定船舶邊時，即予接受，並接受交貨證明。 4.將船名、裝載地點及交貨時間給賣方充分的通知。 5.(1)補償賣方為提供或協助取得左述單據及資訊而生的一切費用。 　(2)適時提供或協助賣方取得貨物運送及輸出所需單據及資訊（包括貨物安檢資訊）而生的一切費用。

 ## 四、Free On Board (...named port of shipment)

裝船港船上交貨條件（……指定裝運港），國際代號 FOB。是指賣方辦理貨物輸出通關手續負責將貨物送交至指定裝運港船舶上時，賣方即已履行交貨義務。而買方則從那時起需負擔貨物滅失或毀損的一切費用及風險。本條件只適用於海運或內陸水運。例如賣方採用本條件報價給買方時：

"We offer to sell sport shirts 500 dozen US$28.50 per dozen FOB Keelung, shipment during August."（我們謹此報價 500 打運動衫，每打 28.50 美元，於 8 月間在基隆船上交貨。）

在 FOB 條件下，買賣雙方的主要義務如下：

	賣方義務	買方義務
風險	負擔貨物滅失或毀損的一切風險，直至將其在指定裝船港裝載於買方指定的船舶上時為止。	負擔自貨物在指定裝船港裝載於買方指定的船舶上時起的一切滅失或毀損風險。

費用	支付有關貨物的一切費用，直至其交貨時為止包括檢查、包裝刷嘜費用、輸出通關手續費用、關稅、稅捐及其他費用。	支付 PSI 費用及自賣方交付貨物時起的一切費用，包括輸入及／或通過任何國家的通關手續費用、關稅、稅捐及其他費用。
責任	1.提供符合契約的貨物，並提供發票及符合證明。 2.自負風險及費用取得輸出許可證，並辦理貨物輸出通關手續。 3.循買方請求或依商業習慣，依通常條件訂定運送契約。 4.在約定交貨時間或期間，將貨物交到指定裝船港買方所指定船舶上，並提供證明交貨的通常單據。 5.將貨物已裝載於船舶上，給予買方充分的通知。 6.⑴適時提供或協助買方取得貨物輸入或運至最終目的地所需單據及資訊（包括貨物安檢資訊）。 　⑵補償買方因提供或協助取得右述單據及資訊而生的一切費用。	1.依約支付價金。 2.自負風險及費用取得輸入許可證，並辦理貨物輸入通關手續。 3.自負費用訂立自指定裝船港起的運送契約。 4.貨物交到指定裝船港買方所指定船舶上時，即予接受，並接受交貨證明。 5.將船名、裝載地點及選定的交貨時間，給賣方充分的通知。 6.⑴補償賣方為提供或協助取得左述單據及資訊而生的一切費用。 　⑵適時提供或協助賣方取得貨物運送及輸出所需單據及資訊（包括貨物安檢資訊）而生的一切費用。

五、Cost and Freight (...named port of destination)

　　運費在內條件（……指定目的港），國際代號 CFR。Freight 是指貨物從裝運港至目的港的海運費。在本條件下賣方須負擔貨物運送至指定目的港為止所需費用和海運費，但貨物滅失或毀損的風險及貨物在船上交付後由於事故而生的任何額外費用，則自貨物在裝船港裝上船時起，由賣方移轉予買方負擔。賣方須辦理貨物輸出通關手續。又，運費在內條件只適用於海運或內陸水運。例如賣方採用本條件報價給買方時：

　　"We offer to sell sport shirts 500 dozen US$34.00 per dozen CFR Seattle, shipment during August."（我們謹此報價 500 打運動衫，每打 34.00 美元，包括至西雅圖海運費，於 8 月間裝運。）

　　在 CFR 條件下，買賣雙方的主要義務如下：

	賣方義務	買方義務
風險	負擔貨物滅失或毀損的一切風險，直至將其在裝船港裝載於船舶上時為止。	負擔自貨物在裝船港裝載於船舶上時起的一切滅失或毀損風險。

費用	支付有關貨物的一切費用，直至其交貨時為止包括檢查、包裝刷嘜費用、輸出通關手續費用、關稅、稅捐及其他費用。	支付 PSI 費用及除運費以外自貨物於裝船港船舶上交付時起的一切費用，包括輸入及通過任何國家運輸時的通關手續費用、關稅、稅捐及其他費用、卸貨費用。
責任	1.提供符合契約的貨物，並提供發票及符合證明。 2.自負風險及費用取得輸出許可證，並辦理貨物輸出通關手續。 3.自負費用按通常條件、依通常航線，訂立運送契約，將貨物以通常類型可供裝載該項貨物之用的船舶，運往指定目的港。 4.在規定日期或期間，將貨物放置於裝船港船舶上，並提供常運送單據。 5.必須給予買方所需的任何通知，以便給買方採取必要措施接受貨物。 6.⑴適時提供或協助買方取得貨物輸入及為貨物運送至最終目的地所需任何單據及資訊（包括貨物安檢資訊）。 ⑵補償買方因提供或協助取得右述單據及資訊而生的一切費用。	1.依約支付價金。 2.自負風險及費用取得輸入許可證，並辦理貨物輸入通關手續。 3.無訂立運送契約的義務。 4.貨物交到裝船港船舶上時，即予接受，接受賣方提供的運送單據，並在指定目的港從運送人領取貨物。 5.若有權決定裝船時間及/或指定目的港內收受貨物的地點，將其決定給予賣方充分通知。 6.⑴補償賣方為提供或協助取得左述單據及資訊而生的一切費用。 ⑵適時提供或協助賣方取得貨物運送及輸出所需單據及資訊（包括貨物安檢資訊）而生的一切費用。

 六、Cost, Insurance and Freight (...named port of destination)

運保費在內條件（……指定目的港），國際代號 CIF。在本條件下，賣方除須負擔 CFR 條件下的義務外，尚須就貨物在運送中滅失或毀損的風險替買方購買海上保險。因此，賣方須與保險人訂立保險契約並支付保險費。在本條件下，賣方須辦理貨物輸出通關手續。本條件只適用於海運或內陸水運。例如賣方採用本條件報價給買方時：

"We offer to sell sport shirts 500 dozen US$37.00 per dozen CIF Seattle, shipment during August."（我們謹此報價 500 打運動衫，每打 37.00 美元，包括至西雅圖海運費及保險費，於 8 月間裝運。）

在 CFR 條件下，買賣雙方的主要義務如下：

	賣方義務	買方義務
風險	與 CFR 條件相同。	與 CFR 條件相同。
費用	除多負擔一項貨物運至指定目的港的海上保險費外，其餘與 CFR 條件相同。	除少負擔一項貨物運至指定目的港的海上保險費外，其餘與 CFR 條件相同。

責任	除多負擔一項責任：即訂立貨物保險契約及支付保險費。若未約定投保範圍，則為最小承保範圍的協會貨物條款（即倫敦國際保險人協會 C 款險）或任何類似的一套條款，保險金額至少為契約價金一成。其餘均與 CFR 條件相同。	與 CFR 條件相同。

七、Carriage Paid To (...named place of destination)

　　運費付訖條件（……指定目的地），國際代號 CPT。在本條件下，賣方負擔貨物運至目的地為止的運輸費用。貨物滅失或毀損的風險以及貨物交付運送人後，由於事故而生的任何額外費用，自貨物交付運送人時起，由賣方移轉予買方負擔。在運費付訖條件下賣方須辦理貨物輸出通關手續。本條件適用於任何運送方式，包括複合運送。例如賣方採用本條件報價給買方時：

　　"We offer to sell sport shirts 500 dozen US$38.50 per dozen CPT Chicago, delivery during August." （我們謹此報價 500 打運動衫，每打 38.50 美元，包括至芝加哥海、內陸運費，於 8 月間交貨。）

　　在 CPT 條件下，買賣雙方的主要義務如下：

	賣方義務	買方義務
風險	負擔貨物滅失或毀損的一切風險，直至將其交付賣方所指定的運送人或其他人（如有相繼運送人則交給第一運送人）為止。	負擔自貨物交付運送人時起的一切滅失或毀損的風險。
費用	支付有關貨物的一切費用，直至其交貨時為止，包括檢查包裝、刷嘜費用、輸出通關手續費用、關稅、稅捐及其他費用並支付將貨物運至指定目的地或約定地點（如有者）的運送費用。	支付 PSI 費用及除運送費用以外自貨物交付運送人時起的一切費用，包括輸入及通過任何國家的通關手續費用、關稅、稅捐及其他費用。
責任	1.提供符合契約的貨物，並提供發票及符合證明。 2.自負風險及費用取得輸出許可證，並辦理貨物輸出通關手續。 3.自負費用按通常條件、依通常路線及慣常方式，訂立運送契約，將貨物運往指定目的地的約定地點。 4.在規定時間或期間將貨物交給運送人（如有相繼運送人則交給第一運送人）運往指定目的地並提供通常的運送單據。 5.將貨物已交付運送人，給予買方充分	1.依約支付價金。 2.自負風險及費用取得輸入許可證並辦理貨物輸入通關手續。 3.無訂立運送契約的義務。 4.貨物交付運送人時，即予接受。接受賣方提出的運送單據，並在指定目的港從運送人提領貨物。 5.若有權決定發貨時間及/或指定目的地，或該地方內提領貨物的地點，則應將其決定給予賣方充分的通知。 6.(1)補償賣方為提供或協助取得左述單據及資訊而生的一切費用。

通知，以便提領貨物。 6.(1)適時提供或協助買方取得貨物輸入或為其運送至最終目的地所需單據及資訊（包括貨物安檢資訊）。 (2)補償買方因提供或協助取得右述單據及資訊而生的一切費用。	(2)適時提供或協助賣方取得貨物運送及輸出所需單據及資訊（包括貨物安檢資訊）而生的一切費用。

 ## 八、Carriage and Insurance Paid to (...named place of destination)

運保費付訖條件（……指定目的地），國際代號 CIP。在本條件下，賣方除須負擔 CPT 條件下的義務外，尚須就貨物在運送中滅失或毀損的風險為買方投保貨物保險。因此，賣方須與保險人訂立保險契約並支付保險費。在運保費付訖條件下賣方須辦理貨物輸出通關手續，它適用於任何運送方式，包括複合運送。例如賣方採用本條件報價給買方時：

"We offer to sell sport shirts 500 dozen US$39.50 per dozen CIP Chicago, delivery during August."（我們謹此報價 500 打運動衫，每打 39.50 美元，包括至芝加哥海、內陸運保費，於 8 月間交貨。）

在 CIP 條件下，買賣雙方的主要義務如下：

	賣方義務	買方義務
風險	與 CPT 條件相同。	與 CPT 條件相同。
費用	除多負擔一項貨物運至指定目的地的保險費外，其餘與 CPT 條件相同。	除少負擔一項貨物運至指定目的地的保險費外，其餘與 CPT 條件相同。
責任	除多負擔一項責任：即訂立貨物保險契約及支付保險費。若未約定投保範圍，則為最小承保範圍的協會貨物條款（即倫敦國際保險人協會 C 款險）或任何類似的一套條款，保險金額至少為契約價金加一成。其餘與 CPT 條件相同。	與 CPT 條件相同。

 ## 九、Delivered at Terminal (...named a terminal at port or place of destination)

終點站稅前交貨條件（……目的港或目的指定終點站），又譯為「終點站交貨條件」，國際代號為 DAT。在本條件下，賣方於指定目的港或目的地的指定終點站，從到達運送工具一旦卸下尚未辦理輸入通關的貨物交由買方處置時，

即屬賣方交貨。賣方須負擔將貨物運至指定目的港或目的地的指定終點站，並負擔在該處將貨物卸載時所生的一切風險及費用。但不包括貨物輸入時應繳的任何稅捐，諸如通關手續費、稅捐及其他費用。

這裡所稱的 "Terminal" 包括任何地方，不論是否有遮蔽的（即是否露天的），諸如碼頭、倉庫、貨櫃場 (Container yard)，或公路、鐵路或航空貨物站 (Air cargo terminal)。

本條件係就 INCOTERMS 2000 中的 DEQ 條件加以精簡而成。

賣方擬以本條件報價時，其報價方式如下：

We offer to sell, 1,000 sets portable telephone Model 123 US$1,000 per set DAT Hamberg (CY), delivery during August.（我們謹此報價出售 123 型手提電話 1,000 部，每部 1,000 美元，於 8 月間在漢堡貨櫃場交貨。）

在 DAT 條件下，買賣雙方的主要義務如下：

	賣方義務	買方義務
風險	負擔貨物滅失或毀損一切風險，直至將其在目的港或目的地指定終點站，從到達運送工具卸載，但尚未辦理輸入通關手續的貨物，交由買方處置時為止。	負擔自貨物在目的港或目的地指定終點站交付時起的一切滅失或毀損風險。
費用	支付有關貨物的一切費用，直至其交付時為止，包括檢查、包裝、刷嘜費用、輸出以及交付前除通過目的地國外任何國家運送時的上列費用。	1.支付 PSI 費用及自賣方交貨時起有關貨物的一切費用。 2.貨物輸入時應付的通關手續費用及一切關稅、稅捐及其他費用。
責任	1.提供符合契約的貨物，無提供發票及符合證明。 2.自負風險及費用取得輸出許可證並辦理貨物輸出及交貨前通過除目的地國外，任何國家運送所需通關手續。 3.自負費用訂立運送契約，將貨物運至指定目的港或目的地指定終點，包括卸載費用。 4.在規定日期或期間內，於目的港或目的地指定終點站，將貨物交由買方處置，並提供接受貨物所需單據。 5.給買方所需任何通知，以便其接受貨物。 6.(1)提供或協助買方取得為貨物輸入及為其運送至最終目的地所需單據及資訊（包括貨物安檢資訊）。 (2)補償買方因提供或協助取得右述單據及資訊所生的一切費用。	1.依約支付貨物價金。 2.自負風險及費用取得輸入許可證。 3.提供賣方為取得保險所需的資訊。 4.在指定目的港或目的地終點自到達運送工具卸載交付時，即接受貨物。 5.若有權決定於約定期間內接受貨物時間及／或指定終點站的接受貨物地點，將其決定給予賣方充分的通知。 6.(1)補償賣方提供或協助取得左述單據及資訊而生的一切費用。 (2)提供或協助賣方取得貨物運送、輸出及為貨物通過任何國家所需任何單據及安全資訊（包括貨物安檢資訊）。

十、Delivered at Place (...named place of destination)

目的地稅前交貨條件（……指定目的地），又譯為「目的地交貨條件」，國際代號 DAP。在本條件下，賣方在指定目的地，約定地點（如有者）將尚未辦理輸入通關手續仍放置於到達運送工具上準備卸載的貨物交由買方處置時，即屬履行交貨義務。賣方須負擔將貨物運至上述指定目的地的風險及費用，但不包括在目的地國因輸入時應繳納的任何稅負，諸如通關手續費、稅捐及其他費用。

本條件係將 INCOTERMS 2000 中的 DAF、DES 及 DDU 等加以整合、精簡而成，若買賣雙方國家對輸入通關採取免稅政策（如歐盟國家間），則賣方擬將貨物運至買方國內交付時，即可採用本條件。

此外，輸入國為鼓勵貨物的加工出口，設置免稅特區，對於在免稅區內的買方，在其輸入貨物加工時，採用本條件也很方便。

賣方擬以本條件報價時，其報價方式如下：

We offer to sell 1,000 sets cell phone Model 321 US$500 per set DAP Hamberg (CY), delivery during August.（我們謹此報價出售 321 型手機 1,000 部，每部 500 美元，於 8 月間在漢堡貨櫃場交貨。）

在 DAP 條件下，買賣雙方的主要義務如下：

	賣方義務	買方義務
風險	負擔貨物滅失或毀損一切風險，直至將其在目的地尚未辦理輸入通關手續仍放置於到達運送工具上，準備卸載的貨物交由買方處置時為止。	負擔自貨物在目的地交由其處置時起的一切滅失或毀損的風險。
費用	支付有關貨物的一切費用，直至其交付時為止，包括檢查、包裝刷嘜費用、輸出以及交付前除目的地國外，通過任何國家運送時的上列費用。	1.支付 PSI 費用及自賣方交付時起有關貨物的一切費用。 2.貨物輸入時應付的通關手續費用及一切關稅、稅捐及其他費用。
責任	1.提供符合契約的貨物，並提供發票及符合證明。 2.自負風險及費用取得輸出許可證並辦理貨物輸出及交貨前通過除目的地國外，任何國家運送所需通關手續。 3.自負費用訂立運送契約，將貨物運至指定目的地，不負卸載費用。 4.在規定日期或期間內，於指定目的地	1.依約支付貨物價金。 2.自負風險及費用取得輸入許可證。 3.提供賣方為取得保險所需的資訊。 4.在指定目的地或指定地點（如有者）將仍放置於到達運送工具上準備卸載的貨物交付時，即接受貨物。 5.若有權決定於約定期間內接受貨物的時間及（或）指定目的地內的接受貨物

	約定地點，將貨物交由買方處置，並提供接受貨物所需單據。 5.給買方所需任何通知，以便其接受貨物。 6.(1)提供或協助買方取得為貨物輸入及為其運送至最終目的地所需單據及資訊（包括貨物安檢資訊）。 (2)補償買方提供或協助取得右述單據及資訊而生的費用。	的地點，將其決定予賣方充分的通知。 6.(1)補償賣方因提供或協助取得左述單據及資訊而生的一切費用。 (2)提供或協助賣方取得貨物的運送及輸出及為貨物通過任何國家所需任何單據及安全資訊（包括貨物安檢資訊）。

 十一、Delivered Duty Paid (...named place of destination)

目的地稅訖交貨條件（……指定目的地），國際代號 DDP。在本條件下，賣方在指定目的地將已辦妥輸入通關手續而尚未從到達運具卸下的貨物交付買方時，即為已履行其交貨義務。賣方須負擔將貨物運至上述指定地方為止的風險及費用，包括稅捐及其他費用。所以，賣方無法直接或間接取得輸入許可證時則不宜使用本條件。目的地稅前交貨條件適用任何運送方式。例如賣方採用本條件報價給買方時：

"We offer to sell sport shirts 500 dozen US\$41.00 per dozen DDP Chicago, delivery during August."（我們謹此報價 500 打運動衫，每打 41.00 美元，於 8 月間在芝加哥交貨。）

在 DDP 條件下，買賣雙方的主要義務如下：

	賣方義務	買方義務
風險	與 DAP 條件相同。	與 DAP 條件相同。
費用	1.支付輸出入國強制實施的 PSI 費用。 2.除應負擔輸出入通關手續費及輸入關稅、稅捐其他費用以及交貨前通過任何國家運送時的上列費用外，其餘與 DAP 條件相同。	1.負擔自貨物交付時起有關該貨物的一切費用。 2.負擔自到達目的地運送工具為接受貨物所需的一切卸載費用。
責任	除以下二項外，其餘與 DAP 條件相同： 1.提供或協助買方從指定目的地將貨物運送至最終目的地所需任何單據及資訊（包括貨物安檢資訊）。 2.補償買方因提供或協助取得右述單據及資訊而生的一切費用。	除以下二項外，其餘與 DAP 條件相同： 1.補償賣方因提供或協助取得左述單據及資訊而生的一切費用。 2.提供或協助賣方貨物運送輸出入以及為貨物通過任何國家所需單據及資訊（包括貨物安檢資訊及輸出入許可證）。

第三節　美國對外貿易定義

　　美國對外貿易定義（Revised American Foreign Trade Definitions，簡稱 RAFTD）簡稱美國定義 (American Definitions)，是美國全國貿易委員會、美國進口商全國委員會和美國商會等有關組織共同於 1919 年制定的。後因實務變遷的需要先後於 1941 年及 1990 年修訂稱為「1990 年修訂美國對外貿易定義」。所解釋的貿易條件有六種，其中 FOB 條件又分為六種，故實際上共有十一種。

　　㈠ EXW (Ex Works) (...named place)

　　「現場交貨價」條件根據貨物存放地點的不同，有「工廠交貨」(Ex Factory) 條件、「工場交貨」(Ex Mill) 條件、「礦場交貨」(Ex Mine) 條件、「農場交貨」(Ex Plantation) 條件、「倉庫交貨」(Ex Warehouse) 條件等。本條件的賣方通常是生產業者或製造商，因交貨地點就在其生產或製造廠所在地，對賣方而言，是較有利的貿易條件。依本條件交易時，賣方須在約定的日期或期間內，在約定地點將貨物交由買方處置並負擔貨物的一切費用及風險直至買方有義務提貨時為止，而買方則須於貨物交由其處置時盡速提貨，並從此時起負擔貨物的一切費用及風險。

　　㈡ FOB (Free On Board)

　　「運輸工具上交貨價」條件，與 INCOTERMS 的 FOB 完全不一樣，而此一條件又有六種不同的內容。

　　1. FOB (...named inland carrier at named inland point of departure)──簡稱 FOB named inland carrier，譯為「起運地點運輸工具上交貨」條件。Carrier 這裡解釋為「運輸工具」。以本條件報價時，賣方須在約定日期或期間內在指定國內裝載地點，將貨物裝上指定國內運送人的運輸工具（包括火車、卡車、駁船、平底貨輪、飛機等）上或交給指定國內運送人，並負擔貨物的任何滅失及毀損的風險直至貨物在裝載地裝上運輸工具，取得運送人簽發的清潔提單或其他運輸收據為止，買方則須負擔貨物在裝載地點裝上運輸工具以後所生的任何滅失與毀損風險，並支付一切運輸費用。至於運輸契約應由何方負責訂立，本定義並未明確規定，故原則上應由買方來負責，但在實務上如委請賣方來處理似較為方便。

2. FOB (...named inland carrier at named inland point of departure) Freight Prepaid to (named point of exportation)——簡稱 FOB freight prepaid，譯為「起運地運輸工具上交貨運費付訖」條件。依本條件報價時，買賣雙方的義務除賣方須負責締結運輸契約並預付運費至指定出口地點以外，其他都與第一種 FOB 完全相同，故賣方對貨物的風險責任仍為至貨物裝上運輸工具取得運送人簽發的清潔提單或運輸收據時為止。

3. FOB (...named inland carrier at named inland point of departure) Freight Allowed to (named point)——簡稱 FOB freight allowed，譯為「起運地點運輸工具上交貨運費扣除」條件。以本條件交易時，賣方所報價格包括起運地點至指定地點的運費，但在裝運時由賣方與運送人約定，運費由買方在指定地點支付。因此，賣方在開製發票時，必須從貨價扣除上述運費，至於買賣雙方的其他義務與第一種 FOB 條件相同。

4. FOB (...named inland carrier at named point of exportation)——簡稱 FOB named point of exportation，譯為「出口地點運輸工具上交貨」條件。以本條件交易時，賣方須負擔一切風險與費用直至運輸工具內或之上的貨物運抵指定出口地點為止，並在運輸工具上將貨物交付買方，買方則須自運輸工具上提貨並負擔運輸工具到達指定出口地點時起的一切費用及風險。在實務上此條件多用於國內廠商或國內工廠與出口商之間的交易。

5. FOB vessel (...named port of shipment)——譯為「指定裝運港船上交貨」條件或稱「出口地船上交貨」條件。依此條件交易時，賣方必須於約定日期或期間內，將貨物確實裝上買方所安排船舶上，並負擔至此為止的一切風險與費用，買方則須負擔此後的一切風險與費用。它與第四種 FOB 條件最大不同點在於本條件是賣方須多付貨物從國內運輸工具卸下再裝上船舶這一段的作業費用，承擔的風險也延伸到貨物確實裝上船舶時才終止。本條件與 INCOTERMS® 2010 的 FOB 條件類似。

6. FOB (...named inland point in country of importation)——譯為「進口國指定國內地點運輸工具上交貨」條件，或稱「目的地運輸工具上交貨」條件。在本條件下賣方須負責安排將貨物運至進口國的指定地點的運輸及保險事宜，並負擔直至運輸工具內或上的貨物運抵進口國指定地點為止的一切風險與費用，買方則須於貨物運抵目的地時迅速自運輸工具上提貨，並負擔貨物運抵目的地

以後的一切風險與費用。本條件與 INCOTERMS® 2010 的 DDP 條件類似。

㈢ FAS (Free Along Side) (...named port of shipment)

雖譯稱「運輸工具邊交貨條件」，但在實際運用上只有「指定裝運港船邊交貨」(FAS vessel [...named port of shipment]) 條件一種，故通稱為「船邊交貨」條件。依本條件報價時，賣方必須於約定日期或期間內，將貨物運至買方所指定船舶的船邊或碼頭上，並負擔至此的風險與費用，而買方則負擔自此以後的一切風險與費用。在報價時在 FAS 後面尚須加上 vessel 一字。

㈣ CFR (Cost and Freight) (...named point of destination)

以「運費在內條件」報價時，賣方必須負責安排船運並支付至目的地的運費，並負擔貨物直至裝上船舶（在要求裝運提單時）或交付海上運送人（在要求備運海運提單時）收管時為止的一切風險與費用，而買方則負擔自此以後的一切風險與費用。

㈤ CIF (Cost, Insurance and Freight) (...named point of destination)

譯為「運費、保費在內條件」，與 CFR 比較，賣方須多負擔海上保險費，依本條件報價時，賣方除必須負責安排船運並支付至目的地運費外，尚須購買海上運輸險並支付保費，以及負擔貨物直至裝上船舶（在要求裝運海運提單時）或交付海運運送人（在要求備運海運提單時）收管時為止的一切風險與費用，買方則負擔自此以後的風險與費用。

㈥ DEQ (Delivered Ex Quay...Duty paid) (...named port of importation)

依「進口港碼頭交貨條件」報價時，賣方須負擔一切風險與費用將貨物運至指定進口港碼頭上，於付訖進口稅捐後交付買方，而買方則負擔自進口港碼頭上容許免費期間屆滿後的一切風險與費用。

第四節　華沙—牛津規則

在 1928 年國際法協會 (International Law Association) 於華沙開會，以英國貿易習慣及判例為基礎制定華沙—牛津規則 (Warsaw-Oxford Rules for CIF Contracts) 後，於 1932 年在國際商會的協助下將它修訂，本規則全文共 21 條，是針對 CIF 貿易條件而制定。因此可以想像其解釋的程度一定遠超過上述兩項規則的 CIF 貿易條件。但由於自 1932 年以來至今迄無修正，其中一些規定已難

配合現今的需要，故貿易界較少採用。又由於本項規則只有 CIF 貿易條件，故如雙方採用其他貿易條件，則此規則就根本不適用。

第五節　信用狀統一慣例

國際商會自成立後，即依據各國的要求著手於信用狀統一慣例的研擬，自 1926 年 3 月國際商會委員會決定採納美國委員會提出制定國際統一慣例的勸告案起，花了 7 年多就在 1933 年 5 月提出於維也納所召開的第七次會議，同年 6 月 3 日正式被採用，因而產生了「跟單商業信用狀統一慣例與實務」(Uniform Customs and Practice for Documentary Credits)，簡稱信用狀統一慣例 (Uniform Customs, UCP)，其最大功能在於為統一國際間對信用狀處理的方法、習慣、術語解釋，以及各當事人義務與責任的劃分，所以它與我們前面所談的各種規則解釋貿易條件不一樣。

由於為了順應現代科技運輸等的變化，信用狀統一慣例原則是上每 10 年修訂一次，二次大戰後在 1951 年第一次修訂，而以 Brochure 第 151 號公佈，自 1952 年 1 月 1 日起實施。第二次修訂是在 1962 年 11 月完成修訂，而以 Brochure 第 222 號公佈，自 1963 年 7 月 1 日起實施。第三次修訂是在 1974 年 10 月完成修訂案，而以 Brochure 第 290 號小冊公佈，自 1975 年 10 月 1 日起採用。第四次修訂是在 1983 年 6 月完成而以第 400 號小冊發行，自 1984 年 10 月 1 日起採用。第五次修訂是在 1993 年 4 月完成修訂而以第 500 號小冊發行，並於 1994 年 1 月 1 日起實施。第六次是在 2006 年 12 月修訂而以第 600 號小冊發行（簡稱 UCP 600），並自 2007 年 7 月 1 日起實施至今。其規則內容共有 39 條。

信用狀統一慣例並不是國際法，其適用的範圍只限於買賣雙方以信用狀為付款方式的情形；而在信用狀交易時如有糾紛責任不清時，若雙方當時是以 UCP 600 為依據時，那麼就根據此慣例來解決當事人所應負的責任。當然，如以 UCP 600 為依據時，在信用狀上必須註明，其註明內容為：

"Except so far as otherwise expressly stated, this documentary credit is subject to the 'Uniform Customs and Practice for Documentary Credits' (2007 Revision). International Chamber of Commerce (Publication No. 600)."

由於電子商務的發展，企業 e 化將主導全球貿易及金融，於是國際商會於

2001 年制定了**電子信用狀統一慣例 (eUCP)**，自 2002 年 4 月起正式實施。eUCP 的角色是擔任「以規範書面的信用狀為主的 UCP 500」和「等同於書面作業基礎的電子信用狀」之間的橋樑，以作為 UCP 500 的補充，規範電子貿易中有關信用狀的簽發與提示作業。為了配合 UCP 600 的修訂，eUCP 也作了相應的修訂。

第六節　國際標準銀行實務

　　國際商會所制定的信用狀統一慣例，向來受到全球國際貿易界所敬重且遵循，但由於各國國情不同，對它各有不同解讀，導致各地作法分歧，爭議時起。因而遭受拒付者甚多。致使業者對於信用狀作為國際貿易上最為經濟、可靠且高效率的付款工具有所懷疑。

　　有鑑於此，國際商會於 1993 年修訂 UCP 500 時，在其第 13 條 (a) 項內規定「所規定的單據表面與信用狀條款的相符性，應由本慣例所反映的國際標準銀行實務決定之……」，但是條文中所指的「國際標準銀行實務」內容為何？當時並未具體推出。於是，國際商會乃蒐集並整理世界各地的實務作法，去異存同，整理出業界期待已久的 200 條標準實務，並於 2002 年 10 月一致通過，以國際商會第 645 號出版品名義出版，稱為國際商會「國際標準銀行實務——跟單信用狀項下單據之審查」(International Standard Banking Practice for the Examination of Documents under Documentary Credits)，簡稱 ISBP 645、ISBP 2003 或 2003 年版 ISBP，共有 200 條條文。

　　ISBP 乃指國際商會信用狀統一慣例，UCP 500 有關跟單信用狀全球性使用的規則作實務上的補充。ISBP 並非修改 UCP，而是詳細說明該規則如何應用在日常基礎上。藉此用來彌補現行的一般規則及日常處理信用狀業務間的差異。有人說「如果 UCP 500 是信用狀結算的聖經，作為補充 UCP 500 的最重要慣例——ISBP 645，無疑是信用狀審單的方針。」之後，由於 UCP 600 從 2007 年 7 月開始實施，原國際商會頒布的 ISBP 2003（或 ISBP 645）也隨之作修改，改稱 ISBP 681，共計 185 條條文。至 2013 年 7 月，國際商會又將 ISBP 作了大幅度的增補，稱為 ISBP 745、ISBP 2013 或 2013 年版 ISBP，條文從 185 條變成 298 條。

本章摘要

一、意 義

明定買賣雙方在交易時所應負擔的義務、費用和危險負擔的界線

二、貿易慣例與規則

種類 ＼ 內容	制定者	訂定時間	規　則
國貿條規 INCOTERMS （貿易條件的國際解釋規則）	國際商會	1. 1936 年：共 9 種 2. 1953 年修訂：共 9 種 3. 1967 年補充：共 11 種 4. 1976 年補充：共 12 種 5. 1980 年補充：共 14 種 6. 1990 年修訂：共 13 種 7. 2000 年修訂：共 13 種 8. 2010 年修訂：共 11 種	1. EXW 2. FCA 3. FAS 4. FOB 5. CFR 6. CIF 7. CPT 8. CIP 9. DAT 10. DAP 11. DDP
美國對外貿易定義修改 (RAFTD)	聯合委員會： 1. 美國全國貿易委員會 2. 美國進口商全國委員會 3. 美國商會	1. 1941 年修訂 2. 1990 年修訂	1. EXW 2. FOB 3. FAS 4. CFR 5. CIF 6. DEQ
華沙－牛津規則 (Warsaw-Oxford Rules)	1. 國際法協會 2. 國際商會	1. 1928 年：共 1 種 2. 1932 年修訂：共 1 種	CIF
信用狀統一慣例 (UCP)	國際商會	1. 1933 年訂定 2. 1951 年 Brochure 151, 1952 年 1 月 1 日實施 3. 1962 年 Brochure 222，1963 年 7 月 1 日實施 4. 1974 年 Brochure 290，1975 年 10 月 1 日實施 5. 1983 年 Publication 400，1984 年 10 月 1 日實施 6. 1993 年 Publication 500，1994 年 1 月 1 日實施 7. 2006 年 Publication 600，2007 年 7 月 1 日起實施	共有 39 條條文
國際標準銀行實務 (ISBP)	國際商會	1. 2003 年制定，ISBP 2003 2. 2007 年制定，ISBP 2007 3. 2013 年制定，ISBP 2013	共有 298 條條文

習 題

一、是非題

( ) 1. 政府為讓保險業、運輸業有立足之地，同時又能賺取外匯或節省外匯，並增加就業機會，因此希望出口商以 FOB、進口商以 CIF 報價。

( ) 2. CIP 是運保費付訖條件，因此它屬於進口地交貨條件。

( ) 3. 出口商如遇運費有上漲趨勢時，選用 FOB 條件較好。

( ) 4. 解釋貿易條件的規則，本身都具有法律效力的。

( ) 5. 在海運運送方式中，"Freight" 係指貨物從裝運港運到目的港的海運費而言。

( ) 6. DAT 條件，賣方須負責進口報關並支付進口稅捐。

( ) 7. DAP 條件，係屬進口地交貨條件。

( ) 8. FCA 條件，適用於任何運送方式。

( ) 9. FCA 與 CIP 條件，均屬出口地的交貨條件。

( ) 10. CPT 與 FCA 條件，係指賣方於指定地將貨物交由運送人收管後，其責任已盡。

二、選擇題

( ) 1. 進口商如遇本國貨幣有升值趨勢時，宜選用 (1) FOB (2) CIF (3) FCA。

( ) 2. 下列何者貿易條件不屬出口地交貨條件？ (1) CIF (2) CIP (3) DAT。

( ) 3. (1) EXW (2) FOB (3) FAS 條件，買方須自行負責辦理貨物出口報關事宜。

( ) 4. (1) FAS (2) FOB (3) CIP 條件，為買賣雙方風險與費用的負擔，以裝運港船舶上為分界點。

( ) 5. 下列何者貿易條件為出口商所負擔的風險最多？ (1) CIF (2) DAT (3) DDP。

( ) 6. CFR Kobe，此 Kobe 係指 (1) Port of Shipment (2) Port of Discharge (3) Destination。

( ) 7. Carriage Paid to Kobe，此 Kobe 係指 (1) Port of Shipment (2) Port of Discharge (3) Destination。

( ) 8. (1) CFR (2) CIP (3) DAP 的條件，出口商所負擔的費用與 CIF 條件是差不多的。

( ) 9. 視貿易條件係屬出進口地價時，多以其出口商負擔的 (1) 費用 (2) 風險 (3) 兩者均有 為依據。

( ) 10. 請問 INCOTERMS® 2010 有幾種貿易條件？ (1) 10 種 (2) 11 種 (3) 13 種。

三、翻　譯

1. 目的地交貨條件
2. 運保費在內條件
3. 船上交貨條件
4. 貨交運送人條件
5. 運費付訖條件
6. ICC
7. INCOTERMS
8. RAFTD
9. UCP
10. Trade terms

四、問答題

1. 信用狀統一慣例內容有哪些?
2. 貿易條件 DAT 和 DAP 有何不同之處?

第三章

國際貿易交易的
基本條件

　　買賣雙方找尋到交易對手做好信用調查後,下一步驟即是洽談交易的條件,譬如甲乙兩方以**紙杯 (Paper cup)** 作為交易物品,而在決定紙杯的單價時必須考慮下列因素:(1)買方想要的紙杯品質是什麼: 不同的品質就有不同的價格;(2)需要的數量有多少: 訂購的數量愈多會使單位成本降低,而導致單價亦便宜;(3)不同的**貿易條件 (Trade term)**: 由於賣方所負擔的費用與風險有差別,因而價格也有所差異;(4)隨著紙杯的包裝方式不同,價格會有出入;(5)假設賣方須負擔保險的支出,當然羊毛出在羊身上,賣方須將此費用加入單價裡;(6)隨著交貨方式不同,價格亦不同。如海運交貨與空運交貨所負擔的運費成本不同,則賣方所報出的價格就有所不同;(7)由於買方付款方式不同,那麼賣方所報出的價格就得視其情況而定。

　　從上得知一件物品的買賣,雙方所同意的價格裡面一定含有其約定好的條件,這些條件當然在報價單裡提出,到最後雙方同意後於契約內明訂出。因此在國際貿易買賣的實務過程中,交易的基本條件必須弄清楚,以避免因詞句不清而引起貿易糾紛。

第一節　品質條件 (Quality)

　　國際貿易多非面對面的現貨買賣,因此,在商品買賣中對於決定品質的方式、決定品質的地點及如何證明交貨時品質無誤的方式等,都應該有一明確的約定,以避免品質糾紛的事件發生,所以品質條件的約定是商品買賣中最重要的一個因素。

 ### 一、約定品質的方法

　　須視商品種類、特性、交易習慣及交易磋商方式來約定商品品質的方法。因此,不同的商品決定品質的方法亦有所不同。

　(一)以實物約定品質的方法

　　1.**看貨買賣 (Sale by inspection)**——買方可在賣方所在地面對面進行交易,並親眼檢視其品質,認為滿意後再進行交易,或是賣方可將貨物運至進口地待售,當然買方亦可親自檢視其品質後再決定成交。故以**實物品質 (Actual quality)** 約定買賣商品的品質稱之為看貨買賣,存貨交易多採此種交易方式。

2.**憑樣買賣** (Sale by sample)──樣品 (Sample) 係指一個或數個或少量足以代表買賣標的物品質的現貨而言。它可使買方對於買賣標的物的性質或形狀一目了然，同時可判定其價值，從而決定是否購買。故憑樣品進行的交易稱為憑樣買賣，也就是賣方日後所交的貨物品質必須與樣品相符。當然樣品的提供者不一定是賣方，也可能是買方。因此我們可將它分為下列各種情形：

(1)**賣方樣品** (Seller's sample)：係指賣方向買方提供的樣品而言。在國際貿易的交易中，所謂的樣品多指賣方樣品。

(2)**買方樣品** (Buyer's sample)：為買方向賣方所提供擬購商品的樣品而言，如訂貨生產則多為買方樣品。因此在這種買方提供樣品的情況下，除非賣方很有把握確定能做出符合買方所需要的樣品，否則不宜輕率地決定。

(3)**相對樣品** (Counter sample)：凡是依據對方所提供的樣品略加修改，再向對方提出的樣品即是相對樣品，也就是買方（賣方）提出樣品，賣方（買方）提供修改參考後，經買方（賣方）同意變更，以便賣方製造。

(二)**以說明約定品質的方法**

憑說明約定品質的買賣，賣方負有交付與說明或記述相符的商品的義務。它可分為：

1.**憑標準品買賣** (Sale by standard)──在商品的買賣中如為現貨交易可憑樣品買賣，但如不是現貨應如何處理決定品質呢？譬如農產品在成交時往往尚在成長中或甚至還未成長，或是有的產品其品質變化速度太大，選取合理樣品較為困難。故在洽談此類商品交易時，通常都約定日後所交商品的品質以各該商品交易習慣或以某地、某機構所制定的一定的品質為標準，譬如：

(1)**中等平均品質** (Fair average quality，簡稱 FAQ)：這種條件主要應用於農產品的大宗交易，其標準物通常是由裝貨地有關行業的權威機構，就該季節出口的各批貨物中，抽出一部分樣品予以混合調製，使其能代表裝貨時裝貨地的中等平均品質，並由該機構鄭重加封保管，以作各批同類貨物品質的比較標準。此外，另有以卸貨地調製標準物作為品質標準的習慣。

(2)**良好可銷品質**（Good merchantable quality，簡稱 GMQ）：這種條件賣方只須保證其所交貨品質屬於良好而合於銷售，但「良好合於銷售」

畢竟是一個抽象的用語，很難有明確的定義。概括言之，乃指商品在一般市場中具有一般的、合理的品質而言。因此如買賣雙方對於品質是否良好可銷發生糾紛，通常都經由此一行業的同業公會以仲裁方式來解決。木材、冷凍魚的買賣就常用此條件訂立買賣契約。

2.憑規格買賣 (Sale by type)——在農產品或礦工業產品中多由政府或工業團體，訂定有關品質標準規格，以供業者作為買賣的依據。買賣這類商品時不必以實物表示其品質或詳細的說明，而以公認的規格等級或規格號碼就可決定品質。目前在國際上常見的標準規格有公司標準、團體標準、國家標準、國際標準、其他標準等五大標準規格。

3.憑商標或品牌買賣 (Sale by trade mark or brand)——凡具有規模的製造商通常為其產品另取專用名稱，以便利購買者指名購買其產品，這種名稱就是品牌。著名廠商的產品大都憑商標或品牌交易，故生產者為使其商標或品牌在商場上享有良好聲譽，都會將其品質維持在一定的水準以上。因此，在國際貿易時其決定品質條件是用此方式為準，多用在國際知名廠商的產品，且其產品在國際間行銷已久。

4.憑說明書或型錄買賣 (Sale by specification or catalog)——以此種決定品質方式的商品買賣，多由賣方或買方提出詳細的說明書 (Specifications) 說明貨物的規格、構造、原料、型式、尺寸及性能等。有時還須附上設計圖或藍圖、照片、圖樣、成分的分析表及化驗書等。

 二、決定品質的時間和地點

1.出廠品質條件 (Maker's quality final)——以此為交易，賣方只須負責將貨物製造好而以製造地為確定品質標準的地點，也就是賣方將貨物於製造地交予買方時品質與契約相符。它適用於 EXW 貿易條件。

2.裝運品質條件 (Shipped quality final)——以此為交易，賣方只須負責貨物在裝貨時的品質與契約相符，至於貨物到達目的港的品質如何，賣方不負責任。它適用於 FAS、FOB、CFR、CIF、CPT、CIP 及 FCA 等貿易條件。

3.起岸品質條件 (Landed quality final)——以此為交易，賣方須負責貨物到達目的港或目的地時品質與契約相符，也就是賣方須承擔貨物在運輸途中品質發生變化的風險。它適用於 DAT 等貿易條件。

　　4.**買方倉庫品質條件** (Buyer's quality final)——以此為交易，賣方必須負責將貨物送達到目的地的買方倉庫時品質與契約相符。它適用於 DDP 貿易條件，如係巨型機器設備須俟機器安裝妥當經試車正常後，賣方始能解除保證品質責任。

 ## 三、交貨品質的證明

　　國際貿易上所要注意的是劃分雙方所負擔的責任與費用,故賣方所交貨物，其品質是否與買賣契約一致，應由有關單位出具證明。

　　1.在契約上所訂是以裝運品質為準時，其出具證明文件單位有：**製造商** (Manufacturer, Maker, Producer, Supplier)、**出口商** (Seller, Exporter, Shipper)、**標準檢驗局** (BSMI) 和公證行 (Surveyor) 等單位。

　　2.在契約上所訂是以起岸品質為準時，其出具證明文件單位有：**進口商** (Buyer, Importer)、用戶 (Consumer, End user)、標準檢驗局和公證行等。

 # 第二節　數量條件 (Quantity)

 ## 一、選定數量單位

　　買賣雙方在數量的交易條件中，首先要注意的就是選定數量單位，因為它可依貨物性質不同而有各種不同的標準。故在買賣契約中需明確規定其數量單位，以免日後發生糾紛。茲介紹如下：

　㈠重量 (Weight) 交易單位

　　一般天然產品，如羊毛、棉花、穀物及部分工業製品等用重量單位交易。其單位有：

　　1.**長噸**（Long ton，簡稱 L/T）——又稱**英噸** (Gross ton)，為英國制重量單位，1 長噸 = 2,240 磅 = 1,016 公斤。

　　2.**短噸**（Short ton，簡稱 S/T）——又稱**美噸** (Net ton)，為美國制重量單位，1 短噸 = 2,000 磅 = 907 公斤。

　　3.**公噸**（Metric ton，簡稱 M/T）——為法國制重量單位，1 公噸 = 2,204.616 磅 = 1,000 公斤。此單位現在已逐漸為世界各地所採用。

得知重量單位有些什麼後，還須知重量單位計算的方式才行，而其方法有：

1.毛重（Gross weight，簡稱 G.W.）——以整件貨物的重量為準，也就是它包含了貨物本身重量與包裝材料的重量。其中包裝材料的重量我們稱之為皮重(Tare)，例如箱子、袋子等。

2.淨重（Net weight，簡稱 N.W.）——貨物的毛重扣除皮重以後的重量，也就是貨物本身實際的重量。而扣除皮重的計算卻有下列四種方式：

　　⑴實際皮重 (Actual tare)：全部商品的包裝材料逐件過磅所得的重量總和，即為該批商品的實際皮重。此種計算皮重方式最為精確，但件數如多則較為麻煩。

　　⑵平均皮重 (Average tare)：從整批貨物中抽取若干件，秤量各件皮重再以其平均數乘總件數，即可得該批商品的皮重。此種計算皮重的方式，由於現今包裝技術改進，包裝方式及材料亦漸標準化的情況下已漸普遍被採用。

　　⑶習慣皮重 (Customary tare)：某些貨物因其包裝方式與材料在習慣上已經有一定的標準，所以對這些商品毋須逐件計算皮重，而直接以習慣上認定的皮重乘以該批商品的總件數，作為該批商品的皮重。如我國外銷水泥的紙袋、裝稻穀的麻袋、肥料的塑膠袋等，在各行業習慣上均有認定的皮重。

　　⑷推定皮重 (Computed tare)：通常由買賣雙方預先協議決定以某種重量作為每件商品的皮重，然後以這推定皮重乘該批商品的總件數，即可得該批商品的皮重。如買賣雙方決定採此種方式計算皮重時，在契約中宜規定具體的皮重以免引起糾紛。

3.法定重量 (Legal weight)——係指貨物與裝飾包裝的合併重量，所謂裝飾包裝是指直接接觸貨物可連同貨物零售的包裝。如紙盒、小罐、小瓶之類等，南美有些國家課徵進口稅採從量課稅，規定貨物的重量須包括直接接觸貨物的包裝材料在內，故稱之為法定重量。

4.純淨重（Net net weight，簡稱 N.N.W.）——為毛重扣除外包裝、內包裝材料及其他附屬物後的重量，也就是法定重量扣除直接接觸商品的包裝材料及其他附屬物後純粹商品本身的重量。如成衣扣除襯托紙板、大頭針或塑膠套等附屬物後所得的重量即為 N.N.W.。

㈡個數 (Number) 交易單位

用於一般雜貨及工業用品，如成衣、文具、紙張、玩具等多採用個數單位。其單位有：件 (Piece)、瓶 (Bottle)、打 (Dozen)、籮 (Gross) (= 12 doz)、大籮 (Great gross) (= 12 Gross)、套 (Set) 等。

㈢長度 (Length) 交易單位

用於布匹、金屬、電線電纜、繩索、塑膠布（皮）等物品買賣，其單位有公尺 (Meter)、碼 (Yard)、呎 (Foot) 等。

㈣面積 (Area) 交易單位

用於皮草、紡織品、地毯、木板等物品買賣，其單位有平方公尺 (Square meter)、平方碼 (Square yard)、平方呎 (Square foot) 等。

㈤體積 (Volume) 交易單位

用於化學氣體及木材、夾板等物品買賣，其單位有立方公尺（Cubic meter，簡稱 CBM 或 M^3）、立方碼 (Cubic yard)、立方呎 (Cubic foot) 等。

㈥容積 (Capacity) 交易單位

用於部分穀物如小麥、玉米及流體物質如汽油、油精等物品買賣，其單位有蒲式耳 (Bushel)、加侖 (Gallon)、公升 (Liter)、立方釐（Cubic centimeter，簡稱 C.C.）等。

㈦包裝 (Packing) 交易單位

用於棉花、棉紗、罐頭食品、水泥等之物品買賣，其單位有包 (Bale)、袋 (Bag)、木箱（Wooden case，簡稱 C/S）、紙箱（Carton，簡稱 CTN）等。

 二、決定數量的時間與地點

決定數量的時間、地點與決定品質的時間、地點的意思是一樣的，也就是賣方將貨物交予買方時其數量一定要與契約上所規定的數量相符。問題是交付的數量在何時何地來確定？其基本上亦是以貨物風險由賣方移轉買方之時作為標準，可分：

1.裝運數量條件 (Shipped quantity final)──以此為交易，賣方交付貨物的數量是以在裝貨港的裝運重量為準，只要裝運重量與契約相符，就是萬一載運途中數量發生損耗，賣方是不需要負責的，其適用於 FAS、FOB、CFR 及 CIF 等貿易條件。

2.**起岸數量條件** (Landed quantity final)——以此為交易，賣方所交貨物在目的港起岸的數量應與契約相符，其適用於 DAT 貿易條件。

 三、數量差異與解決方法

國際買賣的貨物數量，常因在製造過程中原料數量的增減，或因經檢查而有品質不良等現象致使較原來所規定的數量減少一些，而無法與當初在訂單上或買賣契約內所規定的數量相符。所以，為慎重起見，出口商對於貨物沒有把握按規定的數量交付時，宜在買賣契約中約定其相當增減範圍，以避免數量不足的問題發生，其方法就是設立**寬容條款** (Allowance clause)，又稱**過與不足條款**（More or less clause，簡稱 M/L clause）。

買賣雙方在契約內明定雙方可給予的數量寬容程度，在這範圍內可免責，超過寬容範圍應如何賠償亦得在契約內記載清楚。只要雙方同意其所決定的增減數量，哪怕是 ±20% 都可行，但也有雙方同意其數量給予寬容，可是卻未明定其寬容程度是多少時，如係信用狀交易，那麼就可依據 UCP 600 的規定有 ±5% 的寬容增減數量。有時在契約上數量前冠上 "about" 或 "approximate" 一字，以表示契約數量是大約數，那麼在寬容程度下依據 UCP 600 的規定有 ±10% 的增減額（註：±5% 的寬容增減數量，只適用於非包裝單位或個別數規定數量者，且不得超過信用狀金額）。

 四、交付數量的證明

如契約是以「裝運重量」為條件，貨物即在出口地過磅，由賣方簽發**重量單** (Weight note) 或**尺碼重量單** (Measurement & Weight list) 作為交付重量的證明、假設買方對賣方自行證明不具信心，可要求**公共重量檢定人** (Public weigher) 證明。此公共重量檢定人在國內通常由公證行擔任，所出具的證明為**重量證明書** (Certificate of weight)。

如契約是以「起岸重量」為條件，則貨物在進口地過磅，以此作為賣方實際交付貨物的數量。在進口地檢定重量通常由公共重量檢定人（公證行）擔任，但賣方在慎重起見下也可預先指定進口地特定公證行進行過磅工作。

第三節　價格條件 (Price)

在所有的買賣交易條件中價格應該屬於靈魂條件。談妥各種條件後賣方將其價格提出買方接受，那麼交易算初步順利成功。如買方不接受時，賣方必須考慮在接受什麼樣的交易條件下，他應該報出多少價錢而不致使自己吃虧呢？所以價格是整個交易的重心。一旦賣方提出價格時，它就應該包括四項條件：

1. 價格的種類。

2. 價格的構造。

3. 價格的幣別。

4. 計價的數量單位。

如：US$12 per pound net CIF Keelung，US$12 是表示貨物的價格與幣別，以 12 美元來計價；per pound 表示貨物每一單價所能購得的數量，以每磅 12 美元來計算貨值；net 表示價格的種類，每磅 12 美元是淨價不含任何佣金或折扣；CIF Keelung 表示價格的構造，賣方將貨物從製造工廠送至裝運港船上後風險即結束，而費用除貨物成本 (Cost) 外，另包含貨物從出口地運至目的地基隆的運費及保險費在內。

因此賣方在報價時其價格條件內所包含這四項要素是缺一不可，由於價格的構造，我們在第二章貿易條件已介紹，因此不再敘述說明，現就其他條件加以說明。

 ## 一、價格的種類

國際貿易上所採用的價格，約有下列幾種：

㈠按價格內是否含佣金，可分

1. 淨價 (Net price)──指賣方所開出價格為實價，不含任何佣金或折扣，只要成交買方只須按契約價格支付貨款即可。表示方式為 US$10 per dozen net 或是 The price is net price without any commission 均可。

2. 含佣價格 (Price including commission)──指價格中包含有售貨佣金 (Selling commission) 或購貨佣金 (Purchasing commission)，是交易達成後付給中間商的酬庸。至於佣金多寡買賣雙方在進行交易前應事先協議，其表示方法是

在價格之後加上佣金的百分比，如 US$10 per doz FOB&C3% 或 FOB&C3。通常計算佣金是以 FOB 為基準，但如遇 CIF&C3% 或 CFR&C3% 時，那麼計算佣金的基準是哪一個呢？因此，在報價或訂約時最好將價格條件與佣金分開，佣金另以文字約定，如：

"The price includes your commission 5% calculated on FOB basis." （此價格包含你的 5% 佣金，並按 FOB 值來計算。）

（二）按該貨品價格是否參雜其他貨品價格，可分

1.平均價格 (Average price)——貨主將其各種品質的產品按照價格、數量算出平均價格，並以一定數量的比例搭配各種品質的貨物一併出售，適用於農、林、漁產品及出售存貨的交易。

2.直接價格 (Direct price)——貨主按照個別貨物直接計算其價格出售，不涉及其他貨物，通常國際貿易上的貨物都是以此進行交易。

（三）按價格高低是否受限制，可分

1.限價 (Ceiling price)——政府為防止物價上漲以維持人民生活安定，對於民生必需品及重要工業物資的市場價格，使限於某一定的標準不得抬高價格出售，通常實施於進口貨物。

2.底價 (Floor price)——政府為防止本國廠商在國外自相殺價競銷，因此規定某些貨物之最低價格，限定出口商不得低於該項價格輸往國外。

（四）按價格是否有拘束力，可分

1.指示價格 (Indication price)——出口商對於進口商初次洽詢價格，通常並不立刻提供穩固報價，而是先寄產品目錄、價目表等供對方參考。因此，價目表上所列價格，乃在便於對方衡量產品售價而已。

2.交易價格 (Transaction price)——賣方得知買方如屬意某項產品時，則正式報價予對方，故報價時所開示的價格，為賣方願意銷售的交易價格，這種一經有效接受，即成為契約價格，雙方均同受其拘束。

 ## 二、價格的幣別

在一筆交易中，用來表示價格的貨幣，有下列三種：

1.出口國家的貨幣。

2.進口國家的貨幣。

3.第三國的貨幣。

究竟以何種貨幣來計價應由雙方協定。在國際金融相當穩定的時期,採用上述任何一種貨幣計價對進出口商而言並無差別,但在國際金融動盪不安的情況下進行交易,買賣雙方只有採用本國貨幣交易才能免除匯率變動的風險。

 ### 三、計價的數量單位

計價的數量單位,是表示一單價所能購得的貨物數量,普通是以本章第二節所述的各種數量單位作為計價單位。如毛衣數量單位是以「打」計,則計價的數量單位也用每「打」若干元計,此為通例。

但是,計價單位有時與訂約時的數量單位並不一致。在實務上,為求計算方便,往往針對貨物的性質加大其計算單位,這樣計算起來較為簡便,合乎實情。如 20 支單股棉紗每磅 US$0.80,在習慣上多以每件(400 磅)US$320.00,作為計算單位。

第四節 包裝條件 (Packing)

國際貿易買賣的包裝條件,其主要內容包括貨物的包裝與包裝外層的裝運標誌,故本節就以這兩方面來討論。

 ### 一、貨物包裝

貨物包裝可分內包裝 (Packaging, Inner packing) 與外包裝 (Packing, Outer packing) 兩種,前者是指貨物製造出來後以適當的材料或容器裝盛貨物的初次包裝,如酒用瓶裝、奶粉用鐵罐裝,這種包裝目的除在保護貨物品質外並藉以提高貨物價值,所以在求外表美觀醒目,便於銷售。而外包裝則指貨物運送時,將一件或數件貨物裝入容器內或以特定方式包紮的二次包裝。其目的在保護貨物,便於運輸保管。一種完善的出口包裝,應具備下列各項條件:

1. 應求堅固完整。
2. 包裝材料應適合貨物的性質,並應注意裝卸港口的氣候變化。
3. 應盡量減低重量及體積,不宜超長、超大、超重。
4. 應在安全的原則下,盡量節省包裝費用。

5.每件大小應整齊劃一，以便裝卸、堆積、計算、檢量及識別。

6.應遵照買方的指示辦理。

7.應合乎進口國家的海關規定。

當然，賣方於報價或訂約時，都應清楚註明包裝的方式與其尺寸才是。現分述如下：

(一)包裝的種類

出口貨物依是否需要包裝可分三種：

1.**散裝貨物 (Bulk cargo)**——散裝貨物毋需包裝，可直接裝於船上，這類貨物多為不易包裝或不值包裝或可散裝裝載的貨物，如小麥、黃豆、玉米、煤、礦砂、廢鐵等。

2.**裸裝貨物 (Nude cargo)**——裸裝貨物是型態上自成件數而毋需加以包裝的貨物，例如鋼鐵、鍋塊、金銀、銅、鐵塊、車輛等。

3.**包裝貨物 (Packed cargo)**——包裝貨物是需加包裝的貨物，一般出口貨物除散裝貨和裸裝貨外，均需加以包裝，其貨物隨著包裝材料及包裝方法的不同可分：**箱裝 (Case)、捆包 (Bale)、袋裝 (Bag)、桶裝 (Barrel)、瓶裝 (Bottle)、簍裝 (Basket)、籠裝 (Cage)、櫃裝 (Container)** 和無容器等之貨物包裝。

(二)包裝的重量與尺寸

賣方在報價時應列明每件貨物的重量與尺寸（除散裝貨外），在 FAS、FOB 的貿易條件下運費由買方負擔，買方因此可明瞭將負擔多少運費；在 CFR、CIF 的貿易條件下，運費雖由賣方負擔，買方也需知道貨價中含有多少運費。此外，船公司對於超重貨物（例如每件重量 3 噸以上，貨櫃除外）、超大貨物（例如每件體積 3 立方公尺以上，貨櫃除外）、超長貨物（例如每件長 10 公尺以上，貨櫃除外），均加收**附屬費 (Additional rate)**，運費負擔較一般貨物多。所以，買賣雙方對於貨物的包裝重量與尺寸須加以約定才可。

 二、裝運標誌

裝運標誌 (Shipping mark) 俗稱嘜頭 (Mark)，是指包裝容器上用油墨、油漆或以模板加印嘜頭或標誌，以便貨物在裝卸、運輸途中易於識別，避免誤裝誤卸。嘜頭的主要功能有：

1.易於識別尋找。

2.簡化文書，各種貨運單據如商業發票等記載同一標記，節省時間。

3.保持商業秘密，不必開列冗長姓名、住址等。

4.便於理貨裝卸、堆積，避免誤裝誤卸。

5.避免危險及損毀船貨。

　　裝運標記的設計除主標誌外多由賣方設計，並得在契約內明示出來，現就以下面 Shipping mark 圖例來介紹其內容：

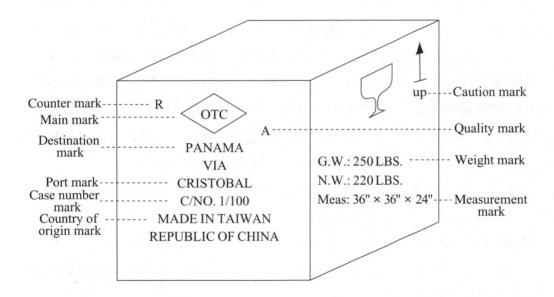

（一）主標誌 (Main mark)

　　即主嘜，通常包括兩部分，一為圖形部分，二為買方（受貨人）英文名稱字母的縮寫。前者可省去不要，但買方英文名稱字母一定得有，主要原因為縮寫買主英文名稱字母可保守商業秘密，並可識別這是自己所買的貨物，而碼頭工人也可識別貨物，避免誤裝、誤卸。因此，此 Mark 多由買方設計，如買方放棄權利，賣方可代勞設計，買方不得有意見。如圖的 Main mark 為 OTC ，我們將它唸稱 "OTC in diamond"，diamond 就是菱形圖形之意，OTC 則為買方英文名稱的縮寫。

（二）卸貨港標誌 (Port mark) 與目的地標誌 (Destination mark)

　　此標誌表示方法有兩種意義：

1.目的地不在卸貨港時——如圖示 "PANAMA VIA CRISTOBAL" 其意思

為經由 CRISTOBAL 運往 PANAMA，CRISTOBAL 是 Port of discharge，PANAMA 是 Destination，VIA 之意則為 by the way of，也就是「經由」或「取道」之意。

2.目的地就是在卸貨港時──如從紐約運至基隆，卸貨港是基隆，目的地是基隆，則表示方法就是只寫 "Keelung" 即可。

(三)包裝箱號標誌 (Case number mark)

說明一批貨物總箱數與本箱貨物號數的關係，如圖 C/No. 1/100，100 是這一批貨物總箱數，1 是本箱貨物的號數，假設本箱貨物的號數為 30，則表示的方式為 C/No. 30/100 我們可將之解釋為 100 箱中的第 30 箱，但在提單、發票、保險單及包裝單等文件上如欲填寫此標誌時，其表示方式則為 "C/No. 1–100"，其內容為這批貨物的包裝為共計 100 箱，如這批貨物共計 150 箱，則在文件上的表達為 "C/No. 1–150"。當然我們也有見過這樣的寫法 "C/No. 1–up"，此意表示包裝箱數還未確定，多在報價時賣方暫擬設計 Mark 時使用。

(四)原產地國標誌 (Country of origin mark)

此 Mark 是說明貨物是在某國製造生產的，如圖 MADE IN TAIWAN, REPUBLIC OF CHINA 就是表示該項貨物為中華民國臺灣製造的，大多數國家的海關對於未標明原產地國的貨物不准其進口，而我國也規定凡出口貨物原則上應於包裝上標示原產地。

(五)副標誌 (Counter mark, Sub-mark)

其位置在主標誌左上端或右上端附加上去的標誌，故又稱附加標誌 (Additional mark)，此標誌多為賣方英文名稱字母的縮寫，由於已有主標誌可以識別貨物了，因此此標誌有無均不受影響。如圖中 R 就是 Counter mark。

(六)品質標誌 (Quality mark)

此標誌是表示貨物品質等級的記號，故又稱等級標誌 (Grade mark)，刷印於主標誌的右下方，如圖中 A 就是 Quality mark，代表其貨物為 A 級品質。

(七)重量與體積標誌 (Weight & Measurement mark)

表示該箱貨物的毛重、淨重及體積，作用在便於船公司安排艙位及計算運費，有時船公司信任裝貨人毋需逐件過磅或丈量，而節省時間，如圖 G.W. 為 250 LBS. (毛重為 250 磅)，N.W. 為 220 LBS. (淨重為 220 磅)，Measurement 為 36″ × 36″ × 24″。

㈧小心標誌 (Caution mark)

又稱注意標誌 (Care mark)、安全標誌 (Safety mark) 或保護標誌 (Protective mark)。此標誌的作用在於避免或減少貨物在運輸期間遭受損害，故在包裝外側註明，以便有關人等注意。其表示方式有兩種：一為圖案，二為英文。附圖是以圖案來表示。

我國國家標準的貨物搬運用警語圖案標誌，舉例如下：

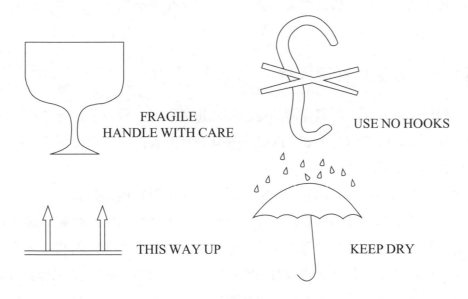

常見的英文注意標誌則有下列數種：

1. THIS SIDE UP or THIS END UP　此端向上。

2. HANDLE WITH CARE or WITH CARE or CARE HANDLE　小心搬運。

3. USE NO HOOKS or NO HOOKS　請勿用鉤。

4. KEEP IN COOL PLACE or KEEP COOL　放置冷處（保持低溫）。

5. KEEP DRY　保持乾燥。

6. DO NOT DROP　小心掉落。

7. KEEP FLAT　注意平放。

第五節　保險條件 (Insurance)

　　從事國際貿易的買賣具有多種風險，其中之一就是貨物運輸的風險，當然我們可將此種風險轉嫁給保險公司，但是其細節應如何處理呢？例如誰向保險公司洽購保險，保險金額應為多少，當貨物遇有滅失或損害時由何方向保險公司申請理賠等等，由於貨物運輸保險的內容將於後面章節詳細說明，在本節僅討論下列項目：

一、貿易條件與保險

　　由於貿易條件不同，其保險的處理方式也就不同。假設是買方負責洽購保險的貿易條件，如 EXW、FAS、FOB ……等，那麼我們可在報價單或契約上的保險條件作如下規定：

　　"Insurance to be covered by the buyer."（保險由買方負責購買。）

　　至於買方要保何種險較適合，賣方無權詳知內容，但是站在賣方對產品較瞭解的立場下，應該善意的建議買方洽購何種險別較為適合。因此我們下面所討論的項目，也就是針對賣方負責洽購保險應注意事項。因為賣方洽購保險，他就有責任將保險做最適當處理，以免理賠發生時受益人的權益並不能得到適當的保障。所以在 CIF、CIP 等貿易條件下，我們可在報價單或契約上的保險條件作如下規定：

　　"Sellers shall arrange marine insurance covering ICC (B) plus TPND and war risks for 110% of the invoice value and provide for claim, if any, payable in New York in US currency."（賣方應洽保水險，投保的險別為 B 條款，並加保遺失竊盜險及兵險，保險金額係按發票金額的 110% 投保，並須規定如有索賠應在紐約以美元支付。）

二、保險金額

　　在磋商保險條件時，雙方應在契約中訂明保險金額 (Amount of insurance)，以利辦理保險。如在買賣契約中未訂明保險金額，則賣方在購買保險時只好按照國際規則辦理，也就是為 CIF 或 CIP 價額另增 10%。上例中我們即以 "110%

of the invoice value" 作為保險金額。

　　當然，以 CIF 價額另增 10% 為保險金額時，相對的保費提高，因為保費是由保險金額乘以保險費率，保險金額愈高保費也就跟著提高。但要保人在洽購保險時往往寧願多繳一些保費給保險人，當保險事故發生時只要合乎理賠條件，受益人所得到的賠償也就多些，這也就是在貿易上的保險多為超額保險的理由，要保人謂之將「預期利潤」亦予以投保。

 ## 三、保險種類

　　不同的保險險別，由於保險公司所負擔的責任不同，保費的收取多寡也就有所區別，往往要保人為了有所顧慮，因此其保險的險別範圍也就多些。一般而言多視貨物的性質去投保較為適合，至於其險別內容將在貨物運輸保險一章說明。

 ## 四、保險賠償地點

　　在 CIF 交易的場合，賠償請求權多由買方行使，故往往約定在目的地賠償，而保險支付金額的貨幣種類往往也以交易價格的貨幣種類為賠償的貨幣，如信用狀的金額以港幣表示，發生保險事故時亦以港幣賠償。

第六節　交貨條件 (Delivery)

　　買賣雙方交易的目的就是賣方照著契約裡的規定將貨物製造好後，如期交貨，買方則遵守約定如期付款。而在國際貿易上因多非現貨交易，賣方裝運貨物後就由運送人開立提單，提單是代表已交貨物的證據。至於買方應如何付給貨款呢？目前多半是透過銀行來給付。因付款的義務是因賣方的交貨而發生，所以賣方交貨沒有妥善處理，買方可以拒絕付款。

 ## 一、交貨地點

　　買賣雙方如無特別說明交貨地點時，都以貿易條件為依據，凡貿易條件一經確定後，則同時也就決定了交貨責任的地點。茲就各種貿易條件下的交貨地點列表如下：

貿易條件		交貨地點
輸出地交貨條件	EXW	賣方營業處或其他指定地點
	FCA	發貨地運送人倉庫
	FAS	裝運港船邊
	FOB	裝運港船上
	CFR	裝運港船上
	CIF	裝運港船上
	CPT	發貨地運送人倉庫
	CIP	發貨地運送人倉庫
輸入地交貨條件	DAT	目的港或目的地終點站
	DAP	目的地買方指定地點
	DDP	目的地買方指定地點

 二、交貨時期

在 FOB、CFR 與 CIF 等裝運地交貨條件下，**交貨時期** (Time of delivery) 即指「**裝運時期**」(Time of shipment)。在 DAT、DAP 及 DDP 等到貨地交貨條件下，裝運時期與交貨時期是不同的概念；詳言之，裝運時期是指在出口地裝運的時間，而交貨時期為在目的地實際交付貨物的時間。一般交貨的時期有下述方式：

㈠即期交貨

一般表示方式有：Immediate shipment（隨即裝運）、Prompt shipment（即期裝運）、Ready shipment（已備裝運）、Shipment as soon as possible（盡速裝運）。使用這種交貨方式多用於零星交易或賣方握有存貨、現貨、可馬上交貨的場合，否則賣方如何即期交貨？因此，即期交貨在國際貿易上應用不廣，而在信用狀上使用此字句時，依據 UCP 600 的規定，銀行將不予理會。

㈡定期交貨

約定定期交貨方式是國際貿易較常用的交貨時期條件，它可分下列六種：

1.限定某月內裝運——如 July shipment.（7 月裝運。）

2.限定某月中的一段期間內裝運——如 Shipment during first half of March. 〔3 月上半月（1 日至 15 日）間裝運。〕

3.限定某日前裝運——如 Shipment on or before August 20.（8 月 20 日或之前裝運。）

4.限定某日左右裝運——如 Shipment on or about August 20.（8 月 20 日左右（15 日至 25 日）裝運。）

5.限定於連續數月內裝運——如 January/February shipment.（1 月到 2 月間裝運。）

6.限定於某預定日期後的一段期間內裝運——如 Shipment within 60 days after receipt of L/C.（收到信用狀後 60 天內裝運。）

 ## 三、交貨的附帶條件

㈠有關分批交貨的條件

貨物是否可以分批裝運，影響買賣雙方權益甚大。就賣方而言，如一筆交易金額甚大，需較長時間才能備貨完畢，若等貨物全部備齊再一次裝運，則在資金周轉上可能遭遇困難。對買方而言，若容許分批交貨，萬一賣方取得部分貨款後對於其餘部分不予交貨，則買方可能遭受損失。因此，是否可以分批裝運，應在契約上明訂出，如沒有寫明清楚是否可分批裝運時，若屬信用狀交易，那麼根據 UCP 600 的規定，賣方得在信用狀規定交貨期限內將貨物分批運出，在報價單或契約上聲明可以分批裝運時，其表示方式為：

"Partial shipments (to be) allowed."　⎤
　　　　　　　　　　　　　　　　　　├（允許分批裝運。）
"Partial shipments (to be) permitted."⎦

"Shipment during July/August, partial shipments allowed."（可於 7 月、8 月分批裝運。）

㈡有關轉運的條件

有時輸出入兩國間並無直接航線，貨物從出口國家運往進口國家，必須在第三國的國際港口轉運方能到達目的地。由於轉運時貨物搬上搬下容易遭致損害，並且船公司多收附屬費，因此除非有必要買方多不同意轉運。報價或契約上的表示為：

"Transhipment is not allowed."（不允許轉運。）

㈢有關交貨時期的附帶條件

一般訂定交貨時期是假設一切均屬正常的情況，但是如遇特殊情況應怎麼

辦，因此有時可加附帶條件保障自己（賣方），其表示方式如：

"Shipment during August subject to shipping space (or vessel) available." （8 月間交貨，如獲有艙位（船舶）時。）

 四、交貨通知

又稱裝運通知 (Shipping advice) 是指賣方對買方所發出貨物已於某月某日或將於某月某日裝運的通知。其通知內容通常有貨名、裝運數量、船名、裝運日期、裝運港口等，而通知的方式則以電傳或航郵等方式通知。在實務上，賣方發出裝運通知時，代表著其貨物運輸風險已轉嫁給買方了，而買方接到裝運通知時，可立刻辦理必要的保險，並早日著手準備提貨及尋求客戶。

當然，交貨有時會遇某些情況而遲延，對此雙方應如何處理在契約上都應明訂出，以免發生交易糾紛。

第七節　付款條件 (Payment)

買賣雙方在訂定契約時考慮的付款條件內容有：

 一、付款時期

㈠交貨前付款 (Payment prior to delivery)

交貨前付款是指契約簽訂後賣方尚未交貨前買方就須先付清貨款，採此種付款方式多為交易金額甚小、買方信用欠佳或賣方供不應求的情況。例如 CWO。

㈡交貨時付款 (Payment against delivery)

它是一種銀貨兩訖的付款方式，也是最合理的付款方式。由於國際貿易無法面對面交易，所以通常利用單據方式交易，也就是賣方交運後，以代表貨物所有權的單據交付買方，買方付款後接受單據而取得貨物所有權。例如 CAD、COD、Sight L/C、D/P 等。

㈢交貨後付款 (Payment after delivery)

又稱延付貨款 (Deferred payment)，賣方將貨物裝運出口後，於一定時日再由買方付款，此種付款當然對買方較有利，因可獲得資金上的周轉，但對賣方

而言較為不利，尤其在沒有擔保付款情況下。因此賣方不太輕易採用。例如 Consignment、Installment、O/A、Usance L/C、D/A 等。

 ## 二、付款方法

㈠訂貨付現（Cash with order，簡稱 CWO）

是指買方發出訂單時就支出現金的付款條件，也就是買方應於訂貨確定時或貨物備妥待運時支付全部貨款，所以對買方甚為不利，在實務上較少應用，如買方付現則可採: 電匯（Telegraphic transfer，簡稱 T/T）、信匯（Mail transfer，簡稱 M/T）、票匯（Demand draft，簡稱 D/D）等付款方式。

㈡憑單據付現（Cash against documents，簡稱 CAD）

又稱「交單付現」，是指賣方在裝運完畢後即憑貨運單據在出口地（或進口地）向買方指定的銀行或其代理人或買方領取現金，通常採此付款時須在其後列上付款地地名，其表示方式為:

"Net cash against documents payable in New York." （憑單據在紐約付現金。）

㈢貨到付現（Cash on delivery，簡稱 COD）

又稱「交貨付現」，是指賣方將貨物運出到達目的地時，買方須將全部貨款交付賣方或其代理人方可取得貨物。此付款方式多用在國內，而在國際貿易上較少見。

㈣寄售 (Consignment)

是指出口商（寄售人 Consigner）先將貨物運交受託人（Consignee，通常為代理商），等貨物售出後再由受託人將扣除寄售佣金及有關費用後的餘款結付給出口商，此種付款方式多應用於開拓新市場冒險試銷以及雙方有密切代理關係的場合。

㈤分期付款 (Installment)

是指賣方將貨物交運後，貨款則按契約上規定分若干期來攤付。

㈥記帳（Open account，簡稱 O/A）

是指賣方將貨物裝運出口後，即將貨運單據直接寄交買方提貨，而貨款則記入買方帳戶的借方，等約定期限屆滿時再行結算，故此種賒帳的買賣方式，在國內交易較常見到，而在國際貿易上則多見於高科技產品的貿易。

㈦信用狀 (L/C)

係指買方應於契約成立後，即依據其所載的條件請求當地外匯銀行向賣方開出信用狀，賣方於收到信用狀後即著手備貨裝運，並備妥信用狀所要求的一切單據、開具匯票，並連同信用狀，提交外匯銀行請求押匯，押匯銀行經審核單據手續後隨即買進跟單匯票，並將匯票及單據逕寄開狀銀行，以便買方能付款贖單。

㈧託收 (Collection)

是由賣方開出匯票委託其當地銀行寄往國外買方銀行代向買方收取票款，此種方式付款又可分：

1.付款交單（Documents against payment，簡稱 D/P）──即賣方於貨物裝運後開出匯票連同有關的貨運單據 (Shipping documents)，委託銀行或其他人代向買方收取貨款，規定買方於付款後始交付貨運單據。

2.承兌交單（Documents against acceptance，簡稱 D/A）──此方式與付款交單 (D/P) 相似，所不同的是買方於單據到達時，僅先於匯票上簽字承兌，即可取得貨運單據辦理提貨，待約定付款期限到達時始付貨款。

一、品質條件 (Quality)

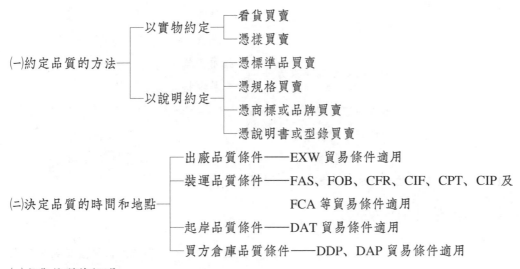

(一)約定品質的方法
- 以實物約定
  - 看貨買賣
  - 憑樣買賣
- 以說明約定
  - 憑標準品買賣
  - 憑規格買賣
  - 憑商標或品牌買賣
  - 憑說明書或型錄買賣

(二)決定品質的時間和地點
- 出廠品質條件——EXW 貿易條件適用
- 裝運品質條件——FAS、FOB、CFR、CIF、CPT、CIP 及 FCA 等貿易條件適用
- 起岸品質條件——DAT 貿易條件適用
- 買方倉庫品質條件——DDP、DAP 貿易條件適用

(三)交貨品質的證明
　　1. 以裝運品質為準，出具證明文件單位：製造商、出口商、標準檢驗局、公證行
　　2. 以起岸品質為準，出具證明文件單位：進口商、用戶、標準檢驗局、公證行

二、數量條件 (Quantity)

(一)選定數量單位：重量 (Weight)、個數 (Number)、長度 (Length)、面積 (Area)、體積 (Volume)、容積 (Capacity)、包裝 (Packing)

(二)決定數量的時間與地點
- 裝運數量條件
- 起岸數量條件

(三)數量差異與解決方法：在契約訂定寬容條款

寬容程度
- 明定寬容程度
- 信用狀交易中，未明定其寬容程度
  - ±5%
  - ±10%——當數量前冠有「大約」字樣時

(四)交付數量的證明
- 裝運重量為條件
  - 賣方
    - 重量單
    - 尺碼重量單
  - 公共重量檢定人——重量證明書
- 起岸重量為條件——公共重量檢定人——重量證明書

三、價格條件 (Price)

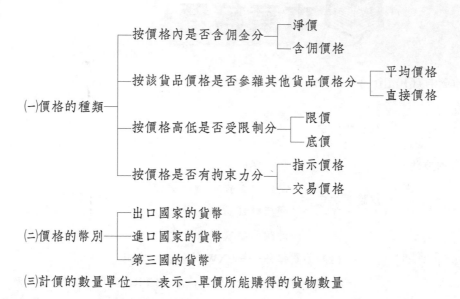

(一)價格的種類
- 按價格內是否含佣金分
  - 淨價
  - 含佣價格
- 按該貨品價格是否參雜其他貨品價格分
  - 平均價格
  - 直接價格
- 按價格高低是否受限制分
  - 限價
  - 底價
- 按價格是否有拘束力分
  - 指示價格
  - 交易價格

(二)價格的幣別
- 出口國家的貨幣
- 進口國家的貨幣
- 第三國的貨幣

(三)計價的數量單位——表示一單價所能購得的貨物數量

四、包裝條件 (Packing)

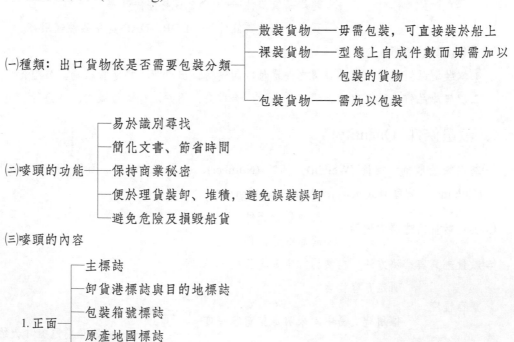

(一)種類：出口貨物依是否需要包裝分類
- 散裝貨物——毋需包裝，可直接裝於船上
- 裸裝貨物——型態上自成件數而毋需加以包裝的貨物
- 包裝貨物——需加以包裝

(二)嘜頭的功能
- 易於識別尋找
- 簡化文書、節省時間
- 保持商業秘密
- 便於理貨裝卸、堆積，避免誤裝誤卸
- 避免危險及損毀船貨

(三)嘜頭的內容

1.正面
- 主標誌
- 卸貨港標誌與目的地標誌
- 包裝箱號標誌
- 原產地國標誌
- 副標誌
- 品質標誌

2.側面┬重量與體積標誌
　　　└小心標誌

五、保險條件 (Insurance)

(一)貿易條件與保險：賣方是否洽購保險視貿易條件而定

(二)保險金額：保費＝保險金額×保險費率

　　　　　　　＝CIF（或 CIP）價額×110%×保險費率

(三)保險種類：視貨物性質決定投保險類較適合

(四)保險賠償地點：由於賠償請求權多由買方行使，故賠償地點多為目的地

六、交貨條件 (Delivery)

(一)交貨地點：多視貿易條件而定

(二)交貨時期┬即期交貨
　　　　　　└定期交貨

(三)交貨的附帶條件┬有關分批交貨的條件
　　　　　　　　　├有關轉運的條件
　　　　　　　　　└有關交貨時期的附帶條件──保障賣方

(四)交貨通知

七、付款條件 (Payment)

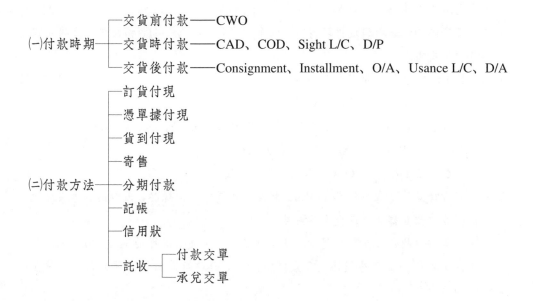

(一)付款時期┬交貨前付款──CWO
　　　　　　├交貨時付款──CAD、COD、Sight L/C、D/P
　　　　　　└交貨後付款──Consignment、Installment、O/A、Usance L/C、D/A

(二)付款方法┬訂貨付現
　　　　　　├憑單據付現
　　　　　　├貨到付現
　　　　　　├寄售
　　　　　　├分期付款
　　　　　　├記帳
　　　　　　├信用狀
　　　　　　└託收┬付款交單
　　　　　　　　　└承兌交單

一、是非題

( ) 1.凡貨物有包裝就有標示。

( ) 2.在 DAT 條件下，其運輸保險的受益人為進口商。

( ) 3.限價是限定民生必需品在某一定的標準下不得抬高價格出售，通常實施於出口貨物。

( ) 4.賣方將貨物直接交給買方或其他代理人，謂之現物交貨。

( ) 5.我國外銷水泥紙袋，通常以推定皮重來計算其包裝的重量。

( ) 6.主標誌是記載貨物的收受人的名稱。

( ) 7.具有相當知名度的貨物廠牌，其決定品質時只需靠廠牌告知即可。

( ) 8.鋼鐵的出口，由於其屬散裝貨，故不需包裝。

( ) 9. FOB 與 DAP 不同之處在出口商所負擔的費用與風險。

( ) 10.國際買賣貨物，大都採單據交貨的方式。

二、選擇題

( ) 1.毛重減去淨重為 ⑴N.W. ⑵Tare ⑶G.W.。

( ) 2.全部商品的包裝材料逐件過磅所得的重量總和，即為 ⑴習慣皮重 ⑵推定皮重 ⑶實際皮重。

( ) 3.依據 UCP 規定，信用狀對於數量寬容程度以 "about" 表示時，則以 ⑴±3% ⑵±5% ⑶±10% 為其增減額。

( ) 4.如貨物在包裝外欲標示，全批 200 箱貨物中的第 37 箱，其箱號標誌為 ⑴C/No. 1–200 ⑵C/No. 37/200 ⑶C/No. 37–200。

( ) 5.⑴L/C ⑵D/P ⑶O/A 是屬賒購的付款方式。

( ) 6.⑴買方樣品 ⑵賣方樣品 ⑶相對樣品 是買方提出樣品，出口商參考後經進口商同意略改其樣品，以便賣方製造。

( ) 7.⑴交貨前付款 ⑵交貨時付款 ⑶交貨後付款 為屬銀貨兩訖的付款方式。

( ) 8.⑴指示價格 ⑵交易價格 ⑶直接價格 是出口商提出價格便於對方衡量產品售價。

( ) 9.下列何者不屬延付貨款的付款方式？ ⑴O/A ⑵D/A ⑶D/P。

（　）10. 自紐約 (New York) 運至神戶 (Kobe) 運費在內價，每木箱為 10 美元，其正確的表
示方式為　⑴ US$10 per case CFR NEW YORK　⑵ US$10 per case CFR KOBE
⑶ US$10 per carton CFR KOBE。

三、翻　譯

1. 付款交單
2. 過與不足條款
3. 寄售
4. 良好可銷品質
5. 分批裝船
6. FAQ
7. N.N.W.
8. M/T
9. O/A
10. D/D

四、問答題

1. 完善的出口包裝，應具備哪些條件？
2. 嘜頭的功能有哪些？
3. 國際貿易買賣契約的基本條件有哪些？
4. 通常將交貨期限分為幾種？

五、工作習題

出口商甲有一批陶瓷製品銷美國，進口商指定的裝運嘜頭為 ABC in Diamond，目的地為
Chicago，卸貨港為 Seattle。該批陶瓷製品分裝 100 箱，每箱毛重 60 磅，淨重 56 磅，尺寸
長 20 吋，寬 20 吋，高 16 吋，搬運時須謹慎以防破碎，請依據上述資料製作第 30 箱的完
整外箱包裝標誌。

第四章

交易前的準備
與交易的成立

第一節　交易前的準備

 一、市場調查

(一)市場調查的目的

出口商要將產品推銷到國外市場必須先做市場調查，蒐集有關商情資料，加以分析研判才能採取有效的行動。而進口商要選擇價廉、物美可銷的商品銷售至國內市場也必須做市場調查，調查供應產品的市場來源和該商品在國內的市場。因此，市場調查的目的有：

1. 增加營業，擴大既有的市場。
2. 排除障礙，強化既有的市場。
3. 對抗競爭，維持既有的市場。
4. 檢討得失，明瞭自己的市場。
5. 重整旗鼓，恢復已失的市場。

(二)市場調查的方法

1. 進出口商自己從事調查：
   (1)直接派人前往國外，實地展開調查工作，採此方式作業，若事先有妥善的準備，其效果頗佳，但所需花費亦相當可觀。
   (2)就近到國內有關機構洽詢或參考現有的次級資料。
   (3)訂閱國內外相關書刊，並注意各種媒體有關的報導。
   (4)去函國外政府機構、職業團體或我國駐外使領館及商務代表查詢。

2. 委託國內外專業機構調查，事先將所想要取得的資料項目詳列清楚，交由專業機構代為調查，其方法為：
   (1)委請國內專業機構代為調查：須國內專業機構在該地有分支行者，才會有好的效果。
   (2)委請國外專業機構代為調查：須瞭解該專業機構的特質與權威性，才較能獲得確實、有效的資料。

二、尋求客戶

我國外銷產品的結構是以電子、機械等產品為主，因此出口貿易居於「買方市場」的不利地位，加上面臨生產條件與我國相似的南韓、香港、新加坡等地的強烈競銷，我國出口商除了積極設法降低生產成本與提高品質外，在尋求客戶技術上的改進應更是刻不容緩。

尋求客戶的途徑有很多種，每一種途徑各有其不同的功能與成本負擔。出口商應依據其目標市場的特性、外銷商品通路的性質與業者本身的推廣預算等因素，來選擇最適當的推廣方法。現就其方法介紹下列各種：

(一)信函廣告

在貿易實務上，外銷信函廣告為本地業者慣稱為「打開發信」的傳統促銷方式。而在行銷學上，信函廣告又稱為「**直接郵寄**」(Direct mail，簡稱 D.M.)。它是一種被廣泛使用的行銷推廣手段。我國廠商也常使用信函廣告作為促銷工具。外銷信函廣告作業能否達成預期目標須由很多因素共同配合，才能有相當效果。

(二)商品展覽會

商品展覽會是一個集合買方與賣方，俾供直接面對面接洽業務創造交易機會的特定場所。現今許多的進口商喜歡經由國際性的商品展覽會來選擇採購商品，因而出口商可以在商展會場上接觸大量未來潛在的客戶，創造交易機會。但是參加商展的成本較其他推廣活動為高，業者必須負擔攤位租金、展品運儲成本、參展人員的差旅費用等。因此業者花費鉅資參加展示就應該期望獲得最大的效果，是不?

(三)外銷媒體

外銷媒體是連接國外採購客戶與國內出口商的交易橋樑。它經由外國報刊、電視、網際網路或外銷雜誌以生動活潑的圖片及文字說明，將我國產品外銷訊息傳遞給世界各地的潛在購買商，藉以創造及開拓交易機會。因此它的接觸對象不是一般最終消費者，它的發行對象是海外具有大量採購能力的採購商（包括進口商、批發商、百貨公司、連鎖店以及一些代理商等）。故它是屬於專業性的促銷媒體。

㈣出國訪問推銷

公司派員常駐國外或出國作商務考察訪問，直接尋找買主，這是一種最有效的方法，雖然費用較多，但除了可以直接發掘顧客外，還可以直接洽談交易及調查信用，成效特別大。故此種方式廣為貿易公司所採行。

尋找貿易對手的途徑有很多，有由廠商主動去物色的，也有自動找上門的，有時需要投下許多物力和精力，也有些不費分文而輕易獲得。不管何種方式必須就各種方式的有效性、經濟性及優先順序、工作比重來考慮各種途徑，當然各種途徑都是互補的而非獨立的。

 ## 三、信用調查

㈠信用調查的目的

進出口商知道向何國採購或銷售何種產品後，經過各種促銷推廣方式尋找到客戶。但在彼此完全不認識的情況下，如要順利完成交易而避免風險至最低程度時，唯一採行的方法就是先做好信用調查。因為從事國際貿易是一項風險極大的交易行為，從買賣雙方開始接洽起，其間經過報價、寄發樣品、訂立契約到製造產品，將它們裝至船上送達目的地，待買方最後的付款等，可真需要一段相當長的時間。假設在此期間內進口商的財務、業務發生變化或出口商的財務、生產有了問題，或是有些進口商根本無誠意購買貨品，甚至以專門騙取樣品為業者，這些都將會使出口商遭受到損失。因此，雙方為了能使交易達到目的，賣方順利收取到貨款，買方可得到自己所想要的貨物，那麼，信用調查這項工作就絕對不可避免了。

㈡信用調查的內容

1.國家徵信——現今國際情勢變化莫測，許多國家因政局不穩、經濟落後、外匯短缺、無力償還債務或是國民守法精神不佳、勞資關係一直不能協調和社會結構、治安情況等均會影響交易。因此，國家信用在尋找客戶前即要考慮。

2.企業徵信——包括企業創立的歷史、財務結構、組織型態、資本基礎、償債能力、管理效能、經營方針、獲利情形及信用程度等，業者可就其主客觀環境及實際需要，決定所要取得的內容。

3.個人徵信——著重於被調查人的品格、能力、資本的調查。

⑴品格 (Character)：係指經營者在商場上的商業道德而言。具有良好品

格的廠商，通常都能善盡義務履行契約上的規定，不輕易提出**索賠** (Claim) 或與對方發生糾紛、涉訟等。

(2)**能力 (Capacity)**：指經營者在商場上的經營技能和實力而言。廠商經營該行業較久，則必有較豐富的營業經驗，其經營的能力當然要比新手來得順利。

(3)**資本 (Capital)**：是指經營者的資力而言。資力雄厚的廠商可適時進出貨品而能充分發揮其經營能力。

以上三種信用調查我們稱之為 3C，如將前面所述國家政治是否安定、外匯是否有管制及一般市場情況等加上的**國別** (Country)、**貨幣** (Currency) 和狀況 (Condition) 稱之為 6C。

(三)信用調查的方法

信用調查的方法，一般常用的有：

1.委託往來銀行代為調查。

2.函電請對方提供的**商號備詢人** (House reference)，請其提供資料。

3.委託在對方所在地有往來的商號代為調查。

4.委託對方國家商會或出進口公會調查。

5.委託本國駐外經濟參事處等機構代為調查。

6.委託徵信所代為調查。

第二節　價格的計算

一、價格構成的因素

(一)出口價格構成因素

出口價格構成的因素視貿易條件的不同而有所差別，如 CFR、CIF 等貿易條件，其運輸費用成為主要因素之一，如 FOB、FAS 等條件，就沒有運輸費用，又如 CIF、DAT、DAP 等條件，運輸費用及保險費用都須計算在內，因此，計算出口價格時我們將其可能發生的因素歸類成三大類，分析如下：

1.**貨品成本 (Purchase cost)**——又稱**基價 (Base price)**。出口貨品來源不外從製造商處購進再轉售或是自行製造，站在專業出口商的立場而言，貨品成本

即為向國內製造商或其他供給者購入出口貨物所付的貨款，當然此貨款還得視製造商在何處交貨。製造商交貨地點不同所要求的貨款就不一樣，因而出口商購進貨物所花費成本亦有所不同。

　　2.出口費用——出口所需費用，主要有下面幾種：

　　⑴包裝費用 (Packing expenses)。

　　⑵存儲及處理費用 (Storage and handling expenses)。

　　⑶國內運費 (Inland freight)。

　　⑷檢驗及證明書費用 (Inspection and certificate fees)。

　　⑸裝貨費用 (Shipping expenses)。

　　⑹商港服務費 (Harbor service fees)。

　　⑺進貨利息 (Interest on payment for purchase)。

　　⑻外銷沖退稅 (Drawback tax)。

　　⑼通訊費 (Correspondence charges)。

　　⑽銀行手續費 (Banking charges)。

　　⑾銀行押匯貼現息 (Discount charges)。

　　⑿推廣貿易服務費 (Promotion service charges)。

　　⒀預計損失 (Expected loss)。

　　⒁海運或陸空運費 (Ocean, land or air freight)。

　　⒂保險費 (Insurance premium)。

　　⒃買方回佣 (Return commission)。

　　3.預期利潤——出口商在計算價格時除進貨成本及各項費用外，另加預期利潤 (Expected profit)。預期利潤則包含營業開支（或稱間接費用），也就是說，出口商的一切開支均歸這類預期利潤負擔。至於預期利潤的高低得視貨品種類、進口市場情形、交易數量、供求關係、買方信用、付款條件及手續繁簡而異，並無一定的準則。

　㈡進口價格構成因素

　　進口商接獲出口商報價後，首先要考慮的是出口商所報價格是否合理？換句話說，出口商所報價格加上進口所需費用後是否尚有利可圖？其得知方式為需知計算進口價格，而後與國內市價比較，因此計算進口價格其構成因素是必須瞭解的，其內容為：

1.貨品成本──又稱基價，就是賣方的報價，但採用倒算法的場合，則指進口國的國內市價。

2.進口費用──進口所需費用，主要有下面幾種：

　(1)海運或陸空運費。

　(2)海上、空運或陸運保險費。

　(3)**起岸費用** (Landed charges)。

　(4)商港服務費。

　(5)推廣貿易服務費。

　(6)進口稅捐。

　(7)檢驗、證明書費用。

　(8)通訊費。

　(9)銀行手續費。

　(10)預計損失。

　(11)進貨利息。

　(12)國內運費。

　(13)存儲及處理費用。

　(14)國內稅捐：營業稅。

3.預期利潤──預期利潤的計算，原則與出口貿易無區別。

 ## 二、出口價格的計算方法

㈠**按計算的詳密粗疏，可分**

1.總價法──為先算出整批貨物的出口總價，再除以計價的單位數，而得之單位價格。此法計算詳密，求出的單價比較正確，但計算則比較複雜，錯誤也容易發生。

2.單價法──自始即按「計價數量單位」為價格的計算基礎，逐一加上購貨成本及應分攤的費用、損失及預期利潤合計而得單價。以此法計算較容易流於粗疏，因每項費用單價上的小數點後數字，會形成各項相加後就可能為一筆整數，故如交易量大，一數之微，在總價上可為一筆鉅款。

㈡**按計算的次序，可分**

1.順算法──為對外性的計算，即由成本按序加計各項費用及利潤而求得

的價格，此法適用於出口報價。

　　2.倒算法——為對內性的計算，即由國外擬購價格（即客戶的出價，Bid price）減除各項費用及利潤後，以便取決客戶所開出價格可否接受。

　　總價法與單價法，均可有順、倒算之分，一般所採用的方式為以順算法來計算總價，較為準確。

 ## 三、出口價格的計算實例

　　出口商 ABC 公司擬將 A 型運動衫從臺灣運銷美國紐約，工廠交貨價為每打 NT$700，共計 500 打（最低訂貨量），每箱裝 50 打，體積為 0.6m×0.6m×0.5m，毛重為 50kgs，每箱包裝費為 NT$100，向船公司查詢得知運費為每 1 立方公尺 US$125，商港服務費為 NT$144，保險費率為 1%，按發票金額加 1 成投保 (110% of invoice value)，以即期信用狀付款，ABC 公司預計利潤率為 10%，現擬分別以 FOB、CFR、CIF 價報給紐約 XYZ 進口商，則每打應報價多少? (US$1 = NT$35)

　　㈠計算內容

　　1.貨品成本：NT$700/doz × 500 = NT$350,000。

　　2.出口費用：

　　　⑴包裝費用 (Packing expenses)：NT$100/case，500 打貨物，每 50 打裝 1 箱，故共計 10 箱：NT$100 × 10 = NT$1,000。

　　　⑵國內運費 (Inland freight)（從工廠到港口）：NT$500。

　　　⑶檢驗費 (Inspection fees)：NT$500。

　　　⑷裝貨費用 (Shipping expenses)：NT$1,500。

　　　⑸通訊費 (Correspondence charges)：NT$400。

　　　⑹外銷沖退稅 (Drawback tax)：NT$20,000。

　　　⑺銀行手續費 (Banking charges)：0.1%（以交易價格為準）。

　　　⑻推廣貿易服務費 (Promotion service charges)：0.04%（以 FOB 值為準）。

　　　⑼商港服務費 (Harbor service fees)：NT$144（依商港服務費收費費率表規定計收）。（逕向港務局繳付）

　　　⑽銀行押匯貼現息 (Discount charges)：0.23%（以交易價格為準）。

　　　⑾海運費 (Ocean freight)：按 US$125/CBM 計算。

　　　⑿保險費 (Insurance premium)：1%。

3. 預期利潤：預期利潤率為 10%（以交易價格為準）。

㈡計算公式

1. FOB 的售價計算：

(1) Base price   NT$350,000⋯⋯⋯①

(2) Packing expenses   NT$1,000

(3) Storage and handling expense   0

(4) Expected loss   0

(5) Inland freight   500

(6) Inspection fees   500

(7) Shipping expenses   1,500

(8) Harbor service fees   144

(9) Correspondence charges   400

(10) Drawback tax   −20,000   −15,956⋯⋯⋯②

     FOB net price (US$1=NT$35)   NT$334,044 = US$9,544.11⋯⋯③

(11) ─ Banking charges   0.1%
    ─ Promotion charges   0.04%   ⎱ on FOB selling price
    ─ Discount charges   0.23%
    ─ Expected profit   10%

FOB selling price

$$= \frac{\text{FOB net price}}{1 - (\text{手續費率} + \text{推廣費率} + \text{貼現息率} + \text{利潤率})}$$

$$= \frac{\text{US\$9,544.11}}{1 - (0.1\% + 0.04\% + 0.23\% + 10\%)}$$

$$= \frac{\text{US\$9,544.11}}{0.8963}$$

$$= \text{US\$10,648.34}$$

∴ FOB selling price per doz = US$10,648.34 ÷ 500 = US$21.30

故出口商如以 FOB 報價，則為 US$21.30/doz FOB Keelung。

2. CFR 的售價計算：

(1) Ocean freight:

0.6 m × 0.6 m × 0.5 m = 0.18 m^3/case

0.18 × 10 = 1.8 CBM——全部貨物的 Measurement

Ocean freight = US\$125 × 1.8 = US\$225 　　　　225 ·················· ④

CFR net price （③ + ④） ····················· US\$9,769.11

(2) ⌈ Banking charges　　　　　　　　0.1% ⌉

　　⊢ Discount charges　　　　　　　　0.23% ⊢ on CFR selling price

　　⌊ Expected profit　　　　　　　　　10% ⌋

CFR selling price

$$= \frac{\text{CFR net} + \text{推廣費}}{1 - (\text{手續費率} + \text{貼現息率} + \text{利潤率})}$$

$$= \frac{\text{US\$9,769.11} + \text{US\$10,648.34} \times 0.04\%}{1 - (0.1\% + 0.23\% + 10\%)}$$

$$= \frac{\text{US\$9,773.37}}{0.8967}$$

$$= \text{US\$10,899.26}$$

∴ CFR selling price per doz = US\$10,899.26 ÷ 500 = US\$21.80

故出口商如以 CFR 報價，則為 US\$21.80/doz CFR New York。

3. CIF 的售價計算：

⌈ Banking charges　　　　　　　　0.1% ⌉

⊢ Discount charges　　　　　　　　0.23% ⊢ on CIF selling price

⊢ Expected profit　　　　　　　　　10% ⌋

⌊ Insurance premium 1% on 110% CIF selling price

CIF selling price

$$= \frac{\text{CFR net} + \text{推廣費}}{1 - (110\% \times \text{保險費率} + \text{手續費率} + \text{貼現息率} + \text{利潤率})}$$

$$= \frac{\text{US\$9,769.11} + \text{US\$10,648.34} \times 0.04\%}{1 - (110\% \times 1\% + 0.1\% + 0.23\% + 10\%)}$$

$$= \frac{\text{US\$9,773.37}}{0.8857}$$

$$= \text{US\$11,034.63}$$

∴ CIF selling price per doz = US\$11,034.63 ÷ 500 = US\$22.07

故出口商如以 CIF 報價時，則為 US\$22.07/doz CIF New York。

（三）計算說明

1. 商港服務費的計算——請參閱商港服務費收取保管及運用辦法有關商港服務費收費等級費率表（逕向港務局繳付）。

2. 出口押匯貼現息率的計算——以銀行公會規定，港澳地區為 7 天，其他地區為 12 天來計算收取，利率則按押匯當時利率計算，在本例，如年利率為 7%，因銷至美國，則以 12 天來收取，其計算為：$7\% \times \dfrac{12}{360} = 0.23\%$。

3. FOB selling price 的計算：

FOB selling price

= FOB net + （手續費率 + 推廣費率 + 貼現息率 + 利潤率）× FOB selling price

移項後，則為：

$$\text{FOB selling price} = \frac{\text{FOB net}}{1 - （手續費率 + 推廣費率 + 貼現息率 + 利潤率）}$$

4. CFR selling price 的計算：

CFR selling price

= CFR net + （手續費率 + 貼現息率 + 利潤率）× CFR selling price + 推廣費

移項後，則為：

$$\text{CFR selling price} = \frac{\text{CFR net} + 推廣費}{1 - （手續費率 + 貼現息率 + 利潤率）}$$

5. CIF selling price 的計算：

CIF selling price

= CFR net + CIF selling price × 110% × 保險費率 + （手續費率 + 貼現息率 + 利潤率）× CIF selling price + 推廣費

移項後，則為：

$$\text{CIF selling price} = \frac{\text{CFR net} + 推廣費}{1 - （110\% \times 保險費率 + 手續費率 + 貼現息率 + 利潤率）}$$

㈣計算簡表

FOB, CFR, CIF Calculation Sheet (for Export)

Commodity: sport shirts, style A
Buyer: XYZ Inc. N.Y.
Quantity: 500 doz (minimum)

Date: July 20, 20–
Price basis:
Payment: Sight L/C
M: 0.6m × 0.6m × 0.5m/case/50doz
W: 50kgs/case

	Item	Explanation	Sub-total	FOB	CFR	CIF
1.	Base price	Exfactory NT$700/doz 500 doz		NT$350,000		
2.	Packing fees	@NT$100, 10C/S	NT$1,000			
3.	Storage and handling expenses		–			
4.	Expected loss		–			
5.	Inland freight	factory to port	500			
6.	Inspection fees		500			
7.	Shipping expenses	customs brokerage, etc.	1,500			
8.	Harbor service fees		144			
9.	Correspondence charges		400			
10.	Drawback tax		−20,000	−15,956 NT$334,044 (FOB net)		
11.	Banking charges & etc. 0.1% Promotion service charges 0.04% ⎫ on FOB Discount charges 0.23% ⎬ selling price Expected profit 10% ⎭		@NT$35 (買入匯率) →	→	US$9,544.11	

$$\text{FOB selling price} = \frac{\text{FOB net}}{1-(手續費率+推廣費率+貼現息率+利潤率)}$$

$$= \frac{\text{FOB net}}{1-(0.1\%+0.04\%+0.23\%+10\%)}$$

$$= \text{US\$10,648.34}$$

				US$10,648.34 (FOB Selling price)		
12.	Ocean freight	US$125 × $\frac{0.6\times0.6\times0.5}{1}$ × 10			225.00 US$9,769.11 (CFR Net)	
11.−1	Banking charges & etc. 0.1% ⎫ on CFR Discount charges 0.23% ⎬ selling Expected profit 10% ⎭ price					

$$\text{CFR selling price} = \frac{\text{CFR net} + 推廣費}{1-(手續費率+貼現息率+利潤率)}$$

$$= \frac{\text{US\$9,769.11} + \text{US\$10,648.34}\times0.04\%}{0.8967}$$

					US$10,899.26 (CFR Selling price)	
11.−2	Banking charges & etc. 0.1% ⎫ on CIF Discount charges 0.23% ⎬ selling Expected profit 10% ⎭ price Insurance premium 1% on 110% CIF selling price					

$$\text{CIF Selling price} = \frac{\text{CFR net} + 推廣費}{1-(110\%\times保險費率+手續費率+貼現息率+利潤率)}$$

$$= \frac{\text{US\$9,769.11} + \text{US\$10,648.34}\times0.04\%}{0.8857}$$

						US$11,034.63 (CIF Selling price)
13.	Offering price	US$11,034.63 ÷ 500doz = US$22.07/doz CIF New York				

Checked by: Calculated by:

四、進口價格的計算方法與實例

㈠計算方法

進口價格的計算方法，也有順算法與倒算法之分，而且這兩種方法也都有總價法與單價法之別。順算法就是將賣方報價加上進口費用後，再與國內市價比較的方法，而倒算法則為國內市價減去進口費用後，再與賣方報價比較的方法。

㈡實　例

臺灣某公司擬自德國進口 100 臺自動轉臺，德商報價以 US\$25 per set FOB Hamburg，每箱裝一臺，毛重 20kgs，體積為 0.5m × 0.5m × 0.54m。向船公司查悉：From Hamburg to Keelung: US\$100 per W/M。向保險公司查悉：A/R + War risks，費率為 2%，擬按發票金額加一成投保。付款條件為 Sight L/C，經查本案進口供品進口稅率為 33%，商港服務費為每一體積噸 NT\$19，推廣貿易服務費為按完稅價格的 0.04% 繳收，貨物稅為 10%，銀行墊款利息為 8% p.a.，銀行開狀費等為 0.25%，Min NT\$400，通訊費估計為 NT\$500，報關等費用為 NT\$2,000，基隆至臺北的國內運費為 NT\$1,000，營業稅為 5%，預期利潤為批發售價 (Selling price) 的 20%。現擬算出，建議售價應為多少？（每臺）(US\$1 = NT\$30)

計算說明：

1. 保險費的計算——保險費的公式是 $I = \text{CFR} \times \dfrac{k \cdot r}{1 - k \cdot r}$，其中 k 為保險金額與 CIF 金額的百分比，如保險金額為 $\text{CIF} \times (1 + x\%)$，設 $k = 1 + x\%$，x 為 10 時，$k = 1 + 10\% = 1.1$，x 為 20 時，$k = 1 + 20\% = 1.2$，r 為保險費率，視投保險類而定，如投數種保險，則其保險費率為將各險別費率合計即可。故 $k \cdot r$ 這兩係數為已知數。

當然，我們也可直接先求出 CIF 價，其公式為 $\text{CIF} = \dfrac{\text{CFR}}{1 - k \cdot r}$，得知 CIF，減去 CFR 即為 I，亦可。

2. 進口稅費的計算——完稅價格 (Duty paying value，簡稱 DPV) 是計算進口稅費的基礎，我國關稅法則以交易價格 (CIF) 作為課稅標準。故進口稅 (Import duty) 為完稅價格 × 進口稅率，商港服務費 (Harbor service fee) 按商港服

務費收費等級費率表收取（依散雜貨、整櫃貨貨物商港服務費收費等級費率表，電器品屬於第 3 項第 3 級費率貨類，其費率為每計費噸 NT$19，而本批貨物計費噸為：M: $0.5m \times 0.5m \times 0.54m \times 100 = 13.5m^3$，故應付商港服務費為 NT$19 $\times$ $13.5m^3$ = NT$257），**推廣貿易服務費** (Promotion service charges) 為完稅價格 $\times$ 0.04%，**貨物稅** (Commodity tax) 為（完稅價格 + 進口稅）$\times$ 貨物稅率。故進口稅費則為進口稅、商港服務費（逕向港務局繳付）、推廣貿易服務費和貨物稅的總和。

　　3. 銀行墊款利息的計算——銀行墊款利息以信用狀金額的 90% 為計算墊款息的基礎，因進口商在要求銀行開狀時已付貨款的 10%。又假設銀行貸款年利率為 8%，開狀至付款期限約 30 天，因而其計算方式為：

　　　　銀行墊款金額：NT$75,000 $\times$ 90% = NT$67,500

　　　　銀行墊款利息：NT$67,500 $\times$ 8% $\times \dfrac{30}{360}$ = NT$450

　　4. 營業稅：

　　　　營業稅 =（完稅價格 + 進口稅 + 貨物稅）$\times$ 營業稅率 (5%)

　　　　(NT$118,098 + NT$38,972 + NT$15,707) $\times$ 5% = NT$8,639

　　5. 進口商批發售價的計算——**進口商售價** (Selling price) = 總成本 + 營業稅 + 售價 $\times$ 預期利潤率，將其移項，而得：

$$進口商售價 = \frac{總成本 + 營業稅}{1 - 預期利潤率}$$

$$= \frac{NT\$178,431 + NT\$8,639}{1 - 20\%}$$

$$= \frac{NT\$187,070}{0.8}$$

$$= NT\$233,838$$

(三)計算簡表

Landed Cost Calculation Sheet (for Import)

Date: March 10, 20-

Commodity: Automatic Turntable Elac Miracord 650
Seller: Elactroacustic GmbH Germany
Quantity: 100 sets (minimum)
Price: US$25/net FOB Hamburg

Packing: In export carton each one set
Weight: each carton 20kgs, gross
Dimension: 0.5m × 0.5m × 0.54m
Payment: Sight L/C
Exchange Rate: US$1 = NT$34

	Item	Explanation	Sub-total	Total
1.	Basic cost	FOB Hamburg@US$25 × 100 = US$2,500 @NT$30（賣出匯率）	NT$75,000	
2.	Ocean freight	Hamburg to Keelung@US$100 W/M $US\$100 \times \dfrac{100 \text{ sets} \times 0.5m \times 0.5m \times 0.54m}{1m^3}$ = US$1,350 @NT$30	40,500	
		CFR Keelung	NT$115,500	
3.	Insurance premium	rate: 2%, for 110% of CIF value $I = CFR \times \dfrac{k \cdot r}{1 - k \cdot r} = 115,500 \times \dfrac{1.1 \times 0.02}{1 - 1.1 \times 0.02}$	2,598	
		CIF Keelung		NT$118,098
4.	Import tax & due	DPV: CIF = NT$118,098		
	(1) Import duty	NT$118,098 × 33%	38,972	
	(2) Harbor service fees （商港服務費）	(請參閱計算說明 2)	257	
	(3) Commodity tax	NT$(118,098 + 38,972) × 10%	15,707	54,983
	(4) Promotion service charges	NT$118,098 × 0.04%	47	
5.	Banking interest	fund advanced by bank NT$75,000 × 90% = NT$67,500 Interest: $NT\$67,500 \times 8\% \times \dfrac{30}{360}$	450	
6.	Banking charges & etc.			
	(1) Banking Comm.	NT$75,000 × 0.25% = NT$188 Min: NT$400	400	
	(2) Correspondence charges	（估計）	500	
7.	Landing charges	Including Customs Clearance Charges, Storage, etc.	2,000	
8.	Cable & Sundries	Estimated	1,000	4,350
		Total landed cost: Ex dock Keelung		NT$177,431
9.	Inland truckage	Keelung to Taipei		1,000
		Total cost = TC		NT$178,431
10.	Value added tax	NT$(118,098 + 38,972 + 15,707) × 5% (請參閱計算說明 4)		NT$ 8,639
11.	Selling price	Expected profit: 20% on selling price TC + 營業稅 + selling price × 20% = selling price ∴ Selling price (請參閱計算說明 5)		233,838
12.	Suggested Selling price per set	NT$233,838 ÷ 100		NT$ 2,338

Checked by: Calculated by:

第三節　報　價

 一、報價與接受的意義

　　賣主向國外買主提出一定的買賣條件，表示願依此條件簽訂法律上有效契約的一種行為，在貿易上稱為「**報價**」(Offer)。在我國民法上稱為「**要約**」。而接受要約（或報價）的意思表示在法律上稱為「**承諾**」或「**接受**」，要約如經對方接受 (Acceptance) 表示交易即成立。也就是說**被報價人** (Offeree) 願依**報價人** (Offerer) 所開條件成立契約的意思表示稱為「**承諾**」或「**接受**」。但對於接受應注意下列事項：

　　1.承諾人必須為被報價人，如為被報價人以外的第三人，報價人不受約束。

　　2.依有些地區的法律習慣，承諾的通知一經發生，契約即告成立，但依另一些地區的法律習慣，承諾發生效力是須等到通知送達對方。

　　3.承諾一經生效，契約即告成立，除非報價人同意，承諾人不能取消其承諾。

　　4.承諾時如將條件加以變更則視為新的報價，其被報價人為原來的報價人。

 二、報價的種類

　㈠按報價人不同，可分

　　1.**售貨報價** (Seller's offer, Selling offer)──指賣方提出要約，將所擬出售貨物，依照自己所希望成交的價格與條件供給買方，以表示願意與其交易成立銷售契約的意思，由於此報價發自於賣方，故稱為售貨報價。

　　2.**購貨報價** (Buyer's offer, Buying offer)──指買方提出要約，將所擬購貨物，依照自己所希望成交的價格與條件提供給賣方，以表示願意與其交易成立購買契約的意思，由於此報價發自買方，故稱為購貨報價。在美國也稱為 Bid，即「出價」之意。

　㈡按報價單有無確定期限，可分

　　1.**確定報價** (Definite offer)──又稱穩固報價 (Firm offer)，為於報價單內載明接受期限，在這期限內所報各項條件確定不變、繼續有效的報價。因此，只要被報價人在這期限內表示接受，則契約即告成立。其效力為：

⑴報價人對於對方的接受，不得拒絕訂立契約。

⑵穩固報價不能撤銷。

⑶穩固報價不得變更。

2.**不確定報價 (Indefinite offer)**——又稱不穩固報價 (Non-firm offer)，即報價單上未載明承諾的有效期限，報價人可任意變更所報出的內容，而被報價人的承諾亦須經報價人的確認，契約始能成立。一般在法律上稱此為不確定的要約。

(三)**其他報價**

1.**反報價 (Counter offer)**——又稱還價，乃指被報價人對於報價的內容、條件提出修正或要求增加若干條件後，回覆報價人，故在法律上稱為反要約，而不是承諾，在法理上它具有對要約的拒絕，但卻有新要約的特性，即原報價人變為被要約人而原被要約人變為報價人。

2.**聯合報價 (Combined offer)**——賣方有不同性質的貨物，常因品質或價格關係造成易售與難售的情況。因此，如貨物有兩種以上的規格或等級，報價人希望同時成交，即可發出報價，規定被報價人要同時一併接受才可。

3.**更新報價 (Renewed offer, Amended offer)**——在報價有效期限內，在對方未向報價人通知接受或不接受之前，報價人將原報價條件的一部分加以變更或修改者，稱之為**報價的更新 (Renewal of offer)** 或**變更報價 (Amendment of offer)**。

4.**再度報價 (Repeat offer)**——如買賣成交後，雙方願意繼續交易，並擬按前報價條件時，可用「再度報價」發出，以省卻將各項條件一一再列明的麻煩，並可節省時間及費用。

 ## 三、報價的方式

報價的方式約可分為三種：

1.**書面報價**——以信函 (Letter)、傳真 (Fax)、電子郵件 (E-mail) 等方式報價者，均為書面報價，為國際貿易上最常用的報價方式。

2.**口頭報價**——買賣雙方面對面，或以電話方式進行交易磋商時，所作出的報價，稱為口頭報價 (Oral offer)。由於口頭報價未有書面記錄，易引起糾紛，所以國際貿易上較為少見。

3.**行為報價**——例如買方未向賣方訂購貨物，賣方卻主動將貨物寄給買方，表明願以一定條件將貨物售給買方；或賣方未向買方推銷貨物，而買方卻主動

將貨款匯寄賣方，表明願以一定條件向賣方購買貨物的情形，就是行為報價。這類型報價在國際貿易上亦相當少見。

 四、實　例

㈠ Fax（或 E-mail）報價實例

　　假設出口商 ABC 公司於 8 月 7 日接獲紐約進口商 XYZ 公司有關 A 樣式運動衫 500 打的 Fax 詢價，ABC 公司於算出價格後決定發出如下 Fax：

Thank you for your enquiry dated 7th regarding our sport shirts. Now, we offer you as follows:

　　　　Article & Quality: Sport Shirts, style A, as per samples sent to you on July 10, 20–

　　　　Quantity: 500 dozens

　　　　Price: US$22.07 per dozen, CIF New York

　　　　Packing: in export standard packing

　　　　Insurance: Against ICC (B) and war risks for 110% of CIF value

　　　　Shipment: to be effected in October, 20–

　　　　Payment: L/C must reach us by end of September, 20–

　　　　Exchange risks: for your account

　　　　This offer will remain fixed until August 22, 20–

　　發出 Fax 後，謹慎的賣方往往將 Fax 確認書郵寄對方，其用意在於促請對方注意，萬一發現 Fax 有錯誤，可在訂約前提出交涉。

㈡報價單報價

　　報價單的格式，報價人可任意設計，但應遵循一項原則，即發出的報價單應使對方一望而知，是正式的報價。因此在報價單上以大字標明 OFFER、OFFER SHEET 或 QUOTATION 來識別，其製作內容如 FORM 4–1。

　　⑴表明報價單的名稱。

　　⑵被報價人名稱及地址。

　　⑶簽製日期。

　　⑷報價單的編號。

　　⑸表示樂意報價的文字。

(6)付款方式 (Payment)。

(7)交貨裝運 (Shipment)。

(8)貨品包裝 (Packing)。

(9)保險責任。

(10)報價單有效期限 (Validity)。

(11)商品編號 (Item no.)。

(12)貨品名稱 (Commodity Description & Specification)。

(13)數量 (Quantity)。

(14)單價 (Unit price)。

(15)總價 (Total amount)。

(16)附註欄 (Remarks)。

(17)署名 (Signature)。

(18)誤記和遺漏免責（Errors & Omissions excepted，簡稱 E&OE）：如報價
單上內容有錯誤或遺漏時可予以修正。

㈢書信報價

以書信方式報價，大都採打字形式與普通書信相同，其格式如下 (FORM 4–2)。

第四節　簽訂契約

 一、契約的重要性

一般國際貿易的成交過程，往往是經過許多繁雜的程序，如：

● FORM 4–1 ●

ABC TRADING CO., LTD.
(1) OFFER SHEET

(2) To: XYZ Trading Co., LTD.　　　　　　　　　　(3) Date: August 8, 20–

　　P.O. Box 123　　　　　　　　　　　　　　　(4) No.: 456

　　NEW YORK, N.Y.

　　U.S.A.

Dear Sirs:

(5) We take pleasure in offering you the following commodity/commodities at the price/s and on the terms and conditions set forth below:

(6) Payment: By irrevocable L/C at sight in our favor.

(7) Shipment: During October, 20– Subject to L/C reaching us by end of September.

(8) Packing: Export standard packing.

(9) Insurance: ICC (B) and War Risks for 110% of CIF value.

(10) Validity: Until August 22, 20–.

(11) Item no.	(12) Commodity Descriptions & Specifications	(13) Quantity	(14) Unit Price	(15) Total Amount
789	SPORT SHIRTS STYLE A Silk fabric for men's	500 doz	CIF NEW YORK US$22.07/doz	US$11,035

(16) Remarks:

　1. Quality as per sample submitted to you on July 10, 20–.

　2. The above price is net without any commission.

　3. Exchange risk your account.

(17) Yours very truly,

ABC Trading Co., LTD.

Manager

C. Y. Chang

(18) E&OE

FORM 4-2

To: XYZ Trading Co., LTD.   Date: August 8, 20–
P.O. Box 123
NEW YORK, N.Y.
U.S.A.

Dear Sirs:

Thank you for your inquiry of August 7 requesting us to offer you for our SPORT SHIRTS, STYLE A.

In reply, we have the pleasure of submitting to you firm offer on the following terms and conditions subject to your reply reaching us by August 22, 20–.

Commodity: Sport Shirts, style A.

Quality: As per sample submitted to you on July 10, 20–.

Quantity: 500 doz only.

Price: US$22.07 per dozen CIF New York.

Total amount: US$11,035.

Packing: Export standard packing.

Payment: By irrevocable L/C at sight in our favor.

Insurance: ICC (B) and War Risks for 110% of CIF value.

Shipment: During October, 20– Subject to L/C reaching us by end of September.

Exchange risks: For buyer's account.

We are sure you will find our price very reasonable. The market here is enjoying an upward trend. So, we trust you will not overlook this opportunity and hope to receive your prompt order.

Your truly,

ABC Trading Co., LTD.

Manager

C. Y. Chang

　　當然，這樣的程序在有些貿易過程中，也許可省略幾道程序，但不管如何，在成交的過程其最終就是以契約來表示交易成立了，而契約成立的證明最好是採用**契約書** (Contract note)，因為如用電話、電傳或書信等大都只限於交易貨品、數量、價格和交貨期等交易條件，至於其他事項如保險、包裝、嘜頭甚至檢驗、索賠、仲裁、不可抗力和有關雙方權利義務的條件往往略而不提，以致日後常遭貿易糾紛的干擾。所以簽訂契約書是有必要的，它也是在貿易過程中第一個具備有法律效力的貿易文件。

 ## 二、簽訂契約的方式

(一)書面確認方式

　　報價經買方接受後，可發出**訂單** (Order，如 FORM 4-3)，或由當事人的一方將交易內容製成書面確認書，寄交對方，表示確認所成交的內容。故依製作者的不同可將確認書分為：

　　1.**售貨確認書** (Sales confirmation, Confirmation of sale)——由賣方製作的確認書。也就是由賣方所成立的交易憑證，並經由買方簽署寄回一份。

　　2.**購貨確認書** (Purchase confirmation, Confirmation of purchase)——由買方製作的確認書。也就是由買方所成立的交易憑證（如 FORM 4-4），並經由賣方簽署寄回一份。當然，我們可想像得到，確認書的內容難免會偏袒自己，對自己有利，因此，當訂約人接受或簽認由對方所製作之確認書時，必須認清上面所訂各項規定，以免容易引起糾紛，故謹慎的貿易商或一般大宗交易多不採此方式訂約。

(二)簽訂契約書方式

　　報價經承諾後，可另製成契約書（如 FORM 4-5），經雙方共同簽署後，各執乙份。其亦可依製作者的不同而分：

　　1.**售貨契約** (Sales contract)——指契約書是由賣方製作的，故又稱**輸出契約** (Export contract)。

　　2.**購貨契約** (Purchase contract)——指契約書是由買方製作的，故又稱**輸入契約** (Import contract)。

　　3.**買賣契約** (Sales and purchase contract)——係指由買賣雙方互派代表共同製作，並經當場簽署。故又稱**輸出入契約** (Export and import contract)，但此種情

XYZ TRADING CO., LTD.

Messrs. ABC Trading Co., LTD.

    P.O. Box 379

    Taipei, Taiwan

    R.O.C.

Date: August 20, 20–

Order No.: A–223

ORDER SHEET

Dear Sirs:

    We have the pleasure to place with you our order for the undermentioned goods on the terms and conditions stated as follows:

Article: Sport Shirts style A, silk fabric for men's.

Quantity: 500 dozen.

Price: US$22.07 per dozen CIF NEW YORK.

Total amount: US$11,035.

Packing: One dozen to a box, 10 boxes to a carton.

Shipment: On or before October 30, 20–.

Destination: NEW YORK, U.S.A.

Insurance: Covering marine insurance ICC (B) and War Risks for CIF value plus 10%.

Payment: By irrevocable L/C payment at sight.

Shipping mark:

◇ XYZ

NEW YORK

C/No. 1–50

MADE IN TAIWAN

R.O.C.

    We are going to instruct our bank to open a L/C for the amount of this order. You will soon hear from your bank.

Yours very truly,

XYZ Trading Co., LTD.

Manager

Glory Wang

形不多見。通常以採用前二種形式者較多。

　　由於契約製作亦是由一方起稿製作的關係，一般條款都由製作的一方單獨決定，往往將在報價中未提及的事項也列入契約書中，當送請對方共同簽署時，宜注意才是。

　　確認書與契約書相同的是都是由一方製作的，其中不同的為前者僅是單方的確認，也就是當一方提出確認書時，將此兩份的確認書寄出，請對方副署後寄回一份。而契約書是當一方製作契約書後，則由雙方共同簽認。

 ## 三、契約的內容

　　訂定書面貿易契約，其格式所要求的條件都差不多。因此，稍具規模的貿易公司，平常都備有印定的契約格式，以備交易時，隨內容的不同將之填入即可。但有些特殊性質的交易，或數額鉅大的交易，買賣雙方對於交易內容頗為謹慎，因此雙方得根據需要逐一訂定契約條款，現將契約條款的性質，說明如下：

　　㈠基本條款

　　基本條款是貿易契約中最基本且最主要的事項，包括貨品名稱、規格、品質、數量、價格、包裝、嘜頭、保險、交貨及付款等項目，如屬印定格式的契約，買賣雙方商洽結果，將其內容逐項填入此契約格式內即可，或是根據其交易基本事項逐一訂入契約書中。

　　㈡一般條款

　　一般條款是對於基本條款的補充說明或一般契約書所共有的一般記載事項，包括檢驗、匯率變動風險的負擔、索賠期限及手續、不可抗力的免責事項、仲裁、適用法律條款等項目。在印定格式的契約，都是事先印於契約書背面，訂約時無需臨時加填，但對方在簽署契約書時一定得看清楚，以免對自己不利。如非屬印定格式的契約，則將其內容逐一訂入契約書中。

FORM 4-4

XYZ TRADING CO., LTD.

（正面）

To: ABC Trading Co., LTD.

P.O. Box 379

Taipei, Taiwan

R.O.C.

Our Ref.: A–223

Date: August 27, 20–

PURCHASE CONFIRMATION

Dear Sirs:

We confirm having purchased from you the following merchandise on terms and conditions set forth below:

1. **Commodity:** SPORT SHIRTS.

2. **Quality:** STYLE A, silk fabric for men's. (as per sample submitted to buyers on July 10, 20–)

3. **Quantity:** 500 dozen only.

4. **Unit price:** US$22.07 per dozen CIF NEW YORK total amount US$11,035. (SAY US DOLLARS ELEVEN THOUSAND THIRTY FIVE ONLY)

5. **Packing:** One dozen to a box, 10 boxes to a carton.

6. **Shipment:** To be on or before October 30, 20–, subject to acceptable L/C reached SELLERS on or before the end of September and partial shipments to be allowed, transhipment to be allowed.

7. **Payment:** By a prime banker's irrevocable sight L/C in seller's favor, for 100% value of goods.

8. **Insurance:** Sellers shall arrange marine insurance covering ICC (B) and War Risks for 110% of the invoice value and provide for claim, if any, payable in NEW YORK in U.S. currency.

9. **Inspection:** Goods are to be inspected by an independent inspector and whose certificate inspection of quality is to be final.

SELLER:

BUYER:

Agent for our Principal

(Please return the duplicate with your signature) *Glory Wang*

FORM 4–5

CONTRACT

This contract is made this 27th day of August, 20– by ABC Trading Co., Ltd. (hereinafter referred to as "SELLERS"), a Chinese corporation having their principal office at 4, Yen Jiou Yuan Rd., Sec. 1, Taipei, Taiwan, Republic of China, who agree to sell, and XYZ Trading Co., Ltd. (hereinafter referred to as "BUYERS"), a New York corporation having their principal office at 30, Wall St., New York N.Y., USA, who agree to buy the following goods on the terms and conditions as below:

1. **Commodity:** SPORT SHIRTS.

2. **Quality:** Silk fabric for men's.

        Size: Style A.

        as per sample submitted to BUYERS on July 10, 20–

3. **Quantity:** 500 dozen only.

4. **Unit price:** US$22.07 per dozen CIF NEW YORK; Total amount: US$11,035 (SAY US DOLLARS ELEVEN THOUSAND THIRTY FIVE ONLY) CIF NEW YORK.

5. **Packing:** One dozen to a box, 10 boxes to a carton.

6. **Shipping mark:**

NEW YORK

C/No. 1–50

MADE IN TAIWAN

R.O.C.

7. **Shipment:** To be shipped on or before October 30, 20–, subject to acceptable L/C reached SELLERS on or before the end of September and partial shipments allowed, transhipment allowed.

8. **Payment:** By a prime banker's irrevocable sight L/C in SELLER'S favor, for 100% value of goods.

9. **Insurance:** SELLERS shall arrange marine insurance covering Clause B and War Risks for 110% of the invoice value and provide for claim, if any, payable in NEW YORK in US currency.

10. **Inspection:** Goods are to be inspected by an independent inspector and whose certificate inspection of quality and quantity is to be final.

11. **Fluctuations of freight, insurance premium, currency, etc.:**

　　(1) It is agreed that the prices mentioned herein are all based upon the present IMF parity rate of NT$30 to one US dollar. In case, there is any change in such rate at the time of negotiating drafts, the prices shall be adjusted and settled according to the

corresponding change so as not to decrease SELLERS' proceeds in NT dollars.

(2) The prices mentioned herein are all based upon the current rate of freight and/or war and marine insurance premium. Any increase in freight and/or insurance premium rate at the time of shipment shall be for BUYERS' risks and account.

(3) SELLERS reserve the right to adjust the prices mentioned herein, if prior to delivery there is any substantial increase in the cost of raw material or component parts.

12. **Taxes and duties, etc.:** Any duties, taxes or levies imposed upon the goods, or any packages, material or activities involved in the performance of the contract shall be for account of origin, and for account of BUYERS if imposed by the country of destination.

13. **Claims:** In the event of any claim arising in respect of any shipment, notice of intention to claim should be given in writing to SELLERS promptly after arrival of the goods at the port of discharge and opportunity must be given to SELLERS for investigation. Failing to give such prior written notification and opportunity of investigation within twenty one days after the arrival of the carrying vessel at the port of discharge, no claim shall be entertained. In any event, SELLERS shall not be responsible for damages that may result from the use of goods or for consequential or special damages, or for any amount in excess of the invoice value of the defective goods.

14. **Force majeure:** Non-delivery of all or any part of the merchandise caused by war, blockage, revolution, insurrection, civil commotions, riots, mobilization, strikes, lockouts, act of God, severe weather, plague or other epidemic, destruction of goods by fire or flood, obstruction of loading by storm or typhoon at the port of delivery, or any other cause beyond SELLERS control before shipment shall operate as a cancellation of the sale to the extent of such non-delivery. However, in case the merchandise has been prepared and ready for shipment before shipment deadline but the shipment could not be effected due to any of the above mentioned causes, BUYERS shall extend the shipping deadline by means of amending relevant L/C or otherwise, upon the request of SELLERS.

15. **Arbitration:** Any disputes, controversies or differences which may arise between the parties, out of/or in relation to or in connection with this contract may be referred to arbitration. Such arbitration shall take place in Taipei, Taiwan, Republic of China, and shall be held and shall proceed in accordance with the Chinese Government arbitration regulations.

16. **Proper law:** The formation, validity, construction and the performance or this contract are governed by the laws of Republic of China.

IN WITNESS WHEREOF, the parties have executed this contract in duplicate by their duly authorized representative as on the date first above written.

BUYERS	SELLERS
XYZ TRADING CO., LTD.	ABC TRADING CO., LTD.
Manager	Manager
Glory Wang	*C. Y. Chang*

一、交易前的準備

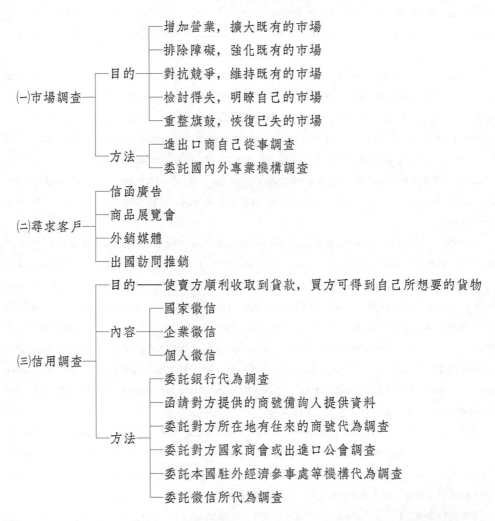

```
                  ┌─增加營業，擴大既有的市場
                  ├─排除障礙，強化既有的市場
          ┌─目的──┼─對抗競爭，維持既有的市場
          │       ├─檢討得失，明瞭自己的市場
(一)市場調查─┤       └─重整旗鼓，恢復已失的市場
          │
          └─方法──┬─進出口商自己從事調查
                  └─委託國內外專業機構調查

          ┌─信函廣告
          ├─商品展覽會
(二)尋求客戶─┤─外銷媒體
          └─出國訪問推銷

          ┌─目的──使賣方順利收取到貨款，買方可得到自己所想要的貨物
          │
          │       ┌─國家徵信
          ├─內容──┼─企業徵信
          │       └─個人徵信
          │
(三)信用調查─┤       ┌─委託銀行代為調查
          │       ├─函請對方提供的商號備詢人提供資料
          │       ├─委託對方所在地有往來的商號代為調查
          └─方法──┼─委託對方國家商會或出進口公會調查
                  ├─委託本國駐外經濟參事處等機構代為調查
                  └─委託徵信所代為調查
```

二、價格的計算

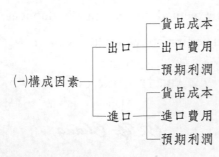

```
          ┌─出口──┬─貨品成本
          │       ├─出口費用
          │       └─預期利潤
(一)構成因素─┤
          │       ┌─貨品成本
          └─進口──┼─進口費用
                  └─預期利潤
```

(二)計算方法
- 按計算詳密粗疏分
  - 總價法
  - 單價法
- 按計算次序分
  - 順算法
  - 倒算法

三、報　價

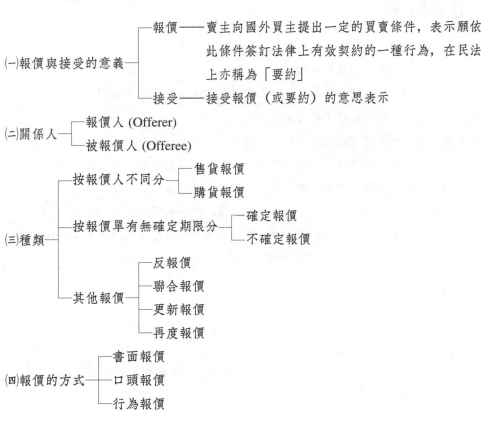

(一)報價與接受的意義
- 報價——賣主向國外買主提出一定的買賣條件，表示願依此條件簽訂法律上有效契約的一種行為，在民法上亦稱為「要約」
- 接受——接受報價（或要約）的意思表示

(二)關係人
- 報價人 (Offerer)
- 被報價人 (Offeree)

(三)種類
- 按報價人不同分
  - 售貨報價
  - 購貨報價
- 按報價單有無確定期限分
  - 確定報價
  - 不確定報價
- 其他報價
  - 反報價
  - 聯合報價
  - 更新報價
  - 再度報價

(四)報價的方式
- 書面報價
- 口頭報價
- 行為報價

四、簽訂契約

(一)契約的重要性：契約是在貿易過程中第一個具備有法律效力的貿易文件

(一)簽訂契約方式
- 書面確認方式
  - 售貨確認書
  - 購貨確認書
- 簽訂契約書方式
  - 售貨契約
  - 購貨契約
  - 買賣契約

(三)契約的內容
- 基本條款
- 一般條款

習 題

一、是非題

( ) 1. 商品展覽會是行銷成本較低的找尋國外買主方法。

( ) 2. 報價是以一般公眾為對象的。

( ) 3. 先有報價而後有接受，二者合一，即構成法律上有效的交易契約。

( ) 4. 契約成立的證明最好是用書面方式。

( ) 5. 報價單的內容應具有完備的條件，因為它可做為將來訂立書面契約的根據。

( ) 6. 買賣契約所依據的法律，應該於貿易事故發生時再決定，以避免爭執。

( ) 7. 報價單是貿易過程中第一個具備法律效力的貿易文件。

( ) 8. 一般價格的計算，多以倒算法來計算總價，較為正確。

( ) 9. 報價如以電報傳達，遇到內容被誤傳時，報價人對此項錯誤可不負責任。

( ) 10. Invoice 上多記 E&OE，以便如有錯誤或遺漏時，可予以修正。

二、選擇題

( ) 1. 由於許多國家無償債能力或外匯短缺的情況，因此，我們得做 (1)國家徵信 (2)企業徵信 (3)個人徵信。

( ) 2. (1)信函廣告 (2)外銷媒體 (3)出國訪問 是一種費用較多但最有效尋找買主的方法。

( ) 3. 下列何者單據需使用 E&OE？ (1) Contract (2) Offer sheet (3) Invoice。

( ) 4. (1)賣方 (2)製造商 (3)買方 主動發出的報價，稱之為售貨報價。

( ) 5. (1) Offer (2) Order (3) Purchase confirmation 是賣方製作的文件。

( ) 6. 下列何種價格條件，是賣方不需計算保險費？ (1) FOB (2) C&I (3) DAT。

( ) 7. (1)總價法 (2)單價法 (3)倒算法 為價格計算以一定「數量單位」為基礎。

( ) 8. 由賣方所製作並經買方接受或簽認的確認書，稱之為 (1) Purchase confirmation (2) Sales confirmation (3) Order。

( ) 9. (1)一般條款 (2)基本條款 (3)檢驗條款 是經雙方議定內容後，將其填入契約內。

( ) 10. 賣方如有不同性質的貨物，因品質或價格關係造成易售與難售的情形，可採 (1)更新報價 (2)反報價 (3)聯合報價 條件較有利。

三、問答題

1. 市場調查的目的為何?

2. 信用調查的方法有哪些?

3. 穩固報價具有哪些效力?

4. 確認書與契約書有何異同之處?

四、工作習題

某進口商擬自日本採購柴油引擎 12 臺,共有日本廠商三家報價:

甲廠: 每臺 US$1,256 FOB Japanese port

乙廠: 每臺 US$1,372 CFR Keelung

丙廠: 每臺 US$1,450 CIF Keelung

茲查悉日本至基隆的運費共為 US$1,320 (12 臺),保險費率為 1%,保險金額按 110% of CIF value 投保,其他費用暫不考慮,請問應向哪一家採購較便宜?

第五章

進口簽證

　　家有家門，國有國門，凡貨品或人員進出境均須經過本國的國門，如使用交通工具為船隻則國門是港口，如使用交通工具是飛機則國門是機場，而這些國門均有海關坐鎮，檢查人員或貨品的進出。我國將貨品分為：准許、管制和禁止等三類，凡貨物進出口除免簽證者外均須辦理簽證，其主要目的，一是配合政府的貿易政策，海關須憑許可證放行貨物的進出口，並做統計資料用。二是政府可控制、核配外匯用。

　　但由於我國出、進口外匯管理自75年5月14日起，將現行「許可制」改為「申報制」，出進口交易的外匯收支，只要依據實際交易的付款條件及金額據實申報後，即可辦理結匯而無須再事前報請許可，也就是中央銀行對於廠商出、進口外匯的管理，由原來的事前審核改為事後稽核，此一新制度的實施是配合75年5月「管理外匯條例」的修訂，在放寬外匯管制上的具體改革措施，其目的是出、進口商在「誠實」申報之前提下，中央銀行取消對出、進口交易過程的細節性干預，希望藉此達到簡化外匯收支處理手續，並增進廠商運用外匯的彈性，故雖然外匯管理的基本精神未變，但原來許可制下的許多行政規定，已因申報制的實施而取消或簡化。

　　近年來，由於我國大力推行經濟發展，在「出口第一」優先的經貿政策下，我國對外貿易呈現持續順差，外匯供給大於外匯需要的情況下，中央銀行鑑於外匯情勢的變更，繼75年5月14日將我國出、進口外匯管理由「許可制」改為「申報制」後，復於76年7月15日修改「管理外匯條例」放寬外匯管制，此一外匯改革措施，影響及於貿易主管機關的出、進口規定者，極為深遠，長久以來外匯與出進口管理兩者間相輔相成的觀念與作法，至此徹底互解。因而，現今進、出口簽證的目的在於：第一、檢查該產品是否可以進、出口。第二、作為統計資料用。

第一節　進口簽證的意義

進口簽證 (Import licensing)，乃指簽發輸入許可證 (Import permit, Import licence，簡稱 I/P 或 I/L) 而言，原為我國貿易管理制度中最重要措施之一。進口廠商欲從國外進口貨物，必須先向國際貿易局或加工出口區管理處或科學工業園區管理局申請核發輸入許可證，而後才能憑以辦理貨物的進口通關。我國近十幾年來，為配合貿易自由化與國際化，對於貨品進口的管理已大幅度放寬，尤其自 82 年 2 月公佈貿易法之後，改採「原則自由，例外管制」的自由輸出入原則，將進口簽證的制度，從以往的「正面表列」方式（即除表列貨物的進口可免辦簽證外，其餘貨物的進口均應先申辦簽證，亦即原則簽證，例外免證），改為目前的「負面表列」方式（即除表列貨物的進口須先申辦簽證外，其餘貨物的進口均可免證，亦即原則免證，例外簽證）。並持續開放不符國際規範的貨品管制措施，逐年增加免證進口貨品項目，目前須簽證進口的貨品項目已不到 2%，亦即可免證進口的貨品項目已逾 98%。進口商在進口貨品之前，可先查對「限制輸入貨品表」，如不屬該表列項目，則逕行至各關稅局申報進口；如屬表列貨品需簽證者，則應先分辨貨品簽證單位，以利前往該單位申請簽證。

辦理進口簽證所依據的主要法令有：「貿易法」、「貨品輸入管理辦法」、「戰略性高科技貨品輸出入管理辦法」、「出進口廠商登記辦法」、「軍事機關輸出入貨品管理辦法」、「臺灣地區與大陸地區貿易許可辦法」及「輸出入貨品電子簽證管理辦法」等。

第二節　進口簽證的規定

 ## 一、申請人資格的規定

進口簽證的申請人需具備一定的資格，並依申請人所屬行業的不同，其可申請進口的貨品也有相當的限制。

㈠出進口廠商

依據出進口廠商登記辦法第 2 條規定，公司或行號經營出進口業務，除法

令另有禁止或限制規定者外，得依出進口廠商登記辦法向經濟部國際貿易局申請登記為出進口廠商。

　　依據出進口廠商登記辦法第 7 條規定，擬申請登記為出進口廠商者，得以書面、傳真或電子資料傳輸方式辦理，並應檢附下列文件：

　　1.申請書。

　　2.公司應檢附公司登記證明文件；商號應檢附商業登記證明文件。

　㈡其　他

　　非以輸出入為常業的法人、團體或個人，例如政府機構、學校團體或個人等，依國貿局規定辦理特定項目貨品的輸入。

 二、進口簽證的規定

　　廠商申請進口簽證，須依「貨品輸入管理辦法」規定處理。

　㈠輸入簽證應具備的書件：依據第 12 條法規

　　簽證輸入貨品時，限以書面或電子簽證方式向貿易局申請。以書面申請簽證時，應具備下列書件：

　　1.輸入許可證申請書全份。

　　2.依其他相關規定應附繳的文件。

　　輸入許可證及其申請書格式由貿易局定之。

　㈡輸入許可證的有效期限：依據第 13 條法規

　　輸入許可證有效期限為自簽證之日起 6 個月。但對特定貨品的輸入或自特定地區輸入貨品，得核發有效期限較短的輸入許可證；經經濟部或貿易局核准專案輸入的案件，得核發有效期限較長的輸入許可證。

　　申請人預期進口貨品不能於有效期限內裝運者，得於申請時敘明理由並檢附證件，申請核發有效期限較長的輸入許可證。

　㈢輸入許可證的裝運期限：依據第 14 條法規

　　輸入貨品應於輸入許可證有效期限屆滿前，自原起運口岸裝運，其裝運日期以提單所載日期為準；提單所載日期有疑問時，得由海關另行查證核定之。

　　輸入許可證逾期而未經核准延期者，不得憑以輸入貨品。

第三節　輸入許可證申請書格式及內容

一、輸入許可證申請書格式

輸入許可證申請書 (Application for import permit) 目前已簡化為二聯：

第一聯：輸入許可證申請書：為簽證機構存查聯（如 FORM 5–1）。

第二聯：輸入許可證：為申請人報關用聯（如 FORM 5–2）。

二、輸入許可證申請書各欄填寫說明（更新日：94/8/22）

欄位	欄位名稱	填寫說明
1	申請人（進口人）	1.申請人（進口人）請依序填列中英文名稱、中英文地址、電話號碼及統一編號。 2.如為個人，請填列身分證號碼；法人、寺廟等其他申請人，有營利事業統一編號者，請填列該編號；如無，請填列負責人姓名及身分證號碼。 3.輸入許可證進口人名稱不得申請修改，但經貿易局核准變更登記者不在此限。
2	賣方名址	請填列國外賣方英文名稱及地址，賣方係指報價之國外廠商，右上角框填列國別代碼（請參照財政部編撰之「通關作業及統計代碼」手冊）。
3	生產國別	1.應填列貨品之生產國家或地名(進口大陸物品，應填列 CHINESE MAINLAND，代碼 CN)。 2.右上角框填列國別代碼（請參照財政部編撰之「通關作業及統計代碼」手冊）。
4	起運口岸	請填列貨品最初起運口岸之名稱及右上角框代碼（請參照財政部編撰之「通關作業及統計代碼」手冊）。
5	檢附文件字號	1.進口貨品依規定應檢附主管機關或有關單位文件或（及）特許執照始可申請者，應填列主管機關同意文件或（及）登記證照字號。 2.進口貨品超過一項以上時，主管機關或登記證照字號不同者，請填註證號所屬項次。
6	項　次	進口貨品超過一項以上時，不論 C.C.C. Code 是否相同，均應於項次欄下冠以 1, 2, 3, ……並與所列 C.C.C. Code 及貨品名稱對齊。

7	貨品名稱、規格、廠牌或廠名等	1.貨品名稱應繕打英文為原則，但申請進口中藥材，應加列中文本草名。貨品名稱不能表明其性質者，應註明其學名。 2.貨品規格係指長短、大小、等級等。 3.貨品明細欄，如不敷填寫，請以續頁填列。 4.除農林漁牧礦、大宗物料等及其他習慣上無廠名或廠牌者可不必繕打外，其他均應繕打 Maker 或 Brand。
8	貨品分類號列及檢查號碼	貨品分類號列 (C.C.C. Code) 為 11 位碼，請查閱「中華民國進出口貨品分類表」填列。
9	數量及單位	為進口統計需要，申請貨品 C.C.C. Code 第 1 至 21 章，第 25 至 27 章之農林漁畜等產製品之進口案件，應以我國推行之公制為單位，凡以磅、件、箱、條等為單位者，應折算為公制單位。其他貨品，則依實際使用之單位填列（請參照財政部編撰之「通關作業及統計代碼」手冊）。
10	單　價	1.條件依報價單所載填列如 FOB、CFR、CIF 等。 2.單價係填列進口貨品之單項價格。
11	金額及條件	3.金額係填列進口貨品單項價格及所有貨品之總價。 4.進口貨品得以新臺幣計價，輸入許可證亦可以新臺幣填報。 5.幣別代碼請依財政部編撰之「通關作業及統計代碼」手冊規定填列。 6.不需填列大寫金額。

注意事項：

一、本輸入許可證一經塗改即屬失效，貨品分類號列蓋有簽證機構校對章者除外。

二、本輸入許可證記有貿易資料，關係商業機密，請予保密，不得外漏或買賣。

三、進口貨品，申請人應自行瞭解及依照有關輸入規定、檢驗、檢疫、衛生及其他相關國內管理法令辦理。

四、如 6～11 欄不夠填寫，請以續頁填寫，續頁上端註明共幾頁及第幾頁，並分別附於各聯之後。

五、各聯用途說明：

　　第 1 聯：國際貿易局存查聯。

　　第 2 聯：申請人報關用聯。

第四節　輸入許可證的延期及更改

輸入許可證的延期、更改和補發是依據「貨品輸入管理辦法」規定處理。

㈠輸入許可證的延期：依據第 15 條法規

輸入貨品不能於輸入許可證有效期限內自原起運口岸裝運者，申請人得於

FORM 5-1

輸 入 許 可 證 申 請 書
APPLICATION FOR IMPORT PERMIT

第1聯：國際貿易局存查聯   共　頁第　頁

1 申請人 Applicant		2 賣方名址 Seller	
3 生產國別 Country of origin		輸入許可證號碼 Import Permit No. 許可證簽證日期 Issue Date	
4 起運口岸 Shipping Port		許可證有效日期 Expiration Date	
5 檢附文件字號 Required Document Ref. No.		簽證機構簽章 Approving Agency Signature	

簽證機構加註有關規定 Special Conditions

6 項目 Item	7 貨品名稱、規格、廠牌或廠名等 Description of Commodities Spec. and Brand or Maker ,etc.	8 貨品分類號列及 檢查號碼 C.C.C. Code	9 數量及單位 Q' ty & Unit	10 單價 Unit Price	11 金額及條件 Value & Terms

FORM 5–2

輸　入　許　可　證
IMPORT　PERMIT

第2聯：申請人報關用聯　　　　　　　　　　　　　　　　　共　　頁第　　頁

1 申請人 Applicant	2 賣方名址 Seller
3 生產國別 Country of origin	輸入許可證號碼 Import Permit No. 許可證簽證日期 Issue Date
4 起運口岸 Shipping Port	許可證有效日期 Expiration Date
5 檢附文件字號 Required Document Ref. No.	簽證機構簽章 Approving Agency Signature

簽證機構加註有關規定 Special Conditions

6 項目 Item	7 貨品名稱、規格、廠牌或廠名等 Description of Commodities Spec. and Brand or Maker ,etc.	8 貨品分類號列及 檢查號碼 C.C.C. Code	9 數量及單位 Q' ty & Unit	10 單價 Unit Price	11 金額及條件 Value & Terms

期限屆滿前 1 個月內申請延期，其每次延期不得超過 6 個月，延期次數不得超過二次。但經貿易局公告指定之貨品應於期限內輸入，不得延期。

㈡輸入許可證的更改：依據第 16 條法規

輸入許可證所載各項內容，申請人得於有效期限屆滿前繕打輸入許可證更改申請書（如 FORM 5-3），連同原輸入許可證及有關證件申請更改。但申請人名稱，除經核准變更登記者外，不得更改。

輸入許可證內部分貨品已向海關報運進口並經核准者，其許可證內容，除有效日期得依前條規定申請延期外，不得申請更改。

㈢輸入許可證延期或更改法規依據：依據第 17 條法規

輸入許可證的延期或更改內容，應依申請延期或更改時的有關輸入規定辦理。

第五節　電子簽證

所謂「電子簽證」，係指出進口人以電子資料傳輸方式申請輸出入簽審文件，以簡化輸出入手續，加速貨品通關作業，以達到簡政便民的目的。我國自 88 年起，開始實施輸出入貨品電子簽證作業，廠商申請電子簽證須依「輸出入貨品電子簽證管理辦法」辦理。茲將其要點說明如下：

 1.電子資料傳輸方式可分兩種：

  ⑴連結貿易局網站，登錄簽審文件資料後傳輸。

  ⑵透過簽審通關服務窗口傳輸簽審文件電子資料。

 2.適用本辦法的簽審文件如下：

  ⑴輸出入許可證。

  ⑵輸出入光碟製造機具申報備查書。

  ⑶瀕臨絕種野生動植物國際貿易公約許可證。

  ⑷戰略性高科技貨品輸出許可證。

  ⑸戰略性高科技貨品國際進口證明書。

  ⑹戰略性高科技貨品進口保證書。

  ⑺聯合國禁止化學武器公約列管化學物質最終用途保證書。

  ⑻其他經貿易局公告應以電子簽證方式申請的簽審文件。

FORM 5–3

輸　入　許　可　證　修　改　申　請　書

APPLICATION　FOR　AMENDMENT　OF　IMPORT　PERMIT

第 1 聯：國際貿易局存查聯　　　　　　　　　　　　　　　　　　　共　　頁第　　頁

1 申請人 Applicant	2 賣方名址 Seller

3 生產國別 Country of origin	輸入許可證號碼 Import Permit No. 許可證簽證日期 Issue Date
4 起運口岸 Shipping Port	許可證有效日期 Expiration Date

5 檢附文件字號 Required Document Ref. No.	簽證機構簽章 Approving Agency Signature

簽證機構加註有關規定 Special Conditions

6 項目 Item	7 貨品名稱、規格、廠牌或廠名等 Description of Commodities Spec. and Brand or Maker ,etc.	8 貨品分類號列及 檢查號碼 C.C.C. Code	9 數量及單位 Q' ty & Unit	10 單價 Unit Price	11 金額及條件 Value & Terms

3.申請人申請簽審文件，應以電子簽證方式辦理。但有下列情形之一者，得以書面方式辦理：

　　⑴貿易局電腦系統故障。

　　⑵簽審文件遺失補發的申請。

4.申請人於貿易局網站申辦前，除使用經濟部簽發的工商憑證者外，其他應先連結貿易局網站，向貿易局申請使用者識別碼及密碼。申請人非屬政府機關、公營事業或不具出進口廠商資格者，均需檢附相關證明文件。

5.申請人辦理電子簽證，依貨品輸出入規定應檢附的書面文件，須加註收件編號，並加蓋申請人及其負責人簽章，以郵寄、電傳或電子郵件方式送達貿易局；必要時，並應提供正本以供核對。應檢附的書面文件內容經納入簽審文件電子資料標準訊息者，得免檢附書面文件。

6.電子簽證申請案件經貿易局電腦記錄後，視為已送達貿易局。

7.申請人連結貿易局網站申辦者,得經由網路查詢其申請案件的處理狀況。

8.簽審文件經貿易局核准，除下列文件外，均核發書面文件予申請人：

　　⑴輸出入許可證。

　　⑵輸出入光碟製造機具申報書。

　　⑶戰略性高科技貨品輸出許可證。

　　⑷其他經貿易局公告者。

本章摘要

一、進口簽證

(一)意義：乃指簽發輸入許可證而言，原為我國貿易管理制度中最重要措施之一

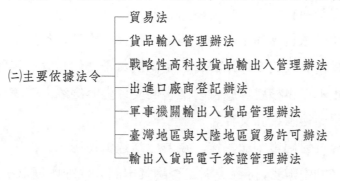

(二)主要依據法令──
- 貿易法
- 貨品輸入管理辦法
- 戰略性高科技貨品輸出入管理辦法
- 出進口廠商登記辦法
- 軍事機關輸出入貨品管理辦法
- 臺灣地區與大陸地區貿易許可辦法
- 輸出入貨品電子簽證管理辦法

二、進口簽證的規定

(一)申請人資格的規定──
- 出進口廠商
- 其他

(二)進口簽證的規定──
- 應具備的書件──輸入許可證申請書全份及依其他相關規定應附繳之文件
- 有效期限──6 個月
- 裝運期限──輸入許可證有效期限屆滿前

三、輸入許可證申請書格式及內容

(一)輸入許可證申請書格式──
- 第一聯──輸入許可證申請書
- 第二聯──輸入許可證

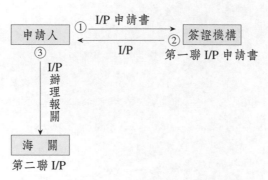

⊆輸入許可證申請書各欄填寫說明

四、輸入許可證的延期及更改

㈠輸入許可證的延期：於屆滿前 1 個月內申請，每次延期不得超過 6 個月

㈡輸入許可證的更改：於有效期限屆滿前繕打輸入許可證更改申請書，連同原輸入許可
證及有關證件申請更改

㈢輸入許可證延期或更改法條依據：依申請或更改時的有關輸入規定辦理

五、電子簽證

係指出進口人以電子資料傳輸方式申請輸出入簽審文件，以簡化輸出入手續，加速貨品
通關作業，以達到簡政便民的目的

習　　題

一、是非題

（　　）1.凡貨物進口，均須辦理簽證。

（　　）2.經登記許可的出進口廠商，任何貨品均可申請。

（　　）3.一張輸入許可證申請，限填列一種貿易條件。

（　　）4.進口商須在輸入許可證有效期限屆滿前，自原輸出口岸裝運貨物，而其裝運日期
　　　　　是以提單所載日期為準。

（　　）5.輸入許可證申請書內容應與賣方報價單相同，如填寫錯誤，須塗改更正才是。

（　　）6.廠商編號係指國貿局核准登記的廠商登記卡號碼。

二、選擇題

（　　）1.(1)國貿局　(2)外匯銀行　(3)外匯局　是辦理進出口貨品簽證的機構。

（　　）2.民間學校進口自用品可向　(1)外匯銀行　(2)國貿局　(3)外匯局　專案申請。

（　　）3.有些貨品的進口，進口商須提出輸入許可證　(1)第一聯　(2)第二聯　辦理進口報
　　　　　關提貨。

（　　）4.輸入許可證申請延期次數不得超過　(1)一次　(2)二次　(3)三次。

（　　）5.輸入許可證的有效期限為　(1) 90 天　(2) 180 天　(3) 1 年。

三、問答題

1.試述辦理進口簽證應檢附的文件。

2.試述進口商辦理進口簽證時，可能依據的法令有哪些?

四、工作習題

請依所附 Sales Confirmation 及補充資料填具輸入許可證申請書。

CHUGAI CO., LTD.
5–1, 2–Chome, Ukima, Kita-Ku
Tokyo, Japan
SALES CONFIRMATION

To: Tong Ho Trading Co., Ltd.　　　　　　　　　　　　　　　　Tokyo, Dec. 10, 20–
　　100, Chungking South Road, Sec. 3
　　Taipei, Taiwan, R.O.C.
Dear Sirs,
We confirm having sold to you the following goods on terms and conditions set forth below:
Commodity: Guronsan Tablets
Specification: 50mg, 120's, 05843
Quantity: 10,000 boxes
Price: US$63.00 per box FOB Japanese port
Total amount: US$630,000.00
Packing: 10 dozen to a box, 10 boxes to a carton
Shipment: within 30 days after receipt of L/C, which must be opened by end of Dec. 20–
Destination: Keelung, Taiwan
Payment: By a prime banker's irrevocable L/C at sight
Insurance: Buyer's care
Remark: (1) Agent commission 3% on FOB basis has been included in the above price.
　　　　(2) Please advise L/C thru Dai-Ichi Kangyo Bank Tokyo

　　　　　　　　　　　　　　　　　　　　　　　　　　　　　　　Yours truly,

補充資料：

(1)進口商中文名稱為東和貿易有限公司，營利事業統一編號為 83457911，電話：
　 02–23456789

(2)進口貨品的 C.C.C. Code 為 "5417167878–0"

(3)特許營業執照號碼為「北市街西藥（吉）字 0364」

(4)日本國家代號：JP

輸　入　許　可　證　申　請　書
APPLICATION　FOR　IMPORT　PERMIT

第 1 聯：國際貿易局存查聯　　　　　　　　　　　　　　　　　　　　　　　　　　共　　　頁 第　　　頁

1 申請人 Applicant	2 賣方名址 Seller
3 生產國別 Country of origin	輸入許可證號碼 Import Permit No. 許可證簽證日期 Issue Date
4 起運口岸 Shipping Port	許可證有效日期 Expiration Date
5 檢附文件字號 Required Document Ref. No.	簽證機構簽章 Approving Agency Signature

簽證機構加註有關規定 Special Conditions

6 項目 Item	7 貨品名稱、規格、廠牌或廠名等 Description of Commodities Spec. and Brand or Maker ,etc.	8 貨品分類號列及 檢查號碼 C.C.C. Code	9 數量及單位 Q' ty & Unit	10 單價 Unit Price	11 金額及條件 Value & Terms

第六章

信用狀

第一節　信用狀的意義

信用狀係銀行循顧客（通常為買方）的請求與指示，向第三人（通常為賣方）所簽發的一種文據 (Instruments) 或函件 (Letter)，在該項文據或函件中，銀行向第三人承諾；如該第三人能履行該文據或函件所規定的條件，則對該第三人所簽發的匯票及（或）所提示的單據將予以兌付。「信用狀統一慣例」(Uniform Customs and Practice for Documentary Credits, 2007 Revision，以下簡稱 UCP 600) 對信用狀所下的定義為：「信用狀意指任何一項不可撤銷之約定，不論其名稱或描述為何，該項約定構成開狀銀行對符合之提示予以兌付之確定承諾（UCP 600 第 2 條）。」總之，所謂信用狀，乃銀行應客戶（申請人）的要求，向第三人（受益人）所簽發的一種文據，此項文據中，銀行授權該第三人得按其所載條件簽發以該行或其指定的另一銀行為付款人的匯票及（或）提示所規定的單據，並由其負兌付的責任。現代國際貿易，買賣雙方貨款的清償是以信用狀為主要手段之一。因此，

1. 信用狀係銀行應買方（申請人）的請求而開具。

2. 信用狀係以電傳 (Teletransmission) 或航郵 (Airmail) 方式開給賣方的文件。

3. 信用狀係開狀銀行承諾最終兌付責任的文據。

4. 信用狀係賣方（受益人）在符合其要求之下，方能獲付款保障的文據。

第二節　信用狀的關係人

凡參與信用狀交易的人，即為信用狀關係人，現就可能參與信用狀交易的關係人分述如下：

 ### 一、基本關係人

（一）開狀申請人 (Applicant for the L/C)

即向銀行申請開發信用狀的人，UCP 600 第 2 條將申請人定義為：「請求開發信用狀之一方」，通常買方（進口商）依買賣契約所定付款條件，由其向往來

銀行申請開發信用狀，因此，開狀申請人通常即為**買方** (Buyer) 或**進口商** (Importer)。又因買方申請開發信用狀而由銀行授與信用，故又稱**受信買主** (Accredited buyer)，或**被記帳人** (Account party)。

(二)**開狀銀行** (Opening bank, Issuing bank)

即依開狀申請人的要求，為其開發信用狀的銀行。將信用狀稱為信用證時又稱開證銀行。在信用狀交易中，開狀銀行所扮演的角色是很重要的。UCP 600 第 2 條將開狀銀行定義為：「循申請人之請求或為其本身開發信用狀之銀行。」

(三)**受益人** (Beneficiary)

指取得依照信用狀條件開發匯票或提示單據兌取信用狀款項的人，通常為賣方（出口商）。

 ## 二、其他關係人

(一)**通知銀行** (Advising bank)

即接受開狀銀行的委託，將信用狀通知受益人的銀行。「通知」之意為僅將信用狀遞給受益人，而不涉及信用狀中的任何約定。

(二)**保兌銀行** (Confirming bank)

為受開狀銀行的委託對其信用狀加以擔保兌付責任的銀行。此種擔保兌付的銀行其存在的理由多為：因開狀銀行知名度不夠，受益人對開狀銀行的信用不瞭解，或開狀銀行所處國家經濟、政治、軍事狀況不佳時須由開狀銀行另請一家銀行對其所開信用狀予以擔保兌付，以便使受益人安心。

(三)**讓購銀行** (Negotiating bank)

又稱購票銀行、貼現銀行或押匯銀行。此銀行乃是受出口商（受益人）的請求，承購或貼現信用狀項下匯票的銀行，一般信用狀如無規定限制出口商的押匯銀行時，則押匯銀行多為與出口商有往來的銀行所扮演。

(四)**再押匯銀行** (Re-negotiating bank)

此種銀行的存在，多為信用狀規定限定押匯銀行時發生。由於限定的押匯銀行與出口商並無往來，故出口商可將押匯單據持向其有往來的銀行申請押匯。然後再由往來銀行將押匯單據轉交予信用狀所指的限定押匯銀行，此第二次押匯的銀行即為再押匯銀行。

(五)付款銀行 (Paying bank)

乃為信用狀上所規定擔任付款的銀行。因此，在須簽發匯票的場合，又稱 Drawee bank。付款銀行可能是開狀銀行亦可能是開狀銀行所委任的另一家銀行。

(六)受讓人 (Transferee)

此關係人發生在可轉讓信用狀的情形，即受益人將信用狀的一部或全部轉讓給第三人時，該受讓信用狀 (Transferred L/C) 的第三人即稱為受讓人。又因受讓人於受讓信用狀後，在其受讓權利範圍內，享有開發匯票要求開狀銀行付款之權，故有第二受益人 (Second beneficiary) 之稱。

第三節　信用狀的功能

 一、對出口商的功能

1. 信用狀可給出口商獲得信用擔保——出口商收到銀行信用狀後，因有銀行信用代替商號信用，所以不必多顧慮進口商的信用，出口商只須按照信用狀所規定的條件，提示規定的單據，即可取得貨款。

2. 信用狀可給出口商獲得資金融通的便利——出口商只要確實按照信用狀所規定的條件提示規定的單據，即可取得貨款，不必等進口商收到貨物才收回貨款，因此資金不致凍結，從而可獲得資金融通的便利。

3. 信用狀可給出口商獲得外匯擔保——在外匯管制國家，信用狀的開發，通常即表示已獲得外匯的批准，因此，出口商毋需顧慮到貨物出口後無法收到外匯。

4. 信用狀可給出口商獲得低利資金的利用——出口貸款中，如有信用狀為憑，則其所適用的貸款利率較低。例如我國外銷貸款即是。

5. 信用狀可提高輸出交易的確定性——輸出契約即使已成立，但信用狀未開到之前，輸出契約有隨時被取消的可能。假如信用狀已開到並且是不可撤銷的，那麼因進口商已不得將信用狀作片面的取消或修改。所以，作為信用狀交易基礎的輸出契約也就不能隨便取消或修改。

二、對進口商的功能

1.信用狀可給進口商獲得資金融通的便利——憑信用狀交易，進口商申請開發信用狀，通常僅須繳納信用狀金額一定成數的保證金 (Margin)，其餘由開狀銀行墊付。如非憑信用狀交易，出口商可能即要求進口商預付全部貨款後，再行發貨。

2.信用狀可給進口商獲得低利資金的利用——進口商申請開發信用狀，根據其簽具的開發信用狀契約，是以信用狀項下的進口貨物作為擔保。所以開狀銀行的墊款利率通常較國內銀行其他放款利率為低。

3.信用狀可確定履行契約的日期——因出口商必須按照信用狀所列條件，在規定期限內裝運，所以進口商可大致確定對方履行契約的日期。

4.信用狀可給進口商獲得信用擔保——出口商須按照信用狀條件申請辦理押匯（或付款），押匯（或付款）銀行必對各種單據詳予審查，符合信用狀條件才押匯或付款，所以只要信用狀條件規定得適當，對進口商就有相當的保障。

 ## 三、使用信用狀應注意事項

信用狀雖說對出進口商有上述各種功能，但雙方在使用時，仍應注意下列事項：

1.對出口商而言——出口商必須對進口商及開狀銀行的信用有相當的瞭解，才能保障交貨後可迅速取得貨款。否則貨物交運後，進口商可能藉口挑剔單據的瑕疵，以求減價，而引起市場索賠 (Market claim) 情事。至於開狀銀行，如遇破產、虛設或其他不良情事發生等，亦將使出口商無法取得貨款。

2.對進口商而言——因為押匯（或付款）銀行是憑信用狀辦理讓購匯票（或付款），著重單據審核，而不問貨物實質是否與單據相符。因此進口商仍須注意出口商的信用，以免有詐騙貨款的情事。並且以信用狀為付款方式時，銀行不能保障貨物的風險，銀行所能做到的，只是信用風險的消除，並在貨物運送中，給予資金周轉的便利。

第四節　信用狀的種類

信用狀隨觀點的不同而有各種不同的分類法。因此，往往一張信用狀上就具備多種性質種類。現就常見的分類，敘述如下：

一、按是否可撤銷，可分

(一)可撤銷信用狀 (Revocable L/C)

乃指開狀銀行於開出信用狀後，無需預先通知受益人，即可隨時片面撤銷或修改的信用狀而言。此種信用狀因有隨時被撤銷的可能，出口商毫無保障，所以，它很少被利用。

UCP 600 也不再提及可撤銷信用狀，換言之，適用 UCP 600 的信用狀就是不可撤銷信用狀。

(二)不可撤銷信用狀 (Irrevocable L/C)

乃指信用狀一經開出並通知受益人後，在其有效期間內，非經受益人、開狀銀行及保兌銀行（若經保兌）同意，不得將該信用狀作片面的**撤銷 (Cancel)** 或**修改 (Amend)** 者而言。因此，受益人收到這種信用狀並與買賣契約核對無誤後，即可放心備貨，進行裝運。並且只要所提示的單據符合信用狀，即可收到貨款，所以對受益人而言是相當有利的一種信用狀。

二、按有無經第二家銀行保證兌付，可分

(一)保兌信用狀 (Confirmed L/C)

又稱確認信用狀。即信用狀經開狀銀行以外的第三家銀行擔保兌付受益人所提示匯票（或單據）者。因此，此種信用狀具備保兌銀行與開狀銀行的雙重保證。當出口商對進口地的銀行沒有信心或認為該國外匯情況或政治環境不穩定時，可要求進口商開來經由出口商所在地通知銀行或第三國的著名一流銀行確認的信用狀。

(二)不保兌信用狀 (Unconfirmed L/C)

又稱不確認信用狀。乃指信用狀沒有開狀銀行以外的第三家銀行擔保兌付，而僅由開狀銀行承擔兌付受益人匯票的責任。

　　保兌銀行所負的擔保責任是絕對的，而非開狀銀行不能履行義務時，保兌銀行才負責的**或有 (Contingent)** 性質，也就是說，保兌銀行與開狀銀行須對受益人及對於曾就受益人所簽發匯票給付兌價的銀行，**共同 (Jointly)** 或**單獨 (Severally)** 負責。正因保兌銀行所負的責任，不論其形式或範圍，完全與開狀銀行所負的責任相同。所以除非保兌銀行對開狀銀行具有充分的信心，或者保兌銀行已將其所保兌的款額從開狀銀行帳圈存，否則不輕易加以保兌。

 ## 三、按是否有追索權，可分

㈠有追索權信用狀 (With recourse L/C)

　　信用狀上如有 "**With recourse**" 字樣者，即為有追索權信用狀。憑有追索權信用狀開出匯票者，萬一匯票遭到拒付時，被背書人可向背書人請求償還票款。

㈡無追索權信用狀 (Without recourse L/C)

　　信用狀上如有 "**Without recourse**" 字樣者，即為無追索權信用狀。憑無追索權信用狀簽發的匯票如遭拒付，被背書人不得向背書人行使追索權，要求退還票款。

　　信用狀上有的有明示 "**With recourse**" 或 "**Without recourse**" 字樣，如信用狀上未載明時；依照實務上的處理視為 "**With recourse L/C**"。

 ## 四、按付款期限，可分

㈠即期信用狀 (Sight L/C)

　　係指受益人依信用狀規定提示即期匯票或交單時，經開狀銀行審核無瑕疵後即須立刻付款的信用狀，進口商也須立即向開狀銀行付款人贖取貨運單據。

㈡遠期信用狀 (Usance L/C)

　　即指開狀銀行在接獲受益人所提示的單據或匯票後一定時日始為付款的信用狀。由於此信用狀涉及承兌與利息的負擔，因此，就利息負擔者的不同，又可分為兩種：

　　1.**買方遠期信用狀 (Buyer's usance L/C)**——指開狀銀行予進口商融資，其銀行承兌與利息費用，均由買方負擔，就賣方而言，此種信用狀類似即期信用狀，只要出口商所提示的單據與匯票符合信用狀規定，即可獲得付款。惟其貨款是由銀行先墊付，進口商可先取得貨運單據辦理提貨，等到到期時再繳付本息。

2.**賣方遠期信用狀** (Seller's usance L/C)——係出口商予進口商的融資，其銀行利息費用由賣方負擔。就賣方而言，須交貨後一段時間才能領到貨款，而買方可先領單據取貨，到期時再付款給賣方。通常遠期信用狀，若未規定利息由何方負擔時，在銀行實務上均採**賣方負擔利息** (Seller's account)，故於受益人辦理押匯時預扣之。

五、按有無跟單，可分

㈠跟單信用狀 (Documentary L/C)

即信用狀規定受益人請求讓購或兌付匯票（有時不需要匯票）時，必須同時檢附貨運單據者，又稱押匯信用狀。通常信用狀屬於這一類居多。

㈡無跟單信用狀 (Documentary clean L/C)

即信用狀規定受益人可憑其簽發的匯票或提示不具貨運單據便可獲得付款者，因此又稱無擔保品信用狀。由於貨運單據是由出口商逕寄進口商，故開狀銀行所負的風險大，所以除非進口商信用卓著，或進口商預先繳付全額信用狀款項，否則對於開發此類信用狀的申請，銀行方面將不輕易接受。他方面如進口商對出口商缺乏信心，也不會申請開發此類信用狀。

六、按可否轉讓，可分

㈠可轉讓信用狀 (Transferable L/C)

指受益人有權將信用狀金額的全部或一部分轉讓給他人，使信用狀的付款保證功能延伸到供應商或製造商的信用狀。可轉讓信用狀的轉讓以一次為限，並向指定銀行申請，而受讓人無權再度將其所受讓的信用狀轉給他人使用。如果信用狀准許分批裝運，則原受益人在不違反信用狀有關分批裝運的規定下，可將信用狀金額作部分的轉讓或分別轉讓予二人以上。依據 UCP 600 第 38 條規定，凡可轉讓信用狀均應用 "Transferable" 字樣，在信用狀上予以明示，其最簡單者為 "This L/C is transferable."。

㈡不可轉讓信用狀 (Non-transferable L/C)

即受益人不可將該信用狀轉讓予其他人使用者，依據 UCP 600 第 38 條規定，信用狀的轉讓以開狀銀行明確指示可以轉讓者為限。故信用狀上未明示可轉讓給他人使用者，則為「不可轉讓信用狀」。

七、按能否重複使用的性質，可分

（一）循環信用狀 (Revolving L/C)

又稱回復信用狀，係規定受益人在一定期間及一定金額限度內，得循環反覆使用的信用狀。通常對於金額大，且須分次裝運的貨物，就進口商而言，每次重複申請開發信用狀，手續繁瑣，且須多付手續費，如果一次申請開發，則銀行因為所負風險過鉅，可能不予考慮，或進口商無法一次提供鉅額保證金，或因為出口商信用未著，進口商不願一次申請開出鉅額信用狀者，因而有此種信用狀的產生。

（二）非循環信用狀 (Non-revolving L/C)

信用狀的金額及其有效期限均有一定，除非修改增加金額，否則其金額一經用完，信用狀即告失效，或是信用狀雖尚有餘額但已逾有效期限，除非展期，否則信用狀即失效，此種信用狀即為非循環信用狀。

 八、按是否指定讓購銀行，可分

（一）一般信用狀 (General L/C)

為開狀銀行在信用狀內不指定信用狀受益人向哪家銀行請求讓購者即是。因此，出口商在取得這樣的信用狀，他可到任一家銀行辦理讓購。這種無特別限定讓購銀行的一般信用狀，站在出口商的立場是較願意接受的，因為受益人能夠選擇願以最有利的匯率讓購的銀行辦理讓購手續。

（二）特別信用狀 (Special L/C)

為開狀銀行在信用狀上特別限定在某一銀行讓購其信用狀項下匯票及（或）單據者。在此信用狀下，就出口商的立場而言，因讓購銀行已限定，所以縱令該指定讓購銀行的匯率是最不利的，也只好向該指定銀行辦理押匯。

銀行之所以開出此種信用狀，自亦有其原因，如外匯銀行基於營業政策指定其在出口地的總分支行或往來銀行為讓購銀行；或開狀銀行對於出口地某些銀行的外匯業務處理能力缺乏信心，不得不指定其認為可靠的外匯銀行為讓購銀行等情況。不過不管其原因如何，這種限定讓購銀行的情況，開狀銀行宜應開發信用狀申請人的要求或先經其同意才可為之。

九、按是否直接向付款銀行提示付款，可分

(一)讓購信用狀 (Negotiating L/C)

凡允許受益人將其匯票及單據持往付款銀行以外的銀行請求讓購，而不必逕向付款銀行提示付款的信用狀即為讓購信用狀。此種情況通常為信用狀上規定的付款銀行不在出口商本國內，因而允許出口商（受益人）將其所簽發匯票持往本國任何一家銀行請求讓購，然後再由讓購銀行將單據交由國外付款銀行。

(二)直接信用狀 (Straight L/C)

為信用狀特別規定受益人須將匯票及單據直接持往付款銀行提示付款的信用狀。這種情形多發生在付款銀行在受益人本國內，因而受益人就可直接將匯票及單據擲交付款銀行請求付款，而不須透過第三者銀行交由付款銀行。

 ## 十、按通知受益人方式，可分

(一)郵遞信用狀 (Mail L/C)

指開狀銀行將開發信用狀事宜以郵寄（一般為航郵）方式通知受益人的信用狀。此信用狀多用在裝運日期不急迫者。

(二)電傳信用狀 (Teletransmitted L/C)

乃開狀銀行以電傳方式，將開發信用狀事宜通知受益人的信用狀。其電傳方式有**海纜電報 (Cable)**、**普通電報 (Telegram)**、**電報交換 (Telex)**、**SWIFT** 和**傳真 (Fax)** 等。而使用此信用狀情況多在裝運期日迫近者。

倘以電傳開發信用狀，則必須由通知銀行轉知。因開狀銀行如將信用狀內容逕向受益人發出電訊，則由於受益人與開狀銀行間並無**押碼 (Test key)** 的約定，受益人無法辨認該電傳信用狀的真實性，故不發生作用。他方面，往來銀行間，因事先已訂有**通匯契約 (Correspondent agency arrangements)**，並**交換控制文件**（Control documents，包括押碼約定與簽字樣本等）。故電傳信用狀可由通知（往來）銀行予以辨認其真偽，並由通知銀行以正式函件轉知受益人。

依據 UCP 600 第 11 條規定，銀行以電傳方式開發信用狀時，應決定究竟以電傳指示作「正本信用狀」，抑或以**郵遞證實書 (Mail confirmation)** 作正本信用狀。銀行如欲以電傳指示作正本時，不應另送郵遞證實書。故在信用狀上如未明示，則該電傳指示即視為正本信用狀。

十一、其　他

㈠背對背信用狀 (Back to back L/C)

國人常稱為**本地信用狀** (Local L/C)。信用狀受益人本身並非貨物的供應商，因此，一方面不願讓買方知道自己不是供應商，他方面為避免國外買方與國內供應商直接接觸，所以出口商對供應商的付款方式，以國外開來的信用狀，交予其往來的外匯銀行供作擔保，申請另開一張信用狀給供應商。這種憑另一信用狀而開發給供應商的信用狀，即為背對背信用狀，又稱 Secondary L/C、Subsidiary L/C，而原來的信用狀則稱為 Original L/C、Master L/C。

在信用狀受益人為謀取中間利潤，而將信用狀利用於其與供應商間的國內資金融通方面的方法，除可要求開發「可轉讓信用狀」外，尚有此種方式，但此二種信用狀的處理有下列不同點：

　　1.可轉讓信用狀是將出口商（原受益人）為受益人的信用狀金額全部或一部轉讓給供應商，並允許其使用。背對背信用狀則與原信用狀完全個別獨立，兩者雖同時存在，但其內容則是根據原信用狀而開發的。

　　2.就信用狀的轉讓而言，需有開發信用狀申請人及開狀銀行的允許為前提。而背對背信用狀的開發則與國外開狀銀行或進口商不相關。前者的受讓人乃與原受益人居於同等地位，可獲得國外開狀銀行直接付款的擔保，而後者的受益人對原信用狀的申請人（進口商）及開狀銀行並無請求權可言，但可獲得背對背信用狀開狀銀行的付款擔保。

㈡擔保信用狀 (Stand-by L/C)

又稱**保證信用狀** (Guarantee L/C)。乃指不以清償因商品交易而產生的貨款為目的，而以融通資金或保證債務為目的所開發的信用狀，在我國又稱保證信用狀。其用途有：

　　1.借款保證——假設本國商人擬向國外借款時，即可請求本國銀行開出以貸出款項的外國銀行為受益人的擔保信用狀。如借款人（即開狀申請人）不於規定日期償還借款本息時，該外國貸款銀行即得就其本息開出即期匯票向開狀銀行求償。

　　2.押標保證及履約保證——假設購買人於標購大批貨物時，為防投標人中途撤回報價，得標後拒絕簽約或得標後拒絕繳納履約保證金或訂約商簽約後不

按約履行，而要求投標人於報價時繳交押標保證金 (Bid bond) 及於訂約時繳交履約保證金 (Performance bond)。在此情形下，投標人或訂約商也常洽請銀行開發以購貨人為受益人的擔保信用狀。同樣地，售貨人標售貨物時，也可要求投標人繳交押標保證金及履約保證金，在此場合，投標人也可洽請銀行開發以售貨人為受益人的擔保信用狀，這種信用狀所要求的單據通常也只有受益人所出具的聲明書而已。

　　3.賒購保證——本國廠商向國外製造廠商購進機器等時，如價款甚鉅，則往往約定以分期付款方式進口。但這種賒帳交易，因付款期限較長，供應商所負風險大，故常要求進口商提供銀行保證。各銀行的保證方式不一，有的以保證函 (Letter of guarantee) 方式開發，有的則以擔保信用狀方式開發。

　㈢紅色條款信用狀 (Red clause L/C)

　　又稱可預支信用狀 (Anticipatory L/C) 或打包信用狀 (Packing L/C)，即開狀銀行應進口商的要求在信用狀上加註條款，授權出口地的分行或其他往來銀行，對於受益人在貨物出口前，可憑該信用狀向銀行請求預支貨款，待貨物出口後，受益人備妥信用狀上所規定的單據向銀行提示押匯，由銀行扣除先前的墊款後，再將餘款付予受益人。假如受益人到期未能交運貨物，提出信用狀所規定的單據，也不歸墊預支的款項時，則墊款銀行即可逕向開狀銀行要求償還其所墊付的本金及利息。

　　由於這種信用狀載有准許受益人於貨物出口及備妥單據之前，預支款項的條款，當初係以紅字註明或以紅墨水印刷，以引人注意，故稱之為紅色條款信用狀，雖然現今信用狀上的紅色條款未必即為紅色，但我們還是稱之為紅色條款信用狀。

　㈣委託購買證（Authority to purchase，簡稱 A/P）

　　所謂委託購買證，乃進口地外匯銀行應進口商的請求，開發給它在出口地的總分支行或同業的授權書，授權該行得按一定的條件，代其購買出口商開致進口商的跟單匯票。

　　多數學者認為委託購買證性質特殊，不宜視為信用狀的一種。但因其具有類似信用狀的作用，所以這種區別是否有必要，值得研究。

　　就委託購買證的性質而言，有下列四點須加注意：

　　1.委託購買證的匯票是以進口商為付款人，所以在出口地不易出售。

2.因匯票不易出售,所以由開證銀行委託出口地總分支行或同業代為購買。

3.出口地總分支行或同業購買匯票, 僅為受託代辦購買手續, 其用以購買匯票的款項, 通常是開證銀行在該總分支行或同業的存款。

4.開證銀行為進口商墊付票款甚為明顯,所以進口商於申請開發委託購買證所繳存的保證金, 自然較信用狀為多。

就委託購買證與信用狀比較而言, 兩者差異在:

	委託購買證 (A/P)	信用狀 (L/C)
文件開立的對象	開證銀行應進口商的要求, 向國外的分支行或代理行開立的文件。	開狀銀行應進口商的要求, 向國外出口商開立的文件。
匯票的處理方式	銀行通知在國外的有關銀行收購國外出口商對進口商所開匯票。	銀行向國外的出口商表示對其所開匯票承兌。
付款人	出口商憑其開具匯票, 其付款人為進口商。	出口商憑其開具匯票, 其付款人依信用狀規定而定。
利息負擔的對象	由進口商來負擔利息。	除非另有規定外, 通常由出口商來負擔。
銀行的轉讓	出口商只能將匯票售予委託購買證上所規定的委託銀行。	出口商開出匯票, 除非信用狀另有規定, 否則可向任何銀行貼現。

第五節　信用狀的格式與內容

 ## 一、信用狀的格式

信用狀格式因開狀銀行而異, 甚至同一銀行所使用的信用狀格式也因信用狀的種類或目的的不同而有差異, 但大致說來, 一般信用狀的格式多載有下列各項目:

㈠關於信用狀本身者

1.開狀銀行 (Issuing bank)。

2.開狀日期 (Date of issue)。

3.信用狀號碼 (L/C number)。

4.表示信用狀種類的詞句 (Kind of L/C)。

5.通知銀行名址 (Advising bank)。

6.受益人 (Beneficiary)。

7.開狀申請人 (Applicant, Accountee)。

8.信用狀金額 (L/C amount)。

9.有效期限 (Expiry date) 或提示的有效期限 (Expiry date for presentation)。

10.信用狀使用地點 (Available at...)。

(二)關於匯票者

1.發票人 (Drawer)。

2.被發票人 (Drawee)。

3.匯票期限 (Tenor)。

4.匯票金額 (Draft amount)。

(三)關於單據及商品者

1.單據：

(1)商業發票 (Commercial invoice)。

(2)運送單據 (Transport documents)。

(3)保險單據 (Insurance policy or certificate)。

(4)其他 (Other documents)。

2.商品：

(1)商品名稱、數量、單價、貿易條件等 (Description, Quantity, Unit price, Trade term, etc.)。

(2)裝運地、目的地 (Port of shipment, Destination)。

(3)裝運期限 (Latest date of shipment)。

(四)其他事項

1.有關讓購銀行應注意事項（如將押匯金額在信用狀背面註記，即 Endorse)。

2.開狀銀行擔保兌付 (Honor) 的條款：

(1)不可撤銷條款。

(2)遵守信用狀統一慣例 (UCP) 的條款。

3.其他。

 二、信用狀的內容

信用狀的內容依信用狀傳遞工具的不同可分下列三種：

㈠郵遞信用狀實例

現以 FORM 6–1 的郵遞信用狀來分段說明該信用狀的內容如下：

1. 首文：

　⑴開狀銀行名稱：American Express International Banking Corp.

　⑵開狀日期：September 20, 20–。

　⑶信用狀號碼：SA–547/3796。

　⑷信用狀種類：不可撤銷跟單信用狀 (Irrevocable documentary L/C)。

　⑸通知銀行：First Commercial Bank，通知銀行通常為開狀銀行的通匯銀行，負有查核所通知信用狀真偽之責。

　⑹信用狀申請人：XYZ Trading Co., Ltd.，信用狀申請人通常為買方，故除非另有規定，商業發票應以此申請人為**抬頭人** (Addressee)。

　⑺受益人：ABC Trading Co., Ltd.，假設受益人為著名的公司，則其地址可簡化或省略，但通常仍宜將其詳細地址列載，以免貽誤，因為在大都市偶有同一名稱或類似名稱的公司同時存在。

　⑻信用狀可用金額限度：本例信用狀可用金額為 11,035 美元，通常分別以數字及文字表示，受益人憑信用狀取款的金額不得超過其可用金額限度。

　⑼信用狀有效期限：即受益人憑信用狀要求銀行付款、承兌或押匯的最後期限。本例規定最後期限為 20– 年 11 月 15 日，換言之，受益人須在本國境內於 20– 年 11 月 15 日以前提示押匯，否則該信用狀即失效，不能再予使用。

2. 匯票：

　⑽授權開發匯票："We hereby issue this...in your favor available by your draft"，係表明受益人得開發匯票取款之意，除非可轉讓，唯有受益人才得開發匯票取款，其他人不得為發票人。

　⑾匯票期限："at sight" 係規定匯票期限為即期，如見票後 60 天付款，則寫成 "at 60 (sixty) days after sight"，如係裝運後 60 天付款，則寫成 "at 60 (sixty) days after B/L date"。凡是規定開出即期匯票的信用狀，即為**即期信用狀** (Sight L/C)，凡是規定開出遠期匯票的信用狀，即為**遠期信用狀** (Usance L/C)。

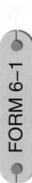

FORM 6-1

(1) AMERICAN EXPRESS INTERNATIONAL BANKING CORP.

NEW YORK. N.Y. P.O. BOX. 700 10008

(2) Date: September 20, 20–

(4) IRREVOCABLE DOCUMENTARY CREDIT	(3) Issuing Bank's Credit No. SA–547/3796	Advising Bank's Credit No.
(5) Advising Bank: FIRST COMMERCIAL BANK	(8) Amount: US$11,035	
	(9) Expiry Date: November 15, 20–	
(7) Beneficiary: ABC TRADING CO., LTD. 4, SEC. 1 YEN JIOU YUAN RD., TAIPEI, TAIWAN. R.O.C.	(6) Applicant: XYZ TRADING CO., LTD. 30, WALL ST., NEW YORK. U.S.A.	

Dear Sirs:

(10)

We hereby issue this Irrevocable Letter of Credit in your favor available by your draft drawn on us at sight bearing the clause: "Drawn under

(12) (11) (13)

American Express International Banking Corp. Letter of Credit No. SA–547/3796."

(14)

Accompanied by the following documents:

1. Commercial Invoice in quadruplicate.

2. Packing List in quadruplicate.

3. Insurance policy for 110% of invoice value, including CLAUSE B and WAR RISKS with claims payable in the NEW YORK in US currency.

4. Full set of Clean On Board Ocean Bills of Lading drawn to the order of AMERICAN EXPRESS INTERNATIONAL BANKING CORP. and marked: "FREIGHT PREPAID" Notify: Buyers.

(16) Shipment as follows:

500 dozens CIF NEW YORK.

(15) Covering: Sport Shirts. STYLE A.

Shipment from:	(17) Bill of Lading	(18) Partial Shipments:	(19) Transhipments:	(20)
TAIWAN PORT	must be dated:	Permitted	Permitted	
to	on/before			
NEW YORK	October 30, 20–			

Special Instructions:

(21)

1. All correspondent bank charges are for account of the beneficiary.

(22)

2. All documents must be sent to AMERICAN EXPRESS INTERNATIONAL BANKING CORP. New York by one airmail.

(23)

3. This credit is restricted to the advising bank for negotiation.

(24)

4. Documents must be presented for negotiation within 10 days after B/L date.

(25)

We hereby engage with drawers and/or bona fide holders of drafts drawn and negotiated in conformity with the terms of this credit will be duly honored on presentation and that drafts accepted within the terms of this credit will be duly honored at maturity.

The amount of each draft negotiated, with date of negotiation, must be endorsed hereon by the negotiating bank.

(26) Very Truly Yours,

AMERICAN EXPRESS INTERNATIONAL BANKING CORP.

Authorized Signature

Advising Bank's notification (27)

Place, date, name, and signature of advising bank.

(28) Except so far as otherwise expressly stated, this documentary credit is subject to the "Uniform Customs and Practice for Documentary Credits" (2007 Revision). International Chamber of Commerce (Publication No. 600).

⑿匯票付款人：匯票付款人的指定，多在 "drawn on" 後面明示出來，如 "drawn on us"，我們就知此信用狀的付款人為開狀銀行。一般而言，信用狀匯票付款人有二種：

①開狀銀行。

②在開狀銀行設有存款帳戶的其他銀行。

但，如信用狀中未規定匯票付款人者，通常以開狀銀行為匯票付款人。

⒀發票條款 (Drawn clause)：在實務上規定受益人應於匯票上，註明該匯票係依據某開狀銀行在何日所開發的第幾號信用狀所簽發，目的在便利開狀銀行查對是否屬實。在信用狀上表示方式為 bearing the clause: "Drawn under American Express International Banking Corp. Letter of Credit No. SA–547/3796."。

3.關於單據、貨物及其裝船：

⒁應提示的單據種類及份數："Accompanied by the following documents" 以下所記載者，為憑匯票取款時所該提示的單據及份數。本例所規定者有：

①商業發票四份。

②包裝單四份。

③保險單（通常為兩份）。

④全套提單。

⒂貨物名稱："Covering" 以下所記載者即為貨物名稱。本例為 "Sport Shirts"。貨物名稱，除載於 "Covering" 之後者外，也常記載於 "evidencing shipment of..." 之後。

⒃貿易條件：本例為 CIF。

⒄裝運地、目的地：本例規定從臺灣港口到紐約。臺灣港口可適用臺灣任一港口，較有彈性。

⒅裝運期限：本例規定**最後裝運日期** (Latest shipment date) 為 20- 年 10 月 30 日。

⒆可否分批裝運：本例規定准許分批裝運，如信用狀未規定可否分批裝運，則視為可分批裝運。

⒇可否轉運：本例可轉運，如信用狀未規定可否轉運時，則視為可轉運。

4. 其他事項:

⑵銀行費用的負擔: 本例規定所有銀行費用均須由受益人負擔。

⑵寄單方法: 單據的寄送方法, 在本例規定押匯銀行應將全部單據一次郵寄開狀銀行。

⑵限押提示: 本例即限定在通知銀行押匯。

⑵提示押匯期限: 本例規定受益人必須於提單日期後 10 天內提示押匯。依據 UCP 600 第 14 條 (c) 項規定, 要求運送單據者, 受益人須於裝運日後 21 曆日內為提示, 但無論如何, 提示絕不得遲於信用狀的有效期限。但在 UCP 600 第 29 條規定, 信用狀有效期限或提示的末日, 如適逢銀行因 UCP 600 第 36 條所規定以外的理由而休業之日, 則該有效期限或提示的末日, 可順延至次一銀行營業日。

⑵開狀銀行擔保兌付及押匯金額背書條款: "We hereby engage with drawers and/or bona fide holders of drafts...will be duly honored at maturity." 此條款稱為擔保兌付條款 (Undertaking to honor clause), 其大意為:「本行與發票人及 (或) 善意執票人約定, 凡憑本信用狀簽發及押匯, 而符合其所規定條件者, 於提示時將妥予兌付, 又依本信用狀條件承兌的匯票, 於匯票到期時, 將妥予兌付。」信用狀的可貴, 即在其由銀行承擔兌付的義務, 以取代信用及資力較薄弱或不明的買方。"The amount of each draft... must be endorsed on the reverse of this credit by the negotiating bank." 即為有關押匯金額背書的條款, 大意為「押匯銀行必須將每張匯票金額在信用狀背面予以記載」。如前所述, 信用狀為開狀銀行承諾兌付受益人在一定限額內所簽發的匯票的一種文據。故無論開狀銀行或押匯銀行在付款、承兌或讓購時必須注意所簽發匯票金額是否已超過信用狀可用金額。於是規定必須將已利用的金額在信用狀背面予以記載。如銀行怠於記載其押匯金額, 致其他銀行誤認該信用狀可用金額而超額押匯者, 應由怠於在信用狀背面記載押匯金額的銀行負其責, 開狀銀行歉難負責。

⑵開狀銀行有權簽字人簽字: 每張信用狀均應有開狀銀行有權簽字人的簽字。通知銀行鑑定信用狀的真偽, 即以核對此簽字為憑。

⑵通知銀行記錄: 本欄由通知銀行按收件順序編號, 另註明收件日期,

以利查考。

⒇遵守信用狀統一慣例的規定：本例表明本信用狀的處理，除另有明示外，以國際商會 UCP 600《2007 年修訂信用狀統一慣例》為準。

㈡電傳信用狀實例

　　無論係郵遞信用狀抑係電傳信用狀，其基本的內容並無兩樣，只是以電傳開發信用狀時，為節省電傳費，信用狀電文較郵遞信用狀內容簡略，因此對於信用狀格式須相當熟悉，否則不易明瞭。電傳信用狀如前述，可分為當做正本信用狀的 Operative L/C instrument 及只當做預告 (Preliminary advice) 而非正本信用狀的 Non-operative L/C instrument 兩種。茲就以前者說明如下（如 FORM 6-2）：

⑴通知銀行為 A. B. C. Bank, FOREIGN DEPATMENT。

⑵通知銀行編號為 IALH08-96。

⑶受益人為 ABC Trading Co., Ltd.。

⑷由 "We beg to inform you...Algemene Bank Nederland NV Hong Kong dated Dec. 30, 2014..." 可知開狀日期及開狀銀行名稱。

⑸由電文 "NOTIFY BENEFICIARY/WE ISSUE IRREVOCABLE TRANSFERABLE CREDIT NO. TST-IB-0853 DATE AND PLACE OF EXPIRY 15/04/2015 IN TAIWAN" 這一段可知信用狀號碼、信用狀種類及信用狀有效期限。

⑹由電文 "APPLICANT MLOFO TRADING LTD...." 這一段可知開狀申請人。

⑺由電文 "BENEFICIARY ABC TRADING CO. LTD." 這一段得知受益人。

⑻由電文 "AMOUNT: USD158,925.00" 這一段得知信用狀金額。

⑼由電文 "CREDIT AVAILABLE WITH YOU...BENEFICIARY'S DRAFT AT SIGHT DRAWN ON ACCOUNTEES IN DUPLICATE FOR 100 PERCENT..." 這一段可知所要求簽發匯票的發票人、匯票期限、付款人及匯票金額與商業發票金額的關係。

"AVAILABLE WITH YOU" 表示限定由通知銀行（電文中 YOU 係指通知銀行）押匯。

FORM 6-2

(1) A. B. C. Bank

FOREIGN DEPARTMENT

49, WU CHANG STREET, SEC.

(2) Our Reference No. IALH08-96

Taipei, Dec. 30, 2014

(3) To: ABC Trading Co., Ltd.

11, Fu-Hsing N. Road

Taipei

Dear Sirs,

(4) We beg to inform you that we have received an authenticated cable from Algemene Bank Nederland NV Hong Kong dated Dec. 30, 2014 which is decoded/to be read as follows:

(5) NOTIFY BENEFICIARY/WE ISSUE IRREVOCABLE TRANSFERABLE CREDIT NO. TST-IB-0853 DATE AND PLACE OF EXPIRY 15/04/2015 IN TAIWAN

(6) APPLICANT MLOFO TRADING LTD. 15/F PROSPERITY HOUSE 10 GRANVILLE RD KOWLOON HONG KONG

(7) BENEFICIARY ABC TRADING CO. LTD. 11 FU-HSING N ROAD TAIPEI TAIWAN

(8) AMOUNT: USD158,925.00

(9) CREDIT AVAILABLE WITH YOU BY NEGOTIATION OF BENEFICIARY'S DRAFT AT SIGHT DRAWN ON ACCOUNTEES IN DUPLICATE FOR 100 PERCENT OF THE NET INVOICE VALUE SHOWING NO AND DATE OF THIS CREDIT

(10) PARTIAL SHIPMENTS ALLOWED, TRANSHIPMENT ALLOWED

(11) SHIPMENT FROM TAIWAN PORTS TO LONDON/ENGLAND ON CANDF BASIS

(12) SHIPMENT OF:

CONT NO.	STYLE NO.	QUANTITY	DESCRIPTION
4767	44108	750DOZ	MEN'S 100 PERCENT ACRYLIC HONEYCOMB STITCH WAISTCOATS
4768	44109	2,100DOZ	MEN'S 100 PERCENT ACRYLIC HONEYCOMB STITCH PULLOVERS

(13) DOCUMENTS REQUIRED:

AAA INVOICE IN DUPLICATE IN ENGLISH DULY SIGNED BY BENEFICIARY

BBB NON-NEGOTIABLE OF CLEAN ON BOARD BILLS OF LADING IN DUPLICATE TO ORDER ENDORSED IN BLANK DATED NOT LATER THAN 30/03/2015 MARKED "FREIGHT PREPAID" AND NOTIFY AYTEX LTD. 4 ACTON LANE LONDON NW 10 7PE ENGLAND ALSO NOTIFY M ASON AND CO. LTD. 4–4 THOMAS RD POPLAR LONDON E14 7BJ UK

CCC SIGNED PACKING LIST IN DUPLICATE

DDD DUPLICATE EXPORT CERTIFICATE OF TAIWAN

EEE DUPLICATE CERTIFICATE OF TAIWAN ORIGIN

FFF BENEFICIARY'S CONFIRMATION CERTIFYING THAT THE FULL SET CLEAN ON BOARD BILLS OF LADING ORIGINAL EXPORT CERTIFICATE OF TAIWAN ORIGINAL CERTIFICATE OF TAIWAN ORIGIN TOGETHER WITH ONE SET NON-NEGOTIABLE SHIPPING DOCUMENT HAVE BEEN SENT TO L/C OPENER UPON SHIPMENT EFFECTED

GGG INSPECTION CERTIFICATE TO BE COUNTERSIGNED BY L/C OPENER

(14) ALL BANK CHARGES OUTSIDE HONG KONG FOR BENEFICIARY'S ACCOUNT

(15) DOCUMENTS TO BE SENT IN ONE REGISTERED COVER TO ALGEMENE BANK NEDERLAND NV 8 GRANVILLE RD KOWLOON HONG KONG

(16) REIMBURSEMENT INSTRUCTIONS: UPON RECEIPT OF YOUR DOCUMENTS IN ACCORDANCE WITH THE CREDIT TERMS WE SHALL REIMBURSE YOU BY CABLE ON NEW YORK TO THE CREDIT YOUR ACCOUNT WITH ABN NEW YORK

(17) THIS IS THE OPERATIVE INSTRUMENT AND SUBJECT TO UCP 2007 ICC PUBLICATION NO. 600 NO MAIL CONFIRMATION IS TO FOLLOW

TRUSTNX TPTW

ABN HONGKONG

----

(18) Please note that this is merely an advice on our part and does not consitute a confirmation of this credit. This office is unable to accept any responsibility for errors in transmission or translation of this cable, or for any amendments that may be necessary upon receipt of the mail advice from the bank issuing this credit.

Kindly acknowledge receipt by returning the attached form duly signed.

Yours faithfully,

A. B. C. Bank

FOREIGN DEPARTMENT

Authorized signatures

⑽由電文 "PARTIAL SHIPMENTS ALLOWED, TRANSHIPMENT ALLOWED" 可知准許分批裝運及轉運。

⑾由電文 "SHIPMENT FROM TAIWAN PORTS TO LONDON...ON CANDF..." 可知由臺灣港口運往倫敦，貿易條件為 CANDF。至於裝運期限，可由電文 "BILLS OF LADING...DATED NOT LATER THAN 30/03/2015"（參閱編號⒀ BBB 部分）得知 2015 年 3 月 30 日為最後裝運期限。

⑿由電文 "SHIPMENT OF: ..." 得知有關貨物的記述。

⒀由電文 "DOCUMENTS REQUIRED: AAA INVOICE...BBB NON-NEGOTIABLE OF CLEAN ON BOARD BILLS OF LADING...CCC SIGNED PACKING LIST...DDD DUPLICATE EXPORT CERTIFICATE OF TAIWAN...EEE DUPLICATE CERTIFICATE OF TAIWAN ORIGIN...FFF BENEFICIARY'S CONFIRMATION...GGG INSPECTION CERTIFICATE..." 得知其所要求的單據種類及其份數。

⒁由電文 "ALL BANK CHARGES OUTSIDE HONG KONG FOR BENEFICIARY'S ACCOUNT" 得知押匯費用須由受益人負擔。

⒂由電文 "DOCUMENTS TO BE SENT IN ONE...TO..." 得知押匯銀行應如何遞送單據。

⒃由電文 "REIMBURSEMENT INSTRUCTIONS: UPON RECEIPT OF YOUR DOCUMENTS...WE SHALL REIMBURSE YOU BY CABLE..." 這一段規定，得知求償押匯款的方法。

⒄由電文 "THIS IS THE OPERATIVE INSTRUMENT AND SUBJECT TO UCP 2007..." 得知本電報信用狀係正本信用狀，可憑此電報信用狀押匯，同時得知本信用狀遵守國際商會 2007 年修訂的信用狀統一慣例。

⒅最後一段 "Please note that this is merely an advice on our part..." 係通知銀行的免責條款，其內容可分為三點：第一、表明上項通知僅傳遞開狀銀行的來電，通知銀行並不因通知而對該信用狀予以保兌。第二、對電文的翻譯與傳遞中可能發生的錯誤，不負責任。第三、聲明收到的郵遞通知書如有修改者，不負責任。

⧼三⧽ SWIFT 信用狀實例

SWIFT 為環球銀行財務通訊系統 (Society for Worldwide Interbank Financial Telecommunication) 的縮寫，它是一國際性非營利的法人組織，總部設於比利時布魯塞爾。全球通訊網於 1977 年 9 月初步完成作業，是一套使用於全世界各銀行間，用來傳遞信息、調撥資金與開發信用狀等業務的一種高性能、低成本、安全、迅速，且可以和各種電腦連線作業的電信系統。其功能幾乎已完全取代以前國際間各銀行使用的電報與 Telex。

1. SWIFT 信用狀的開發──在這個 SWIFT 通訊作業系統中，與貿易廠商關係最為密切的是信用狀的通知格式。SWIFT 將所有電文予以標準化，並劃分為 9 類，其中第 7 類為信用狀，再以阿拉伯數字 "7" 字開頭為 3 位數字細分各項信用狀業務的電文，例如 700 為信用狀的開立，707 為信用狀的修改。各銀行間傳輸電文使用統一的「代號」(Tag)，貿易廠商（尤其受益人）必須查對各代號的意義，才能瞭解信用狀的內容。有關 SWIFT 傳輸信用狀格式常用代號的說明請參閱第 147 頁，第 149 頁為新型 SWIFT 傳輸信用狀的格式。

⑴電文中 27、40A、20、31C……即為 SWIFT 電文代號 (Tag)，其意義於該代表號前已有說明。但有些 SWIFT 信用狀則僅列出電文代號。茲將 SWIFT L/C 使用的電文代號列表於下。

⑵除另有規定，以 SWIFT 發出的信用狀，於電文中 40E 表明該信用狀的適用規則 (Applicable rules)，例如 UCP latest version。

⑶以 MT 700 格式發出的 SWIFT L/C，是可憑以使用信用狀 (Operative L/C)。

⑷SWIFT L/C 省去開狀銀行的**確定承諾** (Definite undertaking) 條款，但仍負兌付確定承諾。

2. SWIFT 信用狀的修改──信用狀經開發後，可能由於客觀交易環境發生變化，原信用狀內容條款已不符實際需要；或由賣方要求，或由買方要求，只要雙方同意，可由買方向開狀銀行申請修改信用狀。通常修改信用狀內容主要為延長賣方裝運貨物期限、延長受益人提示匯票與單據期限，增加信用狀金額或刪除原信用狀上某些受益人難以履行的條款等。信用狀的修改經開狀銀行同意後，可經由郵寄、電報與透過 SWIFT 的通訊網路來通知修改內容，當然如果開狀銀行與通知銀行均屬於 SWIFT 會員銀行時，利用 SWIFT 傳輸信用狀修改

通知，更能符合迅速、方便與安全原則。茲列表於第 150 頁說明 SWIFT 傳輸信用狀修改電文常用代號的意義，並舉例於第 151 頁對照解釋。

Status	Tag （代號）	Field Name （說明）	Content/Options （內容／選項）	No.
M	27	Sequence of Total（合計次序）	1!n/1!n 1 個數字／1 個數字	1
M	40A	Form of Documentary Credit（跟單信用狀種類）	24x 24 個字	2
M	20	Documentary Credit Number（跟單信用狀號碼）	16x 16 個字	3
O	23	Reference to Pre-Advice（預告備註）	16x 16 個字	4
O	31C	Date of Issue（開狀日期）	6!n 6 個數字	5
M	40E	Applicable Rules（適用規則）	30x[/35x] 30 個字〔35 個字〕	6
M	31D	Date and Place of Expiry（有效日期及地點）	6!n29x 6 個數字，29 個字	7
O	51a	Applicant Bank（開狀銀行）	A or D A 或 D	8
M	50	Applicant（申請人）	4*35x 4 行×35 個字	9
M	59	Beneficiary（受益人）	[/34x] 4*35x 〔/34 個字〕4 行×35 個字	10
M	32B	Currency Code, Amount（幣別代號、金額）	3!a15d 3 個字母，15 個數字	11
O	39A	Percentage Credit Amount Tolerance （金額增減百分比）	2n/2n 2 個數字×2 個數字	12
O	39B	Maximum Credit Amount（最大金額限制）	13x 13 個字	13
O	39C	Additional Amounts Covered（附加金額限制）	4*35x 4 行×35 個字	14
M	41a	Available with...By...（動用地點及方式）	A or D A 或 D	15
O	42C	Drafts at...（匯票期間）	3*35x 3 行×35 個字	16
O	42a	Drawee（付款人）	A or D A 或 D	17
O	42M	Mixed Payment Details（綜合付款方式）	4*35x 4 行×35 個字	18
O	42P	Deferred Payment Details（延期付款方式）	4*35x 4 行×35 個字	19
O	43P	Partial Shipments（部分裝運）	1*35x 1 行×35 個字	20
O	43T	Transshipment（轉運）	1*35x 1 行×35 個字	21
O	44A	Place of Taking in Charge/Dispatch from.../ Place of Receipt（接管地／發送地／收貨地）	1*65x 1 行×65 個字	22
O	44E	Port of Loading/Airport of Departure （裝載港／起飛機場）	1*65x 1 行×65 個字	23
O	44F	Port of Discharge/Airport of Destination （卸貨港／目的機場）	1*65x 1 行×65 個字	24
O	44B	Place of Final Destination/For Transportation to.../Place of Delivery（最終目的地／目的地／ 交貨地）	1*65x 1 行×65 個字	25
O	44C	Latest Date of Shipment（最後裝運日）	6!n 6 個數字	26

O	44D	Shipment Period（裝運期間）	6*65x　6 行×65 個字	<u>27</u>
O	45A	Description of Goods and/or Services（貨品／勞務明細）	100*65x　100 行×65 個字	<u>28</u>
O	46A	Documents Required（所需提示單據）	100*65x　100 行×65 個字	<u>29</u>
O	47A	Additional Conditions（附加條件）	100*65x　100 行×65 個字	<u>30</u>
O	71B	Charges（費用）	6*35x　6 行×35 個字	<u>31</u>
O	48	Period for Presentation（提示期間）	4*35x　4 行×35 個字	<u>32</u>
M	49	Confirmation Instructions（保兌指示）	7!x　7 個字	<u>33</u>
O	53a	Reimbursing Bank（補償銀行）	A or D　A 或 D	<u>34</u>
O	78	Instructions to the Paying/Accepting/Negotiating Bank（對付款／承兌／讓購銀行指示）	12*65x　12 行×65 個字	<u>35</u>
O	57a	"Advise Through" Bank（轉通知銀行）	A, B or D　A 或 B 或 D	<u>36</u>
O	72	Sender to Receiver Information（發電銀行給收電銀行訊息）	6*35x　6 行×35 個字	<u>37</u>

自 2006 年 11 月 18 日啟用

說明：　1. M (Mandatory) 表示必須填列事項，O (Optional) 為選填事項。

　　　　2. 以 SWIFT 方式開狀時，其末端有密碼，若密碼不符，則其拍發的訊息就會自動被回絕。

　　　　3. 除非另有規定，以 SWIFT 發出的信用狀，適用 ICC 的信用狀統一慣例。故電文中沒有表明適用信用狀統一慣例的文字。

```
060 CT27                    Hua-Nan Commercial Bank
MT S700                  Issue of a Documentary Credit                Page 00001
                                                                      Func PRHOE
------------------------------------------------------------------------------
Received From:                              =Orn: 1047 27 HNBKTWTPB XXX 94567
                                            =Srn: 1146 27 HRSBJPJTA XXX 00668
HRSBJPJTAXXX                                =Priority: 02
HIROSHIMA SOGO BANK LTD
TOKYO
------------------------------------------------------------------------------
```

Sequence of Total	27	: 1/1	
Form of Doc. Credit	40A	: IRREVOCABLE	
Doc. Credit Number	20	: 14–21–00342	
Date of Issue	31C	: 141027	
Applicable Rules	40E	: UCP LATEST VERSION	
Expiry Date & Place	31D	: Date 141225 Place IN THE BENEFICIARY'S COUNTRY	
Applicant Bank	51D	: HIROSHIMA SOGO BANK, TOKYO, GPO BOX 123	
Applicant	50	: GOOD INDUSTRIES CO., LTD.	
		90 SHIMOTABUSE, TABUSE-CHO,	
		KUMAGE-GUN, YAMAGUCHI-PREF., JAPAN	
Beneficiary	59	: NATIONAL CO., LTD.	
		1F, NO. 12, CHENG TE RD., TAIPEI,	
		TAIWAN, R.O.C.	
Currency Code, Amount	32B	: CURRENCY USD AMOUNT 13,232.00	
Available with...By...	41D	: AVAILABLE WITH ANY BANK	
		BY NEGOTIATION	
Drafts at	42C	: DRAFTS AT SIGHT	
Drawee	42D	: THE BANK OF TOKYO, LTD.,	
		NEW YORK AGENCY	
Partial Shipments	43P	: PROHIBITED	
Transshipment	43T	: PROHIBITED	
Place of Taking in Charge	44A	: SINGAPORE	
Place of Final Destination	44B	: KOBE, JAPAN	
Latest Date of Shipment	44C	: DECEMBER 15, 2014	
Description of Goods	45A	: 4 SETS EACH OF 10 HP AND 20 HP MOTORS AND	
		2 SETS EACH OF 25 HP AND 50 HP MOTORS F.O.B.	
Documents Required	46A	: +SIGNED COMMERCIAL INVOICE IN TRIPLICATE	
		+FULL SETS CLEAN ON BOARD OCEAN B/L ORDER BLANK ENDORSED	
		MARKED FREIGHT COLLECT NOTIFY APPLICANT	
		+PACKING LIST IN TRIPLICATE	
		+BENEFICIARY'S CERTIFICATE STATING THAT ONE NON-NEGOTIABLE B/L	
		AND ONE INVOICE AND PACKING LIST ARE SENT BY REGISTERED	
		EXPRESS AIRMAIL DIRECTLY TO THE APPLICANT WITHIN 3 DAYS AFTER	
		THE DATE OF B/L, AND THE RELATIVE MAIL RECEIPT MUST BE ATTACHED	
		FOR NEGOTIATION	
Additional Cond.	47A	: THIS CREDIT IS TRANSFERABLE	
Details of Charges	71B	: ALL BANKING CHARGES OUTSIDE JAPAN ARE FOR ACCOUNT OF	
		BENEFICIARY	
Presentation Period	48	: WITHIN 10 DAYS AFTER SHIPMENT	
		DATE BUT WITHIN CREDIT VALIDITY	
Confirmation	49	: WITHOUT	
Reimbursement Bank	53A	: //	
		BOTKUS33	
		*THE BANK OF TOKYO LTD.,	
		NEW YORK, NY	
Instructions	78	: NEGOTIATING BANK MUST AIRMAIL DRAFTS TO DRAWEE BANK AND	
		ALL DOCUMENTS MUST AIRMAIL TO US IN TWO CONSECUTIVE LOTS	
Trailer		: AUT/2259	

```
  MSGACK
  >
  DWS7561 Authentication successful with primary key
```

M/O	代號 (tag)	說明 (field name)	內容／選項 (content/options)
M	20	發電行編號 (sender's reference)	16x
M	21	收電行編號 (receiver's reference)	16x
O	23	開狀行編號 (issuing bank's reference)	16x
O	52a	開狀行 (issuing bank)	A or D
O	31C	開狀日期 (date of issue)	6!n
O	30	修改日期 (date of amendment)	6!n
O	26E	修改次數 (number of amendment)	2n
M	59	受益人 (beneficiary)【本次修改前】	【/34x】4*35x
O	31E	修改後有效日期 (new date of expiry)	6!n
O	32B	信用狀金額增加 (increase of documentary credit amount)	3!a15d
O	33B	信用狀金額減少 (decrease of documentary credit amount)	3!a15d
O	34B	修改後信用狀金額 (new documentary credit amount after amendment)	3!a15d
O	39A	金額增減百分比 (percentage credit amount tolerance)	2n/2n
O	39B	最大金額限制 (maximum credit amount)	13x
O	39C	附加金額限制 (additional amount covered)	4*35x
O	44A	裝運港、發送地、接管地 (loading on board/taking in charge at/from)	1*65x
O	44B	目的地 (for transportation to...)	1*65x
O	44C	最後裝運日 (latest date of shipment)	6!n
O	44D	裝運期間 (shipment period)	6*65x
O	79	敘述 (narrative)（註）	35*50x
O	72	發電銀行給收電銀行訊息 (sender to receiver information)	6*35x

M 表示必須填列事項，O 為選填事項。

註：除有效日期、金額增減、起迄地點、最後裝運日及裝運期間等有特定代號填列的修改事項外，其餘修改事項應填列於本 (79) 欄位。

```
ESSESESSA 04356
707
GEBABEBB
:20  : MN 4862
:21  : UNKNOWN
:31C: 141020
:30  : 141110
:31E: 141231
:32B: USD4,500
:34B: USD36,500
:79  : BLADINGS TO BE ISSUED NOT LATER THAN 20 DECEMBER 2014
```

解說:

20 ： 本信用狀發電銀行的編號為 MN 4862

21 ： 信用狀收電銀行的編號，不詳

31C： 本信用狀開發日期為 2014 年 10 月 20 日

30 ： 本信用狀修改日期為 2014 年 11 月 10 日

31E： 本信用狀修改後新的到期日為 2014 年 12 月 31 日

32B： 本信用狀增加 4,500 美元

34B： 本信用狀修改後的金額為 36,500 美元

79 ： 提單的簽發日期不得遲於 2014 年 12 月 20 日

第六節　信用狀的開發

 一、申請開狀的手續

㈠提出申請開狀文件

買方向銀行申請開狀時，通常須填具或提出下列各項文件:

1.開發信用狀約定書(Commercial L/C agreement，簡稱 L/C agreement)——當買方委託銀行開發信用狀時，如銀行同意開發，則法律上即成立一種契約。而開發信用狀約定書即規定此項契約內容的文件，故其作用為開狀銀行在憑信用狀付款後，買方如何對開狀銀行履行補償的義務，作一萬全規定。其格式由各銀行自行印製使用，內容均大同小異。在實務上，通常將它與信用狀申請書

印在同一紙內，當然，也有分別印製的情況。

2.開發信用狀申請書 (Application for L/C)——買方在請求銀行開發信用狀時，應將擬開發信用狀的內容以書面作明確的指示，以便作為銀行開發信用狀的依據。此種書面的指示即為開發信用狀申請書（如 FORM 6–3）。

3.保險單據——如以 FOB 或 CFR 等條件成交，且信用狀也擬以此條件開發，則銀行為保障其融資債權的安全性，必將要求買方提出預保單，並由銀行予以保管。此項保險單據應載明以開狀銀行為受益人。當然，如買方以**全額保證金**（Full margin，也即全額結匯）申請開狀時，銀行無融資風險，可免提出此項文件。至於按 C&I 或 CIF 條件交易者，保險將由賣方負責，買方不需提出保險單據。申請開發擔保信用狀者，免提此類文件。

㈡開發信用狀申請書的填製

銀行循買方要求開發信用狀時，完全以買方所提出的開發信用狀申請書內容為依據。因此，買方填寫開發信用狀申請書時，應特別謹慎，以免發生不利的後果。買方在填寫申請書之前，對於下列各點應有認識：

⑴應將必要事項完全正確的記載清楚，且其內容不矛盾。

⑵申請書內容不得違反買賣契約條件。

⑶照申請書內容開發的信用狀，在技術上或國際慣例上不致發生困難。

⑷所要求的單據種類及形式、遞送方法等應以可確保開狀銀行債權為原則。

⑸須合乎國家法令、規章。

⑹申請人不宜將買賣契約的內容過分詳載於信用狀上。

現就 FORM 6–3 的格式，說明如下：

1.申請人 (Applicant)——填入申請廠商的公司行號英文名稱和地址。

2.通知銀行 (Advising bank)——可由申請人指定或銀行自行決定。

3.通知方式 (To be advised by)——依買賣契約的規定，在航郵 (Airmail) 或電開 (Cable) 的方格上作記號；如買賣契約未規定，則視實際需要決定。如時間急迫，可以電開；否則，可按航郵方式辦理。

4.受益人 (Beneficiary)——將匯票發票人（即對方出口廠商）的公司行號名稱及地址填記本欄（應與「輸入許可證」上所載發貨人名稱、地址相符）。

5.信用狀有效日期及地點 (Expiry date and place)——在有效期限內，受益

FORM 6-3

操作說明：請以Tab鍵盤游移欄位，經程序勿超越邊界，除【4A】、【4A】第7點、【4A】可用Enter鍵附分成合計不逾13行，其餘欄位勿換，避免因列印發生錯誤。列印以A3，列印A4於列印頁面需勾選「配合頁面調整版面大小」改為A4

IA011

國外部或外匯指定單位				
經辦	副科長 科長 襄理		副理	經理

開發信用狀申請書
APPLICATION FOR IRREVOCABLE DOCUMENTARY CREDIT

TO：

合作金庫商業銀行
TAIWAN COOPERATIVE BANK

申請日期：＿＿＿年＿＿＿月＿＿＿日
受理單位：＿＿＿分行

茲請貴行依下列條款開發不可撤銷信用狀一份
I/WE HEREBY REQUEST YOU TO ISSUE AN IRREVOCABLE DOCUMENTARY CREDIT UPON THE FOLLOWING TERMS AND CONDITIONS

通知銀行 Advising Bank（倘未指定，則由銀行填寫）

【20】信用狀號碼 Credit No.（由銀行填寫）【31C】日期 Date：＿＿＿

【50】申請人 Applicant（英文名稱及地址）
英文名稱：＿＿＿
地址：＿＿＿

TEL：＿＿＿　營利事業統一編號：＿＿＿
To be advised by □航郵 Airmail □簡電 Brief Cable □全電 Full Cable

【31D】信用狀有效日期及地點 Expiry date and place
DATE：＿＿＿年＿＿＿月＿＿＿日　地點：＿＿＿

本筆案件批覆整各併條件：
□可供開三角貿易
□可預支信用狀，預支款項＿＿成
□順匯保密言，成數＿＿成
□順匯順保留言
□其他

【59】受益人 Beneficiary

【32B】信用狀金額（小寫）：
Amount Say（大寫）：

□【41】以讓購／付款／承兌／延期付款方式在任一銀行／通知銀行使用受益人依商業發票金額全額簽發以貴行／貴行國外通匯行為付款人之匯票，並於
　　　Available with □Any Bank／□Advising Bank by Negotiation／Payment／Acceptance／Deferred Payment of beneficiary's draft at

□【42】見票／提單審發……日後付款，並須符合下列作 ☒ 記號之條件和檢附下列作 ☒ 記號之各項單據
　　□ sight □＿＿＿days after□sight／□shipment date for full invoice value
　　drawn on you／your correspondent against the following conditions and documents required：
　　（marked with☒ ）

本屬信用狀（本欄由銀行填列）
□BUYER'S USANCE：對外即期、對內＿＿＿天
□SELLER'S USANCE＿＿＿天
□S/B USANCE：SELLER＿＿＿天　，BUYER＿＿＿天

□【78】遠期信用狀利息由申請人／受益人負擔
　　Interest are for □Applicant's □Beneficiary's account．

□【43P】分批裝運 Partial shipments：□准許 Allowed □不准許 Prohibited　　□【43T】轉運　Transhipment：□准許 Allowed □不准許 Prohibited
□【44A】收貨地　　　　　　　Place of Receipt：＿＿＿
□【44E】裝載港／起運機場　　Port of Loading／Airport of Departure：＿＿＿
□【44F】卸貨港／目的機場　　Port of Discharge／Airport of Destination：＿＿＿
□【44B】最終目的地　　　　　Place of Final Destination／Delivery：＿＿＿
□【44C】最後裝運日　　　　　Latest Date of Shipment：＿＿＿
□【45A】貨物內容　Covering：（請加要說明）

　　　　□FCA □FOB □CFR □CPT □CIF □CIP □EX–WORKS □＿＿＿（價格條件）
□【46A】所需單據 Documents Required：
　　1.□ 商業發票＿＿＿份
　　　　Signed commercial invoice in ＿＿＿copies
　　2.□ 全套（減一份）海運提單以貴行體抬頭人，以敝益貨為通知人，註明運費付訖/已付
　　　　Full set（□less one ）of clean on board marine Bills of Lading made out to the order of TAIWAN COOPERATIVE BANK notify applicant，
　　　　marked "Freight □Collect／□Prepaid"
　　3.□ 空運提單以貴行為抬頭人，以敝益貨為被通知人，註明運費付訖/付
　　　　Clean air waybills consigned to TAIWAN COOPERATIVE BANK notify applicant，marked "Freight □Collect／□Prepaid"
　　4.□ 快遞／海運郵包／空運郵包收據，以敝益貨為通知人，註明快遞費／郵費 待付／付訖
　　　　□Courier／□Sea parcel post／□Air parcel post receipt showing applicant as addressee marked "
　　　　□Courier charge／□Postage □Collect／□Prepaid"
　　5.□ 包裝單＿＿＿份 Packing list in ＿＿＿copies
　　6.□ 照發票金額百分之壹百拾投保之全套正本保單，註明以同種貨幣賠償在臺灣給付並作空白背書，其保險範圍包括：
　　　　Insurance policy or certificate all the originals，endorsed in blank for 110% of invoice value stipulating that claims are payable in Taiwan
　　　　in the same currency and including：
　　　　　□1982 Institute Cargo Clauses（□A □B □C） 1982 協會貨物保險條款（A/B/C）
　　　　　□1982 Institute Cargo Clauses（Air） 1982 協會貨物保險條款（航空險）
　　　　　□1982 Institute War Clauses(Cargo) 1982 協會貨物保險兵變條款
　　　　　□1982 Institute Strikes Clauses（Cargo） 1982 協會貨物保險罷工條款
　　7.□ 其他單據 Others：
　　8.□ 受益人證明書，證明（一份提單正本及）各單據副本已由受益人於裝運後＿＿＿天內直接以即時航郵／快遞寄交信用狀申請人
　　　　Beneficiary's certificate stating that（□one original B/L and）one complete set of non-negotiable documents have been
　　　　sent directly to the applicant by registered airmail/courier service within ＿＿＿days after shipment．
【47A】附特別條款如下 Special Instructions：
　　所有文件皆須標明本信用狀號碼 All documents must bear this credit number．
　　□本信用狀限於＿＿＿國（地區）轉讓 This Credit is Transferable in ＿＿＿only

□【71B】費用：所有銀行費用除開狀費用外，均由申請人負擔
　　　　Charges：All Banking charges except L/C issuing charge，if any，are for □Applicant's □Beneficiary's account．
□【48】提示期間：單據須於貨物裝運日後………日內且於本信用狀有效期間內提示。
　　　　Presentation period：Documents to be presented within ＿＿＿days after the date of shipment but within the validity of this credit．
□【49】保兌 Confirmed：（如 L/C 無須保兌時，請勿填列）
　　　　保兌費用由申請人／受益人負擔 Confirming charges are for □Applicant's □Beneficiary's account．
□【53】補償銀行 Reimbursing bank（由銀行填寫）

申請人願遵意遵守合作金庫銀行開狀申請書約定事項，詳見「信用狀約定書」（編號：IA011）如次頁。

（左側直書文字：）
一、航郵開發電報開狀：如未註明「電報」開發者，概以「航郵」開發。
二、TRANSHIPMENT（轉運）是否准許，如未註明者，概以「不准許」開發。
三、PARTIAL SHIPMENTS（部分裝運）是否准許，如未註明者，概以「不准許」開發。
四、遠期信用狀利息，如未註明由何方負擔者，概以一由賣方負擔，如未註明三、個月計算者，概以三個月計算。
五、展延信用狀有效期間及信用狀金額事項，如未註明由何方負擔者，概以一由申請人負擔，如未註明三、個月計算者，概以三個月計算。
六、開發信用狀申請書繕就申請人蓋字之位，如未註明由何方負擔者，概以一由申請人負擔，傳消以開發。

人須辦理押匯手續。

　　6. 信用狀金額 (Amount)——分別以數字及文字表示，並明示其幣別。

　　7. 被發票人 (Drawee)——此段亦屬於開製匯票的要點，明示本匯票的付款人，指定為開狀銀行。"Available with...by...of beneficiary's draft at...drawn on you/your correspondent against..."，其中 "you" 代表開狀銀行。

　　8. 匯票兌現期限 (Usance)——按照輸出入合約所規定的付款條件，將出口商所開匯票的期限填記本欄。如係即期匯票 (Sight bill) 者，應於 "sight" 前作記號；如係定期匯票 (Period bill) 者，應在空格中填入天數，即表示「見票後 X 天付款」之意。

　　9. 利息費用的負擔——視契約上的規定而決定由買方或受益人負擔。

　　10. 分批裝運 (Partial shipments)——應說明可否分批裝運。如不可分批裝運，應將在 Prohibited 前的方格上打 "×" 記號。如准許分批裝運，應將在 Allowed 前的方格上打 "×" 記號。如未明確指示時，依照信用狀統一慣例的規定，賣方可分批裝運，進口商應注意。

　　11. 轉船裝運 (Transhipment)——應說明可否轉運，填寫方法同上。如未明確指示，賣方可交付轉運。

　　12. 收貨地 (Place of receipt)——依照買賣契約規定，填註收貨地。

　　13. 裝載港 (Port of loading) ／起運機場 (Airport of departure)——依照買賣契約規定，填註裝載港／起運機場。

　　14. 卸貨港 (Port of discharge) ／目的機場 (Airport of destination)——依照買賣契約規定，填註卸貨港／目的機場。

　　15. 最終目的地 (Place of final destination; Delivery)——依照買賣契約規定，填註最終目的地。

　　16. 最後裝運日 (Latest date of shipment)——參考買賣契約，填註最後裝運日期。

　　17. 貨物內容 (Evidencing shipping of, Covering)——此欄上，填註進口貨品的名稱、規格以及箱記號碼等事項。本欄應依買賣契約填寫，惟不宜過分瑣碎，以免增加銀行處理困難；又本欄應註明價格條件（即貿易條件），。

　　18. 所需單據：

　　　(1)商業發票 (Commercial invoice)——係跟單匯票不可或缺的主要貨運

單據。按實際需要份數（六份）記載本欄，應由發票人簽署，並應註明輸入許可證號碼及本信用狀號碼，諸如印就文例。

(2)海運提單 (Ocean bills of lading)──將應備具的海運提單的份數及提單上應載明的指定事項填記本欄。即海運提單應全套 (Full set)，就是一套兩張 (In duplicate) 時，應備兩張全部，一套三份 (In triplicate) 時，應備三份全部，但不能用一套一份的。並指定以開狀銀行（第一商業銀行）為提單的抬頭人，以申請人（進口商）為受通知人，並應標明本信用狀號碼。尚有更重要的是海運提單應為清潔裝運提單 (Clean on board ocean bills of lading)，並應註明運費 (Freight) 是預付 (Prepaid) 或後付 (Collect)。交易價格係 FOB 條件者，運費應由買方負擔，應將 Prepaid 劃掉，保留 "Freight collect"；如為 CIF 或 CFR 時，運費由賣方負擔，應將 Collect 劃掉，保留 "Freight prepaid"。

貨運單據如係空運提單 (Air waybills)、快遞 (Courier) 或海運／空運郵包收據 (Sea/Air parcel post receipt) 者則參照上欄填列。

(3)包裝單 (Packing list)：又稱裝箱單，屬主要貨運單據的一種，為表示一批貨物內容的明細單，由出口商填具所需份數。

(4)水險保單 (Insurance policy)：應將投保金額、投保區間、投保範圍（如 Clause (A) (B) (C) 等）、賠款地點及其貨幣、受益人、保單份數等，都要明白的指定，以免出口商投保時發生錯誤。如貿易條件係 CFR 或 FOB，則申請人（應在申請開狀的同時自行向保險公司洽保或委託開狀銀行代向保險公司投保，附添匯票或於特別條款欄註明 "Insurance to be effected by Buyer." 保險由買方自理）。

(5)其他單據 (Others)：除上列各項單據以外，在證明品質、數量及進口報關所需的證明文件，應列載於本欄。其中最需要、最常用的有下列各種：

①品質證明書 (Quality certificate)：要求附公證人簽發的鑑定證明書 (Sworn surveyor's certificate) 的為多。尤其以裝船品質條件 (Shipping quality terms) 輸入時，更是需要。

②公證人碼單 (Sworn measurer weight certificate)：以裝船重量條件 (Shipping weight terms) 輸入時必須的證明文件。但為避免發生數量

上的爭執，通常出口商會自動提出證明文件。

　　　③產地證明書 (Certificate of origin)：輸入貨品在辦理進口報關時，須附繳產地證明書的頗多，應於開發信用狀時，列為必須附具的單據，以免臨時費周章。

　　⑹受益人證明書 (Beneficiary's certificate)。

　　19.特別條款 (Special instructions)──如買賣雙方尚有其他特別約定，應於此欄加列特別條款。特別是買賣雙方如不願接受信用狀統一慣例的約束時，可以特別條款排除此項約束。例如信用狀統一慣例規定，裝運日後逾 21 曆日始提出押匯時，銀行將視為陳舊提單而不予受理；如進口商應出口商要求，同意可受理此項提單時，可於信用狀內加列下列條款："Stale bills of lading are acceptable"。

　　20.銀行費用的負擔──視契約上的規定而決定由買方或受益人負擔。

　　21.提示期間 (Presentation period)──規定受益人應於貨物裝運後多少天內提示單據，且不得超過信用狀有效期限。

　　22.保兌 (Confirmed)──一般信用狀均為不保兌信用狀 (Unconfirmed L/C)，惟如賣方堅持，並經於買賣契約中規定開發保兌信用狀 (Confirmed L/C) 時，費用由誰負擔應註明清楚。

二、開發信用狀的步驟

　　在一般情形，銀行多依下述步驟接受開發信用狀的申請：

　　1.由進口商先以口頭或書面向銀行提出申請。

　　2.經銀行初步調查後答覆是否接受開狀。

　　3.如雙方在條件上獲得協議，即由進口商填送開發信用狀申請書及約定書。如約定須提供保證書或保證金 (Margin money)，則由進口商依約定者辦理。

　　4.於進口商繳納各項費用後，由銀行按照申請書開發信用狀。

三、信用狀的傳遞方式

㈠郵遞方式

　　利用郵遞方法將開發信用狀事實通知受益人。其方法有三：

　　1.由開狀銀行透過受益人所在地或最靠近該地方的總分支行或通匯銀行將

開狀事實通知受益人。

　　2.進口商得要求開狀銀行將信用狀正本逕寄受益人，但受益人因未持有開狀銀行的有權簽字人印鑑，不易辨認其真偽，所以這種通知方式少用。

　　3.信用狀也可交由進口商逕寄受益人，其缺點同第兩種方式。

　　開狀銀行開發信用狀後，應將其抄本乙份交付申請人，請其核對內容與申請書有無出入，有些銀行為確認此事，於抄本上印有「一、循貴顧客之請，已將信用狀開出，二、請即仔細核對，如有錯誤，請於一日內來行更正，否則本行恕不負責。」

　㈡電傳方式傳遞

　　以電傳開發信用狀，通常有下列兩種方式：

　　1.詳電 (Full details cable)——即拍出信用狀的全文，詳電又可分為兩種：

　　㈠Non-operative cable L/C：將信用狀的條件及內容，在電文中全部拍出，但在電文中註明「本信用狀應俟收到郵遞證實書後始生效力」("This L/C will only be effective on receipt of mail confirmation") 或「詳情隨後郵寄」(Details to follow, Details airmail) 等意旨的文字。這是表示該電傳信用狀並非正本，而以後寄的郵遞證實書 (Mail confirmation, Cable confirmation) 為正本。因此，銀行於拍出電文後，應即時將該正本信用狀（即郵遞證實書）經由通知銀行轉知受益人。銀行如未照辦，則須對因此所引起的一切後果負責。

　　㈡Operative cable L/C：將信用狀的條件及內容，在電文中全部拍出，但未註明類如 "This L/C will only be effective on receipt of mail confirmation" 或 "Details to follow" 等文句。於此情形，該電傳本身即成為信用狀的正本 (Operative L/C instrument)，可直接憑以請求付款、承兌或押匯，而開狀銀行無須再寄書面的郵遞證實書。此外，電文中應載明依循國際商會第 600 號出版物《2007 年修訂信用狀統一慣例》開發。

　　2.簡電 (Brief cable)——即僅拍出信用狀的主要條件及內容，例如信用狀號碼、開狀申請人的姓名、金額、貨物名稱、最後裝運日期及有效日期等，並註明如「詳情隨後郵寄」等文句，嗣後再將信用狀正本，經由通知銀行，郵寄受益人。簡電的目的，在預告受益人已開發信用狀，並使其知悉其重要部分內容

及條件，以便其對製造貨物及裝運事宜有所準備。以簡電開出的信用狀，嚴格而言，並非信用狀，只不過是一種預告性質的電報。

第七節　信用狀的通知、保兌、接受與轉讓

 一、信用狀的通知

(一)郵遞信用狀的通知

通知銀行受開狀銀行委託，將其郵遞信用狀通知受益人時，應於核符簽字後附上「**信用狀通知書**」(Advice of L/C) 迅速通知受益人。但通知銀行並不因此項通知而對開狀銀行或受益人負任何其他責任。換言之，通知銀行並不因通知信用狀而負有讓購、承兌或支付該信用狀項下匯票的義務。即使信用狀指定通知銀行為讓購、承兌或付款銀行時，通知銀行也無此義務。

如接到**非通匯銀行** (Non-correspondent bank) 委託轉知郵遞信用狀時，因無法鑑定其真偽，通知銀行多在通知受益人的通知函上聲明無法鑑定該信用狀的簽名，並聲明不能負責任，同時向開狀銀行所在地的通匯銀行查證；或逕與開狀銀行取得聯繫，經證實後，才正式轉告受益人；或以無通匯關係為理由，將信用狀退還開狀銀行。

假設信用狀上簽字無法辨認時，應一方面在給受益人的通知函上附以下列條款以喚起其注意，一方面函請開狀銀行證實（UCP 600 第 9 條 (e) 項）。

(二)電傳信用狀的通知

通知銀行接到開狀銀行電傳時，首先應核對押碼，經核對無誤後，將電文繕打於「信用狀通知書」，由受益人至銀行櫃檯領取，或以郵寄、傳真或電子郵件等方式迅速通知受益人。如押碼無法核對，應在「信用狀通知書」上加註如下保留性的文句，以提醒受益人的注意：「UCP 600 第 35 條規定信用狀以電傳開發時，對電傳遞送中可能發生的錯誤、**遺漏** (Omissions)、耽擱及**殘缺不全** (Mutilation)，銀行均不負責任。」通常銀行在「信用狀通知書」上亦記載此一意旨的免責條款。

以 SWIFT 方式開狀時，其末端有密碼，若密碼不符，則其拍發的信息就會自動被回絕。

通知銀行所收到的電文，如有不全或不清楚的情形，並不作正式的信用狀處理，而以信用狀的預先通知書 (Preliminary notification) 寄給受益人作參考。

 ## 二、信用狀的保兌

通常保兌銀行多由通知銀行擔任。那麼，在此種情形下的通知銀行已非單純的通知銀行。換言之，通知銀行就其所通知的信用狀加以保兌，且還須擔負兌付該信用狀項下匯票的義務。

由於保兌銀行的責任重大，在保兌時，通常或由保兌銀行將開狀銀行在保兌銀行的存款圈存等額的款項，或以兩行之間已訂有通匯契約並曾授與信用額度 (Line of credit) 時，就該額度扣除等額的款項。這種信用額度的授與是對於開狀銀行的一種授信行為。因此，通知銀行應於事前就開狀銀行的信用情況、營業情形、通匯往來親疏程度、該國國際收支狀況等作通盤的考慮以後，才授與一定的信用額度。然而，在實務上，有時雖未簽訂「授信額度安排」(Credit line arrangements) 也有要求保兌的。在這種情形，通知銀行通常當作一種「授信額度」(Credit line facility) 的申請處理。

 ## 三、信用狀的接受

(一)接受信用狀的意義

就買賣雙方的關係言，如賣方收到的信用狀其內容與原訂買賣契約規定相符，則賣方接受信用狀乃為當然的義務。他方面，就賣方與開狀銀行（及保兌銀行）的關係而言，則其接受信用狀，即等於獲得了簽發匯票要求兌款的權利。

(二)信用狀內容審查的重要性

因信用狀係根據買賣雙方所訂買賣契約而開發，所以其內容應與買賣契約內容相符。然而，在很多情形，賣方一接到買方所開來的信用狀，即以為貨款已到手，而對於其內容是否與買賣契約相符一節，疏於核對；對於履行信用狀所規定的條件有無困難，也不予檢討，一直到裝運或辦理押匯的階段，才發覺問題重重，致無法順利押匯，招致無謂的損失。

須知賣方如不能履行信用狀條件，即無法憑信用狀兌款，更不能援用買賣契約的規定，將信用狀條件予以補充或甚至變更。因此，審查信用狀上的條件是否與買賣契約內容相符，乃為賣方收到信用狀時，首先要作的重要工作。如

發現有疑義，應即洽詢通知銀行請其釋疑。如需要修改，應逕向買方要求修改，或經由通知銀行要求修改，使其成為可接受的信用狀。

(三)信用狀內容審查注意事項

賣方接到信用狀之後，應即審查其內容，在審查時，應注意下列各點：

1.將信用狀與買賣契約核對——因信用狀是基於買賣契約而開發，所以如果兩者有所出入，應即要求買方修改信用狀條款。

2.有關信用狀本身應注意事項：

(1)開狀銀行的可靠性：賣方對於開狀銀行是否為國際上著名銀行，應加十分留意。收到信用狀時，應先審查開狀銀行的信用情形，或有無經由信用良好的銀行保兌。至於國外銀行的財務狀況可向本地外匯銀行查詢，也可參考銀行年鑑。

(2)信用狀的真偽：信用狀有經由本地銀行通知者，也有由開狀銀行或買方逕寄賣方者。如屬於前者，通常已由通知銀行核驗信用狀上簽名的真偽，應無問題；如屬於後者，則應請本地銀行核驗。通知銀行核對簽名時如發現不符，或由於無交換有權簽字人簽字樣本，無法核對信用狀上簽名時，通常在通知書上或在信用狀上註明類如：「本信用狀上簽字無法證實」(例如 "As we are unable to verify the signature appearing on this L/C..." 或 "We can not authenticate the signature appearing on this L/C...") 字樣，以提醒受益人注意。故賣方接到信用狀時，應注意其通知書或信用狀上有無上述條款，如有，應即洽請通知銀行向開狀銀行澄清證實。

在電傳信用狀的場合，該電傳的真偽，通知銀行通常都會查驗 (Verify)，如押碼不符，或無押碼，通知銀行多在通知書上註明，受益人接到電傳信用狀通知書時，自宜注意該電傳是否經押密無誤。

(3)是否為不可撤銷信用狀：信用狀上應表明是否為不可撤銷信用狀，如未載明，則均視為不可撤銷信用狀 (UCP 600 第 3 條)。

(4)有無遵照現行信用狀統一慣例與負責付款：有些信用狀並未載明遵守現行信用狀統一慣例辦理，也未載明擔保付款的**確約條款** (Definite undertaking clause)。這種易滋事端的信用狀，不可接受。

(5)是否為保兌信用狀：如於買賣契約上要求「須由第一流銀行開發不可

撤銷信用狀，並經由其他著名銀行保兌」，則接到信用狀時，應檢查是否業經他行保兌。

(6)是否為正本信用狀：受益人所接到的信用狀，如為電傳信用狀，而在該電文上註明：「本信用狀俟收到郵遞證實書後，始生效力」（例如 "This L/C will only be effective on receipt of mail confirmation"）或「詳情隨後郵寄」（例如 "Details to follow"）等詞語時，該電傳信用狀尚不是有效的信用狀，必須收到郵遞證實書後，才能憑以使用（參照 UCP 600 第 11 條 (a) 項）。又所接到的電文，如果為詳電，則應注意在該電文中，有無表示該電傳信用狀必須俟收到郵遞證實書始生效力，或詳情隨後郵寄等字樣，依 UCP 600 第 11 條 (a) 項的規定，如電文中有上述詞句，該電傳本身尚不能視為有效的信用狀正本，必須收到郵遞證實書後，才可憑以辦理押匯。以後所接到的郵遞證實書內容，如果與原來的電文不符，則應以郵遞證實書為準。開狀銀行所拍出的詳電中，若無類似上述詞句，則應以該電報本身作為信用狀正本，可直接憑以辦理押匯（開狀銀行亦無須再寄郵遞證實書給通知銀行）。

 ## 四、信用狀的轉讓

信用狀的轉讓，應依照 UCP 600 第 38 條規定辦理。茲將有關的轉讓實務分述於下：

(一)不替換發票的轉讓

辦理信用狀項下不替換發票的轉讓，依其是否由銀行經手，可分為私下轉讓與經由銀行轉讓兩種：

1.經由銀行辦理轉讓——在正常的情形，信用狀的轉讓均由第一受益人填具信用狀轉讓申請書如（如 FORM 6-4）後向指定銀行申請辦理，如信用狀可在任何銀行使用者，可在開狀銀行特別授權辦理轉讓的銀行〔**轉讓銀行** (Transferring bank)〕申請辦理。

2.私下轉讓——依 UCP 600 第 38 條 (b) 項規定，信用狀的轉讓，應由銀行辦理。但在我國，除非信用狀特別限定由銀行辦理轉讓手續者外，在全額轉讓時，常由受益人出具**轉讓書** (Letter of transfer)，連同原信用狀交給受讓人即完成轉讓行為。這種私下轉讓的做法，對出讓人及受讓人固然省事便利，但就受讓

FORM 6-4

TC BANK | 大眾銀行

信用狀轉讓申請書
Application for Transfer for Letter of Credit

致: 大眾銀行國外部 / 國際金融業務分行
To: Ta Chong Bank Limited International Business Department
Ta Chong Bank Limited Offshore Banking Unit

日期:_____月_____日_____西元年
(MM/DD/YYYY)

1	**Basic Information 基本資料**
Master L/C no 原信用狀號碼:	Transfer no.銀行之轉讓編號(大眾銀行填寫):
Master L/C Amount 原信用狀金額:	Amount Transferred 轉讓金額:
Issuing Bank 原信用狀開狀銀行:	Advising Bank 轉讓之通知銀行(if this space is left blank, T.C. bank will have the option to choose the correspondent bank 如留白,大眾銀行會為您代通知銀行):
Transferor 原信用狀受益人(轉讓人):	Transferee 轉讓之受益人(受讓人):

2	**The letter of credit is to be transferred with the same terms and conditions of the master L/C exception of the followings:其他條件之修改**
Latest shipment date 轉讓後信用狀之最遲裝運日:	All documents must be presented for negotiation within _____ days after date of issuance of shipping documents but within credit expiry date. 轉讓後信用狀之單據提示期間
The expiry date and place 轉讓後信用狀之有效日及有效 地:_____ /_____	Other 其他:

3	**Please indicate "X" in ☐ whichever is applicable 請選擇適當者,並註明"X"於空格**

☐ With Substitution of Documents. 有換單轉讓
☐ Without Substitution of Documents. 不換單轉讓
☐ Please note that the first beneficiary retain the right to refuse to allow TC Bank as transferring bank to advise amendments to the second beneficiary. (第一受益人保留權利)拒絕允許轉讓銀行(大眾銀行)將修改通知書通知第二受益人
☐ Please note that the first beneficiary does not retain the right to refuse to allow TC Bank as transferring bank to advise amendments to the second beneficiary directly. (第一受益人不保留權利)允許轉讓銀行(大眾銀行)將修改通知書直接通知第二受益人
☐ The transferring charges are for account of transferee. 轉讓費用由第二受益人負擔
☐ The transferring charges are for our account. 轉讓費用由本公司負擔

4	**Authorized Signature(s)有權人簽章**

By signing this Application, we acknowledge that we have received, understood and agreed to the terms and conditions, of all documents/materials of the Bank that may be applicable to the transactions contemplated herein, including but not limited to the bank's standard applications for the relevant transactions and the indemnity for Banking Transactions.申請人茲此簽署本申請書,並確認申請人確已收到,了解並同意貴行與本交易相關一切之文件及資料〈包括但不限於貴行標準申請書及切結書〉下之條款。

以下由本行填寫:	Contact Person 聯絡人姓名:_____
匯率(承作):_____ 成本:_____	Tel 電話:_____
手續費:_____ 費率:_____	Fax 傳真:_____
郵電費:_____	
付款方式:_____	Authorized Signature(s) 有權人簽章

For Bank Use	業 務 專 員	業 務 助 理 員	覆 核 (外 匯 主 管)	核 印

*本申請書請正反兩面印刷, 若一式多張,需加蓋騎縫章。

人（第二受益人）而言，難免要承擔一些風險：

(1)原信用狀也許原為不可轉讓者，出讓人在信用狀上加上可轉讓字樣，然後據此欺騙受讓人。

(2)也許出讓人已將原信用狀內容加以變造。

(3)也許原信用狀係偽造者。

(4)也許原信用狀已經修改，而出讓人卻未交出修改書。

(5)有違 UCP 的規定。

此外，私下轉讓通知銀行未必知悉，轉讓後，如有信用狀的修改，通知銀行仍將修改書通知第一受益人，而第一受益人又怠於轉交第二受益人，以至於提示請求付款或承兌時遭遇拒絕兌付的困擾。

（二）替換發票的轉讓

替換發票的轉讓，必須經由銀行辦理，因此申請人必須向銀行提出轉讓申請書，這種轉讓申請書必須保證：(1)申請人（即原受益人）的簽字無訛；(2)**受讓信用狀 (Transferred L/C)**，除信用狀、金額、單價、有效期限，提示期間或最遲裝運日期或所定的裝運期間的任何一項或全部得以減少或縮短及保險應投保的百分比則得予增加外，其他條件都須與原信用狀條件相符（UCP 600 第 38 條 (g) 項）。

第八節　信用狀的修改、撤銷與補發

一、信用狀的修改

信用狀的修改稱為 Amendment 或 Modification。形式上雖由買方向開狀銀行請求，但實際上，多由賣方採主動。換言之，由賣方商請買方向開狀銀行申請修改。

進口商申請修改時，應填送信用狀修改申請書（如 FORM 6–5），信用狀每一條款均有修改可能。

開狀銀行對於修改信用狀的申請，除應注意外匯管制的規定外，尚應研究對其所生的利害關係及與其他條款有無衝突情事。

就不可撤銷信用狀而言，依 UCP 600 第 10 條 (a) 項的規定：「……非經開

FORM 6–5

 台北富邦銀行

信 用 狀 修 改 申 請 書

APPLICATION FOR ALTERATION OF IRREVOCABLE CREDIT

DATE 日期[30] _____

SUBJECT TO UNIFORM CUSTOMS AND PRACTICE FOR DOCUMENTARY CREDIT（2007 REVISION）INTERNATIONAL CHAMBER COMMERCE PUBLICATION NO.600		CREDIT NUMBER 信用狀號碼[20*]	
ADVISING BANK 通知銀行	RECEIVING BANK REFERENCE [21*]	APPLICANT 申請人 NAME:	TEL:
BENEFICIARY 受益人 [59*] NAME:		ADDRESS:	
		TEL:	
ADDRESS:		☐ AIRMAIL 空郵	
		☐ CABLE 電報	

IN REGARD TO THE ABOVE MENTIONED IRREVOCABLE CREDIT .I/WE HEREBY REQUEST YOU TO MAKE THE FOLLOWING ALTERATION(S) IN ITS TERMS AND FORWARD NECESSARY INSTRUCTIONS TO YOUR CORRESPONDENT.
IT IS UNDERSTOOD THAT THE ALTERATION(S) SHALL BECOME EFFECTIVE ONLY WHEN THE AGREEMENT OF ALL CONCERNED IS OBTAINED（注意：申請修改時，應提示輸入許可證及結匯證實書，非需要修改項目請刪除。）

[31E] NEW EXPIRY DATE FOR PRESENTATION OF DOCUMENT
[32B] INCREASE OF DOCUMENTARY CREDIT AMOUNT _____
[33B] DECREASE OF DOCUMENTARY CREDIT AMOUNT _____
[34B] NEW DOCUMENTARY CREDIT AMOUNT AFTER AMENDMENT _____
[39A] AMOUNT SPECIFICATION ☐ ABOUT   ☐+ / - %
[44A] SHIPMENT FROM PLACE OF RECEIPT: _____
[44E]   PORT OF LOADING: _____
[44B] SHIPMENT TO   PLACE OF FINAL DESTINATION: _____
[44F]   PORT OF DISCHARGE: _____
[44C] NEW LATEST SHIPMENT DATE: _____
[79] (1) THIS IS AMENDMENT NO. _____ TO OUR L/C NO. _____
　　　(2) NEW BENEFICIARY 'S NAME AND ADDRESS :
　　　_____
　　　_____

　　　(3) APPLICANT' S NAME AND ADDRESS :
　　　_____
　　　_____
　　　_____

　　　(4) COMMODITY AND QUANTITY :
　　　_____
　　　_____
　　　_____
　　　_____
　　　_____

　　　(5) PRICE TERM : _____
　　　(6) OTHERS :
　　　_____
　　　_____
　　　_____

[72] BANK TO BANK INFORMATION：（本欄專供銀行作業用）

ALL OTHER TERMS AND CONDITIONS REMAIN UNCHANGED

約定事項：
貴行有權刪改本申請書內之任何部份，俾與有關機關許可修改信用狀之文件相符。
上開修改內容如未獲受益人同意，而仍依原信用狀條款押匯時，申請人亦願接受，絕無任何異議。

APPLICANT 申請人

_____
AUTHORIZED SIGNATURE (請蓋開狀申請時使用之原簽章)

11－4003 (96. 5. 500本) 廣興

核　准　額　度					
動支額度 (含本件)					
成　交　匯　率					
成　本　匯　率					
本　件　結　匯 (%)					
手　續　費 (%)					
融　資　期　間					
提貨時徵收擔保品					
營業單位：	帳務組	主管	經辦／驗印	驗印	業務組
帳務處理中心		主管	經辦		

狀銀行、保兌銀行（若有的話）及受益人的同意，不得修改或撤銷。」因此開狀銀行於辦理修改不可撤銷信用狀時，均宜於修改書上特別註明類如下列文字：

"This amendment is subject to beneficiary's consent, cable/airmail result."

實務上，信用狀修改書發出後經過相當時間，未接到受益人的異議時，即推定受益人同意修改。但有些法院卻有相反的判決。因此，為避免無謂的糾紛，UCP 600 第 10 條規定，受益人不論同意其修改與否，應迅速將同意或不同意的書面文件，向通知銀行發出。此外，同一信用狀修改書上涉及兩個以上條款的修改時，受益人不得就其中一部分同意，而另一部分卻加以拒絕。換言之，僅准全部接受或全部拒絕。如受益人希望部分同意而拒絕另一部分時，應迅速與有關方面聯繫，並取得開狀申請人、開狀銀行及保兌銀行的同意（UCP 600 第 10 條 (c) 項及 UCP 600 第 9 條 (f) 項的規定）。

 ## 二、信用狀的撤銷

信用狀的撤銷，稱為 Revocation 或 Cancellation。往往由買方所發動，而由買方向開狀銀行請求。在不可撤銷信用狀的場合，買方欲撤銷信用狀，須徵得開狀銀行、保兌銀行及受益人的同意（UCP 600 第 10 條 (a) 項）。

通常，信用狀的撤銷，開狀銀行及保兌銀行甚少不同意，因此主要關鍵在於受益人。受益人若同意撤銷，應將信用狀及修改書（如果有的話）全部退還開狀銀行（可透過通知銀行）。

 ## 三、信用狀的補發

㈠請求通知銀行補發

1.信用狀受益人不慎遺失信用狀時，應即向通知銀行提出「遺失信用狀補發申請書」，請求其補發信用狀影本。該申請書中應聲明願負因補發而生的一切責任。相同的，如信用狀修改書遺失亦是如此（如 FORM 6-6）。

2.通知銀行接到申請人的補發申請書後，應視申請人的信用可靠程度，決定是否受理。須知通知銀行並無必須補發信用狀的義務。但為因應客戶的需要，得於徵提切結書或擔保品或保證人之後，予以補發信用狀影本。

補發的信用狀，在補發銀行辦理押匯手續較妥，但補發銀行並無必須承作押匯的義務。

㈡請求開狀銀行補發

信用狀遺失時，請求開狀銀行補發，本來是正途，但是開狀銀行為恐發生重複押匯情事，往往拒絕受理。開狀銀行補發信用狀時，通常在補發的信用狀上加註如下的字樣："In substitution for the lost letter of credit, the issuing bank has reissued duplicate of this letter of credit through this office to replace original letter of credit which has been declared lost."

FORM 6-6

信用狀修改書掛失補發影本申請書

一、茲因遺失下列經由　貴行所通知之信用狀修改書乙紙，除聲明作廢外，請

　　准予掛失並補發原信用狀修改書之影本。其內容如下：

　　㈠開狀銀行名稱：

　　㈡信用狀號碼：

　　㈢受益人名稱：

　　㈣原信用狀金額：

　　㈤信用狀未押匯餘額：

　　㈥貴行通知號碼：

二、倘申請人為不實之申請及嗣後因補領「原信用狀修改書影本」發生重複押

　　匯或任何糾紛，致　貴行或其他信用狀關係人蒙受任何損害時，其一切法

　　律及財務之責任，概由申請人及連帶保證人共同負責與　貴行無涉，連帶

　　保證人並聲明拋棄先訴抗辯權。

　　　　此　致

××商業銀行總行國外營業部

　　　　　　　　　申請人

　　　　　　　　　地　　址

　　　　　　　　　連帶保證人

　　　　　　　　　地　　址

　　　　　　　　　中華民國　　年　　月　　日

一、信用狀的意義

銀行循顧客的請求與指示，向第三人所簽發的一種文據或函件，在該項文據或函件中，銀行向第三人承諾；如該第三人能履行該文據或函件中所規定的條件，則對該第三人所簽發的匯票及（或）所提示的單據將予以兌付

二、信用狀的關係人

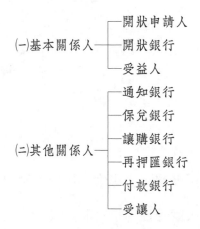

(一)基本關係人——開狀申請人
　　　　　　　　——開狀銀行
　　　　　　　　——受益人

(二)其他關係人——通知銀行
　　　　　　　　——保兌銀行
　　　　　　　　——讓購銀行
　　　　　　　　——再押匯銀行
　　　　　　　　——付款銀行
　　　　　　　　——受讓人

三、信用狀的功能

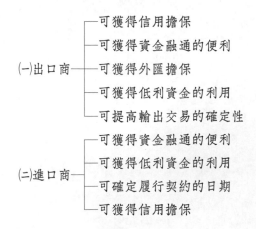

(一)出口商——可獲得信用擔保
　　　　　　——可獲得資金融通的便利
　　　　　　——可獲得外匯擔保
　　　　　　——可獲得低利資金的利用
　　　　　　——可提高輸出交易的確定性

(二)進口商——可獲得資金融通的便利
　　　　　　——可獲得低利資金的利用
　　　　　　——可確定履行契約的日期
　　　　　　——可獲得信用擔保

四、信用狀的種類

(一)按是否可撤銷分——可撤銷信用狀
　　　　　　　　　　——不可撤銷信用狀

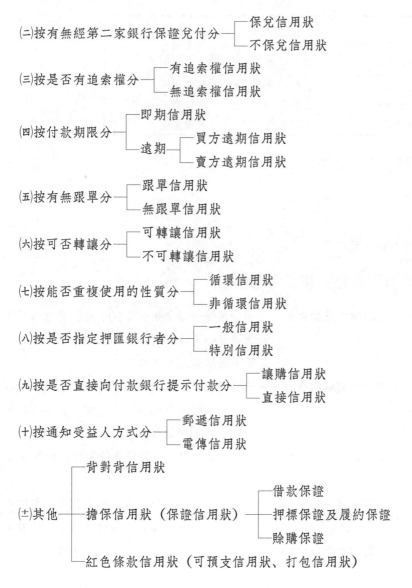

(二)按有無經第二家銀行保證兌付分┬保兌信用狀
　　　　　　　　　　　　　　　　└不保兌信用狀

(三)按是否有追索權分┬有追索權信用狀
　　　　　　　　　　└無追索權信用狀

(四)按付款期限分┬即期信用狀
　　　　　　　　└遠期┬買方遠期信用狀
　　　　　　　　　　　└賣方遠期信用狀

(五)按有無跟單分┬跟單信用狀
　　　　　　　　└無跟單信用狀

(六)按可否轉讓分┬可轉讓信用狀
　　　　　　　　└不可轉讓信用狀

(七)按能否重複使用的性質分┬循環信用狀
　　　　　　　　　　　　　　└非循環信用狀

(八)按是否指定押匯銀行者分┬一般信用狀
　　　　　　　　　　　　　　└特別信用狀

(九)按是否直接向付款銀行提示付款分┬讓購信用狀
　　　　　　　　　　　　　　　　　　└直接信用狀

(十)按通知受益人方式分┬郵遞信用狀
　　　　　　　　　　　　└電傳信用狀

(土)其他┬背對背信用狀
　　　　├擔保信用狀（保證信用狀）┬借款保證
　　　　│　　　　　　　　　　　　├押標保證及履約保證
　　　　│　　　　　　　　　　　　└賒購保證
　　　　└紅色條款信用狀（可預支信用狀、打包信用狀）

五、委託購買證

(一)意義：進口地外匯銀行應進口商的請求，開發給它在出口地的總分支行或同業的授權
　　書，授權該行得按一定的條件，代其購買出口商開致進口商的跟單匯票

(二)委託購買證與信用狀相同點┬均是付款方式的一種
　　　　　　　　　　　　　　　└均是由進口商要求開證（狀）銀行所簽發的文件

(三)委託購買證與信用狀不同點

	信用狀	委託購買證
文件開立的對象	出口商	往來銀行
匯票處理方式	承兌匯票	收購匯票
付款人	視信用狀上的規定	進口商
利息負擔	出口商	進口商
銀行讓購	沒有指定	有指定

六、信用狀開發應備的文件

(一)開發信用狀約定書

(二)開發信用狀申請書

(三)保險單據（視貿易條件而定）

七、信用狀的通知、保兌、接受與轉讓

(一)信用狀的通知
- 郵遞信用狀的通知──通知銀行受開狀銀行委託，將其郵遞信用狀通知受益人時，應於核符簽字後附上信用狀通知書迅速通知受益人
- 電傳信用狀的通知──通知銀行接受開狀銀行電傳時，首先應核對押碼，經核對無誤後，將電文繕打於信用狀通知書，迅速通知其受益人

(二)信用狀的保兌：通知銀行就其所通知的信用狀加以保兌，且還須負擔兌付該信用狀項下匯票的義務

(三)信用狀的接受
- 就買賣雙方的關係──賣方收到的信用狀其內容與原訂買賣契約規定相符，則賣方接受信用狀乃為當然的義務
- 就賣方與開狀銀行──其接受信用狀，則等於獲得了簽發匯票要求兌款的權利

(四)信用狀的轉讓
- 不替換發票的轉讓──經由銀行辦理轉讓／私下轉讓
- 替換發票的轉讓

八、信用狀的修改、撤銷與補發

(一)信用狀的修改：形式上雖由買方向開狀銀行請求，但實際上，多採賣方主動

(二)信用狀的撤銷：往往由買方所發動，而由買方向開狀銀行請求

(三)信用狀的轉讓
- 請求通知銀行補發
- 請求開狀銀行補發

一、是非題

（　）1.信用狀未註明是否可撤銷時，依據 UCP 600 的規定，視為不可撤銷。

（　）2.信用狀可同時具有直接信用狀和一般信用狀等兩種用途。

（　）3.通知銀行的任務在將信用狀通知出口商，而不涉及信用狀中的任何約定。

（　）4.一張信用狀，它具有多種形態，如信用狀它可以是不可撤銷、無追索權、遠期、可轉讓等性質的形態。

（　）5.進口商破產時，開狀銀行仍應對出口商負責到底。

（　）6.信用狀是一種具有買方信用的雙重保證。

（　）7.在押匯時，如發現契約與信用狀內容衝突時應以信用狀為主。

（　）8.保兌信用狀是出口商找第三者銀行來保兌的。

（　）9.可撤銷信用狀是開狀銀行於任何時間均可撤銷所開的信用狀。

（　）10.在 FOB 的貿易條件下，進口商在申請開發信用狀時，需準備保險單據。

二、選擇題

（　）1.信用狀的 Beneficiary 是指從事國際貿易買賣的　(1) Buyer　(2) Seller　(3) Payer。

（　）2.轉讓信用狀限轉讓　(1)一次　(2)二次　(3)三次。

（　）3.以電傳開發信用狀，則必須由　(1)開狀銀行　(2)押匯銀行　(3)通知銀行　轉知。

（　）4.通常遠期信用狀上未規定貼現利息由何方負擔時，在銀行實務上均採　(1)賣方　(2)買方　(3)銀行　負擔。

（　）5.如信用狀在規定付款銀行在出口商本國內時，此信用狀稱之　(1)特別信用狀　(2)直接信用狀　(3)讓購信用狀。

（　）6.不以清償因商品交易而發生的貨款為目的，而以融通資金或保證債務為目的所開發的信用狀，稱之　(1) Red clause L/C　(2) Back to back L/C　(3) Stand-by L/C。

（　）7.允許信用狀受益人在全部單據備齊辦理押匯前，可預支一定金額的信用狀稱為　(1)對開信用狀　(2)可轉讓信用狀　(3)打包信用狀。

（　）8.信用狀是直接而獨立的保證，故　(1)進口商　(2)開狀銀行　(3)通知銀行　是直接對出口商負責的。

（　）9.如信用狀屬可轉讓，出口商可在　(1)通知銀行　(2)付款銀行　(3)開狀銀行　辦理轉讓手續。

三、翻　譯

1.信用狀

2.擔保信用狀

3.委託購買證

4.簡電

5.押匯銀行

6. Irrevocable L/C

7. Opening bank

8. Margin

9. Without recourse L/C

10. Red clause L/C

四、問答題

1.委託購買證與信用狀有何異同之處？

2.試述信用狀對進出口商具備何種功能？

五、工作習題

試根據信用狀資料，回答下列問題：

（　）①開狀銀行用　(1) SWIFT　(2) Airmail　(3) Telex　的方式將信用狀透過通知銀行交給出口商。

（　）②The Chang Hwa Commercial Bank, Ltd. 所扮演的角色是　(1) Opening bank　(2) Paying bank　(3) Advising bank。

（　）③信用狀上規定誰有權開匯票　(1) Beneficiary　(2) Applicant　(3) Opening bank。

（　）④信用狀上規定這張匯票的金額是　(1) US$10,200　(2) US$8,160　(3) NT$10,200。

（　）⑤此張匯票的期限是　(1) Usance　(2) Sight　(3)其他。

（　）⑥匯票的付款人一般是由　(1)進口商　(2)開狀銀行　(3)信用狀上的規定　來決定。

（　）⑦此信用狀上的規定這張匯票的付款人是　(1)進口商　(2)開狀銀行　(3)通知銀行。

（　）⑧在這張信用狀上規定的單據押匯共有　(1)三種　(2)五種　(3)六種。

（　）⑨商業發票的輔助單據為　(1) Certificate of origin　(2) Packing list　(3) SCI。

（　）⑩提單要求的條件種類共有　(1)五種　(2)六種　(3)七種。

（　）⑪我們通常指 Full set 的提單共有　(1)五張　(2)四張　(3)三張。

（　）⑫這張提單上的 Consignee 要求必須經　(1) Advising bank　(2) Opening bank　(3) Exporter　背書才可轉讓。

（　）⑬這張提單是　(1)記名提單　(2)不記名提單　(3)不可轉讓提單。

（　）⑭信用狀要求提單上必須註明 "FREIGHT COLLECT" 其理由為　(1)價格　(2)數量　(3)品質　原因。

（　）⑮信用狀規定保險費由　(1) Seller　(2) Buyer　(3) Beneficiary　負擔。

（　）⑯信用狀規定銀行讓購費用由　(1) Seller　(2) Buyer　(3) Applicant　負擔。

（　）⑰出口商在 7 月 31 日押匯是否可行？　(1)可以　(2)不可以　(3)沒有硬性規定。

（　）⑱出口商在 7 月 18 日將貨裝載於船上　(1)可以　(2)不可以　(3)沒有硬性規定　至押匯銀行處押匯。

（　）⑲買賣雙方發生貿易糾紛在信用狀規定將以國際商會在　(1) 1983 年　(2) 1993 年　(3) 2007 年　修訂的 UCP 為依據。

（　）⑳信用狀上規定基隆為　(1) Port of discharge　(2) Destination　(3) Port of loading。

（　）㉑信用狀上規定紐約為　(1) Port of discharge　(2) Port of departure　(3) Port of loading。

（　）㉒分批裝船在這個例子中規定是　(1)可以　(2)不可以　(3)沒有硬性規定。

（　）㉓轉船在這個例子中規定是　(1)可以　(2)不可以　(3)沒有硬性規定。

（　）㉔4 月 11 日是一個　(1) Shipping date　(2) Expiry date　(3) Date of issue。

J. HENRY SCHRODER BANK & TRUST COMPANY
One State Street, New York, N.Y. 10015

IRREVOCABLE LETTER OF CREDIT		Cable Address: SCHROBANCO	
DATE	ADVISIED BY	CREDIT NUMBER	
April 11, 20–	☐ cable ☒ airmail	of issuer	of advising bank
		c-261573	

ADVISING BANK	APPLICANT
THE CHANG HWA COMMERCIAL BANK, LTD. Taipei, Taiwan	SUNROUTE INC., Johnstown, N.Y. 12095

BENEFICIARY	AMOUNT
GLORY GLOVE CO., LTD. 4TH FLOOR NO. 274 SEC 3, CHUNG HSIAO E. ROAD, TAIPEI, TAIWAN.	US$10,200.00 (U.S. DOLLARS TEN THOUSAND TWO HUNDRED ONLY)
	EXPIRY DATE July 30, 20–

We hereby issue this Letter of Credit in your favor (beneficiary)
which is available against your draft at 90 days after sight,
drawn on us for 80% invoice value,
bearing the clause "Drawn under J. Henry Schroder Bank & Trust Company Credit No. c-261573."
Accompanied by the following documents:
Commercial Invoice in triplicate.
Full set of clean on board ocean Bills of Lading issued to the order of J. Henry Schroder Bank & Trust Company, and marked: "FREIGHT COLLECT" Notify: Buyers.
Insurance covered by buyers.
Packing List in triplicate.
Covering PROCESSING LEATHER GLOVES, F.O.B. POINT OF EMBARKATION,
evidencing shipment not later than July 15, 20–.
All negotiation charges are for your account.

SHIPMENT FROM	PARTIAL SHIPMENTS	TRANSHIPMENTS
KEELUNG, TAIWAN TO NEW YORK, N.Y.	Not permitted	prohibited

The amount of each draft negotiated, with date of negotiation, must be endorsed hereon by the negotiating bank. We hereby agree with you and with negotiating banks and bankers that drafts drawn under and in compliance with the terms of this credit shall to the drawee.	ADVISING BANK'S NOTIFICATION This is an Irrevocable Letter of Credit of the above mentioned Issuer and is transmitted to you without any responsibility or engagement on our part.
C. Y. Chang	
Authorized Signature-Issuing Bank	Place, Date, Name, and Signature of Advising Bank

第七章

備貨、出口檢驗及公證

第一節 出口貨物的準備

 ## 一、備貨的時期

買賣雙方一經簽立買賣契約，賣方就應依照契約條件負起交貨的責任，因此，如買方信用良好時，賣方則可積極開始備貨，以便裝運出口。但賣方在不瞭解買方信用確實如何，而假設是以信用狀為付款條件時，通常謹慎的賣方就以接到信用狀後才開始備貨。這樣的作法對賣方而言風險也較少些。故在此場合的賣方不論其為從國內供應廠商買進貨物轉售出口的出口貿易商，或是自營出口的廠商，均應配合裝運期限，事先作妥善的因應。

舉例來說，買賣雙方在契約、信用狀上規定裝船期限為 10 月底，假設賣方收到信用狀的時間卻是接近 10 月底，縱使賣方貨品是現貨亦無法在短期內包裝、簽證、裝船。因此，為避免這種不利賣方的情形發生，賣方在契約中應約定收到信用狀後若干日內裝運 (Shipment: Within ××× days after receipt of L/C) 的條款。

 ## 二、備貨的方式

就出口貿易商而言，貨物的準備，也就是要向製造商購進貨物，其常採用的方式有二：

(一)臨時購貨

是指簽訂輸出契約後或收到信用狀後，臨時向國內廠商購進或訂購出口貨物的方法。此種方式只適用在貨源充裕及售價穩定的場合。

1.優點：

(1)無存貨顧慮。

(2)無被取消輸出契約的風險。

2.缺點：

(1)在貨源缺乏下，買不到貨物，或高價買進貨物。

(2)有利潤不確定的風險。

(二)預約購貨

即指根據供應廠商預先提出的**報價** (Offer)，於事後再向其購買貨物。也就

是出口商在對國外報價前，就已經預先請供應廠商報價，然後以此報價為基礎加上自己想要的利潤再向國外買方報價，經對方**接受** (Acceptance) 完成簽約手續後，再與原報價的供應廠商簽立購貨契約。此方式的優點為可避免買不到貨物或用高價買進的風險。但如每次對外報價均須先請供應商報價，則較麻煩些。

 ## 三、選擇供應商的原則

不論出口商採用何種方式備貨，他都必須要選擇適當的供應廠家，而且要與廠家簽訂書面契約（俗稱「下訂單」），訂明有關各項條件以期能如約履行交貨義務。因此在選擇供應廠商須有下列幾項原則：

㈠信用良好

選擇信用良好的廠家承接貨物的供應是最基本的要求。信用良好的廠家，具有良好的商業道德，一經同意供應，將不致偷工減料，粗製濫造，而且能守信交貨時間。

㈡品管嚴格

貨物品質優良，符合契約所定規格，再加上價格合理是避免貿易糾紛的重要法則。買賣交易的貨物如遇規格複雜時，更應慎選品質管制良好的廠商來承接供應，以免日後發生貨樣品質不符的糾紛。

㈢交貨守時

在國際貿易的交易中最大忌諱的事為不能如期交貨。尤其是有季節性的貨物。因遲延交貨將會引起嚴重的後果，故應選擇有足夠生產力的廠商，以期確保準時交貨。

㈣備有配額

出口貨物須有**配額** (Quota) 者，成交之前應先考慮配額問題，除非出口商自己擁有配額，否則，必須尋找持有配額的廠商合作供應才是，以免日後無法出口。

假設在生產廠商自營出口的情況，其貨物通常由自己生產製造，萬一必須購買他人貨物湊數時，也須注意以上原則才是。生產廠商與國外客戶簽妥買賣契約後，如對買方信用有相當的信心時，即可通知生產部門開始生產，否則視交貨期長短於收到信用狀後才通知生產。

四、購貨契約 (Purchase order) 的內容及應注意事項

出口商與供應商所訂購貨契約（如 FORM 7–1），其內容包括貨物名稱、品質規格、數量、價格、包裝、嘜頭、交貨日期、地點、付款條件等。其中貨物名稱、品質規格、數量、包裝、嘜頭等條件應與輸出契約中所定者相符。至於價格、交貨地點、時間及付款方式則與輸出契約之規定略有差異。尤其是付款條件，出口商為保障自己起見，可在契約規定「買方（指出口商）以國外客戶所申請開到的信用狀轉讓予賣方（指供應廠商）作為本契約價金的支付，賣方同意本契約以買方收到國外客戶申請開來的轉讓信用狀作為本買賣契約的生效條件。若國外客戶申請未開來信用狀時，則經買方通知賣方後，本買賣契約（或訂單）即失效。」

購貨契約或是訂單應繕打三份，經簽署後，兩份交給供應廠商並請其簽署後退還一份。除此之外，買賣雙方就下列各項，作必要的約定：

(一)有關費用的負擔

出口商品檢驗費（付給標準檢驗局）、報關費用、推廣貿易服務費等與出口有關的費用，究應由何方負擔？以國內買賣條件交易時，除非另有約定外，理應由出口商來負擔。但為避免糾紛，宜約定負擔費用者較恰當。

(二)供應廠商應交付出口商的單據

如統一發票、裝箱單等。

(三)出口商應交付給供應廠商的單據

如出口證明書（申請減免營業稅用）、出口副報單（申請沖退進口稅捐及／或貨物稅之用）。

(四)出口實績

出口的實績，由出口商或製造商算記。

(五)驗貨條件

雙方可約定，在出口前不論買方有無驗貨，均不表示買方已受領貨物。賣方（供應廠商）同意將貨物檢查地點延伸至國外進口商客戶所在地。如屆時發現品質不良，任何瑕疵或肇致任何第三人的傷害、死亡而發生退貨或索賠者，應由賣方負全部賠償責任。

FORM 7-1

ABC TRADING CO., LTD.
TAIPEI, TAIWAN, R.O.C.

購 貨 契 約 書

致：

公司寶號：大大紡織成衣股份有限公司　　訂單號碼：DD-379

地　　址：新北市中和區中山路 1 號

連絡電話：＿＿＿＿＿＿＿＿＿＿＿　　訂貨日期：102 年 8 月 3 日

茲向　貴公司（工廠）訂購下列貨品，敬請按下列議定條件，惠予簽認接受，為荷

項　號 Item No.	品 名 及 規 格 Description & Specification	數　量 Quantity	單　價 Unit Price	總　價 Amount
789	Sport Shirts Style A	500 doz vvvvvvvvv	NT$700	NT$350,000 vvvvvvvvv

合　計：新臺幣一佰參拾伍萬 一仟 一佰 一拾 元 一角整

一、交貨日期：102 年 10 月 19 日前完成，候通知交貨。

二、交貨地點：基隆港或高雄港俟船期確定後再通知。

三、檢驗規定：

訂貨品質及規格，須與成交標準樣品及國外買主所指定者相符，如有不符，得拒絕驗收。

四、包裝規定：

每只貨品及其內盒，均須標明 MADE IN TAIWAN，並應於每只內盒及外箱上標明貨號及所裝數量。

五、裝運規定：

每壹打裝壹盒，每拾盒裝壹紙箱。

六、遲延交貨之處置：

每逾期交貨壹日，扣總價款 0.5%，五日後續增壹日扣 1%。

七、付款辦法：

訂貨金新臺幣捌萬元正，開具第一銀行總行帳號 7749，票號 0003-6

到期日 102 年 8 月 5 日，抬頭人大大紡織成衣股份有限公司，餘款押匯後付現。

八、裝船嘜頭：

主 嘜 頭

<XYZ>
NEW YORK
C/No. 1-50
MADE IN TAIWAN
R.O.C.

側 嘜 頭

NW: 20kgs
GW: 25kgs
Quantity: 500 doz

九、本約之履行：以中華民國之法律為基礎，如有爭執，雙方同意以臺北法院為第一審管轄法院。

十、其他條件：

如因交貨遲延，而延誤船期不能出貨，致本公司所受之一切損失，均應由　貴公司負責賠償。

接受簽認：　　　　　　　　　　　　訂貨人：

黃仁山　　　　　　　　　　　　　　古山卿

五、催貨與工廠驗貨

一個出口貿易商衝鋒陷陣爭取客戶的前鋒固然重要，但供應補給，貨源不斷的後衛也一樣的重要。因此必須雙方一起同心合力才能完成貿易任務。

由於國內供應商，尤其小型廠家，對於國際貿易的特殊性往往欠缺認識，缺乏管理，對於生產作業及品管制度等沒有基本概念與體認到事態的嚴重性，以致發生粗製濫造，無法如期交貨等事件。因此，出口商於適當時期向工廠催貨是絕對必要的。

驗貨是一件大事，如稍有疏忽，不但可能引起糾紛，也可能失去寶貴的國外客戶。因此，在供應廠商生產完畢時，出口商即應派出幹練的驗貨員前往工廠實施驗貨工作。驗貨工作應由專人擔任，並且對該貨物有充分的知識和經驗，為人負責盡職、公正不阿、有擔當不鄉愿，要有公私分明、不怕得罪人的勇氣，這樣才能完成任務。

至於驗貨內容不外乎下列幾點：

1. 貨樣對不對──產品做錯了，或材料、顏色不符。
2. 品質佳不佳──材料品質與當初進口商所要求的不一。
3. 數量夠不夠──偷工減料或是部分包裝用雜物混充等情況。
4. 交貨期是否緊迫。
5. 包裝及嘜頭是否相符。

第二節 出口檢驗與檢疫

 ### 一、出口檢驗的意義

品質是商品買賣中最重要的一個因素，在一筆交易中買方首先注意的就是貨物的品質。因此，不管貿易契約中品質條件是如何約定，賣方所供應貨物的品質必須與契約條件相符。所以，貨物在生產過程中，品質必須加以嚴格管制，尤其在包裝前，更須施行綜合檢查。這不僅在預防買方的索賠，更重要的是建立自己的商譽，從而確保市場。

一般檢驗為貨物於備妥後，在裝運出口前，為證明所交運的貨物與買賣契

約相符、或在契約上就指明規定，賣方需要請公證公司 (Surveyor, Inspection company) 執行公證 (Survey) 事宜。此外，我國商品檢驗法亦有規定，某些特定商品的出口必須由標準檢驗局施以檢驗，領得合格證書後，才得報運出口。此種出口檢驗屬國家強制規定與公證性質不同。

 ## 二、出口檢驗的範圍

㈠經濟部公告應施檢驗者

依商品檢驗法規定，出口商品應施檢驗品目，由經濟部視實際需要，隨時公告增減。至於詳細檢驗品目，標準檢驗局及其所屬各分局均備有「應施商品檢驗品目表」，廠商需要時，可逕行洽索參閱。

㈡出口商品應國外客戶要求檢驗者

未經公告為應施檢驗的輸出貨品，按理可不必辦理檢驗，但若基於特殊的需要，標準檢驗局可應廠商的要求以特約檢驗方式辦理。

 ## 三、出口檢驗的程序

㈠報　驗

應施行出口檢驗的商品，業者或其代理人應於輸出前向檢驗機構洽取並填具報驗申請書，再持向商品存置所在地檢驗機構申請檢驗，繳交檢驗費。

㈡繳　費

依規定繳交下列費用：

1.檢驗費。

2.作業費：

　⑴延長作業費。

　⑵檢驗處理費。

　⑶臨場費。

3.工本費：

　⑴標識費。

　⑵其他費用。

㈢取　　樣

㈣檢　　驗

㈤發　　證

　　經檢驗合格者，由標準檢驗局發給「輸出檢驗合格證書」，不合格者，發給「不合格通知書」。

㈥港口驗對

　　凡經檢驗合格的商品，於運抵港埠裝載前，經驗對無誤後，即可報關出口。

四、出口檢疫

　　動植物及其產品的出口檢疫係在國際交通港、埠防止境外動物疫病蟲害的侵入傳播，保護境內農畜生產事業的安全，對於出口的動植物及其產品，於貨物運抵港埠裝載之前，由出口商或其代理人申請出口檢疫的一種積極措施。出口檢疫的執行機構為農委會動植物防疫檢疫局，其執行檢疫程序如下：

㈠報　　驗

　　應施行出口檢疫的動植物及其產品，貨主或其代理人應於輸出前向檢疫機構洽取並填具報驗申請書，再持向產地檢疫機構申請檢疫，繳交檢疫費。

㈡繳　　費

　　依規定繳交下列費用：

　1.檢疫費。

　2.作業費：

　　⑴延長作業費。

　　⑵檢疫處理費。

　　⑶臨場費。

　3.工本費：

　　⑴標識費。

　　⑵其他費用。

㈢檢　　疫

㈣發　　證

　　經檢疫合格者，由動植物防疫檢疫局發給「輸出動物檢疫證明書」或「輸出植物檢疫證明書」。

㈤港口驗對

輸出的檢疫物品經產地檢疫符合規定者，即可運至港埠向輸出港口的檢疫機構申請驗對。經驗對無誤後，即可報關出口。

第三節 出口公證

一、公證的意義

公證 (Public survey) 乃指獨立的 (Independent) 第三者在兩造之間對於某種標的（即貨物）作公正的評驗與鑑定。從事這項業務者則稱之公證人或鑑定人 (Surveyor) 或公證行、公證公司 (Inspection company)，由於其扮演的角色是超然的，其所作的報告乃為買賣雙方所能信服。故有關索賠糾紛時，公證報告是不可缺少的重要文件。

二、公證的種類

公證依其性質，可分為：

㈠海事公證 (Marine survey)

包括海事鑑定、船舶買賣及租賃情況鑑定。

㈡保險公證 (Insurance survey)

包括海損、火險、車禍等涉及保險賠償的鑑定、估價及責任調查。

㈢貨物公證 (Cargo survey)

凡涉及一般貨物品質、數量、包裝等的鑑定、檢驗者均是。在實務上，它有下列種類：

1.出口公證檢驗——又稱裝運前公證檢驗 (Pre-shipment inspection，簡稱 PSI)。即在貨物裝運出口之前，由指定公證行實施的檢驗，如貨物經檢驗，合乎買賣契約所規定條件，則賣方對該批貨物，原則上可免除責任。

2.進口公證檢驗——又稱到埠後公證檢驗。即貨物運抵目的地（港）時，由指定公證行實施的檢驗。此種公證多於以卸貨地條件交易時採用。另外，為便於向船公司、保險公司索賠，也常作進口公證檢驗。

三、公證公司的選擇

國際間信譽良好的公證公司固然很多，但也有信譽欠佳者，並且每一公證公司各有其專長，所以選用公證公司須得考慮下列各項：

1.專長——應以其專長與所需公證貨物相符者，為優先選用的對象。

2.信用——應以風評良好、不偏不倚、公正，著有信譽者為選用的對象。

3.地點——公證行應與廠商及裝運地相距不遠，以利公證的進行。

4.費用——在專長、信用、地點相同或差不多的情況下，以費用較少或較合理者為優先選用的對象，以期可節省公證費用。

 ### 四、公證費用

外銷產品的公證費用，通常多按出口貨物的**離岸價格** (FOB value) 5‰ 至 1% 計算。但因公證檢驗性質的不同、貨物數量的多寡，其費用也就隨之不同。至於公證費用應由何方負擔，買賣雙方在訂約時就應言明。出口商於報價或訂立契約時就應考慮到產品須公證時的費用，並且對於除了公證檢驗費用之外，尚有其他因公證而生的相關費用（如公證公司的檢驗人員差旅費、因檢驗而增加的搬運費及使用檢驗設備費、化驗費、樣品損耗等）相當可觀。

 ### 五、公證報告的效力

公證報告又稱**獨立檢驗證明書** (Independent inspection certificate)，是由**獨立公證人** (Independent surveyor) 對產品經檢驗後，所出具的證明報告書，上面記載有貨物檢驗的結果。在法律上公證報告只具有推定的效力。一般出口廠商往往以為其產品如經買方指定的公證公司檢驗合格後，即再也不負任何責任。但事實上，出口商與進口商訂有買賣契約，出口商必須交付符合契約所定的產品，才能解除其責任。故其所交運的產品雖經公證檢驗合格，但如於檢驗時未發現的瑕疵，或其不符規格之處並未列入檢驗項目內者，則出口商仍須負責。尤其，公證檢驗通常係採抽驗方式而非全部檢驗，所以，公證公司是無法為出口商擔保其產品能符合買賣契約所定的一切規格。

公證公司所簽發的報告或證明書，只是對某產品經檢驗後所出具的證明報告書而已。因此，除非經證實公證公司有出具不實的報告或證明，而涉及偽造

文書須負法律責任外，否則對買賣雙方並不負任何賠償之責。

通常，我們可將檢驗證明書依簽發機構及使用性質的不同，分為下列幾種：

㈠品質證明書 (Certificate of quality)

乃證明所交運貨物的品質規格等完全符合買賣契約規定的文件。其簽發機構有出口國政府機構、獨立公證人、鑑定人、製造廠商、同業公會、進口商派駐出口地的代表或代理人，或出口商自己等。

㈡重量證明書 (Certificate of weight)

係指由國際公認的獨立公證行所簽發，為對成交貨物的重量證明，其主要內容包括貨物淨重、毛重及包裝件數等。

㈢容積重量證明書 (Certificate and list of measurement and/or weight)

係指由公認的獨立公證行辦理貨物容積及重量檢驗後所出具的證明書。運送人及託運人即以證明書所載的容量和重量作為計算運費的材積數。

㈣化驗證明書 (Certificate of analysis)

又稱為分析證明書，係指由公認的獨立公證行以化學方法抽樣化驗後，所出具的公證檢驗證明書，證明貨品內所含的成分，是否與買賣契約所規定者相符。

㈤衛生證明書 (Certificate of health)

乃係進口國家為預防進口貨物將傳染病菌帶入其國內，致引起居民或動植物的疾病，而特別規定某些貨物（如食品、動植物）必須經由出口國家衛生機構檢驗合格，簽發檢疫合格證明書備驗，方准進口。

㈥輸出合格證明書 (Certificate of export inspection)

為我國經濟部標準檢驗局對出口貨物施行貨樣檢驗合格後，所簽發的證明書，係我國唯一的官方檢驗報告。

㈦製造證明書 (Certificate of manufacture, Manufacturer's inspection certificate)

又稱為製造商檢驗證明書，此乃進口商因恐出口商以其他製造廠商所生產的貨品頂冒所指定的產品，或製造廠商本身信用卓著，生產設備完善，所出廠貨品均經專門技術人員嚴格檢驗，進口商要求出口商提示製造商自行檢驗合格後所出具的檢驗證明書。

本章摘要

一、出口貨物的準備

(一)備貨的時期：配合裝運期限，事先妥善準備

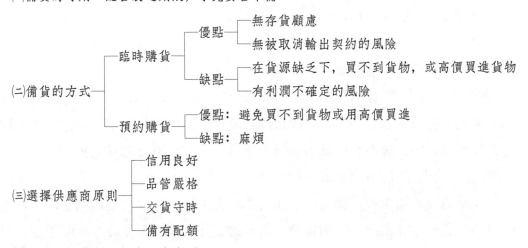

(二)備貨的方式
- 臨時購貨
  - 優點
    - 無存貨顧慮
    - 無被取消輸出契約的風險
  - 缺點
    - 在貨源缺乏下，買不到貨物，或高價買進貨物
    - 有利潤不確定的風險
- 預約購貨
  - 優點：避免買不到貨物或用高價買進
  - 缺點：麻煩

(三)選擇供應商原則
- 信用良好
- 品管嚴格
- 交貨守時
- 備有配額

(四)購貨契約的內容及應注意事項

(五)催貨與工廠驗貨

二、出口檢驗與檢疫

(一)出口檢驗的意義：貨物在生產過程中，品質必須加以嚴格管制，尤其在包裝前，更須施行綜合檢查。這不僅在預防買方的索賠，更重要的是建立自己的商譽，從而確保市場

(二)出口檢驗的範圍
- 經濟部公告應施檢驗者
- 出口商品應國外客戶要求檢驗者

(三)出口檢驗的程序

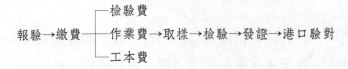

報驗→繳費
- 檢驗費
- 作業費→取樣→檢驗→發證→港口驗對
- 工本費

(四)出口檢疫的程序

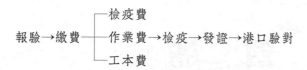

報驗→繳費┬檢疫費
　　　　　├作業費→檢疫→發證→港口驗對
　　　　　└工本費

五、出口公證

㈠公證的意義：指獨立的第三者在兩造之間對於某種標的作公正的評驗與鑑定

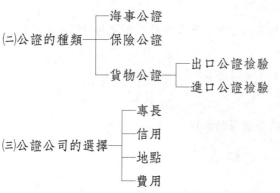

㈡公證的種類┬海事公證
　　　　　　├保險公證
　　　　　　└貨物公證┬出口公證檢驗
　　　　　　　　　　　└進口公證檢驗

㈢公證公司的選擇┬專長
　　　　　　　　├信用
　　　　　　　　├地點
　　　　　　　　└費用

㈣公證費用：通常多按出口貨物的離岸價格 5‰ 至 1%

㈤公證報告的效力：公證報告只具有推定的效力

檢驗證明書依簽發機構及使用性質的不同分┬品質證明書
　　　　　　　　　　　　　　　　　　　├重量證明書
　　　　　　　　　　　　　　　　　　　├容積重量證明書
　　　　　　　　　　　　　　　　　　　├化驗證明書
　　　　　　　　　　　　　　　　　　　├衛生證明書
　　　　　　　　　　　　　　　　　　　├輸出合格證明書
　　　　　　　　　　　　　　　　　　　└製造證明書

一、是非題

（　）1.出口商與供應廠商所簽訂的購貨契約書要比買賣契約所簽立的時間早，以避免買不到貨物。

（　）2.製造商生產完畢後，通常出口商需派員驗貨。

（　）3.公證報告是只具有推定的效力。

（　）4.凡經檢驗合格的商品，於運抵港埠後報關出口。

二、選擇題

（　）1.某些特定商品出口必須由　⑴公證公司　⑵國貿局　⑶標準檢驗局　施以檢驗領得合格證書後，才得報運出口。

（　）2.外銷產品的公證費收取方式，多按出口貨物的　⑴ CIF　⑵ CFR　⑶ FOB　的 5‰ 至 1% 計收。

三、問答題

1.出口檢驗程序有哪些步驟？

2.選擇供應商應注意的原則有哪些？

3.驗貨的項目有哪些？

4.檢驗的標準可依哪些方式處理？

四、工作習題

1. CFR 交易條件下，如雙方議定品質／數量以裝油港公證人報告為準，但至卸貨港發現品質／數量不符時：

　⑴裝油港公證人是否有法律責任？買方可否向公證人索賠？

　⑵買方如欲向船東索賠，應透過賣方（傭船人）或直接向船東索賠？

　⑶一般於裝運油料前，裝油港公證人均需檢驗船艙，如公證人檢驗船艙合格，但卸油前發現品質可能係遭船艙汙染而變質，買方應如何處理，以保障權益？

2.請參觀外銷工廠、公證行或看有關的幻燈片並撰寫一份心得。

第八章

出口簽證

第一節　出口簽證的意義

　　所謂出口簽證 (Export licensing)，乃指簽發輸出許可證 (Export permit, Export licence，簡稱 E/P 或 E/L，報關業界通稱為 CBC 或 BC) 而言。實施貿易管制的國家，大多規定貨物出口之前應先辦理出口簽證手續。就我國而言，出口簽證制度原為我國貿易管理制度中最重要措施之一。但自 82 年公佈貿易法之後，對於進出口貨物的管理已改為「原則自由，例外管制」，因此出口簽證制度也從以往的「正面表列」方式（即除表列貨物的出口可免辦簽證外，其餘貨物的出口均應先申辦簽證，亦即原則簽證，例外免證）改為目前的「負面表列」方式（即除表列貨物的出口須先申辦簽證外，其餘貨物的出口均可免證，亦即原則免證，例外簽證）。這是我國貿易管理制度的一大改變，在目前的制度下，大部分貨物的出口均可免申請出口簽證。出口商在出口貨品之前，可先查對「限制輸出貨品表」，如屬免簽證項目，則逕至各關稅局辦理報關出口；如屬表列貨品需簽證者，則應先分辨貨品簽證單位，以利前往該單位申請簽證。

　　辦理出口簽證所依據的主要法令有：「貿易法」、「貨品輸出管理辦法」、「戰略性高科技貨品輸出入管理辦法」、「出進口廠商登記辦法」、「軍事機關輸出入貨品管理辦法」、「臺灣地區與大陸地區貿易許可辦法」及「輸出入貨品電子簽證管理辦法」等。

第二節　出口簽證的規定

 一、申請人資格的規定

　　出口簽證的申請人須具備一定的資格，並依申請人所屬行業的不同，其可申請出口的貨品也有相當的限制。

(一)出進口廠商

　　請參閱第五章第二節。

(二)其　他

　　非以輸出入為常業的法人、團體或個人，例如政府機構、學校團體或個人

等，依國貿局規定辦理特定項目貨品的輸出。

 二、出口簽證的規定

廠商申請出口簽證，須依「貨品輸出管理辦法」規定處理。

㈠**輸出簽證應具備的文件：依據第 23 條法規**

申請貨品輸出許可證，限以書面或電子簽證方式向貿易局為之。

以書面方式申請簽證時，應具備下列書件：

1. 輸出許可證申請書全份。

2. 依其他相關規定應附繳之文件。

輸出許可證及其申請書格式由貿易局定之。

㈡**輸出許可證的有效期限：依據第 24 條法規**

輸出許可證自簽證日起 30 日內有效。但貿易局另有規定者從其規定。

輸出許可證不得申請延期，未能於有效期間內出口者，申請重簽時，應將原輸出許可證申請註銷。

㈢**出口簽證文件的繕製規定：依據第 28 條法規**

輸出許可證申請書、修改申請書及註銷補發申請書，各聯應一次套打（寫），不得塗改；其經塗改者，無效。但貨品分類號列經簽證單位更正後蓋有校對章者，不在此限。

第三節　輸出許可證申請書格式及內容

 一、輸出許可證申請書格式

輸出許可證申請書有二種：

1. 一般性輸出許可證申請書（如 FORM 8-1）——為限制輸出貨品、委託查核輸出貨品表內的貨品輸出所使用。格式共計兩聯。第一聯為輸出許可證申請書，簽證機關存查。第二聯為輸出許可證正本，供出口人報關用。

2. 戰略性高科技貨品輸出許可證申請書（如 FORM 8-2）——用於戰略性高科技貨品的輸出，其格式共三聯四張（第一、二、三、三 A 聯）。

FORM 8–1

輸　出　許　可　證　申　請　書

APPLICATION　FOR　EXPORT　PERMIT

第 1 聯：國際貿易局存查聯　　　　　　　　　　　　　　　　共　　頁 第　　頁

1 申請人 Applicant	2 買主 Buyer	
	3 收貨人 Consignee	
4 目的地國別 Country of　Destination	輸出許可證號碼　Export Permit No. 許可證簽證日期 Issue Date	
5 轉口港 Transhipment port	許可證有效日期　Expiration Date	
6 檢附文件字號 Required Document Ref. No.	簽證機構簽章 Approving Agency Signature	
簽證機構加註有關規定 Special Conditions		

7 項目 Item	8 貨品名稱、規格等 Description of Commodities, etc.	9 貨品分類號列及檢查號碼 C.C.C. Code	10 數量及單位 Q' ty & Unit	11 金額及條件 Value & Terms

FORM 8-2

戰略性高科技貨品輸出許可證申請書
APPLICATION FOR EXPORT PERMIT OF STRATEGIC HI-TECH COMMODITIES

第1聯：國際貿易局存查聯　　　　　　　　　　　　　　　共　　頁第　　頁

1 分批或不分批 ⬚	2 出口或再出口 ⬚	3 有效期限　Expiration Date
1. 分　批 Partial shipment 　2. 不分批 Impartible shipment	1. 出　口 Export 　2. 再出口 Re-export	

4 申請人 Applicant

5 買主 Buyer		6 目的地國別	
		Country of Destination	

7 收貨人 Consignee		8 轉口港 Transit Port	

9 最終使用者及地址　End User and Address	業務聯絡人及電話

10 應檢附文件
Documents Required ⬚

　1. 產品說明書
　2. 交易文件
　3. 外國進口人出具之最終用途保證書
　4. 進口國核發之國際進口證明書(號碼：　　　　　　)
　5. 進口時我國核發之國際進口證明書或保證文件(號碼：　　　　　)
　6. 原出口國政府同意再出口文件(號碼：　　　　　)
　7. 其他依規定應檢附文件(號碼：　　　　　)

申請人切結 申辦內容已據實填報，並願遵守貿易法第十三條及戰略性高科技貨品輸出入管理辦法之規定，如有不實或違反情事，願依貿易法第二十七條、第二十七條之一或第二十七條之二之規定，受刑事處罰及(或)行政處分。	11 輸出許可證號碼　Export Permit No.
	許可證簽證日期 Issue Date
簽證機構加註意見欄：	簽證機構簽章 Approving Agency Signature

12 項次 Item	13 貨品分類號列及 檢查號碼 C.C.C. CODE	14 出口管制貨品號碼 Export Control Commodity No.	15 貨品名稱、規格等 Description of Commodities, etc.	16 數量及單位 Q'ty & Unit	17 金額及條件 Value & Terms

二、輸出許可證申請書各欄填寫說明

（關於電子簽證，請參閱第五章第五節。）

欄位	欄位名稱	填寫說明
1	申請人（出口人）	1. 請依序填列申請人（出口人）中英文名稱、中英文地址、電話號碼及統一編號（或身分證號或護照號碼）。 2. 輸出許可證出口人名稱不得申請修改，但經貿易局專案核准者不在此限。
2	買　主	1. 請填列國外買主公司名稱及國家，可免填地址。 2. 右上角框請填列國別代碼（請參照財政部編撰之「通關作業及統計代碼」手冊）。
3	收貨人	請填列國外收貨人英文名稱及國家，右上角框填列國別代碼，如國外收貨人與買主相同，則收貨人欄免填列。
4	目的地國別	係填貨物到達之目的地國家，免填目的地港口，右上角框填列國別代碼（請參照財政部編撰之「通關作業及統計代碼」手冊）。
5	轉口港	運輸方式有轉口港者，請填列此欄及右上角框代碼（請依據財政部編撰之「通關作業及統計代碼」手冊內規定之代碼填列），無則免填。對於限以間接貿易方式出口之地區，則應確實載明轉口港。
6	檢附文件字號	1. 出口貨品依規定應檢附主管機關或有關單位文件者，應填列該文件字號。 2. 出口貨品超過一項以上時，主管機關或登記證照字號不同者，請填註證號所屬項次。 3. 其他依輸出規定須加註事項，亦請於此欄列明。
7	項　次	出口貨品超過一項以上時，不論 C.C.C. Code 是否相同，均應於項目欄下冠以 1, 2, 3, ⋯⋯並與所列 C.C.C. Code 及貨品名稱對齊。
8	貨品名稱、規格等	1. 貨品名稱應繕打英文為原則。 2. 貨品輸出規定須填列製造商者，亦請於此欄載明製造商。
9	貨品分類號列及檢查號碼	貨品分類號列 (C.C.C. Code) 為 11 位碼，請查閱「中華民國進出口貨品分類表」填列。
10	數量及單位	請依據現行進出口貨品分類表內該項貨品所載之「單位」填列，如實際交易之數量單位與該數量單位不同時，則於實際交易數量單位下以括弧加註經換算之數量單位。
11	金額及條件	1. 條件係指交貨條件諸如 FOB、C&F、CIF 等。 2. 金額係填列出口貨品之單項價格及所有貨品之總價。 3. 出口貨品得以新臺幣計價，惟國外支付貨款仍應以等值之外幣為之，輸出許可證載明外幣，新臺幣部分以括弧加註。 4. 不需填列大寫金額。

注意事項：
一、本輸出許可證自發證日起 30 天內有效，但簽證機構另有規定者，從其規定。
二、本輸出許可證應一次套訂，一經塗改即屬失效，貨品分類號列蓋有簽證機構校對章者除外。
三、本輸出許可證記有貿易資料，關係商業機密，請予保密，不得外漏或買賣。
四、如 7～11 欄不夠填寫，請以續頁填寫，續頁上端請註明共幾頁及第幾頁，並分別加附於各聯之後。
五、本申請書計 2 聯（第 1 聯：國際貿易局存查聯；第 2 聯：申請人報關用聯）。

第四節　輸出許可證的修改及註銷

輸出許可證的修改及註銷，須依「貨品輸出管理辦法」辦理。

(一)輸出許可證的修改：依據第 26 條法規

輸出許可證的修改，應依下列規定辦理：

1. 未報關前發現錯誤者，應註銷重簽，不得申請修改。

2. 已報關未放行前或報關放行後需修改者，應檢附輸出許可證修改申請書（如 FORM 8–3）向原簽證單位辦理。但修改內容涉及貨物名稱、品質、品類、單位或數量者，應先經海關簽署證明始可申請修改；如因屬免驗或抽中免驗，海關無資料可資查證者，應由海關在修改申請書有關聯簽署證明。

3. 申請修改時，仍應依原輸出規定辦理。

4. 輸出許可證申請人名稱，不得修改。但經貿易局專案核准修改者，不在此限。

前項各款的修改，應自簽證單位簽證之日起 6 個月內為之。但未逾 3 年經貿易局核准者，不在此限。

(二)輸出許可證的註銷：依據第 25 條法規

輸出許可證的修改及註銷，出口人應繕打申請書向原簽證單位申請辦理。

第五節　特殊輸出規定

特殊輸出規定，須依「貨品輸出管理辦法」規定辦理。

(一)商標的標示：依據第 10、11 及 12 條法規

1. 出口人輸出之貨品有商標標示者,應自行查明所標示之商標之權利歸屬,不得有仿冒情事。

2. 出口人應於出口報單上正確申報所標示之商標；未有商標標示者，應申報「無商標」。但經海關查明屬外貨或退回整修之國貨復運出口者，不在此限。

3. 輸出貨品標示之商標，經海關查明與出口報單申報不符者，海關得要求出口人提供該商標所有權人指定標示或授權使用或其他能證明無仿冒情事之文件供查核放行。

FORM 8-3

輸 出 許 可 證 修 改 申 請 書
APPLICATION FOR AMENDMENT OF EXPORT PERMIT

第 1 聯：國際貿易局存查聯　　　　　　　　　　　　　　　　　共　　頁 第　　頁

1 申請人 Applicant	2 買主 Buyer
	3 收貨人 Consignee

4 目的地國別 Country of　Destination		輸出許可證號碼　Export Permit No. 許可證簽證日期 Issue Date
5 轉口港 Transhipment port		許可證有效日期　Expiration Date
		簽證機構簽章 Approving Agency Signature
6 檢附文件字號　Required Document Ref. No.		

簽證機構加註有關規定 Special Conditions

7 項目 Item	8 貨品名稱、規格等 Description of Commodities, etc.	9 貨品分類號列及檢 查號碼 C.C.C. Code	10 數量及單位 Q' ty & Unit	11 金額及條件 Value & Terms

4.貨品之內外包裝有商標標示者，適用前二條之規定。

(二)產地的標示：依據第 20、21、22 及 22-1 條法規

1.輸出貨品，應於貨品本身或內外包裝上標示產地，其標示方式應具顯著性與牢固性。但因貨品特性或包裝情況特殊致無法依據規定標示者，得向貿易局申請專案核准。

2.輸出貨品係在我國產製者，應標示中華民國製造、中華民國臺灣製造或臺灣製造，或以同義之外文標示之。

3.前項輸出之貨品，除原標示於進口零組件上之原產地得予保留外，不得加標外國地名、國名或其他足以使人誤認係其他國家或地區製造之字樣。但有下列情形之一者，得於貨品本身標示其他產地：

　(1)供國外買主裝配用之零組件，其產地標示在表明其最後產品之產地，並經貿易局專案核准者。

　(2)供國外買主盛裝用之容器或包裝材料。

4.依前項但書規定標示其他產地之貨品,仍應於內外包裝上標示我國產地。

5.輸出貨品係外貨復出口者，其原產地標示得予保留；進口時未標示產地者，得依原樣出口。

6.前條外貨在我國進行加工後復出口時，得於貨品本身或內、外包裝上標示在臺灣加工、在臺灣加工之工序或同義之外文字樣。但貨品只進行下列作業情形之一者，僅得標示其在臺灣加工之工序或同義之外文字樣：

　(1)運送或儲存期間所必要之保存作業。

　(2)貨物為銷售或裝運所為之分類、分級、分裝、包裝、加作記號或重貼標籤等作業。

　(3)貨品之組合或混合作業，未使組合後或混合後之貨品與被組合或混合貨品之特性造成重大差異者。

7.前項標示臺灣加工或加工之工序字樣之外貨復出口時，應同時以顯著與牢固方式標示原產地。

(三)附有著作的貨品輸出：依據第 15、16、17、18 及 19 條法規

1.出口人輸出附有特定著作之特定貨品時，應檢附著作權相關文件，不得有侵權情事；必要時，智慧局或其委託單位得對該特定貨品予以查核。

前項所稱之著作，係指著作權法第 5 條所例示規定者。

2.前條所稱之特定著作、特定貨品、著作權相關文件及其他有關規定，由智慧局公告之。

3.智慧局對出口貨物附有之著作為特別監視者，得受理著作權人或其代理人申請登錄；對送樣存放要求保護者，則須收取費用；其樣品存放費用金額由智慧局定之。

前項樣品存放費用之收取，應循預算程序辦理。

4.為貿易管理需要，貿易局得公告指定輸出貨品項目，應壓印來源識別碼。

5.為貿易管理需要，貿易局得公告指定輸出貨品項目，應標示晶片來源識別標記。

已標示前項晶片來源識別標記者，得以智慧局認可機構出具之書面文件證明之。

本章摘要

一、出口簽證的意義：乃指簽發輸出許可證而言

主要依據法令
- 貿易法
- 貨品輸出管理辦法
- 戰略性高科技貨品輸出入管理辦法
- 出進口廠商登記辦法
- 軍事機關輸出入貨品管理辦法
- 臺灣地區與大陸地區貿易許可辦法
- 輸出入貨品電子簽證管理辦法

二、出口簽證的規定

(一)申請人資格的規定
- 出進口廠商
- 其他

(二)出口簽證的規定
- 應具備的文件——輸出許可證申請書全份及依其他相關規定應附繳之文件
- 有效期限——30 日
- 繕製規定——各聯應一次套打（寫），不得塗改

三、輸出許可證申請書格式及內容

(一)輸出許可證申請書格式
- 一般性輸出許可證申請書
- 戰略性高科技貨品輸出許可證申請書

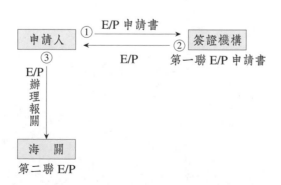

㈡輸出許可證申請書各欄填寫說明

四、輸出許可證的修改及註銷

㈠輸出許可證的修改：自簽證單位簽證之日起 6 個月內為之

㈢輸出許可證註銷：填具申請書向原簽證單位申請辦理

五、特殊輸出規定

㈠商標的標示

㈡產地的標示

㈢附有著作的貨品輸出

一、是非題

（　）1.未領有「出進口廠商登記卡」者，可專案至國貿局辦理申請出口貨品。

（　）2.輸出許可證有效期間已過時，可申請展期。

（　）3.輸出許可證的修改，限由國貿局辦理。

（　）4.外銷貨物在未報關檢驗前發現輸出許可證錯誤時，應趕快修改。

二、選擇題

（　）1.輸出許可證申請書一式　(1)四聯　(2)三聯　(3)二聯。

（　）2.輸出許可證於報關前發現錯誤，應　(1)註銷　(2)註銷重簽　(3)註銷補發。

（　）3.(1)信用狀統一慣例　(2)輸出檢驗合格證　(3)輸出許可證　俗稱 CBC。

（　）4.廠商申請辦理出口簽證，是依據　(1)貨品輸出管理辦法　(2)出進口廠商輔導管理辦法　(3)廠商申請輸出貨品辦法　的規定處理。

三、問答題

1.試述辦理出口簽證應檢附的文件。

2.就你所知，出口商辦理出口簽證時，可能依據的法令有哪些?

四、工作習題

1.請問 LOCAL L/C 是否不必申請輸出許可證?

2.試就本書 SPORT SHIRTS 的例子，填寫輸出許可證申請書。

第九章

國際貨運㈠——
海上貨物運輸

第一節　海上貨物運輸與國際貿易的關係

　　在進行國際貿易的過程中，買賣雙方在簽妥契約後，出口商除積極備貨外，最重要的工作就是安排貨物的運輸。貨物的運輸從生產地到目的地須經過生產地至**裝載港** (Port of loading)、裝載港至**卸貨港** (Port of discharge) 和卸貨港至**目的地** (Destination) 等三個運輸階段。而賣方得視貿易條件的不同來安排貨物的運輸工具。一般而言，從生產地至裝載港和卸貨港至目的地是屬內陸運輸，使用的運輸工具通常為火車、汽車。而從裝載港至卸貨港則屬對外運輸，使用的運輸工具不外乎飛機、船舶。由於在本章所述以國際貨運為主，故內陸運輸不在此討論。

　　臺灣四面環海，經濟發展對外貿易已成為舉世矚目的新興工業國之一，因此亦連帶地對國際貿易依存度升高，對外貿易貨物的進出，非空運即海運。尤以近二、三十年來國際間交往頻繁，商品的運送一直以海運為主，致使海上運輸的職能也隨之擴大，而船舶的載運量大，運費低廉，無遠弗屆。以貨物量來說，約有 95% 以上仰賴海運。因此，海運是貨物運輸的主力，無發達的海運系統，則我國經濟無法拓展。

第二節　海上貨物運輸的經營型態

　　海洋運輸依其經營方式可分為**定期船運輸** (Liner service) 與不定期船運輸 (Tramp service) 兩種。

 ### 一、定期船運輸

　　定期船運輸是利用**定期船** (Liner) 的運輸方式。而定期船是指航線、船期、船舶、運價皆固定而言。例如陽明海運公司開闢東北亞、北美西岸定期航線，「固定」行駛西雅圖、神戶、香港、高雄，每週一航次。運價則視承運貨物種類的不同而異。此種經營方式猶如公共汽車、火車。縱然某一裝卸港口貨物量遽減，或有季節性陡降，定期船公司仍派船「固定」泊靠裝卸，一如鐵路局不因乘客人數寥寥無幾即停開列車。定期船所承載的貨物多為製成品、日用品，

如電化製品、機械、成衣、鞋類等，而此類貨品大多經過包裝或打包，故定期海運的船舶種類昔為**雜貨船** (General cargo vessel)，今為**貨櫃船** (Container ship)。

㈠定期船運輸的特性

1.船期及停靠港埠事先排定，並向託運人通告（船期固定、航線固定）。

2.運送人係以**公共運送人** (Common carrier) 身分營運，並受停靠港埠政府的監督。

3.以一般不特定的多數託運人為服務對象。

4.承運零星件貨，種類繁多，數量不拘。

5.依照經當地政府核准，或經報備的費率表的規定收取運費。

6.通常參加**航運同盟** (Shipping conference)， 或稱**運費同盟** (Freight conference) 或運務協會，成為**同盟會員** (Conference member)，但也有獨立營運者。

航運同盟又稱運務協會，是在一特定航線上有定期船行駛的船公司，為限制或消除彼此間的競爭，維護共同的利益，而以協定方式結合而成的一種**同業聯盟** (Cartel) 組織。其主要協議事項為統一運費率的訂定，所以航運同盟通常又稱為運費同盟。

7.組織規模大，在各港埠派駐代表或設立分公司管理其業務。也有在停靠港埠租用碼頭、起卸貨設備、倉庫等。因此，定期船公司的投資額大。

8.託運人可直接向運送人或其代理人託運，也可經由運送人指定的攬貨代理人託運。

9.貨主以其航線、船期固定，可配合生產作業，選擇所需的出口班輪，而航運業者則以其「艙位無法儲存性」，事先的航線規劃、選擇為經營成敗的關鍵。

㈡定期船運輸的優劣

貨主利用定期船運送貨物，有下列優點：

1.船期編排緊密，船期及停靠港口預先排定，最適合一般貿易廠商的需要。貿易廠商可配合買賣契約或信用狀的裝船期作有計畫的備貨工作，不致延誤交貨。

2.定期船設備完善，如墊艙、通風、溫度調節、貴重物品保管等，特種貨物得以隨時裝運，照料周到。

3.雖託運貨物數量少，也承運。

4.裝貨、卸貨費用多由船方負擔。

5. 如長期固定託由運費同盟所屬船隻運送，得享受運費的折扣優待。

6. 貨物的檢量費用多由船方負擔。

7. 運價漲跌事先通知，對於廠商生產計畫、成本控制、產品報價及市場拓展均有助益。

然而，貨主利用定期船運送貨物，也有下列缺點：

1. 因定期船大多參加運費同盟，運價受同盟的約束，無法抑低運價爭攬貨物，貨主須支付較不定期船為高的運費。

2. 利用定期船載貨，船貨雙方多未簽訂運輸契約，一旦發生糾紛，一般習慣多以託運單或裝貨單或提單所列條款為解決的根據，而這種託運單、裝貨單及提單，均由船公司事先印妥固定格式，其條款多利於船方，對貨方較為不利。

3. 如貨方為保障艙位的獲得而與船方簽訂運輸契約，萬一不能供應約定貨載，或臨時取消託運，則將須付船方**空載運費** (Dead freight)。

(三)定期船的託運手續

1. 洽訂艙位——出口商備妥貨物後，如貿易條件為 CFR、CIF 或 DAT 等時，即根據船公司或船務代理行所印發的船期表或報刊船期欄所登的船期預定表，選擇適當船隻，向船公司或船務代理行洽訂艙位。如貿易條件為 FAS 或 FOB 時，則將貨物運送至進口商指定的船隻停靠地點備運。如進口商未指定船隻或授權出口商代辦船運，則由出口商代為接洽適當船隻。

貨主洽訂艙位時，應注意下列幾個問題：

(1)船公司信譽：在洽運之前，應先查明船公司的信譽。原則上以交予運費同盟或信譽卓著的非同盟船隻較佳。

(2)船期：船期是否在買賣契約或信用狀所規定最後裝船期限之前？如果裝船日期逾買賣契約或信用狀所規定期限，可能遭受買方或銀行的拒付，不能不注意。

(3)運費：運費是否合理，有無**附加費** (Surcharge)，有無折讓回扣，此外計算單位是採重量噸或體積噸，也應加注意。

(4)船隻情況：該船隻是否參加運費同盟、船期是否經常準確等。有些進口商常指定運費同盟所屬船隻，即取其準確可靠。又船隻性能、設備、航速快慢、是否逾齡，均應加注意，因其與貨物保險費用有密切的關係。

(5)停泊港口：該船隻是否直達目的港，或需彎靠許多港口，中途需否轉

船，也須向船公司問清楚，因彎靠港口太多，則航程緩慢，而中途轉船，貨物可能因翻艙而遭受損壞。

　　⑹裝卸條件：

　　　①**裝貨費用船方免責**（Free in，簡稱 FI）：即裝貨由貨方負擔費用。

　　　②**卸貨費用船方免責**（Free out, Free discharge，簡稱 FO 或 FD）：即卸貨由貨方負擔費用。

　　　③**裝卸費用船方免責**（Free in and out，簡稱 FIO）：即裝卸貨均由貨方負擔費用。

　　　④**裝卸及平艙費用船方免責**（FIO & Trimming，簡稱 FIOT）：即裝卸貨及平艙費用均由貨方負擔。

　　　⑤**裝卸、堆積及平艙費用船方免責**（Free in/out/stowed/trimming，簡稱 FIOST）：即貨物的裝卸、堆積及平艙等費用均由貨方負擔。

　　　⑥**裝卸費用船方負責條件** (Berth term)：即碼頭條件，裝貨及卸貨均由船方負責，但這條件僅指船方負擔貨物在船邊裝船及卸船的費用而已，不包括貨物從倉庫到船邊的搬運費用，該項費用仍由貨主負擔。Berth term 在傭船契約中較少採用，多見於定期船運輸，所以 Berth term 一般又稱為**定期船條件** (Liner term)。

　　因此，貨主在訂艙位時應注意，以免與買賣契約內的費用負擔條件相違背。

　　2.領取裝貨單──**裝貨單**（Shipping order，簡稱 S/O，亦稱訂艙單，如 FORM 9-1）是船公司或其代理行通知船長或大副接受貨物裝船的文件，由船公司或其代理行指定的負責人簽章，於接受託運人訂運貨物後，交付託運人，憑以辦理裝船。因此，貨主在向船公司洽訂艙位時須領取空白裝貨單一式數聯，將其內容繕打後再交予船公司，如船公司同意配給貨主艙位時就會將裝貨單的第一、二聯發還貨主，以作為裝船的憑證。裝貨單的格式與聯數雖各船公司略有不同，但內容卻大同小異，故貨主在領取裝貨單後即可將貨物運到指定碼頭出口倉庫，憑單向海關辦理出口報關手續。

　　3.裝載貨物──出口商將貨物運至船邊或船公司指定的倉庫或收貨地點，船公司即洽港務局派碼頭工人將貨物裝入船艙。這項裝艙費用例由船公司負擔。報關後如因時間或艙位限制不及將貨物全部或一部分裝船，是謂**退關** (Shut out)，應請船上大副在收貨單上註明退關件數，並請海關關員複驗簽證，以便向

FORM 9-1

萬海空白 SO

Shipper:

發票抬頭請開:（若與 SHPR 相同則不必重列）

統一編號：

Consignee:

Notify party:

Ocean Vessel

Voy. No.

Place of Receipt

Port of Loading

Port of Discharge

Place of Delivery

WAN HAI LINES LTD.

SHIPPING ORDER

The carriage would at all times be subject to the Bill of Lading terms of Wan Hai Lines Ltd.

報關行　TEL NO.:

FAX NO.:

E-MAIL:

貨　主　TEL NO.:

FAX NO.:

E-MAIL:

Final destination (for the Merchant reference)

Marks & Numbers	Quantity	Description of Packages & Goods	G./N. Weight	Measurement

櫃型／櫃數：

☐普通櫃：　　　x20'／　　x 40'

☐冷凍櫃：　　　x20'／　　x40'

☐HQ　：　　　x20'／　　x40'

☐SOC　：　　　x20'／　　x40'

其它特殊櫃：

SERVICE REQUIRED

請務必註明運送方式

1.☐FCL/FCL　整櫃貨/整櫃貨

2.☐FCL/LCL　整櫃貨/併櫃貨（請提供 CBM）

3.☐LCL/FCL　併櫃貨/整櫃貨

4.☐LCL/LCL　併櫃貨/併櫃貨

託運危險品時,請務必申報並附上危險品申報書

☐PREPAID 預付　　☐COLLECT 到付

☐電報放貨　☐運費證明　☐船齡證明　　領單處：☐台北　　☐台中　　☐台中#34 號碼頭　☐高雄

注
意
事
項

一、請貴公司於結關日中午 12:00 以前將 S/O 資料送至本公司‧以 FAX 或 E-MAIL 方式傳送者請再以電話確認‧

二、未能於結關當日下午 5:00 前收到 貴公司 S/O 資料,則本公司提單之卸貨港將依 貴公司之進倉資料製作‧

三、品名須詳實註明,如僅繕打 General Merchandise 恕無法受理‧

四、化學品之併裝貨一概不收,不論具危險性或非危險性‧
　　"危險品貨物請務必於結關日前先向我司誠實申報並提供危險櫃申報書,否則須自負所有法律責任‧"

五、重量材積請務必註明‧

六、單件重量超過 5 TONS 者不收,特殊 SIZE 貨物請先告知本公司‧

七、S/O 上之內容若有變更請圈劃出,在結關日前重簽或傳真至以下地點‧

S/O NO.:

基隆/桃園
新竹/台中　結關：萬海台北總公司 FAX NO. (02)25632222(CFS), 25632254(CY) TEL NO.(02)25677961

高　雄　結　關：萬海高雄分公司 FAX NO.(07)2355500, 2359006　　TEL NO.(07)2369636

海關辦理改裝其他船隻出口手續。

　　4.領取大副收據──當船公司決定同意配給貨主艙位時，會將裝貨單的第一、二聯發還給貨主，第一聯為裝貨單正本，第二聯則為**大副收據**（Mate's receipt，簡稱 M/R，或稱大副收貨單，如 FORM 9-2），貨主於裝船時須先拿此兩聯向海關辦理出口報關手續，當裝載貨物時須拿此兩聯作為裝船憑單。因此，當貨物於裝船完畢後，由大副根據**驗數人** (Tallymen) 的**點驗清單** (Tally sheets) 簽發大副收據，交付託運人憑此向船公司換取**提單** (B/L)，而裝貨單則由大副收執。如裝貨時發現貨物破損或包裝不良，大副可於收貨單內予以**批註** (Remarks)，則此單即為**不潔收貨單** (Foul or Dirty receipt)，反之，若無任何批註的收貨單稱為**清潔收貨單** (Clean receipt)。故提單是否為**清潔提單** (Clean B/L)，完全根據大副收據是否有批註記載而定，大副收據經簽署後即交給出口商（實務上是由報關行代收）。

　　5.支付運費──如貿易條件為 CIF、CFR、DAT 等時，運費由出口商負擔，出口商憑大副收貨單向船公司換領提單時，即須付清，在此場合，提單上註明「**運費已先付**」(Freight prepaid) 或「**運費已付**」(Freight paid)。如貿易條件為 FOB 或 C&I 時，船隻或由進口商洽訂或由出口商代為洽訂，運費通常到進口地向進口商收取，在此場合，提單上是註明「運費待收」或「運費到付」(Freight to collect, Freight collect, Freight payable at destination，英式寫法則為 Carriage forward)。但船公司對到某些地區的貨物因運費收取困難或外匯管制，雖貿易條件為 FOB 或 C&I，運費仍須在裝貨港先付 (Prepaid) 而不接受到付 (Collect)。

　　6.換領提單──出口商付清運費（如 CFR、CIF、DAT 等貿易條件）後，即憑大副收貨單向船公司換取提單。提單為物權證券，如為信用狀交易出口商可開具匯票附上提單及有關單據向押匯銀行押取貨款。有時出口商急於取得 "On board" 的提單，而船公司又尚未獲得船隻啟航通知，即予以先發 "On board" B/L。在這種情形，出口商須提出保證書以辦理俗稱的「借領提單」手續。又如大副收貨單上有批註時，船公司依法應將大副收貨單上的批註轉載於提單上。但有批註的**不潔提單** (Unclean B/L)，除非買賣契約或信用狀特別授權，將遭受買方或銀行的拒絕受理。補救之道為：如屬不嚴重者，由出口商出具**保證書**（又稱認賠書，Letter of indemnity，簡稱 L/I，如 FORM 9-3）要求船公司通融發行無批註的清潔提單。保證書上託運人聲明承擔船方因簽發清潔提單所可能發生

FORM 9–2

七洋船務代理股份有限公司

SHIPPING ORDER NO.

SHIPPER

TEL. NO.

CONSIGNEE (IF ORDER STATE NOTIFY PARTY)

NOTIFY PARTY (ONLY IF NOT STATED ABOVE OTHERWISE LEVEL BLANK)

※務請註明詳細地址、電話、或 **TELEX** 號碼。

PLACE OF RECEIPT 收貨地

PORT OF LOADING 裝貨港 | PORT OF DISCHARGE 卸貨港

VESSEL 船名 | DESTINATION CFS/CONTAINER BASE

MARKS & NUMBERS | NUMBER & KIND OF PACKAGES: DESCRIPTION OF GOODS | GROSS WEIGHT KILOS | MEASUREMENT CU. METRES | CONTAINER NO. & SEAL NO.

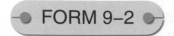

NORASIA LINE

MATE'S/DOCK RECEIPT

TO: CY/CFS
PLEASE ACCEPT THE GOODS DESCRIBED ON OUR BEHALF FOR CARRIAGE TO THE DESTINATION CFS OR PLACE OF DELIVERY SUBJECT TO THE TERMS AND CONDITIONS OF THE COMPANY'S BILL OF LADING. THE CARRIERS AND AGENTS ARE NOT RESPONSIBLE FOR CARGO THAT IS SHUT OUT

FOR SEVEN OCEAN MARITIME TRANSPORT CO., LTD.

DATE ....

SERVICE REQUIRED ORIGIN DESTINATION USE "X" 註明運送方式
☐ LCL-LCL   ☐ FCL-FCL   ☐ FCL-LCL   ☐ LCL-FCL
FOR FCL SHIPMENT ONLY PLEASE STATE TYPE AND NUMBER
OF CONTAINERS REQUIRED   ☐ 20FT   ☐ 40FT
☐ BREAK BULK   ☐ PALLETIZED   ☐ REEFER

ABOVE PARTICULARS DECLARED BY SHIPPER

PLACE OF ACCEPTANCE			LIFT ON/OFF	ORIGIN LCL SC	OCEAN FREIGHT	DEST LCL SC	DEST INLAND OR DIC	REMARKS
KEELUNG	CY ☐	CFS ☐						本裝船單所列各項出口貨物品名與實際裝運之貨物必須完全相符，倘有謊報，以致目的地之海關因品名不符而將貨物扣留或延遲放貨時，出口商應負全部法律責任並負擔貨櫃滯留費，務請注意。
KAOHSIUNG	CY ☐	CFS ☐						
TAICHUNG	☐	CFS ☐	NAME OF CUSTOM BROKER					NO. OF PACKAGES/CONTAINER (IN WORDS)

SHIPPER'S DECLARATION
WE WARRANT THAT THE DETAILS OF CARGO DECLARED ABOVE ARE CORRECT AS KNOWN TO US
WE HEREBY SIGNIFY THAT WE MAKE OUR DECLARATION IN RESPECT OF THE ABOVE CARGO AS PRINTED OVERLEAF

_____ 報關行

電話：_____

....
SHIPPER'S REPRESENTATIVE

ACCEPTED FOR SHIPMENT THE PACKAGES/ CONTAINER DESCRIBED ABOVE SUBJECT TO THE TERMS AND CONDITIONS OF THE COMPANY'S BILLS OF LADING

....
CY/CFS REPRESENTATIVE
DATE ....

LETTER OF INDEMNITY

To the Manager,   (1)_____ 20–

MESSRS CHINESE MARITIME TRANSPORT LTD.

Dear Sirs,

In consideration of your granting us clean Bill(s) of Lading for the goods of following descriptions.

(2) B/L No.	(3) Marks & Nos.	(4) No. of P'kgs.	(5) Description

which have been shipped on board (6) M. V. _____ (7) voyage No. _____ (8) From _____ (9) To _____ (10) Sailed _____ for which exceptions have been taken on Mate's Receipt as follows:

(11)

We, the undersigned, hereby guarantee to hold you free and harmless from all and every consequences that may arise out of your so doing, and further, to indemnity you in full, on demand, without recourse, against any amount of claim or claims of whatever nature that will be paid by you to whomever concerned with the goods and/or the documents on account of your so issuing the clean Bill(s) of Lading.

(12) Yours faithfully.

的任何損失與責任。但由於利用保證書換取清潔提單，極易引起糾紛，應盡量避免。

 ## 二、不定期船運輸

不定期船運輸是利用**不定期船** (Tramper, Tramp vessel) 的方式運輸。而不定期船是指航線、船期、船舶和運價均不固定。經營不定期船的業者通常無法預知其下一次航次將駛往何處，猶如計程車業者不知其下一載客地點在何處。其運價亦隨市場供需而變動。因此不定期船所載的貨物多為原料、半成品，如煤、鐵礦、玉米、黃豆、原油、天然氣等的大宗物資、散裝貨。故多以較大型的**散裝船** (Bulk carrier)、**油輪** (Tanker)、**液化石油氣船** (LPG) 來承運貨物。

(一)不定期船運輸的特性

1.不定期**船東** (Owner) 所承運的貨物**運價** (Freight rate) 或船舶出租的租金，完全受海運市場船舶噸位供需的影響。

2.貨運量大、運費低，且大部分裝卸費用由**傭船人** (Charterer) 自理，我們通常稱為 FIO (Free in and out)，即裝卸費用船方免責。

3.船東僅以少數託運人為服務對象，因此他不是公共運送行為 (Private carriage)，亦無統一運價表適用，但通常比定期船的運價為低。

4.通常承運單一種類的大宗物資，並以整船裝運。

5.不定期船的傭船運輸大都透過**傭船經紀人** (Chartering broker) 居間接洽。

6.公司組織簡單，不需選擇固定的港口代理，也不須刊登船期廣告。

7.裝卸港口較定期船運輸為少，通常以兩港之間的裝卸情形最多。

8.船東與託運人必須於裝運前簽訂**租傭船契約**（Charter party，簡稱 C/P），以為雙方運送的權利與義務的依據。

(二)不定期船運輸的優劣

貨主利用不定期船運送貨物，有下列優點：

1.不定期船的船公司多未參加運費同盟的組織，故運費低廉。

2.不定期船所行駛的航線是由託運人決定的，故行駛速度較快。

3.託運人可要求運送人改善裝卸設備，並指定停靠碼頭，裝卸較方便。

4.傭船契約是由雙方訂定，如有糾紛依運輸契約解決，較定期船好。

5.託運人如裝卸速度快，還可向運送人收取快速費，因而可使運費降低。

然而，貨主利用不定期船運送貨物，亦有下列缺點：

1.因雙方訂定運送契約，如託運人不能按期交貨，會產生**空載運費** (Dead freight)。

2.不定期船的裝卸費用多由貨主負擔。

3.貨載噸數檢量公證費用，多由貨主負擔。

4.貨物裝卸緩慢超過約定日或裝載數量少時，都會造成運費增加。

㈢不定期船的託運手續

1.簽訂傭船契約──出口商備妥貨物後，如貿易條件為 CFR、CIF 或 DAT 等，須洽船方簽訂傭船契約（洽租方式及傭船契約內容留待後面各節再述），如貿易條件為 FAS、FOB 或 C&I 等，則洽船為買方的事，應由買方自行洽船方簽訂傭船契約。

運送契約的格式不盡一致，洽租時宜加注意。

2.領取裝貨單──簽妥傭船契約後，賣方即可請求船方或其代理行簽發裝貨單，等辦妥手續後，將貨物及時運至碼頭，連同其他文件，向海關申報出口。

3.裝載貨物──船方提供的船隻，於抵達裝載港後，對裝載貨物的船艙及裝貨用的機械設備，均準備完成可供利用時，即由船長具名簽發**裝貨準備完成通知書** (Notice of readiness)，於營業時間內送達貨主，貨主簽字後即應迅速裝船，以免發生延滯費。

4.船方編製裝卸時間計算表──在貨物裝載過程中，船方逐日記錄裝載時間、數量及停工原因，作成**裝卸時間表** (Time sheet)，裝載完畢後，根據該時間表編製**裝卸時間計算表** (Laytime statement)，由船長及貨主共同簽名，以憑計算快速費或延滯費。

裝卸期間是構成運費率的一個重要因素，期間短運費率較低，期間長則運費率較高，貨方估計期間時，應斟酌貨物種類、裝卸港港埠設備及船舶性能等因素。至於裝卸期間的計算方式有很多種，茲舉目前最常用的數種如下：

⑴**連續日** (Running days, Consecutive days)：又稱自然日，即從裝卸期間的開始日起連續至滿期日止，不論雨天、罷工或星期例假日均計算在內。以連續日條件訂約時，通常均特別約定裝卸可以**逾時工作** (Overtime work) 及**開夜工** (Night work)，加班費及夜工費均由貨方負擔，但船方應準備夜間照明設備並派夜間值勤船員。這種條件貨方較

為不利，通常僅限於裝運不怕雨水潮濕的貨物如廢鐵、礦砂、原木等。

⑵工作日 (Working days)：指從前述的連續日數，扣除星期日及例假日不計，但因天氣不佳而不能工作的日數，仍當作裝卸期間計算。這種條件對船貨雙方比較公平，採用的比連續日普遍。

⑶天氣良好工作日（Weather working days，簡稱 WWD）：這是現在應用最多的條件，以天氣良好可以進行裝卸作業的時間作為**使用裝卸期間 (Laytime used)** 的計算標準。至於星期例假日應如何計算，可分兩種：

① Sundays, holidays excepted even if used：即星期例假日，即使有工作，也不算入裝卸貨期間內。

② Sundays, holidays excepted unless used：即星期例假日不算，但有工作時應算入裝卸貨期間內。

⑷**習慣速度裝卸**（Customary quick despatch，簡稱 CQD）：指依照各港口習慣的裝卸方法及裝卸能力，盡速裝卸。這種條件通常在契約中並不訂明裝卸時間，所以通常多不發生延滯費及快速費問題。而裝卸速率依各港口習慣，常因貨物種類、船舶構造、裝卸設備等的差異而有不同。未規定確切裝卸期間，難免引起糾紛，所以本條件目前已很少使用。

至於**延滯費** (Demurrage)、**快速費** (Despatch) 的計算，通常是指傭船契約須訂明延滯費及快速費的標準，如裝卸工作未能於裝卸期間如期完成，貨主須依這標準支付船方延滯費，以補償船方因船舶延期停留所受的損失；如裝卸工作在約定期間內提早完成，船方應依這標準支付貨方快速費作為報酬。延滯費的標準通常為該船舶每日的固定成本，通常按連續日計算，而不問裝卸期間是以何種方式約定；快速費通常為延滯費的半數。

5.檢量──大宗散裝貨物的檢量多採用照船舶**吃水 (Draft)** 計算，其法為：裝貨前先檢量船舶前後平均吃水，算其載重噸，然後減去船上淡水、燃料及設備噸數，即為船舶最大載貨噸量；裝貨後再檢量船舶前後平均吃水所得噸數，減去所剩餘的淡水、燃料及設備噸數，即得實裝貨物噸數。這種貨物重量的丈量，多由貨方委請公證行會同船上大副辦理。

6.領取大副收據──貨物裝載完畢後，即由船上大副簽發收貨單交與貨主，

作為收到貨物的憑證。

7.換領提單——貨主憑大副收據向船方換領提單。這種提單是根據傭船契約而簽發，與定期船公司所簽發的提單不同，特稱為**傭船（契約）提單** (Charter party B/L)，其條款如與傭船契約牴觸，原則上應屬無效。提單上通常註明：「運費及其他條件，悉依傭船契約辦理。」(Freight and all other terms, conditions as per charter party dated Oct. 10, 20–.)

8.支付運費——不定期船的運費，原則上應為到付 (Freight collect)，但習慣上也有採取先付 (Freight prepaid) 的。運費先付或到付，應於傭船契約中訂明，以免事後發生爭執。

㈣洽租不定期船過程

國際航運習慣上，凡是貨主向船方洽運大宗貨物，大部分是透過船務經紀人 (Ship broker) 或傭船代理人 (Chartering agent) 居間接洽。因這種經紀人或代理人經常與貨主及船方保持連繫，關係較為密切，同時他們對於貨物流動狀況、船舶航運動態、世界航運消息、國際運費率行情，以及各地港口情況均頗為熟悉，經其居間媒介，較易撮合成交，遇有糾紛也易協調解決，所以一般貨主大都委託其洽租。

不定期船的洽租過程大致如下：

1.**詢價 (Enquiry)**——貨主需要船隻運送貨物時，只需將貨物的種類、數量、裝卸地點、裝船時間等條件通知經紀人，委託代洽適當船隻，經紀人即憑此向船方或其代理行洽詢有無適合貨主所開條件的船隻派運。經紀人向船方詢價，有用電報或電話洽詢的，但一般用書面較多。

2.**報價 (Offer)**——船方接到經紀人的詢價後，如有意承運時，即提出報價。報價可以電話、電報或書面報價單為之。如為**穩固報價** (Firm offer)，依大陸法，在報價的有效期限內不能撤回；依英美法，雖可撤回，但撤回的通知須在**被報價人** (Offeree) 未接受之前到達。這點與商品買賣的報價並無不同。所以一般船方開出穩固報價後，在經紀人未決定前，均不再提出其他穩固報價。船方提出報價時，應開示：船名、船期、運費、運輸量、裝卸貨港口、裝卸條件、取消日期、延滯費、快速費、採用傭船契約格式及報價有效期限等。

3.**還價 (Counter offer)**——經紀人接到船方的報價後，即與貨主洽商，如貨主對於船方報來的運費或其他條件未能完全同意，可在報價有效期限內提出還

價，由經紀人繼續轉洽，直到雙方達成協議為止。

4.**成交** (Fixing)──船方所開的報價，或貨主所提出的還價，一經對方接受後，契約即告成立。備船交易一旦成交後，在雙方或經其代理人在契約未簽定前，常先簽立「成交書」或「訂載書」(Fixture note)，並由船方、貨主及經紀人共同簽名或蓋章後，分別保存。隨後即根據這成交書作成正式的備船契約，由船貨雙方簽署。但如船貨雙方皆在同一地區，則常直接協商簽定備船契約，可免簽成交書。

㈤**備船契約的種類**

一般零星貨物及雜貨交定期船運送，不一定需要簽訂書面運送契約，通常僅須口頭、電話或託運單洽妥艙位，等船公司簽發裝貨單後即可將貨物裝上船，契約也告成立。其他有關雙方權利義務關係，悉依提單條款辦理。至於大宗貨物及散裝貨物租不定期船運送，由於牽涉雙方權責利害事項甚多，非簽訂書面契約無法確定雙方權利義務關係。所以一般均規定備船契約應以書面為之，我國海商法即是如此規定。

備船契約可分為下列三種:

1.**計程備船契約** (Voyage charter party, Trip charter party)──船舶所有人以收取運費為目的，按照事先協定的運費率及條件，將船舶艙位交由租船人使用，而將貨物從某一港口運到另一港口所簽訂的運輸契約，即為計程備船契約。這種契約再按租用的艙位是一部分或全部，分為部分備船契約和全部備船契約兩種。一般貿易上大宗物資或散裝貨物的裝運，即採用計程備船契約。

2.**計時備船契約** (Time charter party)──船舶所有人在約定期間內，將船舶全部艙位交由租船人管理使用，對於業務經營不予過問，而以按期收取**租金** (Charterage) 為報酬，所簽訂的契約，即為計時備船契約。船舶所有人應將一切屬具配備齊全，並負擔船長船員薪金與生活費、船舶維護與修理費用、折舊費與保險費，租船人除照約定期間支付租金外，應負擔燃料、淡水、港口捐等航行費用。這種計時備船契約為航運界租船時採用，貿易界甚少使用。

3.**空船備船契約** (Bareboat charter party, Demise charter party)──船舶所有人將未配備船員的空船交由租船人管理營運，租船人負擔船舶上一切管理與營運的費用與責任，包括雇用船長、船員、維護與修理船舶、加添燃料、繳納稅捐等，船舶所有人按期收取租金為報酬，所簽訂的契約即為空船備船契約。這

種船舶租賃方式不如上面兩種來得普遍，在貿易上更難得一見。

第三節　貨櫃運輸

貨櫃運輸係一聯運系統，包括貨櫃、貨櫃船、貨櫃碼頭、貨櫃集散場站，以及火車與卡車貨櫃運輸設備等的海陸及空運的聯合運輸作業。

 ## 一、貨　櫃

(一)貨櫃的定義

依據英國國家標準局的規定：「貨櫃乃固定式或可摺疊式的構成體，它適合於包裝物品及散裝原料運輸的重複使用。其特點在便於不同運輸工具間的搬運及裝卸作業的進行。」

貨櫃是一種特別容器，具有下列特性：

1.具有耐久的特質和足夠的強度，適合反覆使用。

2.經特殊設計適合一種或多種運輸方式，而不需要中途重新拆開裝卸。

3.配置有適當的裝置，以利隨時搬運。

4.具有易於裝卸的設計。

5.具有 1 立方公尺以上的內部容積。

(二)貨櫃的種類

1.貨櫃依其尺寸區分，常見者，有下列多種貨櫃：

(1)寬 8 呎，高 8.5 呎，長 40 呎。

(2)寬 8 呎，高 8.5 呎，長 30 呎。

(3)寬 8 呎，高 8.5 呎，長 20 呎。

(4)寬 8 呎，高 8.5 呎，長 10 呎。

2.貨櫃依其用途區分，有：

(1)普通貨櫃：

①**乾貨貨櫃** (Dry cargo container)：長方盒形狀，用以裝運一般雜貨之用。

②**通風貨櫃** (Ventilated container)：形狀與乾貨貨櫃同，但其上設有通風設備，是供裝運需通風的貨物。

③開頂貨櫃 (Open top container)：形狀與乾貨貨櫃相似，但其頂部敞開而未設有櫃頂，代之以橫向的木質活動鋪板，其上面另敷設帆布頂罩以避風雨，多用以裝運整體、粗重或大件的貨物。

④平床貨櫃 (Flat bed container)：這種貨櫃實際上並非櫃形，而僅有底盤及兩端擋板，用以裝運車輛、鋼板、木材、電纜等。

⑤載車貨櫃 (Car container)：主要結構為底盤及四角支柱，用以裝運車輛之用。

(2)保溫貨櫃：

①冷藏貨櫃 (Refrigerated enclosed container, Refeer container)：形狀與乾貨貨櫃相似，但櫃體具有隔熱性能，貨櫃櫃門的另一端裝有冷凍機一具，內側的圍壁敷以絕熱材料，是用以裝運低溫保藏及冷凍貨物之用。

②隔熱通風貨櫃 (Insulated and ventilated enclosed container)：結構與冷藏貨櫃同，但無冷凍機裝設，另設有通風裝置，用以裝載低溫冷藏貨物之用。

(3)流體貨櫃 (Fluid tank container)：主要結構為底盤及四角支柱，其上裝有圓形或橢圓形液櫃一具，永久固定於底盤上，用以裝運非大量的流體貨物。

(4)特殊貨櫃 (Special cargo container)：

①牲畜貨櫃 (Live stock container, Pen container)。

②散裝貨櫃 (Bulk container)。

③側裝貨櫃 (Sideloading container)。

　　貨櫃通常是選用體堅質輕及耐用的鋁合金、高張力鋼及木材等材料做成。一般而言都能適應各種運輸工具的輸送和多次反覆的使用。

 二、貨櫃船

(一)貨櫃船的種類

　　貨櫃船 (Container vessel or ship) 是貨櫃運輸最重要的一環，由於貨櫃運輸的日益改進，其種類亦增加。我們在此就以貨櫃船的構造來區分：

　　1.全貨櫃船 (Full container ship)──這種貨櫃船是貨櫃化運輸發展後所設

計新造的船舶，駕駛及動力均集中在尾端，船體可隨需要擴充或減縮，全船所有空間均作裝載貨櫃之用。

2.**半貨櫃船** (Semi-container ship)——是利用傳統貨輪加以改良，將部分貨艙經特殊設計作為裝載貨櫃之用，其餘貨艙仍作裝載一般貨物之用，是混合用途船舶。

3.**可變貨櫃船** (Convertible container ship)——這種船舶是經特別設計，使船艙的部分或全部既可裝載貨櫃，也可裝載其他一般貨物，具有特殊性能，在船舶裝載不同的情況下都能適應航行。

(二)**貨櫃船的託運手續**

貨櫃船的託運程序與傳統定期船託運手續大致相同。

1.洽訂艙位——首先由託運人向運送人或其代理行填送**裝貨單** (S/O)，預訂艙位，取得船公司或其代理行簽發的第一聯裝貨單和第二聯的**碼頭收據** (Dock receipt)。託運人可憑此做為將來報關和裝櫃的憑證。

2.裝櫃：

(1)**整櫃貨物** (CY cargo) 時：託運人向船公司取得**設備交接單** (Equipment despatch order) 後，從**貨櫃場** (Container yard，簡稱 CY) 借到空櫃，由船公司派拖車拖到出口商的指定地點裝櫃，這時海關派員到場根據出口報單查驗無訛後，監視裝櫃予以封鎖並開發**貨櫃運送單** (Container note)。貨櫃運到船公司指定的碼頭**貨櫃場** (CY) 後，即簽署裝貨單兩聯，並將第二聯的碼頭收據交還貨主，以便換發提單。

(2)**併櫃貨物** (CFS cargo) 時：由託運人自行雇車將貨物運到**貨櫃集散站** (Container freight station，簡稱 CFS)，運送人核對貨物後即簽署裝貨單兩聯，並將第二聯的碼頭收據交還貨主，然後，由集散站管理人員丈量體積噸位，審核貨物性質和運送目的地，在海關駐站關員監視下連同其他託運人的貨物併裝入櫃，裝櫃完畢即行封鎖，憑駐站關員開發的貨櫃運送單，即可用拖車運到碼頭**貨櫃場** (CY) 裝船。

3.換領提單——貨櫃裝船後，託運人即可將碼頭收據向船公司換領提單。

三、貨櫃運輸作業方式

　　貨櫃貨物按其裝櫃情形，可分為**整櫃裝載**（Full container load，簡稱 FCL）與**併櫃裝載**（Less than container load，簡稱 LCL），前者指同一託運人的貨物可裝滿一個貨櫃，也即整個貨櫃中的貨物屬於同一託運人的情形。通常其裝櫃工作係由託運人在其貨物所在地（即工廠倉庫）辦理。但其受貨人不一定屬於同一人，因此，在目的地貨櫃集散站可拆櫃後，分別交付不同受貨人。併櫃裝載為一託運人的貨物不足裝滿一櫃時，由託運人將貨物送到**貨櫃集散站 (CFS)** 的零星貨物貨櫃處理站，交由集散站管理人員，將數個託運人的貨物併裝於同一貨櫃，運往目的地。但其受貨人可能屬於同一人。因此，在目的地貨櫃集散站，可將整櫃交給同一受貨人。由於貨櫃不僅在起運地有整櫃交運與併櫃交運的不同裝載作業，而且在目的地也有整櫃交付與拆櫃交付的不同卸載作業，貨櫃運輸作業方式可分為下列四種型態：

　　㈠整裝／整拆 (FCL/FCL, CY/CY)

　　船公司在出口地的**貨櫃場 (CY)** 接受已由託運人裝妥貨物的貨櫃，運到進口地的**貨櫃場 (CY)**，交由受貨人拖至自己的倉庫、工廠，自行拆櫃的貨櫃運輸方式。也即起運地的裝櫃作業由託運人負責，在目的地的拆櫃作業由受貨人辦理，裝櫃與拆櫃均與船公司無關。故在同一 Shipper 和同一 Consignee 時其運輸流程為：

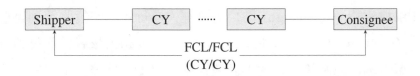

　　㈡整裝／分拆 (FCL/LCL, CY/CFS)

　　船公司在出口地的**貨櫃場 (CY)** 接受已由託運人裝妥貨物的貨櫃，運到進口地的零星貨物**貨櫃集散站 (CFS)** 後，拆櫃取出貨物交付受貨人的貨櫃運輸方式。也即起運地的裝櫃作業由託運人自行負責，而目的地的拆櫃作業由船公司負責。故在同一 Shipper 和不同 Consignee 時，其運輸流程為：

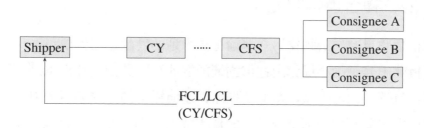

㈢併裝／分拆 (LCL/LCL, CFS/CFS)

船公司在出口地零星貨物**貨櫃集散站** (CFS) 將託運人交來的貨物裝入貨櫃，運至進口地**貨櫃集散站** (CFS)，拆櫃取出貨物交付受貨人的貨櫃運輸方式。亦即起運地的裝櫃作業及目的地的拆櫃作業，均由船公司負責。故在不同的 Shipper 和不同的 Consignee 時，其運輸流程為：

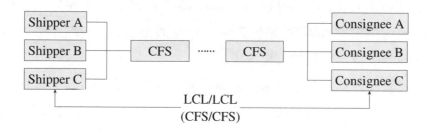

㈣併裝／整拆 (LCL/FCL, CFS/CY)

船公司在出口地的零星貨物**貨櫃集散站** (CFS) 將多位不同託運人交來的貨物裝入貨櫃，運至進口地的**貨櫃場** (CY)，交由受貨人拖至自己的倉庫或工廠自行拆櫃的貨櫃運輸方式。亦即起運地的裝櫃作業由船公司負責，而目的地的拆櫃作業由受貨人自行負責。故在不同的 Shipper 和同一 Consignee 時，其運輸流程為：

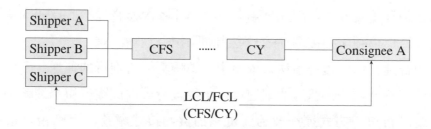

四、複合運輸制度

貨櫃貨物具有易於轉交另一運輸工具承運的特性，已如前述，例如整櫃貨物可自貨物出產地的小城鎮由拖車拖運於鄉間小公路上到達火車站，再由火車站載運，直達出口港碼頭，搬上貨櫃船，遠渡重洋運抵國外目的港卸下後，再由火車或卡車載運或拖運至受貨人的倉庫或工廠。因此，貨櫃運輸可與卡（拖）車、火車、貨櫃船，甚至飛機聯合起來，作連貫性的運輸，這種運送方式稱為**複式運輸** (Multimodal transport)，在美國稱為**一貫運輸** (Intermodal transport)，歐洲大陸則稱為**複合運輸** (Combined transport)。利用貨櫃的複式運輸，已有代替傳統的**單一運輸方式** (Single mode of transport)，而成為今後國際貨運主流的趨勢。

國際商會有鑑於此，乃於 1973 年制訂「**複合運輸單據統一規則**」(Uniform Rules for a Combined Transport Document)，並於 1975 年加以修訂。迄 1980 年，聯合國又通過「國際貨物複式運輸公約」，於是該公約頓成有關國際貨物多種方式聯合運輸的最新、最具體的運送規範。

依據國際商會和聯合國對複合運輸所下的定義，我們綜合而得下列數點：

1.複合運輸係以至少兩種不同運送方式的運送——所謂不同運送方式，例如以海上、內河、航空、鐵路或公路等運送而言。例如貨物由內壢的貨櫃場以卡車運到基隆（公路），再由基隆以貨櫃船運到美國舊金山（海上），最後由舊金山以火車運到芝加哥（鐵路）是。在此運送過程中，以三種不同的運輸方法（公路—海上—鐵路）貨運，且由臺灣運到美國，故稱為複合運輸。

2.複合運輸乃專指貨物運送而言——按運送營業依運送標的的不同，本可分為貨物運送、旅客運送及郵件運送三者，但這裡所指的複合運輸係針對貨物運送而言。

3.複合運輸係從一國境內至另一國境內的運送——從理論上而言，複合運輸不以國際運輸為要件，因此分類上可分為「國內複合運輸」及「國際複合運輸」兩種，但這裡所指複合運輸乃專指國際複合運輸而言。

4.複合運輸係由複合運送人依照複合運輸契約所進行的運送——而複合運輸契約係指複合運送人憑以收取運費，承擔履行或促成履行複合運輸的契約。

5.為履行單一方式運送契約而實施的貨物接送業務，不應視為複合運輸

──這是為避免將原屬單一方式的運送改為複合運輸。主要係考慮航空／公路方式的特殊性質。蓋幾乎在所有場合，為了向貨主提供門至門的服務 (Door-to-Door service)，航空貨物均有公路運送，這些公路運送對於主要以航空運送的貨物而言，只屬次要的和附屬的性質。這類用卡車提貨和送貨的服務不應視為不同方式間的運送，而將之排除於複合運輸定義之外。

 ## 五、貨櫃運輸在貿易實務上產生的問題

㈠貿易條件的適用問題

貨櫃運輸的最大目標在於實現「門至門運輸」，但這種直達運輸的費率計算，與傳統貿易條件含義不能配合，例如按 FOB、CFR、CIF 條件成交，對貨櫃運輸的運費，除海運費以外的裝卸費用、裝拆費用、接運費用等，便發生買賣雙方的分擔問題。因此，貨櫃運輸宜改用複合運輸貿易條件，諸如 FCA、CPT 或 CIP。

㈡貨物受損的責任問題

傳統的海運方法貨物抵埠卸下後，如外皮受損，可立即判明毀損的責任誰屬，而貨櫃運輸的貨櫃船到埠卸下貨櫃，在未啟封前無法知悉有無受損，如續經陸運至目的地拆櫃，發現貨物受損，則其受損究係發生於海運或陸運很難求證，因而將引起海上承運人與陸上承運人對責任歸屬的爭執或推諉。

㈢貨物轉運的驗關程序問題

貨櫃運輸貴在能迅速聯運，為達此目的，必須各國簡化海關查驗程序以資配合，原則上「門至門運輸」不應在港口開櫃驗關，應改在貨櫃的內陸目的地施行驗關，其對過境貨櫃的查驗及關稅也應予免除，這在歐洲已經國際會議決定施行，但在開發中國家的驗關程序往往形成這種迅速運輸的主要障礙，所幸有些國家已開始著手改進。

第四節　海運運費

 ## 一、海運運費基準

運費基準 (Freight basis, Freight rate basic) 為計算運費的基本單位，亦即計

算貨物運費的費率基準。由於貨物種類繁多，情況殊多不同，故計算運費單位的標準也有多種。船公司通常採用能收取較高運費的運費單位來計算。一般運費單位可分下列幾種：

　　(一)按重量噸 (Weight ton) 計算

　　　對於重量貨 (Weight cargo)，如鋼鐵、五金、玻璃、瓷磚、食品罐頭、鉛錠等，船公司均以重量噸為單位計收運費，重量噸又分為三種：

　　　1. 公噸 (Metric ton) = 1,000 公斤 = 2,204.6 磅（公制）。

　　　2. 長噸 (Long ton) = 2,240 磅 = 1,016.064 公斤（英制）。

　　　3. 短噸 (Short ton) = 2,000 磅 = 907.18 公斤（美制）。

　　　貨物如按重量噸計算運費，費率表中的費率基準以 W（即代表 Weight ton）表示。目前一般費率表所採用的重量噸多為公噸，即 1,000 公斤，但實際計算運費時，仍宜先查詢船公司，以免發生差錯。

　　(二)按體積噸 (Measurement ton) 計算

　　　又稱尺碼噸或容積噸或才積噸，對輕量貨 (Light cargo)，即體積貨 (Measurement cargo)，如毛衣、布疋、塑膠花等，船公司係按體積噸計收運費，體積噸又可分為三種：

　　　1. 1 立方公尺（Cubic meter，簡稱 CBM）——目前體積噸以每噸相當於 1 立方公尺為最普遍。

　　　2. 40 立方呎（Cubic feet，簡稱 CFT）——有些船公司仍以每噸相當於 40 立方呎（= 1.133 立方公尺）作為一體積噸。

　　　3. 1,000 板呎（Board measurement feet，簡稱 BMF）——三夾板也以體積噸計算運費，但其計算單位則以米爾 (Mille) 或 1,000 板呎作為計算單位，每一板呎為 $1' \times 1' \times 1' = \frac{1}{12}$CFT，但目前則以 1 立方公尺為基準（40CFT = 480BMF，

1,000BMF = $83\frac{1}{3}$CFT = 2.08 體積噸）。

　　　貨物如按體積噸計收運費，費率表中的費率基準以 M（即代表 Measurement ton）表示。目前一般費率表所採用的體積噸大部分為 1 立方公尺 (M^3, CBM)，有些費率表則為 40 立方呎 (CFT)，所以計算運費時，應先向船公司查明。

　　(三)按重量噸或體積噸 (Weight ton or measurement ton) 計算

　　　船公司對託運的零星雜貨，其按照體積噸或重量噸計收運費，原則上以包

裝後貨物的比重為取捨。以公制論，其比重大於 1 者，即 1 立方公尺的貨物，其重量大於 1 公噸，則按重量噸計收運費，其比重不及 1 者，即 1 立方公尺的貨物，其重量未達 1 公噸者，則按體積噸計收運費。在費率表中的運費基準以 W/M 表示，意指按重量噸或按體積噸計收運費，由船公司自由選擇。

㈣從價 (Ad valorem) 計算

對於貴重物品，如珠寶、貴金屬、古玩、紀念幣等，因重量輕、體積小，並多須放在特別艙位加以保護，所以船公司改按貨物價值的一定比例計收運費。從價運費通常多根據提單所列貨物的 FOB 值按 3%～5% 計收，**從價貨物** (Ad valorem goods) 在費率表中的運費基準以 Value 表示。

㈤**按件或櫃** (Unit, Package, Box) 計算

即以每一單位包裝或個體作為計算運費的基準。例如輸往日本的香蕉以每簍或每箱運費（車輛以每輛）若干計算。貨櫃亦有按櫃的長度以每櫃運費若干計算。在費率表中的運費基準以 Unit、Box 等表示。

㈥**按自然單位計算**

諸如牛、羊、馬、狗等，通常均以每一自然個體，即按每頭、隻、匹等計收運費，在費率表中的運費基準以 Head 表示。

㈦**按最低運費** (Minimum freight) 計算

船公司對託運的貨物，均訂有最低運費。因此，如託運貨物按上述各種方式計算運費結果而未達最低運費額，卻要求運送人簽發提單者，即按規定的最低運費計收，故有人稱為每張提單的起碼運費。在費率表中的運費基準以 Per B/L 表示。

 ## 二、海運運費率 (Freight rate) 的結構

運費率又稱運價，乃是計算運費的單位，一般定期船的運價是由基本運價、附屬費及附加費三者構成的。

㈠基本運價 (Base rate)

它通常是在定期船運價表中所訂的各港口間的費率。

㈡附屬費 (Additional rate)

係船公司在基本運價外，因貨物本身情況或運送方式特殊，須由船公司提供特別服務時，所另加收的費用。一般「附屬費」有下列幾種：

1. **超重費 (Heavy lift charges)**——每件貨物超過一定程度的重量時，船方必須租用機具以致增加處理費用，因此須加收超重費。

2. **超長費 (Long length charges)**——每件貨物的長度超過一定程度時，船方必須多耗處理時間及費用，因此須加收超長費。

3. **超大費 (Bulky charges)**——對於體積過大的貨物，船方加收超大費。

4. **轉船費 (Transhipment charges)**——貨物在運輸途中必須轉船者，由於增加裝卸及倉儲費，因此須加收轉船費。

5. **內陸轉運費（Overland common point charges，簡稱 OCP charges）**——貨物運抵卸貨港後，再經陸運轉運內陸目的地者，除海陸運費之外，所加收的裝卸、倉儲費。這些費用由船公司先行估定後，向託運人收取。

6. **選擇卸貨港費 (Additional for optional port of discharge)**——選擇卸貨港的貨物，必須裝載在船上的特殊位置，以便得以隨時在數港中的任一港卸貨，因此必須加收特別安置的費用。

7. **更改卸貨港費 (Diversion charges)**——貨物尚未到達原卸貨港前，託運人要求改變卸貨港，因而所增加的費用。

8. **碼頭服務費 (Terminal charges)**——在美國西岸地區進出口雜費，船公司依例加收碼頭服務費。

(三)附加費 (Surcharge)

係指船公司另向貨主加收「附加費」，其發生情況有下列幾種：

1. **燃料附加費（Bunker surcharge，簡稱 BAF）**——在燃料油漲價時，因船公司運輸成本隨之提高，常以加收燃料附加費方式彌補。

2. **幣值附加費（Currency surcharge，簡稱 CAF）**——船公司所收運費多以外幣（尤其美元）計算，幣值往往會因匯率變動而貶值，為彌補此項損失，所以另加收幣值附加費。

3. **港口擁擠附加費 (Port congestion surcharge)**——港口因碼頭、倉庫、工人不足或因戰亂、罷工等因素，致使到港船隻船期延滯或裝卸緩慢延滯船期時，船公司為彌補損失，所另收取的費用。

4. **稅捐附加費 (Surcharge for income tax, Transportation tax)**——有些國家對於貨運課徵特別稅捐，船公司多以附加費方式向貨主收取。

至於不定期船的運費係由船公司與貨主雙方協議定，一般均無附屬費及附

加費。不定期船的運價每隨船舶噸位及市場供需而變化，並無固定的運價表，其運費的計算方式可分為：按實裝貨物噸數計算，按約定金額計算和按船舶夏季載重噸位每日每噸運費計算。

 三、海運費的計算實例

(一)傳統定期船運費的計算實例

設某出口商擬出口電算機至英國 Manchester，該批電算機以紙箱裝運，每一紙箱體積為 60 cm × 70 cm × 60 cm，重量為 20 kgs.，共裝 20 箱，向船公司詢問運價，船公司報價如下：

基本運費率：W/M US$130.00 W = 1,000 kgs., M = 1 m^3

BAF: 10%

CAF: 10%

出口商享有歐洲運費同盟特約費率，減 9.5%

運費計算如下：

該批電算機體積共：0.6 m × 0.7 m × 0.6 m × 20 = 5.04 m^3

重量共：20 kgs. × 20 = 400 kgs. = 0.4 M/T

因體積噸數較重量噸數大，故船公司選擇以體積噸為計價單位

⇒ 基本運費 = US$130 × 5.04 = US$655.20

另 BAF = US$655.20 × 10% = US$65.52

CAF = US$655.20 × 10% = US$65.52

⇒ 應付運費 = US$(655.20 + 65.52 + 65.52) × (1 − 9.5%)

= US$711.55

該出口商應支付的總運費為 US$711.55。

(二)貨櫃船運費的計算實例

以貨櫃運輸的情形，出口商應先向船公司詢價，分別計算 CY 與 CFS 運輸方式的運費，然後選擇較低的方式託運。

茲舉一實例說明如下：

設某出口商擬外銷一批貨物至 Los Angeles，共 600 箱、每箱體積 0.2 cbm、毛重 20.5 kgs.，船公司（運送人）報價如下：

	CY		CFS
	20′	40′	
基本費率	US$3,000	US$5,000	US$100 per M/W
體積上限	33.1 cbm	67.5 cbm	
重量上限	21.67 M/T	26.48 M/T	
吊櫃費	NT$5,600/20′	NT$7,000/40′	
裝櫃費			NT$ 380 per W/M

*US$1: NT$33

1 M = 1 cbm, 1 W = 1 M/T

運費計算如下：

每箱毛重 20.5 kgs.，600 箱，共 12,300 kgs.，合 <u>12.3 M/T</u>

每箱體積 0.2 cbm，600 箱，共 <u>120 cbm</u>

‧若以 CY 方式裝運：

整批貨物可裝 2 只 40′ 貨櫃：

運費		吊櫃費		應付運費
US$5,000 × 2 = US$10,000 × 33 = NT$330,000	+	NT$7,000 × 2 = NT$14,000	=	<u>NT$344,000</u>

‧若以 CFS 方式裝運：

採體積噸計價：

運費		裝櫃費		應付運費
US$100 × 120 = US$12,000 × 33 = NT$396,000	+	NT$380 × 120 = NT$45,600	=	<u>NT$441,600</u>

以 CY 方式裝運較划算，故選擇以 CY 方式裝運，應付運費為 <u>NT$344,000</u>

第五節　提單的種類

 一、提單的意義

提單（Bill of lading，簡稱 B/L）是運送人（船公司）或其代理人所簽發，證明託運貨物已收到或已裝載於船上，並約定將該項貨物運往目的地交與提單持有人的有價證券。我國海商法稱之為「載貨證券」，但一般商場上稱之為提單。

實際上，在國際海運實務，這種提單並不能提貨，受貨人須憑提單換取**提貨單**（Delivery order，簡稱 D/O，或稱小提單）才能辦理報關提貨，所以這種提單與一般的提貨單內容有別，二者不可混為一談。

 ## 二、提單的性質

提單的性質，可從其功能及法律性質加以觀察。

㈠提單的功能

1. 為收到特定貨物的**收據** (Receipt)——運送人於收到貨物或裝船後，簽發提單給託運人，作為承認收到託運貨物的書面收據。

2. 為運送契約的**憑證** (Evidence of contract of freightment)——運送人和託運人之間有關運送條件、雙方權利義務即以提單作為契約憑證。

3. 為憑單交貨的**物權證書** (Document of title)——提單為表彰貨物所有權的證書，持有人對提單上所載的貨物得為法律上使用、買賣、償債、抵押處分的行為。提單經合法背書，即構成物權轉讓，交付提單與交付貨物所有權具有同一效力。

㈡提單的法律性質

1. 提單為要式證券——提單有一定的格式和內容，規定必須記載法定事項，才有法律上的效力，所以為要式證券。

2. 提單為文義證券——提單是運送人和託運人間協議運送條件的證明，對於善意持有人應受的法律保障，是以提單記載內容為根據，所以為文義證券。

3. 提單為流通證券——除特別註明禁止轉讓外，無論提單為記名式或不記名式，均可因背書而轉移物權，所以提單為流通證券。

4. 提單為物權證券——提單是表彰貨物的所有權的文件，凡財產權利的移轉、處分、佔有、交付，均須憑提單為之，提單經合法背書，即構成物權轉讓，交付提單與交付貨物的所有權效力相同，所以為物權證券。

5. 提單為交換證券——託運人交付貨物予運送人裝船後，運送人始簽發提單，在運抵目的港卸船後，受貨人請求交付貨物時，應將提單交還運送人，亦即提貨人必須提出合法背書的提單，運送人才能交付貨物，所以為交換證券。

三、提單的種類

海運提單因分類標準的不同，可分為多種，現就分別介紹如下：

(一)按提單簽發時貨物是否已裝船，可分

1. 裝運提單 (On board B/L)——是貨物實際完全裝上特定船隻後所簽發的提單，通常買方都要求賣方提供此種提單。這種提單的正面通常都載有類如下面的文句：

"Shipped on board in apparent good order and condition of the goods."

2. 備運提單 (Received for shipment B/L)——是於貨物交給輪船公司後，但在尚未裝上船時即簽發的提單。這種提單正面開頭第一句常為 "Received from the shipper...the goods or packages said to contain goods...in good order and condition by...to be transported...by the Motor (Steam) Ship..." 字樣。當貨物實際裝入船後，備運提單可經批註改為裝運提單。其方法即在備運提單上面以印戳蓋上 "On board" 的字樣，另註明裝船日期及船名（如原提單未載明船名），並由輪船公司或船長或其代表簽署。

(二)按提單是否能流通轉讓，可分

1. 可轉讓（流通）提單 (Negotiable B/L)——又稱不記名提單或指示提單 (Order B/L)，即為提單上的受貨人 (Consignee) 欄內沒有記載受貨人名稱的提單，因此誰持有該提單誰就可以背書轉讓，在實務上我們常見到提單的背書有兩種情況：

(1)空白背書 (Blank endorsement)：也就是提單受貨人欄內只註明 "To order of" 字樣，因此只須背書人簽名即可。

(2)記名背書 (Special endorsement)：亦即指示被背書人姓名，也就是在受貨人欄內註明 "To order of ×××"，而在實務上指示被背書人的情況有：

① To order of shipper：這種提單須經託運人背書，因此託運人可控制貨物，提貨人必須出示經託運人背書後的提單才能向運送人提貨。如託運人須向銀行借款，可將這類提單背書交與銀行，銀行即成為提單的持有人，而提單所代表的貨物遂成為銀行放款的擔保品。故這類提單為銀行押匯的優良擔保品。

② To order of issuing bank：這種提單以開狀銀行或其指定的人為提單上的受貨人。在此情形下，託運人對於貨物失去控制權。而開狀銀行卻可以控制貨物，因銀行為買方開狀而未收取十足保證金時，故常要求這種形式的提單，藉以確保其債權。

2.**不可轉讓（直接）提單** (Non-negotiable B/L, Straight B/L)——又稱記名提單，即在提單上的受貨人欄內直接記載受貨人名稱而不加上"To order of"字樣，因此它不能背書轉讓，如果買賣雙方的付款方式為信用狀時，此種提單是不適用的。

(三)**按提單上是否有批註，可分**

1.**清潔提單** (Clean B/L)——清潔提單又稱為無瑕疵提單，乃指提單上表明裝載情況在外表上完好 (Shipped in apparent good order and condition)，而未批註所裝載的貨物或其包裝有任何缺陷者而言。

2.**不潔提單** (Unclean B/L, Foul B/L, Dirty B/L)——即提單上批註所承運貨物或其包裝有缺陷者，即為不潔提單，或稱為有瑕疵提單。例如提單上有下列任何一項批註，即為不潔提單：

(1)記載裝船時有關運送物品的不良狀態：如註明貨物、數量或包裝有瑕疵或缺陷者。例如 "3 packages short in dispute"，"10 bags torn"，"One drum broken"，"Some dirty"，"In second hand cases" 等是。

(2)輪船公司於接受貨物時，貨物外表上雖無不正常的情形，但為推卸責任，就其受理加以限制的概括批註者。例如 "Not responsible for breakage" 等是。

(四)**按其提單內容是否詳簡，可分**

1.**詳式提單** (Long form B/L)——又稱普通提單 (Regular B/L)，即提單上載有法定事項及任意事項的必定條款的提單。

2.**簡式提單** (Short form B/L)——又稱背面空白提單 (Blank back B/L)，是提單只載有法定事項，而其背面並無印定的貨運條款，但印有類如 "All the terms of the carrier's regular long form bill of lading are incorporated with like force and effect as if they were written at length herein" 的字樣。其大意為「正規詳式提單上的印定條款，如同印在本提單上一樣，適用於本提單」。

(五)**按運費是否付訖，可分**

1.**運費預付提單** (Freight prepaid B/L)——是指在輸出地由託運人付清運費後，船公司所發行的提單，如貿易條件為 CIF 或 CFR 時均屬此類提單。

2.**運費後付提單** (Freight collect B/L)——是指於貨物運抵目的港後，才向貨主收取運費的提單，如貿易條件為 FOB、FAS 或 C&I 時，均屬此類提單。

㈥其　他

1.**轉船（運）提單** (Transhipment B/L)——凡是提單載明裝運的貨物將於預定的中途港移裝另一船舶接續運至目的港者，稱為轉船提單。按轉船提單實為聯運提單的一種，只是轉船提單項下的聯運運輸公司皆為輪船公司而已。至於聯運提單項下的聯運運輸公司則不限於輪船公司之間的聯運，已如前述。以上是僅就轉船（運）提單作狹義的解釋。由於運輸方法的複雜化，"Transhipment" 一詞，廣義的說應包括：⑴船舶與船舶間的轉運；⑵海陸聯運的轉運；⑶海空聯運的轉運；⑷陸空聯運的轉運；⑸陸運的轉運；⑹空運的聯運等。為了避免爭議，UCP 600 第 20 條 (b) 項規定特就海運的 "Transhipment" 一詞下了定義：「本條所稱的**轉運** (Transhipment) 係指自信用狀規定的裝載港至卸貨港間的運送過程中，自一船舶卸下再重裝至另一船舶的行為。」

2.**陳舊提單** (Stale B/L)——又稱過期提單，指未能在裝運日後**合理期間** (Reasonable time) 內向銀行提示的提單。信用狀受益人提示提單（以及其他單據）如果過遲，不能在貨物到達前交給受貨人，容易導致貨物變質或保險過期或增加倉租費用，所以 UCP 600 第 14 條 (c) 項規定：「若單據中包含……第 19～25 條規定的正本運送單據……受益人須在裝運日後 21 個曆日內提示……。」換言之，提單的提示超過上述期間者，稱為過期提單。為避免提單遲延辦理擔保提貨增加麻煩及費用支出，信用狀申請人可在信用狀上增列類似 "Documents must be presented within 7 days after the date of shipment" 的條款，約束受益人早日押匯，避免發生糾紛。

3.**第三者提單** (Third party B/L, Neutral party B/L)——乃以信用狀受益人以外的第三者為**託運人** (Shipper) 的提單。

在一般情形下，出口商（即受益人）都用自己的名義裝貨，並以出口商自己為提單上的託運人。如果進口商預定以背書方式，將提單轉售給其他購貨人自行提貨，為防止嗣後購貨人直接向受益人接洽採購，自不能使受益人名稱出現於提單上。在這種情形下，進口商可以請求開狀銀行載明一項特別條款，規

定受益人以外的第三者如第三者提單受益人，如因三角貿易不能提供其本身為託運人的提單時，也可要求進口商在信用狀上加列可以接受第三者提單的條款。UCP 600 第 14 條 (k) 項規定：「任何單據包括提單上所敍明的貨物發貨人或託運人，無須為信用狀之受益人」。

4.**任意港卸貨提單** (Optional B/L)──即提單上列有兩個以上的卸貨港，而貨主可任意選擇其中任何一港口為卸貨港的提單。這種提單又稱為選擇港提單。至於究竟在哪一港口卸貨，則等貨主選擇決定後，在規定期限前通知船公司照辦。這種被指定作為候選卸貨目的港的港口，稱為 Optional port 或簡稱 Option，中文譯作「任意港」。任意港大多數必須是輪船原定航程預定經過，而且將停靠的港口──即所謂**停靠港** (Port of call)。列有任意港的運輸，所運的貨物稱為 Optional cargo。

提單上任意港的表示方式，多數在卸貨港一欄中寫上 "Optional A port/B port/C port" 等。例如從基隆運往歐洲，以馬賽、倫敦、鹿特丹、漢堡為任意港，則在卸貨港一欄寫上 "Optional Marseilles/London/Rotterdam/Hamburg"。對於任意港，在買賣契約上，常在貿易條件中說明。例如 "Formosan Citronella Oil 2,000lbs. US$2 per lb. CIF London, Option Marseilles, Le Havre"。

5.**貨櫃提單** (Container B/L)──凡是貨物裝入貨櫃交由貨櫃船裝運時，船公司所發行的提單稱為貨櫃提單。

近年來為適應國際貿易的發展，節省裝卸時間及費用，減少貨物破損，多利用貨櫃運輸。

在貨物經託運人（出口商）交給船公司裝入貨櫃然後裝載於貨櫃船時，船公司所發行的提單與通常的提單差別有限。如由託運人將貨物自行裝入貨櫃加以封閉後，交由船公司裝載於貨櫃船上，則因船公司無從知悉貨櫃中貨物內容，故發行的提單都加註下列批註：

"Shipper's load and count."（託運人清點裝貨。）

"Shipper's pack and seal."（託運人自行裝櫃、封裝貨物。）

"Said by shipper to contain."（據託運人稱內裝×××貨物。）

"The carrier has not verified number or package indicated by the shipper."（貨物數量與包裝皆由託運人自行申報，承運人不負證實責任。）

6.**傭船（契約）提單** (Charter party B/L)──當貨物數量多到足夠裝運一船

時，此時如傭租一艘船來運送，其運費一定比裝運一般定期船要低廉。傭船人（貨主）傭租 (Charter) 船隻時，須與船東訂立契約，此契約稱為**傭船契約**(Charter party，簡稱為 C/P)。貨物裝船完竣後，船東即根據傭船契約簽發提單。這種根據傭船契約簽發的提單與定期船簽發的提單不同，特稱為傭船（契約）提單。

因傭船契約常有許多特殊規定，並且這種規定通常又優先於傭船（契約）提單，故傭船（契約）提單並非理想的擔保品。因此 UCP 600 規定，除非信用狀特別授權，根據傭船契約及以傭船契約上的條款為準而簽發的提單，銀行將拒絕。

7.**併裝提單** (Groupage B/L, Master B/L)──**貨運承攬人** (Freight forwarder, Forwarding agent) 或**併裝業者** (Consolidator) 辦理貨物併裝業務，常將一些零星出口商託運的貨物併成一整批後交由輪船公司運送。在這種情形，輪船公司對於承運的整批貨物，以貨運承攬人或併裝業者為託運人而發行的提單即稱為併裝提單。這種提單只構成輪船公司與貨運承攬人或併裝業者的運送契約，而與各個出口商（真正的貨主）並無直接關係。至於貨運承攬人或併裝業者接受各出口商交來的託運貨物時所發給的單據，則稱為**分提單** (House B/L)、**貨運承攬人提單** (Forwarder's B/L)、**貨運承攬人收據** (Forwarder's cargo receipt，簡稱 FCR) 或**裝運證明書** (Shipping receipt)。

 ## 四、提單的背書

可轉讓提單的轉讓背書方式可分為：(1)記名式；(2)指示式；(3)空白式；(4)選擇不記名式；(5)選擇指示式等五種。茲分述於下：

1.**記名式背書** (Special endorsement, Full endorsement, Endorsement in full)──凡須在提單上記明**被背書人** (Endorsee) 或受讓人的姓名，並由**背書人** (Endorser) 簽名的背書方式，稱為記名式背書，其背書列式如下：

Deliver to

ABC Company

For Taiwan Trading Company

(Signature)
_____

Manager

ABC Company 於取得提單後，可以同樣方式背書轉讓給他人。這種記名式背書，如背書不連續或不完全，被背書之持單人不能主張其權利。

2.**指示式背書** (Endorsement to order)──在背書時由背書人在提單背面記載「交給某某所指定的人」(Deliver to the order of...) 字樣者，稱為指示式背書，其背書形式如下：

Deliver to the order of

ABC Company

For Taiwan Trading Company

(Signature)

Manager

3.**空白式背書** (Blank endorsement, Endorsement in blank)──背書時只由背書人簽名，而不須記載被背書人姓名的背書方式，稱為空白式背書又稱略式背書，其形式如下：

For Taiwan Trading Company

(Signature)

Manager

提單經空白背書後，其持有人即可主張權利，如持有人擬將其再轉讓，則無背書的必要。

4.**選擇不記名式背書**──即背書人背書轉讓時記明「憑單交給某人或持單人」(Deliver to ×××× or bearer) 字樣的背書方式。其背書形式如下：

Deliver to

ABC Company or bearer

For Taiwan Trading Company

(Signature)

Manager

5.選擇指示式背書——即背書人於背書轉讓時，記明「憑單交給某人或其指定的人」(Deliver to ××× or order) 字樣的背書方式。其背書形式如下：

Deliver to

ABC Company or order

For Taiwan Trading Company

(Signature)

Manager

第六節　提單的內容與製作

 一、提單的內容

提單為要式證券，其格式雖視輪船公司而異，且同一公司也往往因需要而異其格式，但其內容則大同小異。依我國海商法第 54 條規定，提單必須記載若干非記載不可的事項，並應由船長簽名，是為法定事項；與此相對者，則為任意事項。

㈠法定事項

1.船舶名稱。

2.託運人的姓名或名稱。

3.依照託運人書面通知的貨物名稱、件數或重量、或其包裝的種類、個數及標誌。

4.裝載港及卸貨港。

5.運費交付。

6.載貨證券（提單）的份數。

7.填發的年、月、日。

上述各項雖謂為法定事項，但如上述第 5 項關於運費部分，習慣上常有 "Freight prepaid as arranged" 字樣而不記載金額的；又如提單須由船長簽名一項，也與習慣多有出入。現在的提單由船長簽名的，可謂例外，通常皆由船公司或其代理行出面簽名，這些都與海商法規定不符，卻不影響提單的效力。

㈡任意事項

是為當事人任意約定的事項，其主要者為有關輪船公司責任的**免責事項** (Exceptions) 或特約條款 (Special clauses) 等。常見者如下：⑴本航程的**航次** (Voyage number)；⑵被通知人 (Notify party)；⑶受貨人 (Consignee)；⑷**提單號碼** (B/L number)；⑸印定條款 (Printed clauses)。

 二、提單的製作方法

如前所述，提單的記載事項可分為法定與任意兩種，但在信用狀交易，有關提單的記載事項則必須與信用狀所規定者配合。一般信用狀有關運輸及提單的條款，大致如下：

"Full set of clean on board ocean bills of lading made out to order of shipper and blank endorsed, marked 'freight prepaid' and notify accountee.

Shipment to be effected not later than...evidencing shipment of...from...to...."

由上述可知信用狀上有關提單記載事項，大致不外：⑴提單的份數；⑵提單的種類；⑶受貨人；⑷提單的背書；⑸託運人；⑹被通知人；⑺運費；⑻裝運港；⑼目的地、目的港及卸貨港；⑽裝運貨物的記述等。

現以 FORM 9-4 來說明製作提單時，有關事項分別說明：

1.**提單名稱** (Title of bill of lading)──按提單為有價證券，而一般有價證券之所以為要式證券者，乃因注意其外觀，便於移轉授受之際，易於辨認，以強化其流通功能，因而證券的種類，即證券的名稱，必須確切標明。查現行海運提單上均冠有 "Bill of lading" 字樣。

2.**託運人** (Shipper)──又稱裝貨人，一般而言，可分下列三種：

⑴信用狀的受益人：在一般情況下，提單上的託運人為信用狀的受益人。如信用狀上規定："B/L showing beneficiaries as shipper"。

⑵進口商：在三角貿易情況下，信用狀大多規定 "Bill of lading must indicate accountee as shipper and issued to order"，意即提單須以信用狀的申請人為託運人，而收貨人一欄為 To order，在此種情況下，信用狀的受益人已喪失在提單上背書轉讓的權利，故不得於提單上背書。

⑶第三者：所謂第三者，即信用狀受益人以外的第三者。這種情形又可分為兩種：

①基於國內轉售的需要，如開狀人（即進口商）預期以背書方式將提
單轉讓予該國內的購貨人，又為防止該購貨人直接與信用狀受益人
洽詢採購，自不能使受益人的名字出現。因此，可要求於信用狀上
規定以受益人以外的第三者或以進口商為託運人。

②基於三角貿易，受益人無法提供以本身為託運人的提單時，亦可要
求進口商在信用狀上規定可以接受第三者為託運人的提單的條款。

3.**受貨人** (Consignee)──受貨人或收貨人，乃指有權憑提單要求交付貨物
的人。在國際貿易，由於涉及出口商的資金融通，提單上受貨人欄上的受貨人
大都不是真正的受貨人。以信用狀為付款方式，則受貨人究竟是何人，就信用
狀的規定而定。如信用狀無規定時，習慣上以託運人為受貨人。於提示時，由
託運人作成空白背書。

4.被通知人──又稱為受通知人或到貨聯絡人。提單上有 "Notify party" 一
欄，如載有 "Notify ABC company" 則貨物運抵目的港時，輪船公司即可通知
ABC company 貨物已運到。此 ABC company 即為被通知人。現代國際貿易，提
單通常均採指示式，提單上並不記載真正受貨人姓名、地址，以致貨物運抵目
的港後，輪船公司無法通知受貨人前來提貨，至感不便。因此在提單上有 "Notify
party" 一欄，以便貨到時聯絡。被通知人雖無權提貨，但大多是真正受貨人（即
進口商）或為受貨人所指定的報關行。

信用狀通常均規定提單上的被通知人，因此，應依信用狀規定在提單上
"Notify party" 欄中，將被通知人名稱載明，若信用狀未規定，則該欄可免記載。

5.船名、船籍及航次──船名乃是裝運提單上必須記載事項，如欠缺船名，
則將有使提單變成無效之虞。

船舶的國籍依我國法律並非提單上法定記載事項之一。因此即使欠缺船籍
的記載亦不致使提單變成無效。在現代，有些國家基於政治、軍事、經濟上等
原因，常規定進口商在信用狀上須規定貨物限裝某國輪船，在此種情形，提單
上船籍非載明不可。

至於航次，在定期船的場合，均有記載，但即使沒記載也不構成瑕疵。

6.裝載港──裝載港雖為法定記載事項，但也有認為即使不記載亦不影響
提單的效力。實務上，則都載明裝載港。尤其信用狀上都規定 "From...port
to...port" 時，為符合信用狀條件，必須載明裝載港。

7.卸貨港與目的港——即從船上卸下貨物的港口。就直達提單而言，卸貨港就是目的港。就聯運提單或轉船提單而言，卸貨港為**轉運港** (Port of transhipment)，而貨物於目的地卸貨的港口為目的港。

8.**嘜頭及件數** (Marks and numbers)——將貨物包裝外箱的嘜頭及件數填於 Marks and numbers 欄下，圖樣應一致，俾利貨物到達時，受貨人易於識別提貨。

9.**貨物記述** (Description of goods)——提單上對於貨物的記述，應如何記載？是否應與信用狀所載作同一精確的記載？關於此，實務上常有爭議，茲綜合英美法院的慣例、學說及實務上的慣例，分別就貨物名稱、品質、數量、體積等分述如下：

(1)貨物名稱及品質：

①提單上只能記載信用狀所規定的貨物 (No merchandise other than that specified in the letter of credit shall appear on bill of lading)。如有非信用狀所規定的其他貨物也記載於提單上，不僅將成為爭執的原因，且可能遭拒付。

②船公司對於貨物的**詳細記述** (Detailed description) 向來不管，故提單上貨物的記述比商業發票上所記載者簡略，或以**通常名稱** (General name) 記載，美國法院判決及信用狀統一慣例均採取這種態度。

(2)貨物數量、體積：信用狀規定提單必須記載貨物數量及體積者，提單上固應照記，即使信用狀僅規定商業發票須載明數量及體積者，判例上認為提單上亦應載明其數量及體積。

10.**運費** (Freight)——貿易條件為 CFR、CIF、DAT 時，運費已由裝貨人付訖，則註明 Freight paid 或 Freight prepaid，如貿易條件為 FAS、FOB 時，運費由進口商支付，則註明 Freight collect。提單上通常須註明運費金額及運費計算方式，俾利進口商提貨時繳付。在 CFR、CIF、DAT 時雖列明 Freight paid，但運費若干，船公司通常為討好出口商，例未註明，僅以 As arranged 代之，以資保密。

11.**提單的份數** (Number of B/L)——有效提單 (Negotiable B/L) 通常以兩份或三份最為普遍，至於無效提單 (Non-negotiable B/L) 並無限制。有效提單每份均具有同一效力，所以一份經用於提貨，其餘立即作廢。通常信用狀對於有效提單的份數均要求 Full set... 或 Complete set...，這全套即以船公司簽發的份數為

準，如提單上註明簽發三份即為三份一套，如信用狀規定包括兩份無效提單，則須從其規定提供足夠提單。

12.提單發行日期 (Issuing date) 與裝船日期 (On board date)——提單上日期可分為裝船日期與填單日期兩種，兩者通常為同一日期，尤其是裝船提單 (Shipped on board B/L)。如未註明裝船日期，即以提單的簽發日期為裝船日期。

提單上的裝貨日期須在信用狀所規定的裝貨期限內，否則即為遲裝 (Late shipment)，可能被拒付。裝船日期具有下列作用：①判斷是否裝船過期，②判斷是否遲延押匯（晚提示），③判斷是否為陳舊單據。

唯在備運提單上，提單的發行日期僅為船公司或其代理人所簽發證明已接受託運貨物的日期，依 UCP 600 第 20 條 (a) 項 (ii) 款規定：如信用狀要求提單者，則提單必須表明貨物已於信用狀敘明的裝載港裝載於標明的船舶上。因此，在備運提單上除須記載發行日期外，尚須記載裝船日期、裝載港、及船名的批註 (Notation)。

13.運送人 (Carrier)——運送人乃為運輸契約的當事人。因此提單上應載明運送人名稱。其名稱通常都載於提單的上端，假如提單上端無運送人名稱時，至少在簽名欄應有運送人的名稱。有些信用狀規定貨物均須裝運某船公司的船隻，例如 "Shipment must be effected per APL vessel"，在此場合，運送人的名稱即成為審核的對象。

14.提單的簽名 (Signature)——提單應有承運人或其代理人或船長或代表船長的標名代理人 (Named agent) 的簽名，否則無效。

FORM 9-4

EVERGREEN

EVERGREEN MARINE CORPORATION　　　(1)　**BILL OF LADING**

(2) Shipper/Exporter		S/O No/Ref No　　0051	
XXX CORP.	Shipper Code	Export References	
(3) Consignee		Forwarding Agent References	
TO ORDER OF SUEZ CANAL BANK			
(4) Notify Party (Complete name and address)		Port and Country of Origin (for the merchant's reference only)	
MAHMOUD COMPANY		Onward Inland Routing/Export instructions (for the Merchant's reference only)	

Pre-carriage by	(6)	Notify code	Freight & Charges Indicated in Columns with appropriate Code P Prepaid　C Collect　N/A Not Applicable				
Place of Receipt/Date	Port of Loading KAOHSIUNG		Lod Land N/A	Lod Handling P	Oc Freight P	Dis Handling N/A	Dis Land N/A
(5) Ocean Vessel EVER FORWARD	Voy. No. 0002-032W		In Witness Whereof the undersigned, on behalf of Evergreen Marine Corporation the Master and the Owner of the Vessel, has signed the number of Bill(s) of Lading stated below, all of this tenor and date one of which being accomplished, the others to stand valid.				
(7) Port of Discharge PORT SAID	Place of Delivery						

Particulars furnished by the Merchant

(8) Container Numbers Marks & No.	Number and Kind of Packages	(9) Description of Goods	measurement Gross Weight (KGS)
CONTAINER NO/SEAL NO EMCU2728800/20'/750844 ◇ HALAWA ◇ PORT SAID GEP-1887 C/NO. 1-173 MADE IN TAIWAN	1×20'	SAID TO CONTAIN: 173 CARTONS MOTORCYCLE SPARE PARTS AND ACCESSORIES L/C NO. SC. 35881 　　　(10) "FREIGHT PREPAID" FULL LINER TERMS 　　　SHIPPER'S LOAD & COUNT	29.222　CBM 4,239.00　KGS

TOTAL NUMBER OF CONTAINERS OR PACKAGES IN WORDS	ONE (1) CONTAINER ONLY					
FREIGHT & CHARGES	Revenue Tons	Rate	Per	Prepaid	Collect	
		AS ARRANGED				

PARTICULARS OF SALE CONTRACT AND/OR ORDER AND/OR BANK LETTER OF CREDIT SHOWN HEREIN WERE INSERTED AT SHIPPER'S REQUEST AND FOR THEIR OWN PERSONAL CONVENIENCE IN ORDER TO FACILITATE THE NEGOTIATION OF THE B/L. SUCH PARTICULARS WERE NOT CHECKED BY CARRIERS AND/OR SHIP AGENTS NOR WERE ANY DOCUMENTS RELATING THERETO PRESENTED TO THEM. IT IS, THEREFORE, AGREED THAT THE INSERTION OF SUCH PARTICULARS OR THE LIKE IN THIS B/L MUST NOT BE REGARDED AS A DECLARATION OF VALUE OF THE GOODS SHIPPED.

B/L NO　　(11) KSGPSD2051　(12)	Number of Original B(s)L THREE (3)	Prepaid at 　　TAIPEI	Payable at
	Place of B(s)L Issue/Date TAIPEI, TAIWAN NOV. 04, 20–	Exchange Rate US$1=NT$32.00	Exchange Rate
Service Type FCL/FCL	Laden on Board the Vessel	(13) **EVERGREEN MARINE CORPORATION**	
		(14) By _____ 　　　　AS AGENTS FOR THE MASTER	

一、海上貨物運輸的經營型態

種類　不同點	定期船 (Liner)	不定期船 (Tramper)
(一)定義	航線、船期、船舶、運價均固定	航線、船期、船舶、運價均不固定
(二)承載貨物	多為製成品	多為原料、半成品等大宗貨物
(三)特性	1.船期、航線固定 2.運送人是公共運送人 3.服務對象是不特定的多數託運人 4.承運零星件貨 5.運費多需經當地政府核准 6.運送人多參加運費同盟 7.組織規模龐大 8.託運人可直接向運送人或向其指定的攬貨代理人託運 9.貨主配合生產作業，選擇適當時期船隻	1.運價受海運市場船舶噸位供需的影響 2.貨運量大，運費低，裝卸費用由傭船人自理 3.服務對象是少數的託運人 4.承運大宗物資 5.透過傭船經紀人居間接洽 6.公司組織簡單 7.裝卸港口少 8.裝運前先簽訂傭船契約
(四)優點	1.貨主可依其需要洽訂艙位，不致延誤交貨 2.設備完善 3.貨物量少也承運 4.船方負擔裝卸費用 5.長期固定託運，可享受運費折扣 6.檢量費由船方負擔 7.運價漲跌事先通知	1.運費低廉 2.行駛速度快 3.託運人可要求裝卸設備 4.傭船契約是雙方訂定的 5.裝卸速度快，可收取快速費
(五)缺點	1.運價沒有彈性，無法與不定期船競爭 2.未簽訂運輸契約，提單上印定好的條款對船公司有利 3.不按期交貨，會產生空載運費	1.不按期交貨，會造成空載運費 2.裝卸費用由貨主負擔 3.檢量公證費用，由貨主負擔 4.裝卸速度緩慢時，會造成運費增加
(六)託運手續	1.洽訂艙位 2.領取裝貨單 3.裝載貨物 4.領取大副收據 5.支付運費 6.換領提單	1.簽訂傭船契約 2.領取裝貨單 3.裝載貨物 4.船方編製裝卸時間計算表 5.檢量 6.領取大副收據 7.換領提單 8.支付運費

| (七)洽訂艙位 | 注意事項:
1. 船公司信譽
2. 船期
3. 運費
4. 船隻情況
5. 停泊港口

6. 裝卸條件 ┬FI
　　　　　├FO 或 FD
　　　　　├FIO
　　　　　├FIOT
　　　　　├FIOST
　　　　　└Berth Term | 過程:
1. 詢價
2. 報價
3. 還價
4. 成交 |

二、傭船契約的種類

(一)計程傭船契約：運送人將艙位交由託運人，以約定的運費將貨物從裝貨港運至卸貨港

(二)計時傭船契約：船舶所有人在約定期間內，將船舶全部艙位交由租船人管理使用

(三)空船傭船契約：租船人負擔船舶上一切管理與營運的費用與責任

三、貨櫃特性

(一)適合反覆使用

(二)適合多種運輸方式

(三)適合隨時搬運

(四)易於裝卸

(五)內部容積在 1 立方公尺以上

四、貨櫃的種類

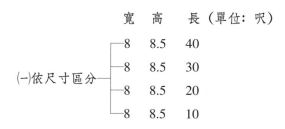

```
               寬   高   長（單位：呎）

          ┌─ 8    8.5   40

          ├─ 8    8.5   30
(一)依尺寸區分┤
          ├─ 8    8.5   20

          └─ 8    8.5   10
```

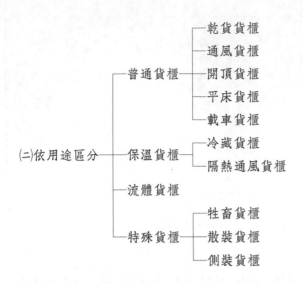

(二)依用途區分
- 普通貨櫃
  - 乾貨貨櫃
  - 通風貨櫃
  - 開頂貨櫃
  - 平床貨櫃
  - 載車貨櫃
- 保溫貨櫃
  - 冷藏貨櫃
  - 隔熱通風貨櫃
- 流體貨櫃
- 特殊貨櫃
  - 牲畜貨櫃
  - 散裝貨櫃
  - 側裝貨櫃

五、貨櫃船的種類

(一)全貨櫃船

(二)半貨櫃船

(三)可變貨櫃船

六、貨櫃船的託運手續

(一)洽訂艙位

(二)裝櫃
- 整櫃貨物
- 併櫃貨物

(三)換領提單

七、貨櫃運輸作業方式

(一)整裝／整拆 (FCL/FCL, CY/CY)

(二)整裝／分拆 (FCL/LCL, CY/CFS)

(三)併裝／分拆 (LCL/LCL, CFS/CFS)

(四)併裝／整拆 (LCL/FCL, CFS/CY)

八、複合運輸制度

(一)至少兩種不同運送方式的運送

(二)指貨物運送

(三)為從一國境內至另一國境內的運送

㈣由複合運送人依照複合運送契約所進行的運送

㈤為履行單一方式運送契約而實施的貨物接送業務，不視為複合運送

九、貨櫃運輸在貿易實務上產生的問題

㈠貿易條件的適用問題

㈡貨物受損的責任問題

十、海運計算運費的單位

㈠按重量噸計算

㈡按體積噸計算

㈢按重量噸或體積噸計算

㈣從價計算

㈤按件或櫃計算

㈥按自然單位計算

㈦按最低運費計算

十一、海運運費率的結構

㈠基本運價

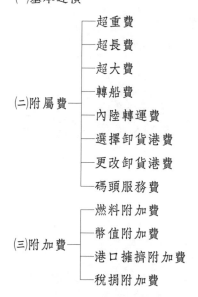

㈡附屬費
- 超重費
- 超長費
- 超大費
- 轉船費
- 內陸轉運費
- 選擇卸貨港費
- 更改卸貨港費
- 碼頭服務費

㈢附加費
- 燃料附加費
- 幣值附加費
- 港口擁擠附加費
- 稅捐附加費

十二、提單的功能

㈠收到特定貨物的收據

㈡運送契約的憑證

(三)憑單交貨的物權證書

十三、提單的法律性質

(一)要式證券

(二)文義證券

(三)流通證券

(四)物權證券

(五)交換證券

十四、提單的種類

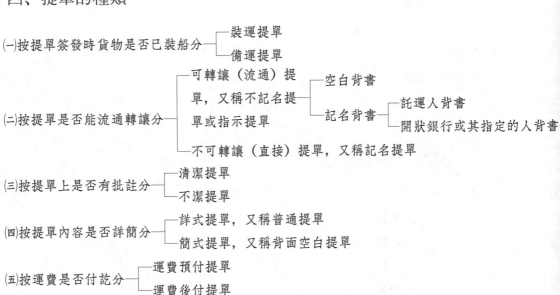

(一)按提單簽發時貨物是否已裝船分┬裝運提單
　　　　　　　　　　　　　　　　└備運提單

(二)按提單是否能流通轉讓分┬可轉讓（流通）提單，又稱不記名提單或指示提單┬空白背書
　　　　　　　　　　　　　　│　　　　　　　　　　　　　　　　　　　　　　└記名背書┬託運人背書
　　　　　　　　　　　　　　│　　　　　　　　　　　　　　　　　　　　　　　　　　　└開狀銀行或其指定的人背書
　　　　　　　　　　　　　　└不可轉讓（直接）提單，又稱記名提單

(三)按提單上是否有批註分┬清潔提單
　　　　　　　　　　　　　└不潔提單

(四)按提單內容是否詳簡分┬詳式提單，又稱普通提單
　　　　　　　　　　　　　└簡式提單，又稱背面空白提單

(五)按運費是否付訖分┬運費預付提單
　　　　　　　　　　　└運費後付提單

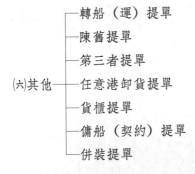

(六)其他┬轉船（運）提單
　　　　├陳舊提單
　　　　├第三者提單
　　　　├任意港卸貨提單
　　　　├貨櫃提單
　　　　├備船（契約）提單
　　　　└併裝提單

十五、提單的背書方式

(一)記名式

(二)指示式

(三)空白式

㈣選擇不記名式

㈤選擇指示式

十六、提單的內容與製作

㈠提單的內容─┬─法定事項
　　　　　　　└─任意事項

㈡提單的製作

一、是非題

（　　）1.不定期船隻多參加運費同盟。

（　　）2.定期船比不定期船的運費較便宜。

（　　）3.託運人在使用定期船與不定期船，如不按期交貨均會產生空載運費。

（　　）4. FOB 的貿易條件，提單上應註明運費已付 (Freight prepaid) 字樣。

（　　）5.複合運送是指至少兩種不同運送方式的運送。

（　　）6.不定期船的運送人是以公共運送人身分經營。

（　　）7.提單是否為清潔提單，完全根據裝貨單是否有批註記載而定。

（　　）8.簡式提單是提單只有法定事項而無任意事項。

（　　）9.提單的提示時間超過合理期限，我們可稱此提單為陳舊提單。

（　　）10.有瑕疵的貨物上船，出口商於必要時，可出具保證書，要求船公司通融發行無批
　　　　　註的清潔提單，以便押匯。

二、選擇題

（　　）1.(1) Freight prepaid　(2) Freight conference　(3) Dead freight　是船公司彼此為了
　　　　　避免運費價格的競爭而共同訂定的運費率表的組織。

（　　）2.貨主於裝船後領取　(1) S/O　(2) M/R　(3) B/L　至船公司換領提單。

（　　）3.使用　(1)定期船　(2)不定期船　(3)專業性船　時託運人必須與運送人簽訂備船
　　　　　契約。

（　　）4. Berth term 是裝卸費用由　(1) Shipper　(2) Consignee　(3) Carrier　負責。

（　　）5. FO 是卸貨費用由　(1) Shipper　(2) Consignee　(3) Carrier　負責。

（　　）6.滿裝貨櫃應送至　(1) C/P　(2) CFS　(3) CY。

（　　）7.停泊日期的計算係指自裝卸工作開始日起，連續計算，但不包括不工作的星期日
　　　　　和例假，此為　(1)工作日　(2)連續日　(3)習慣速度裝卸日。

（　　）8.一般國際貿易上大宗物資的裝運，多採用　(1)計程備船契約　(2)計時備船契約
　　　　　(3)空船備船契約。

（　　）9.如以貨櫃裝載貨物，裝貨人需持　(1) M/R　(2) Dock receipt　(3) S/O　向船公司
　　　　　換取提單。

（　）10.(1) S/O　(2) M/R　(3) B/L　是船公司通知船長接受貨物裝船的文件。

三、翻　譯

1. 航運同盟
2. 空載運費
3. 裝貨單
4. 碼頭收據
5. 傭船契約
6. Mate's receipt
7. Letter of indemnity
8. Working days
9. Customary quick despatch
10. Full container load

四、問答題

1. 貨櫃運輸作業的方式有哪些?
2. 提單具備哪些法律性質?
3. 不定期船的託運手續有哪些?
4. 何謂複合運輸?

五、工作習題

1. 請依據 FORM 9-4 單據回答下列問題:
   (1)裝貨單編號
   (2)裝貨港
   (3)開狀銀行
   (4)卸貨港
   (5)貨櫃運輸作業
   (6)貨櫃數量
   (7)裝箱數量
   (8)體積
   (9)重量
   (10)運送人
2. 請問 Stale bills of lading 係指何意?

第十章

國際貨運㈡——
航空貨物運輸、
郵遞與快遞

第一節　航空貨物運輸與國際貿易的關係

　　近年來航空事業發展神速，進出口貨物利用航空運送的情形日漸普遍。就運費而言，航空運費固然較海運費昂貴，但就運輸時間而言，空運比海運快捷得多。尤其是貨物運送目的地在內陸的場合，如用海陸聯運，不僅費時，貨物也易遭受損壞，利用空運則可直達內陸目的地，既快速又安全。

　　航空運輸由於飛機速度的增快，載運能量的大幅度提高，以及管制系統的進步，運輸安全性增加；此外，因航空運輸的競爭，已使航空貨運費率逐年降低。所以利用航空運輸對於貨主優點甚多，綜合起來，其優點如下：

　　1.運輸快速──可使庫存或存貨管理的成本減至最低。

　　2.交貨迅速──可建立商譽，爭取客戶好感，從而改進產品在市場上競爭的地位。

　　3.運輸包裝成本較海運為低，節省包裝費用。

　　4.破損率及損失率較低，保險費率較海運為低。

　　5.空運可縮短運輸時間，故季節性或流行性商品以及不適於長時間運輸的商品，諸如新鮮食品、花卉、動物、新聞報紙等，可適時運到，爭取商機。

　　6.可以適應緊急情況的需要，配合市場的需求，如原料、零組件、半成品可及時得到補充。

　　7.由於運輸時間的縮短，可提早收回貨款，使資金周轉加速。

第二節　空運貨物的託運手續

　一、航空貨運相關機構

㈠國際航空運輸協會（International Air Transport Association，簡稱IATA）

　　是由世界兩百餘家航空公司組成，統一訂定國際民航客貨運的費率，以及各公司間運費借貸的清算。其設立目的在於發展世界航空運輸，增進人民福祉，並提供國際間空運直接及間接的合作，且與國際民航組織保持密切聯繫。總部

設在加拿大蒙特利爾，在倫敦、紐約及新加坡等地設有運輸清算所。我國中華
航空公司、長榮航空公司及復興航空公司為該會會員，一般非會員航空公司，
在作業上及客貨運規章上，亦多以 IATA 所訂定者為準則。

㈡民用航空運輸業 (Air lines)

　一般稱此為航空公司，依照我國政府規定，民用航空運輸業為直接以航空
器載運客、貨、郵件而取得報酬者，須向有關機關登記取得民用航空運輸業許
可證，並請領航線證書後始能營業，並須遵守我國「民用航空法」的規定。

㈢航空貨運代理商 (Air cargo agents)

　指經航空公司指定承攬貨物，授權代表航空公司簽發空運提單 (Air waybill)，
並由航空公司支付佣金的業者，一般稱之為航空貨運代理人。

㈣航空貨運承攬業 (Air cargo forwarder)

　又稱航空貨運併裝業 (Air cargo consolidator) 或航空貨運公司 (Air cargo
company)，為未經航空公司正式授權，而以航空貨運承攬業之名，公開承攬零
星的航空貨物，然後以自己的名義簽發分提單 (House air waybill，簡稱 HAWB)
給貨主，隨後再將其所攬得的貨物按運往的目的地分別集中，以自己為託運人
整批向航空公司或航空公司代理商交運貨物，從中賺取差額運費，並由航空公
司或航空公司代理商簽發主提單 (Master air waybill，簡稱 MAWB)。貨物抵達
目的地後尚須經過其在當地的併裝貨運分送代理行通知不同受貨人或指定的報
關行辦理報關提貨。

 二、空運貨物的託運手續

　空運貨物的託運手續隨著貨物的多寡，有所區別：

㈠直接交運貨物 (Direct cargo)

　當貨物數量多時，貨主可自行向航空公司或其代理人洽訂艙位，繕製貨物
託運申請書（Shipper's letter of instructions，如 FORM 10-1），又稱託運單，經
航空公司或其代理人接受後，將貨物運到機場進倉報關，經報關檢驗放行後，
航空公司即發行空運提單交與託運人。其託運手續如下圖所示。

FORM 10–1

SHIPPER'S LETTER OF INSTRUCTIONS
貨 物 託 運 申 請 書

SHIPPER 託運人	

AWB NO.
提單號碼 _____

中 華 航 空 公 司
CHINA AIRLINES

CONSIGNEE 受貨人

You are hereby requested and authorized upon receipt of the consignment described herein to prepare and sign the Air Waybill and other necessary documents on our behalf and despatch the consignment in accordance with your Conditions of Contract on reverse hereof.

I certify that the contents of this consignment are properly identified by name. Insofar as any part of the consignment contains restricted articles, such part is in proper condition for carriage by air according to the International Air Transport Association's Restricted Articles Regulations.

Airport of Departure 起運站
Airport of Destination 終點站
REQUESTED ROUTING 指定航線
REQUESTING BOOKING 預訂航線

MARKS AND NUMBERS 嘜　　　號	NO. & KIND OF PKGS. 件數及包裝方法	DESCRIPTION OF GOODS 貨物名稱	GROSS WEIGHT 毛　　重	MEASUREMENT 體　　積

AIR FREIGHT CHARGES 運　費	□PREPAID 託運人付款 □COLLECT 受貨人付款	OTHER CHARGES At Origin 起運站其他費用	□PREPAID 託運人付款 □COLLECT 受貨人付款	INSURANCE-AMOUNT REQUESTED 保　險　　　保險金額
DECLARED VALUE 託運人申報價值				SHIPPER'S C.O.D. 託運人託收貨款
For Carriage 對航空公司申報價值		For Customs 對海關報關價值		
HANDLING INFORMATION AND REMARKS 囑咐事項及備註				DATE 日　期 SIGNATURE 託運人簽字

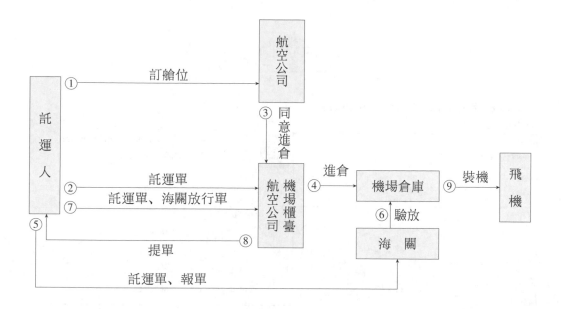

㈡併裝交運貨物 (Consolidated cargo)

　　如貨物數量較少，貨主可將貨物交給航空貨運承攬業者或併裝業者 (Air freight forwarder, Air cargo consolidator) 辦理託運報關手續。在此場合，託運人須填具航空貨運承攬業者的**空運貨物委託書**（Instructions for dispatch of goods by air，如 FORM 10–2），其內容及效用與貨物託運申請書大同小異。航空貨運承攬業者或併裝業者係指未經航空公司指定或授權，而承攬零星的航空貨物，以整批交運賺取運費差額為業者，它們自不同的託運人收取運往同一地區的空運貨物，併裝成批（櫃），以自己為託運人的地位，將整批（櫃）貨物交付航空公司或其代理人，並自航空公司或其代理人取得**主提單** (MAWB)，同時它們也以自己的名義，以各個交運貨主為託運人，分別發行提單，稱為**分提單** (HAWB)。空運貨物運抵目的地後，由航空貨運承攬業者或併裝業者在進口地的代理人收取貨物，再由其拆開（櫃）並通知各個受貨人辦理報關提貨手續。其託運手續，可以流程示之。

FORM 10-2

INSTRUCTIONS FOR DISPATCH OF GOODS
貨物運輸委託書

K.C. NO.

<table>
<tr><td colspan="2">
付貨人
Exporter (Shipper):

地址
Address:

電話　　　　　　　　傳真
Tel No.:　　　　　　Fax No.:

收貨人
Consigned to:
地址
Address:
城市與國家
City and Country:
電話　　　　　　　　傳真
Tel. No.:　　　　　　Fax No.:
</td><td colspan="3">
Kesped Global Logistics Group Limited
景栢環球物流集團有限公司

Unit 808, 8/F., Prosperity Place
6 Shing Yip Street, Kwun Tong
Kowloon
Hong Kong

香港九龍觀塘成業街6號泓富廣場8樓808室

Tel: (852) 3529 1118
Fax: (852) 3529 1119

Email: keschina@kespedglobal.com
</td></tr>
<tr><td colspan="2">
並通知
Also Notify:
</td><td colspan="2">
航空公司名稱
Carrier:
</td><td>
起運地點
From: (Airport of)
</td></tr>
<tr><td>
運達地點 (航空站)
Airport of Destination:
</td><td>
最後收貨地點
Final Destination:
</td><td colspan="2">
付運費地點
Freight Payable at:
</td><td>
出口証號碼
Export Licence No.:
</td></tr>
<tr><td>
件數及包裝
No of Packages &
Method of Packing
</td><td>
嘜號
Marks and No.
</td><td>
貨物名稱
Nature and Quantity of Goods
</td><td>
呎碼
Measurements
</td><td>
毛重
Gross Weight
</td></tr>
<tr><td colspan="5" style="height:300px"></td></tr>
</table>

附註
Special Remark:

Shipper's Declared Value (Specify Currency 請註明幣制)

<table>
<tr><td>報關金額 For Customs:</td><td>運輸金額　　　　For Carriage:</td><td rowspan="5">
Please receive the above-mentioned cargo(es) for delivery by air to consignee at destination.　The undersigned hereby declares that the above stated particulars are correct and that I/we accept the Conditions of Trading referred to on the reverse side of this form, I/we hereby guarantee payment of all freight collected charge due to the forwarders or to the carrier if the shipment is abandoned, refused by the consignee, returned at our request, confiscated by the customer or for any other reasons cannot be delivered within a reasonable time.

Other Arrangements:
In case of any other of special arrangements, the undersigned agrees to hold the forwarders exempt from any liability whatsoever arising out of unforeseen circumstances and/or act.
</td></tr>
<tr><td>保險金額
INSURANCE:</td><td>代收金額
SHIPPERS C.O.D.:</td></tr>
<tr><td colspan="2" align="center">隨貨單據文件　Documents Accompany Airwaybill
Invoice/Custom Invoice/Package List

PACKING LIST & INVOICE AS PER ATTACHED
Others:</td></tr>
<tr><td colspan="2">Received for:</td></tr>
<tr><td colspan="2">By: Kesped Global Logistics Group Limited</td></tr>
</table>

託運人簽名及蓋章
Signature & Stamp of Shipper (Consignor)

商業證記証號碼　B.R. No.: _____

日期　Date: _____

Revised 9 Jun 09

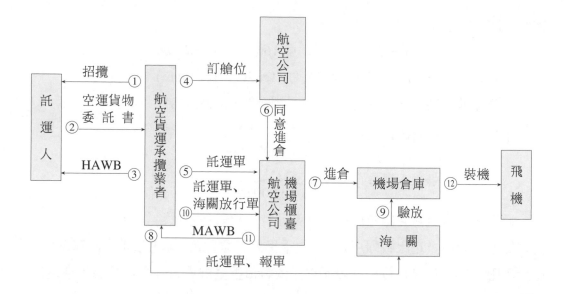

第三節　空運運費

一、空運運費基準

航空運費的基準單位以公斤 (kg) 或磅 (lb) 為標準，按貨物的種類訂定其適用費率。此項費率通常由**國際航空運輸協會** (International Air Transport Association，簡稱 IATA) 制定，會員公司即照其所訂的**運費費率表** (Air freight tariffs) 計算運費。至於非會員航空公司也參照該項費率表計算運費。由於航空貨運運價均以重量為計算單位，乃稱其為**收費重量或計價重量** (Chargeable weight)，但對於體積大而重量輕的貨物，則須將體積折算為重量來收費，這種經折算而得的重量，稱為**體積重量** (Volume weight)。茲將收費重量的計算方法說明如下：

㈠以實際重量為收費重量

以進倉時，公磅所秤的**實際毛重** (Actual gross weight) 為計價重量的標準，其重量尾數超過 0.1 公斤者，以 0.5 公斤計算；而超過 0.6 公斤者，以 1 公斤計算。

㈡以體積重量為收費重量

對於體積大而重量輕之貨物，則按下列標準折計重量收費 (IATA 決議書規定，貨物密度不及標準密度時，以材積費率計算計價重量，即以體積除以標準

密度，即為計價重量）。

　　1.英制——1 公斤 = 366 立方吋，或 166 立方吋 = 1 磅。

　　2.公制——1 公斤 = 6,000 立方公分 (1cu.in. = 16.39cm^3)。

上項標準，稱為標準密度，貨物密度低者均按標準密度折計重量。

即：英制：計價重量 = (　　) cu.in. × $\dfrac{1kg}{366cu.in.}$

　　　公制：計價重量 = (　　) cm^3 × $\dfrac{1kg}{6,000cm^3}$

　　通常要決定貨物究應按原重量計算運費或按體積重量計算運費，只需將算出來的體積與原重量比較即可，如體積重量大於原重量，即應按前者計算運費；反之，則按後者計算運費。一般而言，依體積重量計算者較多，故讀者應注意其換算方法。

二、空運運費率

㈠起碼運費 (Minimum charges)

　　為航空公司對於一批貨物的最低運費規定。即貨物重量按費率乘算，如未達起碼運費者，概按起碼運費收費。起碼運費，因運送地區不同而異，應向航空公司洽詢，其等級代號以 "M" 表示。

㈡特別商品費率（Special commodity rate，簡稱 SCR）

　　航空公司為穩定某兩個地區間的貨源，對經常承運的貨物品類制訂固定費率。此類費率，視商品類別而有不同，但皆較一般商品費率為低，以示優待。因此，在交運貨物時，託運人應先查詢貨物是否適用特別商品費率，以享受較低運費。其等級代號以 "S" 表示。

㈢一般商品費率（General cargo rate，簡稱 GCR）

　　通常未列入特別商品費率的貨物，概按一般商品費率收費，其費率較特別商品費率高。本費率又為基礎商品費率，通常按交運貨物量而有下列各種不同的費率級距：

　　1.正常費率 (Normal rate)——即貨量低於 45 公斤或 100 磅時每公斤或每磅運費計價的標準，其等級代號以 "N" 表示。

　　2.數量費率 (Quantity rate)——又稱高貨量費率。即貨量自 45 公斤開始，再

分為 100 公斤、200 公斤、300 公斤、400 公斤、500 公斤等六種不同的費率級距，重量愈高，費率愈低，為航空公司爭取大宗貨源的手段之一。如此可使航空貨運承攬併裝業者有利可圖，而全力爭取不同貨主的少量貨物集中併裝後整批交運，賺取運費差額，其等級代號以 "Q" 表示。

㈣**商品分級費率**（Commodity classification rate，簡稱 Class rate）

部分不歸類於特別商品的特殊貨品，如**活動物** (Live animals)、**高價值物品** (Valuables)、**報紙** (Newspapers)、**雜誌** (Magazines)、**期刊** (Periodicals)、**書籍** (Books)、**商品目錄** (Catalogs)、**盲聾用具及書籍** (Braille type equipment and talking books for the blind)、**後送行李** (Baggage shipped as cargo)、**人類屍體** (Human remains)、**機動車輛** (Automotive vehicles)、**家具** (Furniture)、**放射性物質** (Radioactive material) 等，航空公司多依照**一般商品費率** (GCR) 按貨品的性質、重量、包裝情況等制訂一定的百分比收費，有高於一般商品費率者，亦有低於一般商品費率者。此外，部分活動物所用的**獸欄** (Stalls)，亦需另行收費。凡屬此類貨物，均須與航空公司預先接洽，並瞭解其適用的費率。

1.**加價費率** (Surcharge rate)——此項費率，其等級代號以 "S" 表示，又分：

⑴貴重物品：IATA 將貴重物品為每公斤毛重的實際貨價在某一定值以上的貨物，或含有下列項目物品者，如黃金、白金、銀行本票、旅行支票、票據、股票、鑽石、紅寶石、藍寶石、翡翠及真珠等。貴重物品每公斤運費的計價係依 "N" 級費率的 150～200 計收。又貨物價值如超過每公斤某一金額額度，並經貨主於交運時**申報價值** (Declared value for carriage) 者，航空公司對於超值部分按 0.40% 加收**超值費** (Valuation charge)，且有最低收費標準，於支付運費時一併繳交承運人。

提單上，另有「運輸保險」一欄，可於交運時向承運公司投保，其保險費率視貨物、地點及承運公司的不同而異，一般約在**保額** (Amount of insurance) 的 0.5% 左右。此係航空公司承保的運輸保險，與貿易價格條件上 CIF 條件中的保險無關，因 CIF 中的 "I" 係向產物保險公司投保。本項保險，如發生損壞或滅失時，由航空公司負責賠償。

⑵供繁殖用種畜及家禽類動物：其每公斤運費的計價依 "N" 級費率的 150% 計收。

2.**折扣費率** (Rebated rate)——此項費率，其等級代號以 "R" 表示，又分：

⑴報章、雜誌、刊物等印刷品類貨物：依 "N" 級費率的 50% 計收，最低重量 5 公斤。

⑵旅客後送行李 (Unaccompanied baggage)：依 "N" 級費率的 50% 計收，最低重量 10 公斤。

所謂後送行李，乃指旅客的行李以貨物的方式空運出口之意。其適用範圍除包括旅客個人衣物及器具外，尚包括可提式音響、打字機及個人運動器材等，但機械或其零件、金、銀、珠寶、手錶、紀念牌、軟片、相機、文件、化妝品、傢俱、商業推廣樣品等，則不能列屬後送行李的折扣費率品目。

(五)併裝集運費率 (Consolidated rate)

係航空貨運承攬併裝業者，將一些小件貨物，按照航空公司規定的規格，固定於墊板 (Pallets) 或裝入貨櫃或貨箱內，使能便利搬運及裝機作業者，而以其本身為 Shipper 或 Consolidator，將此併裝貨物整批交付航空公司承運以享用較多數量級的較低費率，同時分享部分費率差額給寄貨人或收貨人。

(六)貨櫃費率 (Container & ULD rate)

ULD 為 Unit load devices（單位裝載用具）的縮寫，又可分：

1. Aircraft ULD——其等級代號以 "U" 表示。

2. Non-aircraft ULD——其等級代號以 "X" 表示。

又貨櫃的溢裝部分另行計價，其適用費率為溢裝費率，另以代號 "E" 表示。

(七)包機費率 (Charter rate)

包機費率或稱租機費率，適用於臨時或定期包機，包機的貨主僅為一人時稱為全包機 (Whole charter)。

(八)聯運費率 (Combination rate)

每一航空公司對其營運地區任何兩點間（不論為直達或轉機）均訂有費率表可資應用，萬一兩點間無聯運費率時，只須分段予以相加即可，如某段無現成的費率表時，則可採取聯合運費，按各段的標準分段計算，再予以相加。

(九)聯營費率 (Joint rate)

係利用併裝集運的作業方式，將貨物運往國外適當轉運站（如香港、曼谷、新加坡等地），再由該轉運站運往終點站，如此分段計價的總和運費費率稱為聯營費率。

三、空運運費的計算方式

運費率或運價 (Rate) 係航空公司對承運一基準單位（公斤或磅）自起運站機場至終點站機場所收取的運送費。運費 (Transporation Charges) 係一批貨物 (A consignment) 的運送費及有關的費用，其多寡與貨物體積、重量、報值金額、運價等有關。航空貨運運費不包括下列附帶費用：

1.提貨 (Pick-up) 及送貨 (Delivery) 的運費。

2.清關費用、倉儲費、航空公司墊付費用、保險費。

3.代收貨款 (COD) 及其他服務費用、稅捐及其他罰款、重新包裝費用、地面運輸費用、貨物退回啟運站的費用等。

因此，貨主根據費率表計算出來的運送費及服務費與有關費用的總和，即為應付航空公司的運費。換言之：

航空貨運運費 = 重量費用 (Weight charges) + 服務費及其他費用 (Service charges & Other charges)

重量費用 = 計價重量 (Chargeable weight) × 費率 (Rate)

所謂服務費及有關費用泛指航空公司所列運費費率表以外的其他服務費用，須向託運人或受貨人收取者。如倉租、保險費、代辦通關費、罰款、包裝修理費、代墊費用、轉運費用及退貨運費等均屬之。茲將主要者加以說明如次：

1.代收貨款的服務費（Cash on delivery service charges，簡稱 COD service charges）——此項服務費均有最低收費額。並須在空運提單上註明。

2.代墊費用 (Disbursement)——係指由託運人或航空公司替受貨人墊付的費用。如由目的地航空公司代收時，應向受貨人收取代墊服務費 (Disbursement service fee)，此項代墊費用有其最低收費額。以上均應在空運提單上註明。如受貨人拒付時，應由託運人負責支付。

3.文件處理費 (Documentation charges)——航空公司或航空貨運代理於製發空運提單後，通常向貨主收取少許文件處理或文件修改費用；但亦有部分航空貨運代理業者不向貨主收取而自行負擔者。

四、航空運費計算實例

設某進口商擬由荷蘭阿姆斯特丹 (Amsterdam) 進口一批植物種籽，貿易條件為 FOB，貨物體積為 $58\frac{3}{4}'' \times 45\frac{1}{2}'' \times 30\frac{1}{2}''$，重量為 160 kgs.，運費率如附表，該批貨物的服務費及其他費用共新臺幣 1,000 元，植物種籽在運費表中編號 1485，根據以上資料，該批貨物應付運費計算如下：

該批貨物實際重量：160 kgs.

貨物尺寸：$58\frac{3}{4}'' \times 45\frac{1}{2}'' \times 30\frac{1}{2}''$

四捨五入為 $59'' \times 46'' \times 31'' = 84,134$ cu.in.

84,134 cu.in. ÷ 366 = 229.87 kgs.，進位為 230 kgs.

體積重量較重，依體積重量計價。

依表查得編號 1485 商品 SCR 費率級距為（見附表）：

45kgs. 以下	45～100 kgs.	100～250 kgs.	250～500 kgs.	500 kgs. 以上
NT$390/kg.	NT$292/kg.	NT$170/kg.	NT$150/kg.	NT$135/kg.

計價重量為 230 kgs.，每 kg. 運費率 NT$170，應付運費為：

(NT$170 × 230) + NT$1,000 = NT$40,100

採取較高級距的費率計費：

(NT$150 × 230) + NT$1,000 = NT$35,500

To (RATE CLASS)	CODE	WT. (KG.)	NTD/K	To (RATE CLASS)	CODE	WT. (KG.)	NTD/K
AALBORG	AAL	M	2,415	AMSTERDAM	AMS	M	2,415
		N	399			N	390
		45	299			45	292
		500	228			500	226
2199		100	196	0320		500	168
2199		250	173	0320		1,000	146
4402		100	220	1024		100	209
4420		100	194	1024		250	190
				1475		500	198
AARHUS	AAR	M	2,415	1485		100	170
		N	399	1485		250	150

		45	299	1485		500	135
		500	228	2199		100	196
2199		100	196	2199		250	173
2199		250	173	4402		100	220
4402		100	220	4420		100	194
4420		100	194	8392		100	235
				8392		500	209
ABADAN	ABD	M	2,086				
		N	305	ANCONA	AOI	M	2,415
		45	229			N	375

第四節　空運提單

一、空運提單的意義與種類

㈠空運提單的意義

空運提單 (Air waybill, Airway bill, Air consignment note)，係運送人於收到承運貨物後，發給託運人的證明文件。實務上，空運提單具有下列作用：

1. 為航空公司收受承運貨物的收據。
2. 為航空公司與託運人間的運送契約。
3. 代表**運費單據** (Freight bill) 的證明。
4. 應託運人要求，為貨物的保險證明單。
5. 為進口通關文件。
6. 為航空公司貨運人員處理貨物的裝卸、運送及交貨的依據。

㈡空運提單的種類

空運提單依簽發人的不同，可分為主提單與分提單。由航空公司或其代理直接簽發者為主提單，由航空貨運承攬業者或併裝業者簽發者為分提單。依照規定，後者不得逕行發給託運人主提單。

二、空運提單的特性

空運提單如同海運提單具有收據及契約憑證的作用，但**不具轉讓性** (Not

negotiable)，且為記名式及**直接式** (Straight)，所以並非物權憑證。雖一般航空公司多規定受貨人須憑空運提單才可提貨，但實際上國外許多航空公司並不要求受貨人出示提單，而只要提貨人能證明其為受貨人即可提貨。因此，在實務上，如貨物以航空運輸交運，信用狀多規定以開狀銀行為受貨人，以確保開狀銀行對該項貨物的控制權。由於空運提單的特性，出口商亦應特別注意，以空運託運時不宜以進口商為空運提單上的受貨人，否則可能發生進口商一方面提走貨物，他方面卻假借單據有瑕疵而拒付的情形。

空運提單通常係於託運人交運貨物時，填寫正本三份及副本若干份。其中原本一份由託運人簽名交付運送人，一份由託運人與運送人共同簽名交付受貨人，另一份則由運送人簽名後交付託運人，作為其押匯時的裝運憑證使用。因空運提單係於航空公司收到託運貨物後即簽發，並非於裝上飛機後才簽發，所以提單上有 "Received for carriage" 的字樣，此乃由於航空運輸的特殊性而生。空運提單上常有類似下列的條款：

"Carrier certifies goods described below were received for carriage subject to the conditions on reverse hereof, the goods then being in apparent good order and conditions except as noted hereon."

空運提單上有一欄供填寫 "Consignee" 的名稱及地址以及供填寫 "Notify party" 的名稱及地址。倘貨運以國外銀行或國外代理人為受貨人，則將受貨人的名稱及地址填寫在 "Consigned to..." 字樣之後，而將真正的買主填寫在 "Also notify..." 之後。凡此均與海運方式交運時的情形相似。

託運人如有意利用航空公司與保險公司所訂的**統保單**（Open policy，即 Shipper's interest insurance），將所交運貨物加以保險，託運人可在空運提單上 "Insurance" 一欄填明保險金額，並繳付費用，將其貨物在航空公司的統保單項下付保。航空公司所投保統保單的承保範圍為實質上損失或損害的**一切險** (All risks)，至於因戰爭、罷工、合法的捕獲、暴動、敵對行為、延誤或固有瑕疵等直接、間接所引起的滅失或損害則不在承保範圍之內。因此，如託運人欲將其貨物投保全險或統保單不保的其他險類，則應自行向保險公司投保。當然，託運人亦可向保險公司投保全部保險，而不由運送人的統保單承保。尤其信用狀規定須提出保險單據時為然。利用航空公司的統保單付保，其優點為費率較低廉，且於索賠時，可迅速獲得賠償。

三、空運提單的內容與製作方法

航空公司或其代理填發提單係根據貨主所填 Shipper's letter of instructions 資料而製發，故應力求正確，如因填寫不實而造成任何糾紛或損失，概由貨主自行負責。茲為使業界瞭解空運提單的內容，一方面避免填寫錯誤，一方面亦可避免為不肖的貨運代理所乘，特分別將各欄予以編號（請參照 FORM 10-3 各欄編號）分別說明如次：

注意：加方框的號碼欄，表示該欄應特別注意其正確性，並應承擔其正確性的法律責任。

0 提單號碼 (Air waybill number)：提單號碼為提單的主要部分，位於提單左上及右上角，由航空公司填列。

01 起運地機場地名 (Airport of departure)：應填入該一城市的 IATA 地名英文字母代號（三個字母）。如 Taipei 代號為 TPE。

02 通常不必填入，僅適用於電子作業資料傳送時始由運送人加填。

1 起運地機場名 (Airport of departure)：通常即為起運地地名，亦即第一運送人 (First carrier) 所在地，如 Taipei，並得依託運人之請，將要求的特別航路註明。

2 最終目的地地名 (Airport of destination)：應將英文全名拼出，為避免同名的困擾，應將可資區別的地區或國名加註，如 Berlin, Barcelona/VENEZUELA。如目的地有兩個以上機場時，應列出機場名，如 New York JFK。

3 用於轉機時，將轉運機場地名三個字母英文縮寫填入，如超過一個轉運點時，可依先後次序填入。如係同一架飛機，而僅航次號碼 (Flight no.) 變更時，不得填入。

4 第一運送人的英文簡稱。

5 用於轉機時，隨前項 3 將轉機的航空公司名稱兩個英文字縮寫填入。

6 受貨人帳號 (Consignee's account number)：便於由交貨的航空公司查檔，如無，可免填。

7 受貨人的名址 (Consignee's name and address)：應詳填，如有電話，亦應填入，以便盡速聯絡提貨。不可僅填信箱號碼，否則極易延誤提貨。如貨物係運交銀行或受貨人的代理人，應將該銀行或代理人的名址填入本欄，因為對

FORM 10-3

180- [0]		Airport of Departure	Execution Date Day/Mon/Year	TC	CHAS Code	Cur/Cy Code	For carrierr use only		180- [0]
		01	02	02	02	02	Flight/Day	Flight/Day	

	Airport of departure (address of first carrier) and requested routing	Airport of Destination	Flight/Day	Flight/Day
	1	2		
				Booked

Routing and Destination

1	To	by first carrier		to	by	to	by	Not negotiable **Air Waybill**
		4		3	5	3	5	(Air Consignment Note) Issued by

KOREAN AIR LINES
SEOUL KOREA

2	Consignee's account number	Consignee's name and address
	6	↓
		7

If the carriage involves an ultimate destination or stop in a country other than the country of departure, the Warsaw Convention may be applicable and the Convention governs and in most cases limits the liability of carriers in respect of loss of or damage to cargo. Agreed stopping places are those places (other than the places of departure and destination) shown under requested routing and/or those places shown in carriers' timetables as scheduled stopping places for the route. Address of first carrier is the airport of departure.
SEE CONDITIONS ON REVERSE HEREOF

3	Shipper's account number	Shipper's name and address
	8	↓
		9

The shipper certifies that the particulars on the face hereof are correct agrees to the Conditions on reverse hereof accepts that carrier's liability is limited as started in 4(c) on the reverse hereof and accepts such value unless a higher value for carriage is declared on the face hereof subject to an additional charge

[41]
SIGNATURE OF SHIPPER OR HIS AGENT

Carrier certifies goods described below were received for carriage subject to the Conditions on reverse hereof, the goods then being in apparent good order and condition except as noted hereon

4	Issuing carrier's agent, account number	Issuing carrier's agent, name and city
	10	↓
		11
	Agent's IATA Code	
	12	

[42]   [43]

EXECUTED ON   (Date)   at   (Place)

[44]
SIGNATURE OF ISSUING CARRIER OR ITS AGENT

Copies 1, 2 and 3 of this Air Waybill are originals and have the same validity.

5	Currency	Declared value for carriage	Declared value for customs	Amount of insurance	INSURANCE- if shipper requests insurance in accordance with conditions on reverse hereof indicate amount to be insured in figures in box marked "amount of insurance"
	13	14	15	16	

	Weight charge and valuation charge		All other charges at origin		Accounting information
	PREPAID	COLLECT	PREPAID	COLLECT	
	17	17	18	18	19

6	Number of packages RCP	Actual gross weight	kg lb	Rate class / Commodity Item no.	Chargeable weight	Rate/Charge	Total	Nature and quantity of goods (incl dimensions of volume)
	[20a]	21	22	23 / 23a/24	25	26	26a	27
	20b							

Pre-paid	7	Prepaid weight charge	Prepaid valuation charge	Due carrier / Total other prepaid charges / Due agent	Total prepaid	For carrier's use only at destination
		28	29	30 31	32	

	R	Other charges (except weight charge and valuation charge)	Collect charges in Destination currency
		33	
	S		COD amount 39
	T		Total charges 39

Col-lect	8	Collect weight charge	Collect valuation charge	Due carrier / Total other collect charges / Due agent	COD amount	Total collect
		34	35	36 37	38	39

	9	Handling information [40]

航空公司言，該銀行或代理人為直接受貨人。但可將最終受貨人的名址填入第40欄並冠以 Also notify 字樣，但後者與前者以在同一城市或附近地區為限。

8　託運人帳號 (Shipper's account number)：如無，可免填。

9　託運人名址 (Shipper's name and address)：並盡量將連絡電話填入。

10　航空公司貨運代理店帳號 (Issuing carrier's agent, account number)。

11　代發提單的貨運代理店名稱及其所在地地址 (Issuing carrier's agent, name and city)。

12　前項代理店的 IATA 編號 (Agent's IATA code)。

13　交付的運費貨幣名稱簡寫，一般而言，皆係起運地的當地貨幣，如臺灣為 NT$。但如係運費到付者，本欄雖填入起運地貨幣，34 至 39 欄可填交貨地的當地貨幣名。

14　按前項的貨幣申報貨物價值 (Declared value for carriage)：如不申報，可填 NVD (No value declared) 或留空白，但不可填 No value 字眼。如貨價每公斤超過 US$20.00 時，航空公司將按第 29 欄加收超值費。

15　申報通關價值 (Declared value for customs)：為進口地徵收進口稅的依據，通常為貨物的發票價 (Invoice value)。

16　保險金額 (Amount of insurance)。

17　運費 (Weight charge and valuation charge)：在 Prepaid（預付）或 Collect（到付）欄以×記號表示運費及超值係預付或到付。

18　同上標明啟運地發生的其他費用係屬預付或到付。請注意在中途轉運所發生的費用，除已預知，可以要求託運人預付外，其餘一概應到付。

19　帳目資料欄 (Accounting information)：如付款方式：現金 (Cash)、信用卡 (Credit card) 或支票 (Cheque, Check) 等。亦可填入保險費率等資料，如 Rate for normal risks（一般險費率）或 Rate for war risks（戰爭險費率）等。如無，可免填。

20a　包裝件數 (Number of package)：按下述方式填入：

⑴如全屬同一運費率者，僅填件數，並將同一數字填入本欄下方的方格內。

⑵如其中有適用不同費率者，按各不同費率的包裝件數數量分別自上而下列出，並將總件數計入本欄下方的方格內。

　　⑶高價值物品 (Valuables) 如係相同的包裝，填法如上⑴及⑵。如包裝不同，雖係同一費率，亦應分別列出。

20b　如因轉機而適用聯運費率時，應將各轉接點的地名縮寫（三個英文字母）列出。

21　實際毛重 (Actual gross weight)：依照 20a 項各包裝件數，依次將其毛重 (Gross weight) 填入〔如使用貨櫃時，將貨櫃的皮重 (Tare weight) 在本欄內註明〕，注意僅填數字，而將重量單位填入第 22 欄。並將總毛重量填入本欄下方的方格內。注意如係高價值貨品，重量應計至 0.1 公斤或 4 盎斯。

22　為以上 2 欄各包裝件數使用的重量單位。

　　K——表示公斤。L——表示磅。

23　費率等級欄 (Rate class)：多以下列英文代號表示：

　　C　特別商品費率 (Specific commodity rate)。

　　M　起碼運費 (Minimum charge)。

　　N　正常運費 (Normal rate)，低於 45 公斤者。

　　Q　高貨量費率 (Quantity rate)，即 45 公斤以上者。

　　R　商品分級費率 (Class rate, Commodity classification rate) 的低於 N 者。

　　S　商品分級費率的高於 N 者。

　　U　使用 IATA 標準貨櫃時的定價定量費率 (Pivot weight rate)，或貨櫃起碼費率。

　　E　超過貨櫃標準重量部分的重量及其適用的費率。

　　X　表示係使用貨櫃或統一打包者。

　　W　表示係由託運人自行裝櫃者。

23a　如適用特別商品費率 (SCR) 而有附加費或折讓 (Discount) 時，將其百分率列出，譬如 50% Surcharge 應以 150% 表示。

24　如 23 項以代號 C 表示時，應將 IATA 商品編號列出。如為其他代號，可免填。

25　收費重量欄 (Chargeable weight)：即基本運費根據本欄的重量乘以費率而算出。如係使用 IATA 標準貨櫃而係按櫃收費者，本欄不填。又本欄應與 21 欄對應。

26　與 25 欄相對應的費率 (Rate)，僅填數字，其使用的貨幣則與 13 欄同。

如係商品分級費率（即 23 欄以 R 或 S 表示者），則須將其正常費率列出後將適用的百分數列於第二行；或逕將計算的結果列出。

26a　總額 (Total)。

27　貨品名稱、數量、體積等描述 (Nature and quantity of goods)：如係按體積重量計算者，應將其體積列出；如係高價值貨品，應將包裝的長、寬、高列出；如係危險貨品，應將品名寫出；如使用 IATA 標準貨櫃時，應將貨櫃識別號碼列出。

28　預付運費數額 (Prepaid weight charge)。

29　預付超值費（參考 14 欄）。

30　根據 33 欄應預付航空公司的其他費用。

31　為應預付予航空貨運代理店的費用。

32　為 28～31 各項預付費用總和。

33　為 28 及 29 欄以外的其他有關費用名稱及數額，費用名稱多以英文代號表示：

A　Assembly（捆包費）。

B　Clearance and Handling（通關及裝卸費）。

C　Container/Kennel/Pallet（裝箱或獸欄或墊板費）。

D　Distribution（分貨費）。

E　Insurance（保險費）。

F　Pick-up and delivery（接貨及送貨費）。

J　COD fee（代收貨款費）。

K　Taxes（稅金）。

M　Miscellaneous（雜項費用）。

N　Transit（轉機費）。

S　Storage（倉儲費）。

R　Surface charges（海陸運輸費用）。

V　Disbursements fee（代墊費用）。

以上費用如係付予航空公司者 (Due carrier)，以 C 表示，如係付予貨運代理店者，以 A 表示，並列於各種費用英文代號之後，如 JC45.50 即表示應付予航空公司代收貨款費 45.50 元，BA120.00 則表示應付予貨運代理店報關費 120 元。

34　運費到付時應向受貨人收取的運費數。

35　向受貨人收取的超值費。

36　根據 33 欄應由航空公司向受貨人收取的其他費用。

37　根據 33 欄應由航空貨運代理店向受貨人收受的其他費用。

38　如為**代收貨款 (COD)**，其代收總數。

39　共三欄，由航空公司在目的地視收取有關費用情形加填。

40　**貨物處理補充資料 (Handling information)：** 諸如

　　a. 嘜頭及識別號碼以及包裝特點等。

　　b. 除第 7 欄外的第二通知人名址。

　　c. 隨同空運提單的其他文件名稱及號碼，如產地證明書、危險品證明書
　　　或商業發票等。

　　d. 其他貨物處理指示，但應冠以 Request 字眼。

　　e. 如貨物無法投遞而需運返時的回程提單號碼及原提單號碼。

41　本欄由託運人或其代表人（航空貨運代理店）簽字，證明提單各欄所
填皆為正確無誤，並同意提單背面所印的各條款。

42　為製發提單日期，月份不可以數字表示，應填其英文全稱或縮寫，如
Jan.、Feb. 等。

43　為製發提單地點。

44　製發提單的航空公司或其代理店簽章。

　　以上 42 至 44 各欄經簽章後，即表示航空公司已依空運提單各欄資料所示
承運託運人的貨物。

 ## 四、分提單

　　目前在航空運輸中，有專門承攬貨物運送者，他們自兩個以上的託運人收
集航空運送貨物，予以併裝之後，交給**航空運送人 (Air carrier)** 運送，貨物運抵
目的地後，再予拆裝，交給指定的個別受貨人。經營這種承攬業的人，因不自
備飛機，故非**實際的航空運送人 (Actual air carrier)**，而是一種**貨運承攬業者**
(Forwarding agent, Freight forwarder) 或併裝業者，我國業者稱為**航空貨運公司**
(Air cargo company)。以航空運送的便捷而言，這種行業自有其存在的價值。

　　航空貨運公司自託運人收到託運貨物後即簽發 Air bill 給託運人，但有些航

空貨運公司所發行的提單也標明為 Air waybill，與航空公司所發行的 Air waybill，形式雷同。因此，航空公司為避免兩者混淆，將航空公司所發行的空運提單稱為「主提單」（Master air waybill，簡稱 MAWB），而將航空貨運公司所發行者，稱為「分提單」（House air waybill，簡稱 HAWB 或 Forwarder's air waybill，如 FORM 10–4）。航空貨運公司發行的提單雖與航空公司發行者雷同，但稍有經驗者，仍可從其提單號碼予以識別。航空公司發行的主提單，其提單號碼係由 3 位阿拉伯數字起頭，為航空公司的代號或 IATA 統一編號，例如中華航空公司的代號為 297，地中海航空公司為 270，其後跟著不超過 8 位數字的流水號碼，為航空公司自編的貨號及帳號。由航空貨運公司發行的分提單則起首為該公司的英文代號，而非阿拉伯數字，其後面為該公司自編的流水號碼，故極易與主提單區別。

　　由於航空貨運公司本身並非實際運送人，也未必係實際運送人的代理人，故其發行的分提單與海運的分提單一樣，只具有貨主與貨運承攬業者間的運送契約性質，一旦發生索賠問題，貨主只能向貨運承攬業者（航空貨運公司）主張權利，而不能直接對航空公司主張任何權利。

第五節　郵遞與快遞

 一、郵　遞

　　各國多有**郵購業務** (Mail order business)，公司行號利用郵局媒介，出售貨物予遠地顧客。其銷售方式，自商品目錄的分發，貨物的訂購，以及發貨、收貨等全部銷售過程，均透過郵局投遞以完成。

　　郵購業務最發達的國家首推美國。現在已發展成國際性的業務。**郵政包裹** (Post parcel) 是由郵局承辦運輸手續，郵局即為運送人。按國際間郵政包裹的收寄與遞送，均根據**國際郵政聯盟** (Universal postal union) 的統一辦法辦理，但各國郵局出口包裹定有單行規定。對國際航空水陸包裹重量限度及資費各有不同的規定。出口商可洽詢郵局相關窗口或從網站下載相關資訊。

　　包裹交給郵局後，郵局即發給寄件人收據，此收據稱為**郵政收據** (Post receipt) 或投遞證明書 (Certificate of posting)。郵政收據或投遞證明書僅作為收

FORM 10-4

Shipper's Name and Address	Shipper's Account Number		**Morrison Express Corp. (U.S.A.)**
XX INC. 1455 MONTEREY PASS RD 4105 MONTEREY PARK, CA 91754			AIR WAYBILL (AIR CONSIGNMENT NOTE) ISSUED BY Corpoa Express Corp. (U.S.A.)

Consignee's Name and Address	Consignee's Account Number
FAR EASTERN AIR TRANSPORT CORP. NO. 5 ALLEY 123 LANE 405 TUN HWA N. RD TAIPEI, TAIWAN	

MORRISON EXPRESS Service at its Best!

It is agreed that the goods described herein are accepted in apparent good order and condition (except as noted) for carriage SUBJECT TO THE CONDITIONS OF CONTRACT ON THE REVERSE HEREOF. THE SHIPPER'S ATTENTION IS DRAWN TO THE NOTICE CONCERNING CARRIER'S LIMITATION LIABILITY. Shipper may increase such limitation of libility by declaring a higher value for carriage and paying a supplemental charge if required.

Issuing Carrier's Agent Name and City
MORRISON EXPRESS CORP. (U.S.A.)

Accounting Information
LA9TPO179

Agent's IATA Code	Account Number
01-1-5056-014	

Airport of Departure (Addr. of First Carrier) and Requested Routing
LAX-TAIPEI

To	By First Carrier	Routing and Destination	to	by	to	by	Currency	Chas Code	WT VAL		OTHER		Declared Value for Carriage	Declared Value for Customs
									PRE	COLL	PRE	COLL		
TPE	CI 307/09						US$	PC		C		C	N.V.D.	

Airport of Destination	Flight/Date	For Carrier Use Only	Flight/Date	Amount of Insurance	If shipper requests insurance in accordance with the conditions thereof, indicate amount to be insured in figures in box marked "Amount of Insurance".
TAIPEI				NIL	

Handling Information
INV. No: KV1629-43*

"FREIGHT COLLECT"

TAIWAN

Number of Pieces RCP	Gross Weight	kg. lb.	Rate Class / Commodity Item No.	Chargeable Weight	Rate / Charge		Total	Nature and Quantity of Goods (incl. Dimensions or Volume)
4CTN	118.0L			V.166.0L	0.85/L		141.10	AIRCRAFT PARTS *KV1645-7, KV1655
					24.00×24.00×24.00"×1			
					24.00×15.00×13.00"×1			
					5.00×41.00×5.00"×1			
					7.00×25.00×43.00"×1			

Prepaid	Weight Charge	Collect	Other Charges
		$141.10	BC: $10.00

Variation Charge

Tax

Total Other Charges Due Agent	
	$10.00

Shipper certifies that the particulars on the face hereof are correct and agrees THE CONDITIONS ON THE REVERSE HEREOF.

Total Other Charges Due Carrier

FATAIR INC.

Signature of Shipper or his Agent

Total Prepaid	Total Collect
	US$151.10

Jul. 07 20–   LAX   CA   MEC/FL   AGENT OF CI

Currency Conversion Rates	CC Charges in Dest. Currency

Executed on   (Date)   at   (Place)   Signature of issuing Carrier or as Agent

For Carriers Use only at Destination	Charges at Destination	Total Collect Charges

MEC- 01061052

到包裹並將予以寄出的證明文件，並非表示貨物所有權的物權證券，也非領取包裹時必須提示的文件。對銀行而言，這種收據或證明書並不能充作融資的擔保品，因此，開狀銀行為掌握包裹，多於信用狀中規定以開狀銀行為包裹的收件人。

　　郵政包裹由航空寄運者，稱為**航空郵政包裹** (Air post parcel)。按航空郵政包裹業務首創於美國，其後國際航空郵政包裹普遍推行。此種航空郵政包裹也由郵局發給收據，稱為 Receipt for air post parcel。以航空郵政包裹發貨時，應特別注意有關重量、尺寸、限度的規定。

　　貨物以郵政包裹方式遞送，如須保險，亦可向郵政機構投保，但通常僅承保平安險。投保時有關每件包裹的保險金額須在報稅單上載明，這種由郵政機構保險的郵政包裹稱為 "Insured post parcel"。

　　郵政收據或投遞證明書上的收件人、名稱、地址、貨物名稱及信用狀號碼應與信用狀所規定者相符，且應蓋有郵戳，或以其他方法**驗證** (Authenticated) 並註明日期。UCP 600 第 25 條 (c) 項規定：「證明貨物收受待運的郵政收據或投遞證明……須顯示於信用狀規定的貨物裝運地蓋章或簽署，並註明日期，該日期將視為裝運日期。」

　　因此，航空貨運與航空郵包在使用上的差別會有下列幾點：

1. 航空郵包依照收貨人的地址可直接送達。
2. 每件郵包都有重量及大小體積的限制。
3. 郵包的運費必須由寄貨人付清。
4. 航空貨運可更改目的地及收貨人。
5. 航空貨運追蹤未到貨物較快。

 ## 二、快　遞

　　近年來，隨著國際貿易的快速發展，國際航空**快遞服務** (Courier service) 業務也大幅成長。目前在我國有 DHL、UPS（優比速）、Federal Express（聯邦快遞）等多家加入經營。這些業者在國內大城市設有分支機構或代辦處（例如 DHL 和統一超商合作，利用統一超商在全臺各地的營業點收件），接受外匯銀行、貿易廠商的委託，從事國際間的航空快遞業務。

　　由於快遞業者大多能在很短的時間（2～3 天）內將受託的商品或商業文件

送達世界各地城市，效率之高遠非郵遞所能比擬。因此，雖其收費較郵費高出
3～4 倍，卻仍為貿易廠商所樂於利用。

鑑於國際航空快遞費用高出郵費很多，所以受託遞送的物件大多屬趕時間
的商業文件（例如押匯文件）及體積小、重量輕、數量少的樣品等。

目前在我國的國際快遞業者，由於競爭激烈，服務效率很高，只要一通電
話，即派人前來取貨 (Pick up)，可說是真正的「服務到家」(door-to-door service)。

鑑於國際快遞業務的愈來愈重要，UCP 600 第 5 條 (a)、(b) 項也針對快遞服
務的運送作了一些規定。

一、 航空運輸優點

(一)運輸快速

(二)交貨迅速

(三)運輸包裝成本較海運為低，節省包裝費用

(四)保險費率低：破損率、損失率低

(五)縮短運輸時間

(六)適應緊急情況的需要

(七)資金周轉加速

二、 航空貨運相關機構

(一)國際航空運輸協會 (IATA)

(二)民用航空運輸業

(三)航空貨運代理商

(四)航空貨運承攬業

三、 空運貨物託運手續

(一)直接交運貨物：貨物數量多的情況

$$
貨主 \quad \xleftrightarrow[\text{空運提單}]{\text{貨物、託運單}} \quad 航空公司
$$

(二)併裝交運貨物：貨物數量少的情況

$$
貨主 \xleftrightarrow[\text{HAWB}]{\substack{\text{貨物、空運} \\ \text{貨物委託書}}} 航空貨運承攬業者 \xleftrightarrow[\text{MAWB}]{\text{貨物、託運單}} 航空公司
$$

四、 空運運費的計算

(一)運費基準 ── 以實際重量為收費重量
      以體積重量為收費重量

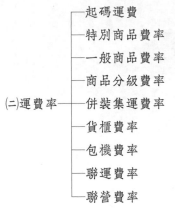

```
                  ┌─ 起碼運費
                  ├─ 特別商品費率
                  ├─ 一般商品費率
                  ├─ 商品分級費率
  (二)運費率 ──────┤─ 併裝集運費率
                  ├─ 貨櫃費率
                  ├─ 包機費率
                  ├─ 聯運費率
                  └─ 聯營費率
```

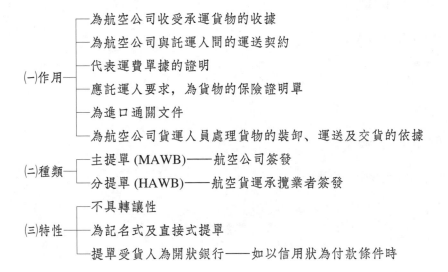

```
  (三)運費的計算方式基準 ─┬─ 運費率或運價──航空公司對承運一基準單位自起運站機場
                         │                 至終點站機場所收取的運送費
                         └─ 運費──一批貨物的運送費及有關的費用
```

五、空運提單

```
          ┌─ 為航空公司收受承運貨物的收據
          ├─ 為航空公司與託運人間的運送契約
  (一)作用 ─┤─ 代表運費單據的證明
          ├─ 應託運人要求，為貨物的保險證明單
          ├─ 為進口通關文件
          └─ 為航空公司貨運人員處理貨物的裝卸、運送及交貨的依據

  (二)種類 ─┬─ 主提單 (MAWB)──航空公司簽發
          └─ 分提單 (HAWB)──航空貨運承攬業者簽發

          ┌─ 不具轉讓性
  (三)特性 ─┤─ 為記名式及直接式提單
          └─ 提單受貨人為開狀銀行──如以信用狀為付款條件時
```

六、郵遞與快遞

(一)郵遞

```
                          ┌─ 航空郵包可直接送達
                          ├─ 航空郵包有重量及大小體積的限制
  航空貨運與航空郵包的區別 ─┤─ 航空郵包的運費必須由寄貨人付清
                          ├─ 航空貨運可更改目的地及收貨人
                          └─ 航空貨運追蹤未到貨物較快
```

(二)快遞

習　題

一、是非題

（　）1.空運提單與海運提單的作用是一樣的。

（　）2.航空貨運代理商可代表航空公司簽發空運提單。

（　）3.航空公司所簽發的空運提單稱為 HAWB。

（　）4.空運提單不屬流通性證券。

（　）5.航空郵包的貨物包裝是不受限制的。

二、選擇題

（　）1.下列何種運輸方式貨物可直接送達？　(1)海運　(2)空運　(3)航空郵包。

（　）2.使用空運時，如貨主的貨物數量不多時，通常多交予　(1)航空公司　(2)航空貨運代理商　(3)航空貨運承攬業者。

（　）3.航空貨運運價均以　(1)重量　(2)體積　(3)容積　為計算單位。

（　）4.空運提單不具備　(1)收據　(2)運送契約　(3)物權憑證　的特性。

（　）5.以信用狀為付款條件時，空運提單的受貨人為　(1)出口商　(2)開狀銀行　(3)進口商。

三、翻　譯

1.航空貨運承攬業

2.主提單

3.分提單

4.航空郵政包裹

5. IATA

6. SCR

7. GCR

8. Air carrier

四、問答題

1.試述空運提單的作用。

2.航空貨運的相關機構有哪些?

3.航空貨運與航空郵包有哪些區別?

五、工作習題

空運出口時,航空公司交給出口商的主提單或航空貨運承攬業務交給出口商的分提單對出口商的權益有何不同?

第十一章

貨物運輸保險
與輸出保險

第一節　海上保險的概念

 ## 一、保險的意義

　　保險 (Insurance) 是指當事人約定，一方交付保險費於他方，他方對於因不可預料或不可抗力的事故所致的損害，負擔賠償財物的行為（保險法第 1 條）。

二、保險的關係人

　　依據「保險法」上的規定，其保險的關係人有：

　㈠保險人 (Insurer, Assurer)：**依據第 2 條法規**

　　係指經營保險事業的各種組織（如保險公司），在保險契約成立時，有保險費的請求權；當承保危險事故發生時，依其承保責任，負擔賠償義務者。

　㈡要保人 (Proposer, Applicant)：**依據第 3 條法規**

　　係指對於保險標的具有保險利益，向保險人申請訂立保險契約，並負有交付保險費義務者。

　㈢被保險人 (Insured, Assured)：**依據第 4 條法規**

　　係指對於保險事故發生時，所遭受的損害，享有賠償請求權者；要保人亦得為被保險人。

　㈣受益人 (Beneficiary)：**依據第 5 條法規**

　　係指由被保險人或要保人所指定，享有賠償請求權者，要保人或被保險人均得為受益人。

　㈤保險代理人 (Insurance agent)：**依據第 8 條法規**

　　係指根據代理契約或授權書，向保險人收取費用，並代理經營業務者。

　　財產保險代理人，其代理權限通常為招攬業務、查勘、簽發保險單、收取保險費及處理賠款案等。亦有僅代理其中某一項業務者，如海上貨物保險實務上常見的**賠款代理人** (Claim agent, Settling agent)，即僅代理處理索賠案件。

　㈥保險經紀人 (Insurance broker)：**依據第 9 條法規**

　　係指基於被保險人的利益，代向保險人洽訂保險契約或提供相關服務，而向承保的保險業收取佣金者。

㈦保險公證人 (Insurance surveyor)：依據第 10 條法規

係指向保險人或被保險人收取費用，為其辦理保險標的的查勘、鑑定及估價與賠款的理算、洽商，而簽發證明者。

 ## 三、海上保險的意義與其特性

海上保險 (Marine insurance)，又稱水險，亦即海上運輸保險。凡屬航海中一切事變及災害，對保險標的所生的毀損、滅失及費用，由保險人就其承保範圍負賠償責任的保險。因此，海上保險與他種財產保險不同，它具有下列特性：

1.海上保險的保險事故，採擔保普遍性的原則，顯具有綜合保險的性質。

2.海上保險涉及地理的範圍超越國家的界限，具有國際性。

3.海上保險的標的價值，受時間及空間的影響甚大，故一般均採用**定值保險單** (Valued policy)。

4.海上保險因保險事故發生的原因頗為廣泛而複雜，故增加保險人對責任確定的複雜性。

5.海上保險費率計算困難，故通常以個別法為準，而由雙方當事人協議決定。

 ## 四、投保義務人、保險區間及保險金額

在國際貿易的每一筆交易中，保險究應由賣方或買方負責洽保，端視買賣契約中的貿易條件而定，茲就一般常用的 FOB、CFR、CIF 說明如下：

㈠ FOB、CFR 條件

1.投保義務人——貨物在裝運港通過船舷以後的危險由買方負責，所以海上貨物保險由買方購買。但貨物通過船舷欄杆前的內陸運輸險應由賣方購買。

2.保險區間——依據保險單的協會貨物條款，保險人的承保區間乃從貨物離開保險單所載起運地點的倉庫到保險單所載目的地受貨人的倉庫。但從起運地點到船舷欄杆這段買方並無保險利益，貨物在這段區間如受到損壞，買方仍不能要求保險人賠償。為配合這種情勢，買方在購買保險時，可要求保險人在保險單上加批 "Before loading risk for benefit to shippers" 條款，則在該段運程中遭到保險單承保的危險損害時，可由買方通知保險人向賣方賠償。

3.保險金額——FOB、CFR 的投保義務人是買方，則買方是否購買或購買

何種險，保險金額若干，悉由買方自行決定，與賣方無關，但也有時買賣契約約定保險由賣方代為購買，保險費由買方負擔，則賣方自須照辦，否則危險由賣方負責。又在 CFR 條件下賣方確定船舶後，須於合理時間內通知買方購買保險，如不為通知或通知遲延，危險歸由賣方負擔。

㈡ CIF 條件

1. 投保義務人──保險由賣方購買，賣方須支付保險費給保險人，並向買方提出保險單或保險證明書。

2. 保險區間──賣方購買保險後，貨物在裝運港通過船舷欄杆以後的危險即轉移買方。裝貨後如有損失，則由買方根據保險單直接向保險人請求賠償。故保險區間視投保險類而定，依據協會貨物條款是從貨物離開保險單所載起運地點的倉庫開始，一直到保險單所載目的地受貨人的倉庫止。

3. 保險金額──保險種類、保險金額及保險幣別依買賣契約規定辦理。如雙方無約定，依據 INCOTERMS® 2010 規定，投保 ICC (C) 險即可。如需加保兵險，費用由買方負擔。保險金額依 CIF 金額加 10% 投保，並按買賣契約的幣別投保。

第二節　海上損害

海上危險對貨物所造成的損害與費用是為海上損害 (Maritime loss)。

 ## 海上損害的種類

在海上保險學上，根據其損害的程度可分下列幾種：

㈠全　損

全損即保險標的物全部滅失。它又可分為三種情形：

1. 實際全損 (Actual total loss)──又稱絕對全損 (Absolute total loss)，在英國海上保險法上規定：「凡投保的標的物，不論其為全部的滅失或非全部的滅失，其滅失的結果，使投保人對所投保的標的物不能再使用，均作實際的滅失論。」

2. 推定全損 (Constructive total loss)──乃指保險標的物遭受危險，程度上雖未達全部滅失，但其回復似不可能或其回復費用或其損害修護費用及運到目的港的費用將超過抵達後標的物本身價值者。

3.**部分全損** (Total loss of an apportionable part)──保險標的物有時包括若干部分，其中某一部分發生全損，就造成了部分全損。

（二）**分　損**

分損指保險標的物部分損失，其發生情形有：

1.**共同海損** (General average)──在海上貨物保險上所謂共同海損，是指在海上發生緊急危難時，船長為避免船舶及貨載的共同危險所為處分而**直接發生的犧牲及費用** (General average sacrifice & expenditure)。茲舉一例說明：

一艘船舶由基隆開往香港，載有水泥、夾板、花布及塑膠鞋。途中遇暴風襲擊，船舶傾斜，必須減輕貨載才能免於翻覆。船長為維護共同安全及共同利益，乃將水泥投棄海中，終而船舶得以安抵香港。但水泥是基於共同利益而遭受損害，如令其貨主獨自負擔損失，難謂公平，所以海商法設有共同海損制度的規定，這項損害由共同航海的船舶、水泥、夾板、花布、塑膠鞋及未付運費，按比率共同負擔。

2.**單獨海損** (Particular average)──單獨海損是貨物在海上，因不可預料的危險所造成的部分滅失或損害，這種損害並非由共同航海的財產共同負擔，而是由遭受損害的各財產所有人單獨負擔。換句話說，分損無共同海損性質時，即為單獨海損，在海上保險，如單獨海損不是因所投保的危險造成，則保險人不負賠償責任。再者縱令是因所保危險所造成，其是否賠償，仍須視保險單如何約定。一般在單獨海損賠償下，如遇損失太小也賠償，其辦理手續顯得較麻煩，故雙方約定損失程度，在此損失程度之內可不必賠償，我們稱之為**免賠額** (Franchise)，它又可分：

⑴**可扣除免賠額** (Deductible franchise)：損失額度超過免賠額時，保險人只賠超過的部分，如 3% 的免賠額、5% 的損失程度，保險人賠 2% 即可。

⑵**不可扣除免賠額** (Non-deductible franchise)：損失額度超過免賠額時，保險人必須全部賠償其全部損失的部分，不可扣除免賠額的部分，如 3% 的免賠額、5% 的損失程度，保險人須賠 5%。

當然，也有不論損失多寡，受益人都要享用其權利，我們稱之為單獨海損賠償沒有百分比的限制（Irrespective of percentage，簡稱 IOP）。

(三)費　用

1.損害防止費用 (Sue and labour charges)──貨物在海上遇險時，如被保險人或其代理人（如船長）或受讓人為之努力營救，以減輕損失程度，則保險人對這項費用支出應予賠償。並且應賠償的金額與貨物損害賠償金額合計金額，即使超過保險金額，也應予賠付。

2.施救費用 (Salvage charges)──施救費用乃指船貨在海上遇險後，經由第三人（不包括被救財產所有人，其代理人或受雇人）的非契約的任意施救行為而獲救時，該第三人依海商法可獲得的報酬而言。這種施救費用應由船貨比例分擔，被保險人分擔的這項費用，保險人通常均須予賠償。

3.單獨費用 (Particular charges)──所謂單獨費用是船隻於航行中遇到海上危險時，貨主為了保護貨物的安全，所支付的特別起卸費、臨時倉儲費或貨物維護費等費用，因此，單獨費用亦可以說是單獨海損的從屬費用，如果單獨海損可以索賠，則其單獨費用亦可獲賠償。反之，如果所防止或減輕損害的危險非保險單所承保者，則其所發生的費用自不得向保險人索償。所謂「單獨海險不包括單獨費用」，係指單獨海損的損失中，不能將單獨費用加入合併計算以求達到單獨海損的起賠限額。

4.額外費用 (Extra charges)──所謂額外費用係指上述損害防止費用、單獨費用、施救費用以外的其他費用。舉凡公證費、查勘費、船底檢驗費、理算師費等統稱為額外費用，亦從屬費用性質。亦即只有在被保險人的索賠成立，保險人才負責這些與索賠有關的額外費用，是故保險人對索賠不能成立的額外費用不負責任，但某些額外費用如係由保險人所授權者，則保險人應負擔此項查勘費用。同樣的，額外費用不能加到賠款上以求達到某項標準而得成立索賠，但索賠一經成立，額外費用自亦可獲得賠償。

第三節　海上貨物運輸保險承保的危險

海上貨物保險所稱的危險，是指因於航海或附隨於航海所生的危險。

海上貨物保險人所承保的危險，主要可分為海上危險及特殊危險：

(一)海上危險

1.海上固有危險 (Perils of the sea)──指在海上偶然發生的意外事件或災

害，但不包括所有海上發生的一切事故。可視為海上固有危險的情況有：

⑴船舶沉沒 (Sinking)：指船舶沉入海底。

⑵船舶擱淺 (Stranding)：指船舶擱淺而不續航的事故。

⑶船舶觸礁 (Touch and go)：指船舶因觸礁而受到損害的事故。

⑷船舶碰撞 (Collision)：指船舶與外來物體如碼頭、橋樑、浮筒或其他船舶互撞的事故。

⑸船舶失蹤 (Missing)：指船舶行蹤不明逾相當時間的事故。

⑹船破 (Shipwreck)：指船舶因觸礁、擱淺等而致破爛的事故。

⑺風暴 (Heavy weather)：指船舶因為惡劣天氣而遭受損害的事故。

⑻貨物的海水損害 (Sea water damage)：指貨物因海水的灌入船舶而遭受損害的事故（但不含通常風浪所致）。

2.火災 (Fire)——指保險標的物在海上遭到火災所致的損害。凡火災由於天災（如電殛）、船長船員或第三者的過失、爆炸等原因而發生的，保險人均應賠償。如火災因標的物本身自燃而引起的，保險人可以不賠。又因戰爭（如軍艦、敵人、海盜、海上奪占等）或罷工、暴動、內亂等所引起的火災不在內。

3.暴力盜竊 (Thieves)——指船舶在海上航行時，遇暴力盜竊所引起的損害。普通偷盜 (Theft) 引起的損害則不包括在承保範圍之內。

4.投棄 (Jettison)——指船舶在海上航行時遇緊急事變，船長為保全全船的共同安全，就船舶上部分的貨物或設備投棄海中所造成的損害。被投棄貨物或設備所受的損害，即為共同海損犧牲 (General average sacrifice)，如造成共同海損的危險是在基本保險單承保範圍之內（即屬海上基本危險者），則保險人對投棄所致的共同海損犧牲應負賠償責任。

5.船長船員的惡意行為 (Barratry)——指船長船員未經船舶所有人許可或知情，因非法的目的，故意所為的不法行為，而使保險標的物遭到損害而言。

6.其他一切海上危險 (All other perils of the sea)——指與基本保險單中所述特別列舉的各種危險相類似的危險而言。

㈡特殊危險 (Extraneous risks)

指不屬於基本保險單承保範圍內的危險。貨物運輸除存在上述各種海上基本危險外，往往也因貨物性質、運往地區而另有各種特殊的危險。這種特殊危險不包括在基本保險單內，須經特約加保，保險人才對此種特殊危險負責。

常見的特殊危險有下列幾種：

⑴戰爭 (War)。

⑵罷工、暴動、民眾騷擾 (Strikes, riots and civil commotions)。

⑶偷竊、挖竊、遺失 (Theft, pilferage and non-delivery)。

⑷淡水、雨水 (Fresh water and rain)。

⑸破損 (Breakage)。

⑹漏損 (Leakage)。

⑺鉤損 (Hook hole)。

⑻汙油 (Oil)。

⑼汙染 (Contamination with other cargoes)。

⑽汙濕、發熱 (Sweat and heating)。

⑾沖浪 (Washing-overboard)。

⑿霉濕及發黴 (Mildew and Mould)。

⒀鼠蟲害 (Rats and Vermin)。

⒁爆炸 (Explosion) 等等。

第四節　海上貨物運輸保險的種類

如前所述，海上危險及海上損害的種類繁多，而不同的被保險人對於保險範圍的需求也不盡相同。若是由保險人與被保險人於訂定保險契約時自行約定保險範圍，固無不可，但卻可能因此為雙方帶來相當的不便。為解決這種不方便，保險人均備有現成、不同保險範圍的規格化保險種類供被保險人選用。目前常用的保險種類為：「協會貨物條款」，依其承擔責任的大小加以劃分，又可分為三種基本險及其他附加險。茲分述如下：

一、基本險

協會貨物條款（Institute cargo clauses，簡稱 ICC）是添附於海上貨物保險單，作為保險人承保範圍及條件的條款，為配合「MAR FORM 保單」(Marine form) 使用者，可分為三種基本險：

㈠**協會貨物條款 (A) 1/1/2009**（Institute cargo clauses (A)，簡稱 ICC (A)）

　　本保險承保保險標的物毀損滅失的一切危險。但這本保險承保保險標的物毀損滅失的一切危險，不包括有些危險事故，例如：被保險人的故意、兵險、罷工暴動險、不良包裝不當裝櫃、船東或經紀人等破產、船舶、駁船、運輸工具、貨櫃的不適航等等。

㈡**協會貨物條款 (B) 1/1/2009**（Institute cargo clauses (B)，簡稱 ICC (B)）

　　本保險承保下列危險事故引起的損失：

　1.可合理歸因於下列危險事故所引起保險標的的滅失或毀損：

　　⑴火災或爆炸。

　　⑵船舶或駁船的擱淺、觸礁、沉沒或傾覆。

　　⑶陸上運輸工具的傾覆或出軌。

　　⑷船舶或駁船或運輸工具與除水以外在任何物體的碰撞或觸撞。

　　⑸在避難港的卸貨。

　　⑹地震、火山爆發或閃電。

　2.因下列危險事故所引起保險標的的滅失或毀損：

　　⑴共同海損的犧牲。

　　⑵投棄或波浪捲落。

　　⑶海水、湖水或河水的侵入船舶、駁船、運輸工具、貨櫃貨箱或儲存處所。

　3.任何一件貨物於裝卸船舶或駁船時落海或掉落的整件滅失。

　　至於本條款不承保的損失及費用，除 ICC (A) 所列舉事項之外，尚包括任何人員的不法行為引起保險標的的全部或部分惡意損害或毀壞，故本條款承保範圍小於 ICC (A)，但大於 ICC (C)。

㈢**協會貨物條款 (C) 1/1/2009**（Institute cargo clauses (C)，簡稱 ICC (C)）

　　本保險承保下列危險事故所引起的損失：

　1.可合理歸因於下列危險事故所引起保險標的的滅失或毀損：

　　⑴火災或爆炸。

　　⑵船舶或駁船的擱淺、觸礁、沉沒或傾覆。

　　⑶陸上運輸工具的傾覆或出軌。

　　⑷船舶或駁船或運輸工具與除水以外在任何物體的碰撞或觸撞。

　　⑸在避難港的卸貨。

2.因下列危險事故所引起保險標的的滅失或毀損：

　(1)共同海損的犧牲。

　(2)投棄。

至於本條款不承保的損失及費用，除 ICC (B) 所列舉事項之外，尚包括：

1.地震、火山爆發或閃電。

2.海浪捲落。

3.海水、湖水或河水的侵入船舶、駁船、運輸工具、貨櫃貨箱或儲存處所。

4.任何一件貨物於裝卸船舶或駁船時落海或掉落的整件滅失。

故本條款承保範圍小於 ICC (A) 與 ICC (B)。

 二、附加險

㈠協會貨物兵險條款 (Institute war clauses)

　MAR FORM 保單並不承保兵險，因此投保人如要投保兵險，則可以另付保險費要求保險人增列由倫敦保險人協會所制定的協會貨物兵險條款。其承保範圍包括：

1.捕獲、奪取、拘管、禁制或扣留所引起的損害。

2.敵對行為或類似戰爭行動所引起的損害。

3.內戰、革命、謀反、叛亂等事件所引起的民間爭鬥以及海盜行為所引起的損害。

4.水雷、魚雷、炸彈以及其他兵險所引起的損害。

㈡協會貨物罷工險條款 (Institute strikes clauses)

　MAR FORM 保單並不承保罷工險，因此投保人如要投保罷工險，則可以另付保險費要求保險人增列由倫敦保險人協會所制定的協會貨物罷工險條款。其承保範圍：

1.因參與罷工、停工、工潮、暴動或民眾騷擾人員所引起者。

2.因任何恐怖主義或任何人的政治動機引起者。

至於協會貨物郵運兵險條款和協會貨物航空條款，於第五、六節介紹。

第五節　海上貨物運輸保險實務

 ## 一、保險單的種類

　　海上貨物保險單的種類，因其觀點的不同，有多種分類，茲就其重要的分類說明如下：

　　(一)以時空為準，可分為

　　1.**航程保險單** (Voyage policy)——航程保險單是指承保貨物從某一地點到另一地點的運輸途中可能發生危險的保險單。例如保險單上載明自某港至某港是。一般海上貨物保險單幾乎採用這種保險單。而國際貿易上所要求的海上保險單都屬此一類。

　　2.**定期保險單** (Time policy)——定期保險單是承保貨物在某一固定航期可能發生的危險的保險單。例如保險單上載明航期自某年某月某日起至某年某月某日止是。船舶險的保險單多屬此一類。

　　(二)以保險金額是否確定為準，可分為

　　1.**定值保險單** (Valued policy)——定值保險單是指在保險單上訂明保險標的物的價值（即保險價額）的保險單。定值保險單的保險金額就是標的物保險價額。日後保險標的物遇有損害，就根據這金額計算賠償。在國際貿易上，一般貨物保險都是定值保險單。

　　2.**不定值保險單** (Unvalued policy)——不定值保險單是指在保險單上僅訂明保險金額的最高限度，而將保險價額留待日後保險事故發生時再予補充確定的保險單。其確定方式通常都按「**完好到達市價**」(Sound arriving value) 計算。

　　(三)以船名是否確定為準，可分為

　　1.**確定保險單** (Definite policy)——係指投保時，貨物數量、金額、裝運船舶及預定開航日期均已確定者，保險人所簽發的海上保險單。又稱**船舶確定保險單** (Specified or named policy)，通常所謂保險單，以及賣方負責保險的出口貨物保險單，即指此類保險單。

　　2.**未確定保險單** (Indefinite policy)——又稱**船舶未確定保險單** (Unnamed policy)。係指投保時，貨物數量、金額、裝運船舶及預定開航日期尚未確定而先

行投保者，在這種情形下，保險人所簽發的保險單，稱為未確定保險單。可分：

⑴預保單 (TBD policy, To be declared policy)（如 FORM 11–1）：指要保人在投保時，因船期未定或投保金額未定，裝運船名尚未確定等記載事項不完全，而無法投保確定保險，要保人先以有關事項的大概內容向保險公司投保預定保險 (Provisional contract)，保險公司對此種逐批個別預定的保險契約，簽發預保單。俟船名、開航日期、裝運數量及金額等事項確定後，憑被保險人的起運通知書 (Declaration)，保險公司據以計算保險費，並發給確定保險單或在預保單上予以批註。通常買方負責保險的進口貨物保險單，多屬此類。

⑵流動保險單 (Floating policy)：所謂流動保險單，係保險當事人預先約定預定期間內（通常為 1 年）總保險金額，每批貨物裝出時，即自總金額中扣除，以迄用完為止，保險單即自動註銷。此種方式的保險單，適用於出口商以同類貨物長期供應國外客戶的情形。保險單在簽發後，即自動承保以後各批個別貨物的保險。此種保險單只訂出保險的一般條件。投保人在每批貨物裝運時，應立即將船名、貨物數量及金額、起迄地點等通知保險人，保險人憑被保險人的起運通知書，另簽發保險證明書 (Certificate of insurance)，其效力與正式的保險單一樣。

⑶預約保險單 (Open cover, Open policy)：預約保險單或稱統保單或開口保險單。與流動保險單類似，是以預約方式，一次承保未來多批貨載的保險單，預約保險單跟流動保險單最相似的一點是：二者的被保險人均有責任向保險人通知保險單下每批個別貨物的裝運。

預約保險單可以是定期的，也可以是永久的，這點與流動保險單不同，流動保險單一般僅限於 12 個月。如預約保險單是永久性時（通常用 Open 一字），通常在保險單上加一個取消條款 (Cancellation clause)，使得當事人任何一方均可在一定期間（通常為 30 天或 3 個月）前通知取消預約保險單。預約保險單是總括的保險單，保險單上只有一般條件，所以被保險人於每批個別貨物裝出時，須通知保險人，保險人即根據這項通知發出保險證明書，一些特約的條款都在保險證明書上訂明。這種保險證明書配合預約保險單也是當今國際貿易實務上常見的保險方式。

FORM 11–1

 富邦產物保險股份有限公司 (財政部核發營業執照號碼：台保更第028號)

Fubon Insurance Co., Ltd.

HEAD OFFICE: 237, CHIEN KUO SOUTH ROAD, SEC. 1, TAIPEI. TAIWAN
TELEPHÓNE: 27067890 CABLE: "SAFETY" TAIPEI TELEX:11143 SAFETY FAX:(02)27042915　申訴電話：(02)27067890　(分機:866)

POLICY NO.	MARINE CARGO POLICY

Claim, if any payable at Taipei
in N.T. Dollars

依海商法第一三二條規定：未確定裝運船舶之貨物保險，要保人或被保險人於知其已裝載於船舶，應將該船舶之名稱、裝船日期、所裝貨物及其價值，立即通知於保險人。不為通知者，保險對未為通知所生之損害，不負賠償責任。

Warranted Free From Any Liability For Loss Or Damage Occured Before Issuing of This Policy.

本保險單所載承保貨物，遇有滅失毀損時，被保險人應立即通知本公司派員會同查驗，否則本公司不負賠償責任。

ASSURED

Invoice No.

Amount insured

Ship or Vessel　Per Approved Vessel of which Name and Sailing Date are TO BE DECLARED subject to Institute Classification Clause as per back hereof.

From

TBD

SUBJECT-MATTER INSURED　(WARRANTED ALL BRAND-NEW UNLESS OTHERWISE SPECIFIED)

SPECIMEN

Conditions
Subject to the following clauses as per back hereof

　　Institute war cancellation clause (cargo)
　　Institute Cargo Clauses (　　　)
　　Institute Replacement Clause (applying to Machinery)
　　Label Clause (applying to Labelled Goods)
　　Duty Clause (applicable when import duty is separately
　　insured under this Policy)
　　Institute Radioactive Contamination Exclusion Clause
　　Institute Classification Clause
　　Computer Millennium Clause (cargo)
　　-With Named Peril Extension (JC 98/024)

Marks and Numbers as per Invoice No. specified above.

Valued at the same as Amount insured.

signed in　　　　　　　　on

Number of policies issued in

☞ *The Assured is requested to read this policy and if it is incorrect return it immediately for alternation.*

IMPORTANT
PROCEDURE IN THE EVENT OF LOSS OR DAMAGE FOR WHICH UNDERWRITERS MAY BE LIABLE
LIABILITY OF CARRIERS BAILEES OR OTHER THIRD PARTIES

It is the duty of the Assured and their Agents, in all cases, to take such measures as may be reasonable for the purpose of averting or minimising a loss and to ensure that all rights against Carriers, Bailees or other third parties are properly preserved and exercised. In particular, the Assured or their Agents are required.—

1. To claim immediately on the Carriers, Port Authorities or other Bailees for any missing packages.
2. In no circumstances, except under written protest, to give clean receipts where goods are in doubtful condition.
3. When delivery is made by Container, to ensure that the Container and its seals are examined immediately by their responsible official.
　If the Container is delivered damaged or with seals broken or missing or with seals other than as stated in the shipping documents, to clause the delivery receipt accordingly and retain all defective or irregular seals for subsequent identification.
4. To apply immediately for survey by Carriers or other Bailees Representatives if any loss or damage be apparent and claim on the Carriers or other Bailees for any actual loss or damage found at such survey.
5. To give notice in writing to the Carriers or other Bailees within 3 days of delivery if the loss or damage was not apparent at the time of taking delivery.

NOTE:　The Consignees or their Agents are recommended to make themselves familiar with the Regulations of the Port Authorities at the port of discharge.

DOCUMENTATION OF CLAIMS

To enable claims to be dealt with promptly, the Assured or their Agents are advised to submit all available supporting documents without delay, including when applicable:—

1. Original policy or certificate of insurance.
2. Original or certified copy of shipping invoices, together with shipping specification and/or weights notes.
3. Original or certified copy of Bill of Lading and/or other contract of carriage.
4. Survey report or other documentary evidence to show the extent of the loss or damage.
5. Landing account and weight notes at port of discharge and final destination.
6. Correspondence exchanged with the Carriers and other Parties regarding their liability for the loss or damage.

* When presenting claim, all of the concerned documents should be written in or translated into English.

☞ In the event of loss or damage which may involve a claim under this insurance, No claim shall be paid until immediate notice of such loss of damage has been given to and a Survey Report obtained from this Company's Office or Agents specified in this policy.

No claim for loss by theft &/or pilferage shall be paid hereunder unless notice of survey has been given to this Company's agents within 10 days of the expiry of this insurance.

INSTITUTE REPLACEMENT CLAUSE (applying to machinery)

In the event of loss of or damage to any part or parts of an insured machine caused by a peril covered by the Policy the sum recoverable shall not exceed the cost of replacement or repair of such part or parts plus charges for forwarding and refitting, if incurred, but excluding duty unless the full duty is included in the amount insured, in which case loss, if any, sustained by payment of additional duty shall also be recoverable.
Provided always that in no case shall the liability of Underwriters exceed the insured value of the complete machine.

LABEL CLAUSE (applying to labelled goods)

In case of damage from perils insured against affecting labels only, loss to be limited to an amount sufficient to pay the cost of reconditioning, cost of new labels and relabelling the goods.

CO-INSURANCE CLAUSE (applicable in case of Co-insurance)

It is hereby understood and agreed that this Policy is issued by FUBON INSURANCE COMPANY, LIMITED, on behalf of the co-insurers who, each for itself and not one for the others, are severally and independently liable for their respective subscriptions specified in this policy.

Notwithstanding anything contained herein or attached hereto to the contrary, this insurance is understood and agreed to be subject to English law and practice only as to liability for and settlement of any and all claims.

This insurance does not cover any loss or damage to the property which at the time of the happening of such loss or damage is insured by or would but for the existence of this Policy be insured by any fire or other insurance policy or policies except in respect of any excess beyond the amount which would have been payable under the fire or other insurance policy or policies had this insurance not been effected.

We, FUBON INSURANCE COMPANY, LIMITED, hereby agree, in consideration of the payment to us by or on behalf of the Assured of the Premium as arranged, to insure against loss damage liability or expense to the extent and in the manner herein provided.

In witness whereof, *I the Undersigned of FUBON INSURANCE COMPANY, LIMITED, on behalf of the said Company have subscribed My Name in the place specified as above to the policies, the issued numbers thereof being specified as above, of the same tenor and date, one of which being accomplished, the others to be void, as of the date specified as above.*

For FUBON INSURANCE COMPANY, LIMITED

ORIGINAL

Examined ------

President

MUU－002 (90. 2. 600本) 廣興

預約保險單與流動保險單比較，其主要不同有四：

①英國法律承認流動保險單的效力，而不承認預約保險單的效力。

②流動保險單，於投保時就**所有貨載 (Aggregate shipments)** 約定總保險金額，每批貨物裝出時，總保險金額隨之減少，直到總保險金額用完，契約亦同時終止。預約保險單則無總保險金額的約定，但就每一 Shipment 限制最高保險金額。

③流動保險單的保險費，須按總保險金額全部預付，而預約保險單，則由保險人在裝船後收取。

④流動保險單在承保期間繼續有效，在正常情形下無「取消條款」，而預約保險單，在通常情形必有「取消條款」。

 ## 二、投保的手續

投保人申請投保時，均須填具一份**貨物水險投保單**（Application for marine insurance，如 FORM 11–2）。

投保人要注意的是投保單上的**要保日期 (Date of application)** 應以投保日期為準。然而保險契約並非要式行為時，如因裝船緊急，未及填送水險投保單而以口頭或電話與保險公司洽定保險者，日後補送的水險投保單應以接洽投保日期為準。

 ## 三、保險單的內容與製作

㈠海上貨物保險單的沿革

世界各國所使用海上貨物保險單在形式上雖有差異，但在內容上均以 1779 年英國勞依茲 SG 保險單 (Lloyd's SG FORM) 為藍本。此保單內容文字古老晦澀難以瞭解，但後世採用者仍未敢擅加增刪。由於昔日條文所承保的危險早已不合時需，英國保險協會只好以附加條款加以補充。採用時將所需條款名稱填列於保險單上，同時將條款全文印製在保單背面，構成保險契約的一部分。

由於國際貿易迅速發展，科技進步、市場競爭激烈，沿用已久的 SG 保單及**協會貨物海上保險條款已不合時宜，經聯合國貿易發展會議**（United Nations Conference on Trade & Development，簡稱 UNCTD）的建議，倫敦保險人協會乃於 1981 年擬妥保險單新格式（**MARINE FORM，**簡稱 **MAR FORM**）及修訂

FORM 11-2

富邦產物保險股份有限公司
Fubon Insurance Co.,Ltd.

237,Chien Kuo South Road Sec.1
Taipei, Taiwan, R.O.C.
Tel:(02)2706-7890 Fax:(02)2704-2915
E-mail:aq7@fubon.com.tw

貨物水險投保單
Marine Insurance Application

1. 保單所需份數
正本___份副本___份

2. 投保日期
Applying Date:_____

※ 紅框部份由本公司核保單位填寫

3.姓名或公司名稱 Name of Assured	
4.受益人 Beneficiary	
5.船名及航次（郵包、快遞除外不保，除非特別註明） Name of Vessel	6.船期 Sailing Date on / about
7.裝貨港／起運地 From	8.目的地 To
轉船地點 Transhipment（if any）at	轉入船名 Into
9.內陸或最後目的地／經由 Thence To / Via	10.貨物代號 Cargo
11.發票號碼 Invoice No.	12.包裝代號 Package
13.信用狀號碼 L / C Number	14.輸入許可證號 I / L Number
發票金額 Invoice Value _____ + ____%＝Insured Amount	15.保額

16.保險標的物 Subject-Matter Insured（除非特別註明，一律視為新品）

17.數量 Quantity / 18.包裝 Package

茲保證上列貨物除特別載明外均裝艙內 Warranted shipped under deck unless otherwise specified.

19.裝載方式　除本投保單特別載明外，茲保證上列貨物以一般貨櫃(Dry Container)裝載 Warranted shipped by Dry Container unless otherwise specified.
☐開頂貨櫃 Open top Container　☐平板貨櫃 Flat Container　☐其他 Others

20.保險標的物狀況　除本投保單特別載明外，茲保證上列貨物為新品 Warranted subject-matter insured are New Goods unless otherwise specified.
☐舊品 Used Goods　☐退運品 Return Cargo

21.投保條件 Terms	F.P.A.	Clauses(C)	22.附加條款 Additional Clause
	W.A.	Clauses(B)	
	A.R.	Clauses(A)	
	War	War	
	S.R.C.C.	Strikes	

加費 Supple	轉船 T	小船 L	舊船 A	內陸 Y

23.賠款地點及幣別 Claim(if any)Payable at ___ in ___ Currency

24.費率(%) Rate	M.	總保費 Total	25.保單號碼 POLICY No.
	W.		
	S.	Premium	

申請人瞭解並同意富邦產物保險(股)公司及其關係企業於其營業目的或其他法令許可範圍內，對申請人之資料蒐集、電腦處理或國際傳遞及利用，並得將之提供予富邦產物保險(股)公司及其關係企業所委任處理營業相關事務之人。
THE APPLICANT NOTES AND AGREES THAT FUBON INSURANCE CO., LTD. AND IT'S AFFILIATES & SUBSIDIARIES, FOR THEIR BUSINESS PURPOSE OR TO THE EXTENT THAT OTHER LAWS PERMITTED, COLLECT, COMPUTATIONALLY PROCESS OR TRANSMIT INTERNATIONALLY AND USE THE APPLICANT'S DATA AND CAN ALSO PROVIDE THE DATA TO THE PERSONS WHO ARE AUTHORIZED TO DEAL WITH THE BUSINESS-RELATED MATTERS ON BEHALF OF FUBON INSURANCE CO., LTD. AND IT'S AFFILIATES & SUBSIDIARIES.

26.投保人簽章(Signature)

27.經理/副理 Manager or Deputy manager ___	核保 underwriter ___	經手人 Agents ___

28.備註 Remarks	聯絡電話 Tel： 收費地址 Address：	電子郵件信箱 E-mail Address：

SPECIMEN

MUU－001 (91.10. 600本) 廣興

完成新保單條款,倫敦保險市場自 1982 年 1 月 1 日起使用新保險單及協會貨物海上保險條款,同時宣佈原採用的 SG FORM 及協會貨物海上保險條款的 FPA、WA、AR-1963、WR-1963、SRCC-1963 自 1983 年 3 月 31 日起停止使用。

我國保險市場,則自 1983 年 1 月 1 日起使用 MAR FORM 保單及新協會貨物條款。為配合需要,於 2009 年 1 月 1 日起,協會貨物條款又作了若干的修訂。

㈡保單效力的優先次序

保單上的各項記載事項,其效力優先次序如下:

1. 書寫條款最優先。

2. 附加條款次之。

3. 保單正文最後。

保單如就其條款內容的形式而言,可分為五部分:

1. 印定語句 (Printed wording)。

2. 附貼語句 (Attached wording)。

3. 圖戳語句 (Stamped or chop wording)。

4. 手寫語句 (Handwritten wording)。

5. 打字語句 (Typewritten wording)。

則保單正文必屬印定式,附加條款則採印定式或圖戳式或採附貼式,書寫條款或採手寫式或採打字式,這種文字如彼此間有矛盾時,其優先順序如下:

1. 手寫部分。

2. 打字部分。

3. 圖戳部分。

4. 附貼部分。

5. 印定部分。

㈢海上貨物保險單的內容與製作

MAR FORM 保單文字簡化,內容採用表列方式,被保險人易於瞭解,其內容製作方式,我們就以本書 SPORT SHIRTS 為例,介紹如下 (如 FORM 11-3)。

1. 保險單號碼 (Policy number)。

2. 索賠地點及賠償貨幣種類 (Claim, if, any, payable at/in)。

3. 被保險人 (Assured)。

4. 商業發票號碼 (Invoice number)。

FORM 11-3

富邦產物保險股份有限公司
Fubon Insurance Co., Ltd.

HEAD OFFICE: 237, CHIEN KUO SOUTH ROAD, SEC. 1, TAIPEI, TAIWAN
TELEPHONE: 7067890 CABLE: "SAFETY" TAIPEI TELEX: 11143 SAFETY FAX: (02) 7042915

POLICY
NO. 008M-045590

MARINE CARGO POLICY

Claim, if any, payable at/in
NEW YORK IN U.S.DOLLARS

ASSURED
ABC TRADING CO.,LTD.

Invoice No. 405067

Amount insured US$14,223.00

U.S.DOLLARS FOURTEEN THOUSAND TWO HUNDRED
TWENTY THREE ONLY.

Ship or Vessel	From	To/Transhipped at
S.S. "CAPE HENRY" Voy.No.13078	KEELUNG	NEW YORK

Sailing on or about
before Oct.30,20–

Thence to

SUBJECT-MATTER INSURED

SPORT SHIRTS
TOTAL:500 DOZ.
PACKED IN 50 CTNS.
L/C NO.: SA-547/3796

SPECIMEN

Conditions
Subject to the following clauses as per back hereof
Institute Cargo Clauses (B)

INSTITUTE WAR CLAUSES (CARGO)

Marks and Numbers as per Invoice No. specified above. Valued at the same as Amount insured.

Place and Date signed in Taipei on Oct.29,20– Number of Policies issued in Duplicate

☞ *The Assured is requested to read this policy and if it is incorrect return it immediately for alternation.*

INSTITUTE REPLACEMENT CLAUSE (applying to machinery)

In the event of loss of or damage to any part or parts of an insured machine caused by a peril covered by the Policy the sum recoverable shall not exceed the cost of replacement or repair of such part or parts plus charges for forwarding and refitting, if incurred, but excluding duty unless the full duty is included in the amount insured, in which case loss, if any, sustained by payment of additional duty shall also be recoverable.
Provided always that in no case shall the liability of Underwriters exceed the insured value of the complete machine.

LABEL CLAUSE (applying to labelled goods)

In case of damage from perils insured against affecting labels only, loss to be limited to an amount sufficient to pay the cost of reconditioning, cost of new labels and relabelling the goods.

CO-INSURANCE CLAUSE (applicable in case of Co-insurance)

It is hereby understood and agreed that this Policy is issued by CATHAY INSURANCE COMPANY, LIMITED, on behalf of the co-insurers who, each for itself and not one for the others, are severally and independently liable for their respective subscriptions specified in this policy.

Notwithstanding anything contained herein or attached hereto to the contrary, this insurance is understood and agreed to be subject to English law and practice only as to liability for and settlement of any and all claims.

This insurance does not cover any loss or damage to the property which at the time of the happening of such loss or damage is insured by or would but for the existence of this Policy be insured by any fire or other insurance policy or policies except in respect of any excess beyond the amount which would have been payable under the fire or other insurance policy or policies had this insurance not been effected.

We, CATHAY INSURANCE COMPANY, LIMITED, hereby agree, in consideration of the payment to us by or on behalf of the Assured of the premium as arranged, to insure against loss damage liability or expense to the extent and in the manner herein provided.

In witness whereof, *I the Undersigned* of CATHAY INSURANCE COMPANY, LIMITED, on behalf of the said *Company* have subscribed *My Name* in the place specified as above to the policies, the issued numbers thereof being specified as above, of the same tenor and date, one of which being accomplished, the others to be void, as of the date specified as above.

For FUBON INSURANCE COMPANY, LIMITED,

Examined ------- President

5. 保險金額 (Amount insured)。

6. 船航次 (Ship, Vessel) 及開航日期 (Sailing on or about)。

7. 船隻動向 (From ×××to ×××)。

8. 保險標的物 (Subject-matter insured)。

9. 承保條件 (Conditions)。

10. 保險簽發日期及地點 (Signed in ××× on ×××)。

11. 保險簽發份數 (Number of policies issued in ×××)。

12. 署名 (Signature)。

 四、海運貨物運輸保險的保險費計算

決定海運貨物保險費率的因素包括保險標的物（貨物）類別、保險條件、運送地區、保險金額及運送人等等。當然，其保險費率的高低，視不同的保險人對於同一危險的評估，也可能開出不同的費率。所以投保人應「貨比三家」，向多家信用良好的保險公司詢價。

例： 甲出口商將於近日外銷一批聚胺絲（尼龍絲）織布至香港，貨價 (CIF) 為 10 萬美元，承運船為四川輪，保險條件為 ICC (B) plus War，投保金額為 CIF×110%。

經向三家保險公司詢價後，分別報價如下：

	ICC (B)	War
A 保險公司	0.50%	0.05%
B 保險公司	0.50%	0.05%
C 保險公司	0.45%	0.05%

比價結果，C 保險公司報價最低，於是決定向其投保，其應付保險費為 US$550，即：

投保金額 × 保險費率 = 應付保險費

$(US\$100,000 \times 110\%) \times (0.45\% + 0.05\%) = US\$550$

第六節　航空貨物保險

　　空運貨物在國際貿易上日趨重要，大部分航空託運的貨物都係屬於價值昂貴而體積小型者，因此貨物遭受竊盜損失的可能性較大，故航空貨物保險即專為承保託運貨物在航空運輸中發生的滅失及毀損的賠償而設計。當然航空貨物保險人於賠償損失後，得依照華沙公約行使代位權。

 ## 一、承保危險

　　航空貨物保險保險人所保的危險，多採用一切險條件承保。但由於航空貨運通常都同時包括地、空兩種不同運輸方式，地面運輸方式，以汽車運輸居多，故航空運輸部分的貨物保險多為一切險條件，而地面運輸部分的貨物保險則多以特定危險條件承保。至於兩者劃分範圍，航空運輸應自貨物交由運送人管理時開始，至貨物離開飛機或飛機場時為止。當然，航空貨物保險通常都包括共同海損在內，因為航空飛行器與海上航行的船舶性質頗為相似，故類似海上共同海損行為直接所引起的**犧牲** (Sacrifice) 或**費用** (Expenditure) 同樣會發生，所以保險人對於航空運輸中的共同損害應負賠償責任。

 ## 二、保險人的賠償責任

　　航空貨物運輸保險人的賠償責任，通常都規定有對每一飛機的最高責任額，及每一次巨災事故的總責任額的限制。核保人員在訂定上述限額時，必須先對被保險人託運貨物的價值作確實的評估，俾被保險人能夠獲得充分的保障，而每一飛機的賠償限額多以保障通常貨運的價值的損失為標準，每一次巨災事故賠償的總限額則保障終點站的集中損失為主。

 ## 三、除外危險

　　戰爭危險 (War risks) 為航空貨物運輸保險唯一的除外不保的危險。但如果保險人有充分理由認為，某些場合的罷工、騷擾及民眾暴動危險，已超出普通費率標準時，對其損失仍予除外不負賠償責任。

四、保險費

　　航空保險多無統一的保險費率，所以航空貨物保險費率亦不一定。不同的保險人，對於同一危險，可能開出不同的費率。當然，決定航空貨物保險費率因素包括保險金額、保險條件、貨物類別、運送地區及運送人等。

　　目前，航空貨物保險雖屬於航空保險的一種，但其業務在實際上多係由保險公司的海上保險部門承保，不僅如此，其使用的保險單亦採用海上保險單，附貼航空險條款的方式辦理，我國保險人現行所使用航空險條款有下列三種：

　㈠**協會貨物保險航空險條款** (Institute cargo clauses (Air)-excluding sendings by post 1/1/2009)

　　承保貨物航空運輸過程中的一切滅失或毀損的危險，但不包括兵險及罷工險在內。我們亦可稱之貨物航空運輸的全險條款。

　㈡**協會貨物保險航空兵險條款** (Institute war clauses (Air cargo)-excluding sendings by post 1/1/2009)

　　協會貨物保險航空險條款的承保範圍並不包括兵險在內，要保人必須得加付保費附加要保後始予承保。海上保險單經添附協會貨物保險航空兵險條款後，即表示貨物航空險有關兵險的承保，依據本條款的規定為其範圍。

　㈢**協會貨物保險航空罷工險條款** (Institute strikes clauses (Air cargo) 1/1/2009)

　　協會貨物保險航空險條款的承保範圍同樣不包括罷工險在內，必須經要保人附加要保並予加付保費後始予承保。海上保險單經添附協會貨物保險航空罷工險條款後，即表示貨物航空險有關罷工險的承保，依據本條款的規定為其承保範圍。

 ## 五、航空貨物運輸保險的保險費計算

　　臺北甲貿易商將於近日以空運方式自日本進口一批西藥，貨價為US$50,000 (FOB)，運送人為中華航空公司，保險條件為 ICC (Air) plus IWC (Air cargo)，投保金額為 FOB × 120%（註：IWC 為 Institute war clause 的縮寫），經向三家保險公司詢價結果，其報價如下：

	ICC (Air)	IWC
A 保險公司	1.00%	0.03%
B 保險公司	1.10%	0.04%
C 保險公司	1.05%	0.05%

比價結果，A 保險公司報價最便宜，於是決定向其投保。其應付保險費為：

投保金額×保險費率＝應付保險費

(US\$50,000 × 120%) × (1.00% + 0.03%) = US\$618

第七節　郵政包裹保險

近年來，國際間的包裹郵遞事業不斷發展，經營貿易業者利用包裹寄送貨樣或質輕價高的貨品亦逐漸增多。此類郵包常須經由海、陸、空輾轉運送，其間遭遇意外事故而致損失的現象自屬難免。貿易業者尋求此類損失的保障途徑有兩種：即向郵政機構請求包裹保價，或向保險公司投保郵政包裹保險。

 ## 一、郵政包裹保價

包裹保價乃郵政機構兼辦的貨物運輸保險業務。有關郵政包裹保價業務，在國際郵政協定中已有原則性規定。我國郵政規則根據此項原則另作詳細規定。詳洽詢郵局相關窗口或從網站下載相關資訊。

 ## 二、郵政包裹保險

郵政機構為減免包裹安全投遞的責任，雖然自辦保險業務；但由於有些地區尚無保價業務，或保價限額過小，不符貿易業者的需要；因此，保險公司的郵包保險業務乃應運而生。

初期的郵包保險係附屬於貨物水險範圍，雖然其風險內容需要特別指明，但保人常以 Institute cargo clauses (All risks) 為其承保準則，至於兵險，則依據**協會貨物郵運兵險條款**〔Institute war clauses (Sending by post)〕投保。一般郵包保險最常見的時效條款如下：

1. "Risks to attach from the time of issue of registered post parcel receipt until delivery to the addressee. Addressee's receipt on the form of the postal authorities

for the parcels with seal intact to be taken as proof of safe delivery." (本保險自掛號包裹的收據簽發時生效，直至包裹交予收件人為止，郵政機構為投遞封裝完好的包裹所附的收據格式經收件人簽章後，即為安全送達的證據。)

2. "This insurance attaches from the time of issue of the postal receipt to the time of handing over by the Post Office at destination to consignees or their agents." (本保險的效力自郵包收據簽發之時起，至目的地的郵政局將郵包交予收件人或其代理人之時為止。)

第八節　輸出保險

一、輸出保險的概念

如前所述，國際貿易比國內貿易存在著更多的危險，出口商將貨物運出口後，至貨款收回前，通常可能遭遇的風險除了貨物在運送途中因運輸危險事故發生造成貨物或多或少的損失外，尚有國外進口商破產、違約不付貨款的**信用危險 (Credit risks)** 或進口國外匯短缺、目的地發生戰爭、內亂或革命等事故致進口商無法履約付款的**政治危險 (Political risks)** 存在。關於前者(指運輸危險)，出口商可利用投保貨物運輸險，以防不測；至於後者(指信用危險及政治危險)，其發生的原因，既非出口商所能預知或控制，又非一般商業保險 (如貨物運輸險) 所願承保。在此情況下，出口商可利用政策性的**輸出保險 (Export insurance)**(在其他國家又稱為「**輸出信用保險**」〔Export credit insurance〕)，以化解上述各種信用上及政治上的危險。

輸出保險的功能如下：⑴減少出口商風險，從而擴大貿易；⑵申辦融資從而擴大貿易；⑶研判風險：投保前，信用調查；⑷轉向進口商索賠：保險單位在理賠之前後，可協助出口商催促進口商付款。

此外，本國公司從事海外投資時，涉及許多危險，諸如作為投資的股份被沒收、徵用、國有化，或因戰爭、革命內亂、暴動或民眾騷擾，致不能繼續經營。凡此危險，均非一般商業保險所願承保，但輸出保險卻可予以承保。

輸出保險一般多由政府經營或委由公營機構辦理。我國辦理輸出保險始自49年，初期由中央信託局辦理，嗣由中國產物保險公司接辦。68年成立中國輸

出入銀行（簡稱輸銀），乃改由該行輸出保險部承辦。該行目前辦理的輸出保險種類共有：

1. 託收方式 (D/P、D/A) 輸出綜合保險。

2. 中長期延付輸出綜合保險。

3. 海外投資保險。

4. 海外工程保險。

5. 記帳方式 (O/A) 輸出綜合保險。

6. 信用狀出口保險。

7. 中小企業安心出口保險。

8. 全球通帳款保險。

二、輸出保險的種類

(一)託收方式 (D/P、D/A) 輸出綜合保險

在 D/P 方式下交易，出口商依約裝運貨物出口後，進口商拒絕付款；或在 D/A 方式下交易，進口商拒絕承兌，或承兌後付款期限屆滿時拒付，則出口商均將無法收回貨款。又如貨物裝運出口後，輸入國發生戰爭、革命或內亂等，以致貨物無法進口，或進口國實施外匯管制，諸如此種政治危險發生時，縱使進口商誠信良好，有意付款，亦無能為力。因此，為保障以託收方式輸出貨物的出口商，減少顧慮因上述危險可能發生的損失，使出口商敢於在國際貿易市場中，與他國出口商競爭，乃有「託收方式 (D/P、D/A) 輸出綜合保險」的產生。由輸出入銀行承擔出口商以託收方式出口,因政治危險或信用危險所致的損失。

1. 投保資格：

(1)國內合法設立登記廠商都可為本保險的要保人（即被保險人）。

(2)被保險人可辦理集團投保，為其持有 49% 以上股權的境內外公司申請為同一保險契約的附加被保險人。但被保險人在港澳或中國大陸地區投資設立持有 49% 以上股權的公司，須先經我國政府核准或核備。

2. 承保對象──本保險以一年期以下付款交單 (D/P) 或承兌交單 (D/A) 方式由本國或由第三國輸出貨物的交易為保險對象。

3. 承保範圍──被保險人在保險責任期間內，因發生下列信用危險或政治危險所致損失，輸銀負賠償責任。

⑴信用危險：

①進口商宣告破產。

②國外受託銀行憑輸出匯票向進口商為付款通知（付款交單）或為承兌的提示或承兌後的付款通知（承兌交單）時，進口商行蹤不明，經當地行政機關證明屬實。

③以付款交單方式輸出，進口商不付款。

④以承兌交單方式輸出，進口商不承兌輸出匯票或承兌輸出匯票後，到期不付款。

⑵政治危險：

①輸出目的地政府實施禁止或限制進口或外匯交易。

②輸出目的地國家或地區發生戰爭、革命、內亂或天災等，以致中止貨物進口或外匯交易（貨物由第三國裝運出口者，因輸入目的地或轉口地政府禁止或限制進口所致損失，輸銀不負賠償責任）。

4.承保比率——最高可達 90%。

5.保險期間——自完成貨物裝運日起至約定付款日止。

6.保險費——依據買方信用狀況、買方所在地區政、經情況、承保比率、保險期間長短等釐定費率。

（二）中長期延付輸出綜合保險

中長期延付輸出綜合保險係為輸出整廠設備、機器產品及其他資本財的出口廠商而舉辦。本保險不僅承保輸出貨物，並且包括因輸出貨物而提供的技術及勞務，保障出口廠商因信用或政治危險所致損失，可以獲得賠償，裨益帶動工業升級、技術生根，並促進經濟發展。

1.投保資格——國內合法設立登記廠商都可為本保險的要保人（即被保險人）。

2.承保對象——本保險以一年期以上分期償付價款方式輸出整廠設備、機器產品或其他資本財或提供技術及勞務時，國外買方以一年期以上分期償付價款，無論是否持有買方銀行的付款保證（L/C 或 L/G）的交易為保險對象。

3.承保範圍——輸銀對於被保險人依輸出契約或技術及勞務提供契約，輸出貨物或提供技術及勞務後，因發生下列信用危險或政治危險，致不能收回貨款或提供技術及勞務的價款而遭受的損失，負賠償責任。

⑴信用危險：

　①簽訂契約的對方於本保險成立後宣告破產者。

　②簽訂契約的對方遲延履行其債務六個月以上者，但以不可歸責於被
　　保險人的情事者為限。

⑵政治危險：輸出貨物或提供技術、勞務後，因輸出目的地發生戰爭、
　革命或實施外匯管制、禁止匯兌以致貨款或價款不能收回所生的損失。

4.承保比率──最高可達 90%。

5.保險期間：

⑴輸出貨物：自完成裝運貨物日起至約定付款日止。

⑵提供技術及勞務：自開始提供技術、勞務之日至約定付款日止。

6.保險費──按保險期間長短、進口地區政、經情況及是否具有付款保證
等釐定費率。

㈢海外投資保險

輸出入銀行為配合政府輔導業者前往國外投資的政策，乃開辦海外投資保
險，承保國內廠商到海外投資時，可能發生因沒收、戰爭或禁止匯款等政治危
險因素導致投資的股份、持份或其股息、紅利無法收回，而造成損失。海外投
資保險可補償此類損失。

1.投保資格──凡國內合法設立登記廠商經經濟部投資審議委員會核准或
核備，並取得被投資國許可的海外投資案件，均可申請投保，國內合法設立登
記廠商為本保險的要保人（即被保險人）。

2.承保對象──以本國公司經經濟部投資審議委員會核准或核備，並取得
被投資國許可的海外新投資案件。

3.承保範圍：

⑴沒收危險：被保險人作為投資的股份或持份或其股息或紅利的請求權，
　被外國政府或其相當者以沒收、徵用、國有化等行為所奪取。

⑵戰爭危險：被保險人的投資企業因戰爭、革命、內亂、暴動或民眾騷
　擾而遭受損害；或不動產、設備、原材料等物的權利、礦業權、商標
　專用權、專利權、漁業權等權利或利益，為其事業經營上特別重要者，
　被外國政府侵害遭受損害，而發生下列任一情事者：

　①企業不能繼續經營。

　　②破產或其他類似情事。

　　③銀行停止往來或類似情事。

　　④停業六個月以上。

　(3)匯款危險：由於前兩款以外的事由喪失股份或持分而取得的金額或其股息或紅利，因下列任一事由發生，致不能匯回本國者。

　　①外國政府實施限制或禁止外匯交易。

　　②外國發生戰爭、革命或內亂致外匯交易中止。

　　③外國政府控管該項取得金。

　　④該項取得金的匯款許可被取消，或外國政府經事先約定應准予匯款，卻不予許可。

　　⑤於上述至任一事由發生後，被外國政府沒收。

4.承保比率──最高可達保險價額的 85%。

5.保險期間：

　(1)自匯付投資股份或持份之日或輸出機器等之日起算，以不超過七年為原則。但經中國輸出入銀行同意者，可延長至十年。

　(2)被保險人於上述期間內，得自由選定保險期間的長短，但保險期間中斷超過 30 日者，中國輸出入銀行可拒絕續保。

6.保險費──依據投資地區政、經情況釐定費率。

(四)海外工程保險

　　海外工程保險係專為承包海外工程的本國公司而舉辦，本保險承保因政治危險或信用危險致被保險人不能取得價款、支出成本不能收回或設備不能使用所致的損失。

　　1.投保資格──經我國主管機關核准設立登記的本國公司都可為本保險的要保人（及被保險人）。

　　2.承保對象──以我國廠商承包海外工程可能遭受價款、貨款損失為保險對象。

　　3.承保範圍：

　　(1)價款及支出成本部分：

　　　①外國政府實施限制或禁止外匯交易。

　　　②輸出目的地國家發生戰爭、革命或內亂。

　　③其他發生於國外不可歸責於契約雙方當事人者。

　　④海外工程契約或技術提供契約的對方破產。

　　⑤海外工程契約或技術提供契約之對方依工程或技術提供契約規定有
　　　付款義務時起算，逾六個月不付款。但以不可歸責於被保險人所致
　　　者為限。

前項第一款事由發生時，輸銀僅對價款或盈餘中擬匯回本國部分經載明於
保險單者，負賠償責任。

　　(2)設備部分：

　　①設備上權利為外國政府或其類似組織的沒收、徵用、國有化等行為
　　　所奪取。

　　②由於戰爭、革命、內亂、暴動或民眾騷擾使設備的權利受侵害，致
　　　不能使用者。

前項設備限於置存於海外工程契約或技術提供契約履行地者。

　4.承保比率──最高可達實際損失的 80%。

　5.保險期間：

　　(1)價款及支出成本的保險期間，自開始進行工程或開始提供技術、勞務
　　　之日起至最終一期清償日止。

　　(2)設備的保險期間，自設備運送至施工處所之日起算，以一年為一期，
　　　期數由被保險人依折舊標準酌定。

　6.保險費──依據保險期間長短、國家風險高低等釐定費率。

(五)記帳方式 (O/A) 輸出綜合保險

　　鑑於記帳 (O/A) 方式的交易日趨普遍，以及為配合國內高科技產業出口保
險的需求，輸出入銀行於 86 年初推出「記帳方式 (O/A) 輸出綜合保險」。本保
險業務的推出，對出口廠商以記帳方式交易者，其貨款的回收將有所保障，且
投保本保險後，廠商可藉由輸出保險單權益轉讓方式，辦理出口融資，對於其
拓展外銷助益必大。

　1.投保資格：

　　(1)國內合法設立登記廠商都可為本保險的要保人（即被保險人）。

　　(2)被保險人可辦理集團投保，為其持有 49% 以上股權的境內外公司申請
　　　為同一保險契約的附加被保險人。但被保險人在港澳或中國大陸地區

投資設立持有 49% 以上股權的公司，須先經我國政府核准或核備。

2.承保對象──本保險由本國出口廠商以記帳方式與國外進口廠商簽訂買賣契約，由本國或第三地輸出貨物者。

3.承保範圍──對於被保險人依買賣契約的約定輸出貨物，於保險期間內，因下列保險事故所致的損失，依保險契約的約定，負保險給付的責任。

　(1)信用危險：

　　①進口廠商宣告破產。

　　②貨物輸出後，進口商不提貨。

　　③進口廠商不依約付款。

　(2)政治危險：

　　①輸出目的地政府實施禁止或限制進口或外匯交易。

　　②輸出目的地國家或地區發生戰爭、革命、內亂或天災，以致中止貨物進口或外匯交易。

4.承保比率──最高可達 90%。

5.保險期間──自完成貨物裝運日起至約定付款日止。

6.保險費：

　(1)依據買主信用狀況、買主所在地區政治經濟情況、承保比率、保險期間長短等釐定費率。

　(2)貨物由第三國出口供應者，保險費加收 15%。

㈥信用狀出口保險

我國廠商從事輸出貿易所生的不可撤銷即期或遠期信用狀款項，尤其是長達一年以上的遠期信用狀可能因發生開狀銀行所在地的政治危險或開狀銀行的信用危險，而造成損失。信用狀出口保險可補償此類損失。

1.投保資格：

　(1)國內合法設立登記廠商均可申請投保，為本保險的要保人（即被保險人）。

　(2)被保險人可辦理集團投保，為其持有 49% 以上股權的境內外公司申請為同一保險契約的附加被保險人。但被保險人在港澳或大陸地區投資設立持有 49% 以上股權的公司，須先經政府核准或核備。

2.承保對象──凡國內合法登記的出口廠商，以不可撤銷即期信用狀或不

可撤銷遠期信用狀方式付款的出口者，可運用此項保險。要保人及被保險人均為出口廠商。

3.承保範圍：

(1)信用危險——開狀銀行無力清償、無正當理由不付款或不承兌匯票所致損失。

(2)政治危險——開狀銀行所在地的政府禁止或限制外匯匯出，或發生戰爭、革命、或內亂致貨物不能進口或不能匯兌，以致價款不能收回的損失。

4.承保比率：

(1)信用危險：最高可達 90%。

(2)政治危險：最高可達 100%。

5.保險期間——自完成裝運貨物日起至約定付款日止，並載明於輸出入銀行簽發的「保險證明書」。

6.保險費——依據開狀銀行信用狀況、所在地區政、經情況、承保比率、保險期間長短等釐定費率。

(七)中小企業安心出口保險

1.投保資格：

(1)國內合法設立登記的廠商並符合經濟部「中小企業認定標準」都可申請投保，為本保險的要保人（即被保險人）。

(2)被保險人可辦理集團投保，為其持有 49% 以上股權的境內外公司申請為同一保險契約的附加被保險人。但被保險人在港澳或中國大陸地區投資設立持有 49% 以上股權的公司，須先經我國政府核准或核備。

2.承保對象——本國中小企業出口廠商以一年期以下付款交單、承兌交單或不可撤銷遠期信用狀方式付款，與國外進口廠商簽訂買賣契約由本國或第三地輸出貨物者。

貨物由境外出口供應者，按保險費率加計 15%。

3.承保範圍：

(1)政治危險：輸出目的地政府變更法令或發生戰爭、革命、內亂或天災等致貨物不能進口或不能匯兌，以致貨款不能收回所引起的損失。

(2)信用危險：

①以 D/P、D/A 方式輸出者，國外買方不依約付款、不依約承兌輸出匯票或承兌匯票到期不付款等所致損失。

②以遠期信用狀方式輸出者，開狀銀行對其承兌的匯票到期不付款。

4.承保比率：

⑴政治危險：最高可達 100%。

⑵信用危險：最高可達 95%。

5.保險期間：

⑴以 D/P、D/A 為付款方式者：自完成貨物裝運日起至約定付款日止。

⑵以遠期信用狀為付款方式者：自開狀銀行承兌匯票之日起至約定付款日止。

6.保險費：

⑴依據買方或開狀銀行信用狀況、買方所在地區政、經情況、承保比率、保險期間長短等釐定費率。

⑵以遠期信用狀方式輸出者，費率計算方式比照 D/P 方式的 25% 辦理。

⑶貨物由境外出口供應者，保險費加收 15%。

㈧全球通帳款保險

為順應全球貿易環境的變遷及服務出口廠商，輸出入銀行透過簡化的投保手續及客製化承保條件，協助廠商規避貿易所生應收帳款的信用危險及政治風險，提昇接單外銷能力，並能促進廠商財務穩健性，有助於資金融通。亦即，提供下列功能，為廠商拓展全球市場的好夥伴：①規避壞帳風險；②強化信用管理；③增進融資能力；④放寬銷售條件，提昇市場開發能力；⑤穩定公司獲利及確保資金流通；⑥獲取應收帳款催收服務。

1.投保資格：

⑴國內合法設立登記廠商都可申請投保，為本保險的要保人（即被保險人）。

⑵被保險人可辦理集團投保，將其關係企業申請為同一保險契約的附加被保險人。但被保險人在港澳或中國大陸地區投資設立的公司，須先經我國政府核准或核備。

2.承保對象──凡出口廠商以付款交單、承兌交單、記帳方式或其他經輸出入銀行同意的付款條件，銷售貨物或提供服務而產生的應收帳款，均可申請

投保本保險。

　　3.承保範圍——被保險人因信用危險或政治危險發生所致的應收帳款損
失：

　　(1)信用危險：係指買方有下列情形之一者：

　　　　①喪失清償能力。

　　　　②債務不履行。

　　(2)政治危險：

　　　　①買方所在國家或地區的政府實施禁止或限制進口。

　　　　②買方所在國家或地區的政府禁止或限制進口外匯交易。

　　　　③買方所在國家或地區發生戰爭、革命、暴動、內亂或叛亂等，導致
　　　　　合約無法履行或價款不能收回。

　　4.承保比率：

　　(1)政治危險：最高可達 100%。

　　(2)信用危險：最高可達 95%。

　　5.保險期間：

　　(1)輸出貨物者：自完成貨物裝運日起至約定付款日止。

　　(2)提供服務者：自開始提供服務且已開立商業發票日起至約定付款日止。

　　6.保險費——依據投保營業額大小、買方信用狀況、買方所在地區政、經
情況、買方所屬產業類別、付款期間長短等釐定費率。

一、海上保險的概念

(一)保險的意義：當事人約定，一方交付保險費於他方，他方對於因不可預料或不可抗力的事故所致的損害，負擔賠償財物的行為

(二)保險的關係人
- 保險人
- 要保人
- 被保險人
- 受益人
- 保險代理人
- 保險經紀人
- 保險公證人

(三)海上保險的意義與其特性

海上保險意義：凡屬航海中一切事變及災害，對保險標的所生的毀損、滅失及費用，由保險人就其承保範圍負賠償責任的保險

海上保險特性
- 具有綜合保險的性質
- 具有國際性
- 採用定值保險單
- 增加保險人對責任確定的複雜性
- 保險費率由雙方當事人協議決定

(三)投保義務人、保險區間及保險金額

FOB、CFR 條件
- 投保義務人——由買方購買
- 保險區間——從貨物離開保險單所載起運地點的倉庫到保險單所載目的地受貨人的倉庫
- 保險金額——由買方決定投保險類及保險費

CIF 條件
- 投保義務人——由賣方購買
- 保險區間——在裝運港通過船舷欄杆以後的危險即轉移買方
- 保險金額——依買賣契約規定辦理

三、海上損害的種類

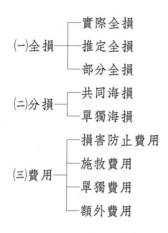

(一)全損 ─┬─ 實際全損
　　　　　├─ 推定全損
　　　　　└─ 部分全損

(二)分損 ─┬─ 共同海損
　　　　　└─ 單獨海損

(三)費用 ─┬─ 損害防止費用
　　　　　├─ 施救費用
　　　　　├─ 單獨費用
　　　　　└─ 額外費用

四、海上貨物運輸保險人承保的危險

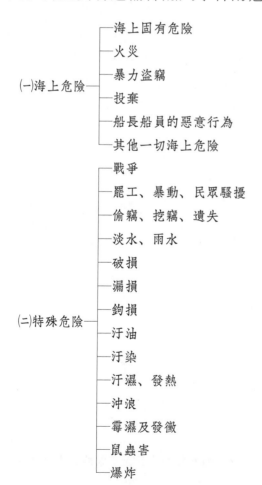

(一)海上危險 ─┬─ 海上固有危險
　　　　　　　├─ 火災
　　　　　　　├─ 暴力盜竊
　　　　　　　├─ 投棄
　　　　　　　├─ 船長船員的惡意行為
　　　　　　　└─ 其他一切海上危險

(二)特殊危險 ─┬─ 戰爭
　　　　　　　├─ 罷工、暴動、民眾騷擾
　　　　　　　├─ 偷竊、挖竊、遺失
　　　　　　　├─ 淡水、雨水
　　　　　　　├─ 破損
　　　　　　　├─ 漏損
　　　　　　　├─ 鉤損
　　　　　　　├─ 汙油
　　　　　　　├─ 汙染
　　　　　　　├─ 汙濕、發熱
　　　　　　　├─ 沖浪
　　　　　　　├─ 霉濕及發黴
　　　　　　　├─ 鼠蟲害
　　　　　　　└─ 爆炸

五、海上貨物運輸保險的種類

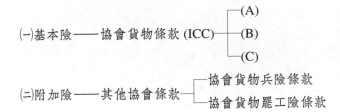

(一)基本險——協會貨物條款 (ICC)　(A)
　　　　　　　　　　　　　　　　(B)
　　　　　　　　　　　　　　　　(C)

(二)附加險——其他協會條款──協會貨物兵險條款
　　　　　　　　　　　　　　　協會貨物罷工險條款

六、海上貨物保險單的種類

(一)以時空為準──航程保險單
　　　　　　　　定期保險單

(二)以保險金額是否確定為準──定值保險單
　　　　　　　　　　　　　　不定值保險單

(三)以船名是否確定為準──確定保險單
　　　　　　　　　　　　　未確定保險單──預保單
　　　　　　　　　　　　　　　　　　　流動保險單
　　　　　　　　　　　　　　　　　　　預約保險單

七、保單內容與效力次序

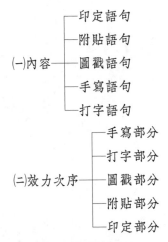

(一)內容──印定語句
　　　　　附貼語句
　　　　　圖戳語句
　　　　　手寫語句
　　　　　打字語句

(二)效力次序──手寫部分
　　　　　　　　打字部分
　　　　　　　　圖戳部分
　　　　　　　　附貼部分
　　　　　　　　印定部分

八、航空貨物保險

(一)承保危險：一切險

(二)保險人的賠償責任：限制對每一飛機的最高責任額及每一次巨災事故的總責任額

（三）除外危險┬兵險
　　　　　　　└罷工險

（四）保險費──費率決定因素┬保險金額
　　　　　　　　　　　　　　├保險條件
　　　　　　　　　　　　　　├貨物類別
　　　　　　　　　　　　　　├運送地區
　　　　　　　　　　　　　　└運送人

（五）保單：採用海上保險單，附貼航空險條款的方式┬協會貨物保險航空險條款
　　　　　　　　　　　　　　　　　　　　　　　　├協會貨物保險航空兵險條款
　　　　　　　　　　　　　　　　　　　　　　　　└協會貨物保險航空罷工險條款

九、郵政包裹保險

（一）郵政包裹保價：向郵政機構投保

（二）郵政包裹保險：向保險公司投保

（三）協會貨物條款：協會貨物郵運兵險條款

十、輸出保險

（一）託收方式 (D/P、D/A) 輸出綜合保險

（二）中長期延付輸出綜合保險

（三）海外投資保險

（四）海外工程保險

（五）記帳方式 (O/A) 輸出綜合保險

（六）信用狀出口保險

（七）中小企業安心出口保險

（八）全球通帳款保險

一、是非題

( )　1. 新協會貨物條款適用於 SG FORM 的保單。

( )　2. Franchise 適用於 FPA。

( )　3. 保險人有保險費的請求權，也有負賠償義務的責任。

( )　4. 船舶及貨物在海上遇危險，受第三者自動救助脫險，依法應給予報酬，是為施救費用。

( )　5. 航空貨物保險的保單採海上保單另附貼航空險條款。

( )　6. 流動保險單是通常買方負責保險的進口貨物保險單。

( )　7. 預約保險單與流動保險單均是定期的，也可永久的。

( )　8. 船舶保險多採定期保險單。

( )　9. 如包裹保價的最高限額不能滿足要保人時，可向郵政機構再保。

( )　10. 保險單正文必屬印定式，故在保險內容發生牴觸時，保險單正文的效力是最差的。

二、選擇題

( )　1. 下列何種文件不具法律效力？　(1) Enquiry　(2) Insurance policy　(3) Order。

( )　2. 保險單載有兩項以上的保險金額時，其中一項發生全損時，視為　(1)部分全損　(2)分損　(3)均可。

( )　3. (1)保險代理人　(2)保險經紀人　(3)保險公證人　是指基於被保險人的利益代向保險人洽訂保險契約，而向承保之保險業收取佣金。

( )　4. 協會貨物條款是　(1) SITC　(2) ICC　(3) RFWD。

( )　5. 信用狀上如註明 Insurance covered by buyers 時，適用於　(1) CIF　(2) CIP　(3) FOB　貿易條件。

( )　6. 單獨海損發生 10% 時，保險契約內有免責條款的規定者 (6%)，試問在 Deductible 的情況下，保險公司應賠　(1) 10%　(2) 6%　(3) 4%。

( )　7. 依據上題資料，如為 Non-deductible 的情況下，保險公司應賠　(1) 10%　(2) 6%　(3) 4%。

( )　8. 航空貨物險承保範圍是　(1)兵險　(2)一切險　(3)罷工險。

( )　9. 船舶在海上遇暴風雨時，船長為挽救船隻安全，而下令將船上甲貨主的貨物拋棄，

致使甲的貨物受損，我們稱此損失為　(1)實際全損　(2)單獨海損　(3)共同海損。

（　）10.因海上危險事故而致貨物發生的損害，由貨主自行承擔者為　(1)損害防止費用　(2)單獨海損　(3)施救費用。

三、翻　譯

1. 保險證明書

2. 共同海損

3. 免賠額

4. 流動保險單

5. 單獨海損

6. IOP

7. Marine insurance

8. TBD policy

9. War risks

10. Institute clauses

四、問答題

1. 試述海上保險具有哪些特性？

2. 保險單上如內容彼此間有矛盾時，其優先順序為何？

五、工作習題

信用狀以 FOB 為貿易條件，如買方希望出口商安排保險，實務上作法如何？

第十二章

出口報關、裝船

　　在第五章（進口簽證）中曾提到凡貨物或人的進出國門，都須經過海關的檢查，我們稱此通過海關的關卡為通關。凡貨物欲通關者必須由當事者本人或委託他人（通常為報關行）來辦理申報通關手續。可見海關在國際貿易中扮演很重要的角色。以下在說明出口報關裝船手續之前，我們先介紹我國現行海關業務。

第一節　海關業務

　　海關職司國家門戶的看守，對於進出口船機、貨物、旅客負責檢查、監視及徵課業務。因此，均設於經政府開放對外貿易的港口、機場或商埠。

　　我國海關最高的行政機關為「關稅總局」，隸屬於財政部，負責全國海關業務的推動、策劃、研擬、督導及審議。因此，海關的業務職掌有下列幾點：

　　㈠徵　稅

　　按照「關稅法」、「關稅法施行細則」、「海關進口稅則」、「加值型及非加值型營業稅法」及「菸酒稅法」等對於進口貨物課徵進口關稅、貨物稅、營業稅及菸酒稅等，並課徵船舶噸稅及其他各種規費。

　　㈡緝　私

　　依據「海關緝私條例」，為確保庫收、維護社會安寧、促進經濟發展，並保護國家安全，必須嚴予查緝走私。故凡未經向海關申報而運輸貨物進出國境，意圖規避檢查、偷漏關稅或逃避管制，均稱之私運貨物進出口，因此，海關查緝對象，包括進出口通關貨物、郵包、旅客行李及運輸工具。

　　㈢退　稅

　　依「關稅法」規定，外銷進口原料關稅，得於成品出口後退還。並按照「外銷品沖退原料稅辦法」規定，外銷品沖退原料稅捐，包括進口關稅、貨物稅及營業稅等三種稅費，以鼓勵產品外銷。

　　㈣保　稅

　　指對於暫時進口將再復運出口的貨物，所採行的關稅保留制度。如轉口貨物進口或為便於進口貿易的拓展，對於寄售貨物或展覽品進口准予提供擔保期限復運出口免稅或為鼓勵加工外銷，減輕廠商資金負擔並簡化通關及沖退稅捐手續或加工出口區內的外銷事業進出口均免稅等都屬保稅制度的範圍。

㈤統　計

依我國目前的進出口貿易統計有二：

1.海關的進出口貿易統計，以海關進口稅則的分類為準。

2.中央銀行外匯局的進出口結匯統計。

貿易統計和結匯統計會略有出入，故政府規定海關的貿易統計為「進出口貿易統計」，區分為進口金額及出口金額，其差額為「出超」或「入超」，而中央銀行的結匯統計稱為「銀行結匯統計」，區分為出口外匯收入及進口外匯支出，其差額稱為「順差」及「逆差」。

海關進出口貿易統計範圍，以進出國境的貨物為限，不包括：國內課稅區、加工出口區及保稅工廠間相互進出的貨物；外國駐華大使館、領事館等免稅物品；存入保稅關棧與出保稅關棧運往外洋的貨物；及經政府核准免稅的慈善機關物品等在內。出口貿易統計係以 FOB 計價，進口貿易統計係以 CIF 計價。按月統計，每月有統計月報，以供政府釐訂財經政策及工商界投資與貿易拓展的參考。

㈥修建燈塔

因與進出口貿易無直接關係，故本書不多加贅述。

㈦代辦業務

由於許多證照均須與實際進出口貨物核對，始可確知情況，故目前海關接受其他機關委託代為查核事項有：貨物檢驗合格證、檢疫證、貨物稅完（免）稅照、通訊器材進口護照、糧食出口證明書、書刊審查通知書及燻、蒸消毒證明等。

㈧執行外匯貿易管理

我國在實施外匯貿易管理時，進出口貿易均須政府核准，才可辦理。雖然，國貿局及外匯局為執行外匯貿易管理的主管機關，但貨物的進出口均須經過海關，是否「貨證相符」或「逃避管制」，只要經過海關的驗估程序，立刻可知。

第二節　貨物出口報關、裝船

一、出口報關前應準備事項

1.出口商應視出口運輸工具，與運輸業者洽訂載位——如海運交貨，則應注意出口輪船開航日期，預先向船公司洽訂艙位及取得**裝貨單**（Shipping order，簡稱 S/O）和**大副收據**（Mate's receipt，簡稱 M/R）。如屬空運交貨，應預先向航空公司洽訂載位及取得託運單 (Instruction for despatch of goods)。

2.辦理出口簽證——除免辦理出口簽證者外，須取得輸出許可證第三聯，以便有此「通行證」向海關辦理報關。

3.出口商報關時所須準備的文件：

(1)出口報單：此報單有多種類別，其中使用最多的是**國貨出口報單**（Application for export: Chinese goods，編號為關 01002，如 FORM 12–1），其表格由海關印製，亦可由業者自印，並用套版式將內容列印。

(2)裝貨單：又稱下貨准單或訂位單；如採空運方式則為**託運申請書** (Shipper's letter of instruction, Cargo shipping application)，又稱託運單。此單在未通關自動化單位情況下才應檢附。每份出口報單，不得將數張裝貨單或託運單合併申報。空運併裝出口貨物，得以數份出口報單共附同一託運單，惟須檢附併裝單二份。

(3)**裝箱單**（Packing list，簡稱 P/L）：一份，如屬散裝、裸裝、僅一箱或種類單一且包裝劃一之貨物，不論是否查驗均得免附。

(4)**裝櫃明細表** (Container loading list)：一份報單申報整裝貨櫃兩只以上時，提供本明細表。

(5)**輸出許可證**（Export permit，簡稱 E/P）正本：如貨物免簽證者則可免繳，又簽審機關與關貿網路連線傳輸輸出許可證內容者，報關人報關時可免附。

(6)**發票或商業發票** (Commercial invoice)：無輸出許可證及其他價值證明文件時，應提供此文件。

(7)貨物進倉證明文件：目的在證明貨物已進倉。採連線申報者，倉儲業

FORM 12-1

(簡 5203)

關 01002

出口報單

類別代號及名稱(6)		聯別		共 1 頁 收單 第 1 頁
報單(收單關別 出口關別 民國年度 船或關代號 裝貨單或收序號) 號碼 (7)				收單編號或託運單號碼(13)

報關人名稱、簽章	專責人員 姓名、簽章	統一編 號(8)	海關監管 編號(9)	繳 (10)	理單編號

輸出
貨物出售人(中、英文)名稱、地址

報關日期(民國)(14)　輸出口岸(15)

離岸價格 (16) FOB Value　　金額 TWD 幣別

案號
(11)

買方統一編號(12)
(及海關監管編號)
名稱、地址

運　費(17)

(1)	(2)			

檢附文
件字號
(3)

保險費(18)

貨物存放處所(4)	運輸方式(5)		加 (19) 應費用 減 (20)

申請沖 退原料 稅(21)	買方國家及代碼(22)	目的地國家及代碼(23)	出口船(機)名及呼號(班次)(24)	外幣匯率

項 次 (27)	貨物名稱、品質、規格、製造 商等(28)	商 標	輸出許可證號碼-項次(29) 商品標準分類號列(30) 稅 則 號 別 統計 號別 (主管機關指定代號)	檢 查 號 碼	淨重(公斤)(31) 數量(單位)(32) (統計用)(33)	簽審機關 專用欄	離岸價格(34) FOB Value (新台幣) ( )	統 計 方 式 (35)
			( )		( )		( )	
			( )		( )		( )	
			( )		( )		( )	
			( )		( )		( )	

總件數(25)	單位	總毛重(公斤)(26)	海關簽證事項		商港建設費	

推廣貿易
服務費

標
記
及
貨
櫃
號
碼

	建檔	補檔

分估計費	放行	合 計

核發准單	電腦審核	繳納 紀 錄

		聯別	份數	核發紀錄

通關方式	(申請)審驗方式	證明文 件核發		

其
他
申
報
事
項

● FORM 12-2 ●

＊　　＊　　股 份 有 限 公 司

（簡5259）

海運出口貨物進倉證明書

日　期：

（第三聯：海關聯）　　　編　號：

貨　主　　　電　話		報　關　行　　　電　話		進倉場站/倉區位置
林克工業		＊＊報關		640B1020/Y-6
船隻掛號	裝貨單號碼	船名航次	目的地	截止收貨日期
95/X910	5765	CHOYANG PARK EF423	KPRUS	95/05/03
貨　　　名	標記及號碼	貨櫃號碼	件數及單位 （包裝說明）	備　註 （封條號碼）
STEEL BOLTS 螺絲	LINKWELL C/N. 1-500	NCFU-2690087 CY-CY 2200	500 CTN (1 CTR)	

	儲　存 倉區及位置	進倉件數 （彙總數）	進倉貨櫃號碼 或車號	完成進倉時間	重量噸/容積噸
倉儲作業理貨紀錄	＊（由倉儲業 點收時填列）	＊	NCFU-2690087	＊	＊
		倉儲業簽章： 上列貨物確已進倉	駐庫關員抽核：		

者以「連線方式傳輸」提供海關進倉訊息；報關業報關時免附。採非連線申報者，依海、空運輸出略有不同：

①海運：繳驗經倉儲業倉庫管理員簽證「海運出口貨物進倉證明書」（海關聯，如 FORM12-2）。

②空運：由航空貨運站在主託運單上加蓋簽章。

(8)委任書：委任書格式有兩種，由出口報關人視委任事項選擇一種填具（如 FORM 12-3）。由報關人與納稅義務人共同簽署，其用途在確定報關行之委任關係。如整年均委任同一家，可專案申請整年僅辦理一次，免逐案委任。

(9)型錄、說明書或圖樣：配合海關查核需要提供。

(10)海關協助其他機關代為查核之同意文件。

(11)外銷品使用原料及其供應商資料清表。

(12)其他：依有關法令規定應檢附的文件。

 ## 二、出口報單填寫方法

國貨出口報單（G5，如 FORM 12-4）的填寫方法說明如下表所列。

項次	欄位名稱 （電腦處理編號）	填報說明
1.	報關人名稱、簽章(1)	(1)應填列本報單之報關人中文名稱。電子傳輸時名稱、簽章免傳。 (2)虛線小格內，填列報關人向海關借用之候單箱號（3 位數）或含報關業箱號附碼（1 位）。 (3)本欄係供報關人簽名蓋章之用。如係納稅義務人自行報關者，應加蓋公司行號章及負責人章，二者均應與輸入許可證上所蓋者相同。如報關業係受委任報關者，其所加蓋之公司行號章、負責人章以業經向海關登記之印鑑為限。 (4)委託報關業連線報關補送之書面報單，免加蓋報關業及其負責人章及簽名。
2.	專責人員姓名、簽章(2)	(1)係指經「專門職業及技術人員普通考試專責報關人員考試」或「專責報關人員資格測驗」及格，向海關登記作為第 1 欄所載報關業之「專責報關人員」，負責本份報單內容審核簽證人員填列姓名之用。電子傳輸時姓名、簽章免傳。納稅義務人自行報關者免填。 (2)虛線小格內依各關稅局規定填列。

		(3)委託報關業連線報關補送之書面報單,免加蓋專責人員章及簽名。
3.	檢附文件字號(3)	(1)輸出許可證號碼及連線簽審機關許可文件號碼,另有第29欄供填報。 (2)係供需提供未連線簽審機關核發之許可文件所填列。
4.	貨物存放處所(4)	係將出口貨物進存之貨棧、貨櫃集散站或碼頭名稱或代碼(請參閱「通關作業及統計代碼」)填入,名稱可由海運出口貨物進倉證明書或託運申請書內查得。
5.	運輸方式(5)	(1)本報單貨物是用下列何種方式運出,可於方格內選填其代碼,「(1)海運非貨櫃(有包裝雜貨)、(2)海運貨櫃、(3)空運(非貨櫃)、(4)空運貨櫃、(5)無、(6)海運非貨櫃(無包裝散貨)」(請參閱「通關作業及統計代碼」)。 (2)國內交易案件應選填(5)。
6.	類別代號及名稱(6)	請參閱貨物通關自動化報關手冊(以下簡稱本手冊)第玖、五節填報。
7.	聯　　別	(1)第一聯為正本,係海關處理紀錄用聯。 (2)視需要可加繕副本,分別為: 　A. 第三聯: 沖退原料稅用聯。 　B. 第四聯: 退內地稅用聯。 　C. 第五聯: 出口證明用聯。 　D. 第六聯: 留底聯(經海關加蓋收單戳記後發還)。 　E. 第七聯: 其他聯(各關稅局依實際需要規定使用之,如供稅捐稽徵機關查核用聯)。
8.	頁　　數	(1)應填列本份報單共幾頁,首頁為第1頁,次頁為第2頁。如共2頁時,則首頁填「共2頁第1頁」,次頁為「共2頁第2頁」。 (2)「外銷品使用原料及其供應商資料清表」應與報單併計編頁次。但該清表如係於外銷品沖退原料稅電子化作業系統製作,且上傳成功;復經通關系統比對相符而核定通關方式者,不須檢附該清表紙本。
9.	報單號碼(7)	(1)應依「報單及轉運申請書編號原則」之規定辦理(請參閱第貳、九節),計分5段: 收單關別／出口關別／民國年度／船或關代號／裝貨單或收序號。 　第1段: 收單關別,2位大寫英文字母代碼。如基隆關稅局出口組為AA,詳參閱本手冊第參、五、(六)節。 　第2段: 出口關別,2位大寫英文字母代碼。如非由他關區裝船出口者免填,應予空白。 　第3段: 中華民國年度,用阿拉伯數字填列。 　第4段: 海運填「船號」(請參閱第貳、八節「船隻掛號編號原則」);空運報單則填「報關業箱號」。 　第5段: 海運報單填裝貨單號碼,用4位阿拉伯數字(海關電腦可接受文數字),未滿4位數時,前面用「0」填補,例如「0032」。空運出口報單由報關業自行編號。 (2)雜項報單之填列,請參閱第貳、九節「報單及轉運申請

		書編號原則」第㈤項之說明。 (3)各保稅區視同進出口報單編號原則，請參閱第拾捌、二節。 (4)加工出口區轉空運出口之報單編號請參閱第貳、九節「報單轉運申請書編號原則」第㈢、4 項之說明。
10.	貨物 輸出 出售 人(中、英文) 名稱、地址(8)(9)(10)(11)	(1)填報應以正楷字體書寫或以打字機、PC 繕打，依中文名稱、英文名稱、地址順序填列。如用戳記加蓋，其長度不得超過 8.5 公分，寬不得超過 2 公分。傳輸時中文名稱免傳；地址得免傳，但列印在報單上，一定要使用中文。 (2)貨物輸出（或出售）人為科園區廠商者，應於中文名稱前填報科園區統一電腦代碼。 (3)「統一編號」欄(8)，應填列營利事業統一編號；非營利事業機構，填其扣繳義務人統一編號；軍事機關填八個「0」；外人在臺代表或機構無營利事業統一編號者填負責人「護照號碼」（前 2 碼固定為「NO」，以免與廠商或身分證統一編號混淆）；個人報關者，填其身分證統一編號。 (4)「海關監管編號」欄(9)： 　A. 貨物輸出（或出售）人為保稅工廠、加工出口區區內事業、農業科技園區、科學工業園區園區事業或自由貿易港區事業者，應於「海關監管編號」欄(9)填報各事業監管編號 5 碼，請參閱「通關作業及統計代碼」。 　B. 貨物輸出人辦理營業稅自行具結記帳沖銷者，應於賣方「海關監管編號」欄(9)填報「營業稅自行具結記帳廠商編號」，未填列者視同不申請沖銷。 (5)「繳」字欄(10)預備供填稅費繳納方式代碼（暫時不用）。 (6)「案號」欄(11)預備供填利用帳戶繳納時之案號（暫時不用）。 (7)凡法令規定應由買賣雙方聯名繕具「報單」者： 　A： 其委任報關者，不論個案委任或長年委任，得免在本欄或賣方欄加蓋公司行號及負責人印章。 　B： 其未委任報關之一方或自行報關之他方得出具切結書以代替在本欄或賣方欄加蓋公司行號及負責人印章。
11.	買方統一編號（及海關盡監管編號）名稱、地址(12)	(1)買方如為國外廠商時： 　A. 上方兩個虛線空格均免填。 　B. 名稱應以英文填報、傳輸；地址可省略。 (2)買方如為國內廠商時： 　A. 應在虛線空格第 1 格填列營利事業統一編號；如同時具有保稅工廠、加工出口區區內事業、農業科技園區園區事業、科學工業園區園區事業或自由港區事業身分時，則另行在虛線第 2 格填列海關監管編號。 　B. 中文名稱傳輸時免傳。 　C. 地址傳輸時免傳，但列印在報單上限使用中文。 (3)同第 10.項第(7)目。
12.	收單編號或託運單號碼(13)	海運者可填裝貨單之「提單參考號碼」；空運者應填列託運單號碼之分號（主號則填列於船機名航次欄(24)）。

13.	理單編號	係填海關電腦所編歸檔用流水號碼，報關人免填。
14.	報關日期(14)	(1)有關「日期」之填報一律按民國年月日為序填報如 95.04.30。 (2)「連線者」以訊息傳輸送達通關網路之日期為準 (3)將報單遞進海關申報的日期填於此欄。
15.	輸出口岸(15)	(1)係填列裝載本報單出口貨物之運輸工具出口地點及代碼，如基隆代碼 (TWKEL)、臺中代碼 (TWTXG)、高雄 (TWKHH)、桃園機場 (TWCKS)。 (2)如屬國內交易案件，應填列代碼「TWZZZ」。
16.	離岸價格幣別、金額(16)	(1)本欄應依輸出許可證或發票上所載之離岸價格（即 FOB 金額）填入。如為 CFR 金額，應減去運費後填入。如為 CIF 金額，則應減去保險費及運費後填入，幣別代碼請參閱「通關作業及統計代碼」。 (2)「TWD」欄： 　A. 係供填 FOB 之新臺幣金額。 　B. 本欄金額應與第 34 欄各項之「合計金額」相等，或在規定之容許差範圍內。
17.	運費(17)	(1)依裝運文件或發票所列運費之幣別、金額填列，如以 FOB 為交易條件，本欄免填。 (2)本欄幣別如與離岸價格不相同時，應轉換為與其相同之幣別後，再折算填入。
18.	保險費(18)	(1)依裝運文件或發票所列保險費之幣別、金額填列，如交易條件為 FOB 或 CFR，本欄免填。 (2)同 17 項「運費」第(2)點。
19.	應加減費用(19)(20)	(1)應「加」費用，係指未列入貿易文件上所載 FOB 價格內，但依交易價格規定應行加計者，例如由賣方給買方之折扣費。 (2)應「減」費用，係指已列入貿易文件上所載 FOB 價格內，但依交易價格規定可以扣除者，例如由買方負擔之佣金、手續費等之合計金額。
20.	申請沖退原料稅(21)	(1)本報單出口貨物是否「沖退進口原料稅捐」，應在該欄填報是否申請。不申請者，填代號「N」；申請者，填代號「Y」，並應檢附「外銷品使用原料及其供應商資料清表」紙本 1 份。惟清表如係於外銷品沖退原料稅電子化作業系統製作，且上傳成功；復經通關系統比對相符而核定通關方式者，不須檢附該清表紙本。 (2)保稅工廠出口報單，如非屬上開「沖退進口原料稅捐」範圍，不宜填列「Y」。 (3)使用國產應課貨物稅供作製造外銷品之原料者，如檢附「外銷品使用原料及其供應商資料清表」者，應填列「Y」。
21.	買方國家及代碼(22)	(1)依 E/P 或發票所載填列買方所在地之國家或地區英文名稱及代碼（代碼填在右上方虛線空格內）。其代碼請參閱「通關作業及統計代碼」。 (2)如屬國內交易案件，代碼欄應填「TW」。

22.	目的地國家及代碼(23)	(1)係填入本報單貨物之「最終目的地」國家及地方英文名稱全名（如受欄位所限，全名無法容納時，則填至欄位線即可）及其代碼〔代碼包括國家及地方代碼（共五碼）；填在右上方虛線空格內。其代碼請參閱「聯合國地方代碼」，如美國洛杉磯，則填 UNITED STATES, LOS ANGELES，代碼填 USLAX〔(81)臺總局統字第 03083 號函〕。 (2)如屬國內交易案件，代碼欄應填「TWZZZ」。
23.	出口船（機）名及呼號（班次）(24)	(1)海運即填載運本報單所申報貨物之船舶名稱及 4 位或 6 位英文字母及阿拉伯數字摻雜之呼號。船名及呼號，可由裝貨單上查明。 (2)空運者，航次欄應填列託運單主號，船舶呼號欄應填列出口機名及班次，機名填航空公司英文簡稱（為 2 位文字碼），班次則用阿拉伯數字（四碼）填列，如華航「CI0008」。 (3)如屬國內交易案件，本欄填「NIL」。
24.	外幣匯率	(1)依關稅總局驗估處「每旬」所公布之「每旬報關適用外幣匯率表」所列之「買入匯率」為準。 (2)新臺幣交易案件，填「1.0」。
25.	項次(27)	依輸出許可證或發票所列貨物順序，用阿拉伯數字 1、2、3……逐項填列。
26.	貨物名稱、品質、規格、製造商等(28)	(1)依輸出許可證或發票所載填報，傳輸時按貨物名稱、牌名、型號、規格、預錄式光碟來源識別碼模具碼中之壓印標示 (IFPI) 及事業代碼等，依借用分列欄位申報為原則；無來源識別碼者，應申報「無來源識別碼」如無法分列，得均申報於貨物名稱內。 (2)保稅貨物案件申報時，原料之買方、賣方料號及成品型號首先填報（列印）於貨名之前；牌名、規格、原進倉報單號碼及項次依序填報（列印）於貨物名稱之後。 (3)如有共同的貨物名稱時，得於各該所屬項次範圍之第 1 項申報即可。 (4)貨物不止 1 項者，應逐項填明，最後應填「TOTAL 並在「淨重、數量」及「離岸價格」兩欄填報合計數（TOTAL 之後無需要再填報「以下空白」或「無續頁」之類之文字）。 (5)如需退稅之出口貨物，其名稱與原料核退標準規定同物異名時，應在貨名下註明核退標準所規定貨名、規格、型號。 (6)貨名資料長度超過 390Byte（簡 5203 為 385Byte）時，應在報單「申請審驗方式」欄填報代碼「8」（報單補單時應列印全部內容）。 (7)依法令規定應顯示「製造商」者（如申請沖退稅），請勿漏填其名稱。 (8)「長單」得以彙總方式填報（請參閱進出口報單長單申報簡化作業方式）。 (9)國內課稅區廠商接受國外客戶訂購產品，直接收取外匯，並依指示將所訂購之產品交與其他廠商，另行組合或併裝後包裝出口而須辦理沖退稅者，可於本欄末項空白處，

		載明提供組裝零配件之其他廠商之名稱、交付產品之內容（如品名、規格、數量、金額等）。
27.	商　標	(1)「貨物本身」或其「內外包裝」或「容器」標示有商標者，應逐項填報實際之商標，並儘量以實際商標縮小影印黏貼，再加蓋騎縫章。如有貿易局核准商標登錄文號，亦應報明，如未標示商標，則應填報「NO BRAND」。 (2)由貨名欄第 1 行開始列印，並以 " " 框之〔關稅總局(84)公字第 00007 號公告〕，「貨名」則自貨名欄第 2 行開始列印。 (3)連線報單傳輸方式，請參閱第玖、八節。 (4)復出口案件亦應申報，並於此欄之下用括弧加註（「生產國別」）。
28.	輸出許可證號碼——項次(29)	(1)將輸出許可證「號碼」及「項次」填入。 (2)請參閱進口報單填報說明第 27 項。
29.	輸出入貨品分類號列、稅則號別、統計號別、檢查號碼、主管機關指定代號(30)	(1)應查閱「中華民國海關進口稅則輸出入貨品分類表合訂本」填列（共應填列 11 碼；請參閱實例第貳參章）。 (2)請參閱進口報單填報說明第 28 項。
30.	淨重（公斤）(31)	(1)依裝箱單填列，如實際與文件記載不符者，應按實際出口情形申報。 (2)淨重係指不包括內外包裝之重量，一律以公斤 (KGM) 表示之。 (3)「小數點」以下取 1 位數。
31.	數量（單位）(32)	(1)依輸出許可證或發票所載填其計價數量及單位代碼（請參閱「通關作業及統計代碼」），如實到數量與輸出許可證或發票所載不符，應依實際數量填報。例如輸出許可證所載為布類 1,000 碼，則在此欄填 1,000YRD。如貨物不止 1 項時，應逐項填報。 (2)如數量（單位）長度超出現有欄位時： 　A. 可彈性跨越左右欄位空白處填列，被佔用欄位之內容必須降低或提高位置填列。 　B. 亦可轉換為「百單位」或「千單位」申報，惟轉換之單位須為「通關作業及統計代碼」內所列之計量單位。如：HPC（百個）、HST（百套）、KPC（千個）……等。 (3)「保稅貨物案件」申報時，於此欄第 2 行填報（列印）「B: 記帳數量及單位」。
32.	數量、單位（統計用）(33)	(1)依前例布類按進口稅則上所列單位為平方公尺，則 1,000 碼（寬度 36 吋）等於 836 平方公尺，在此欄填 836MTK。 (2)請參閱進口報單填報說明第 32 項。
33.	簽審機關專用欄	簽審機關如有需要亦可利用此欄填報。
34.	離岸價格（新臺幣）(34)	(1)依輸出許可證或發票所載之 FOB 金額乘以外幣匯率即得新臺幣離岸價格，輸出許可證或發票所載如為 CFR 金額，則應減去運費；如為 CIF 金額，則應減去保險費及運費後再與外幣匯率相乘後填入（金額計至元為止，元

		以下四捨五入）。 (2)如幣別金額太長，欄位不夠用時，可將幣別填列於上方，金額填於下方（即 1 欄當 2 欄使用）。 (3)申報「禮物、贈品、樣品、掉換、賠償、廣告品等」時，即使發票載明「NCV」，亦應申報其實際價格，不得申報「NCV」(No Commercial Value)、「FOC」(Free of Charge) 或「0」。
35.	統計方式(35)	(1)統計方式代碼填列於本欄位之上半欄，請參閱「通關作業及統計代號」。 (2)本欄下半欄供「需繳納」或「免收」推廣貿易服務費時填列。
36.	總件數、單位(25)	(1)依裝貨單或託運單上所載總件數填列，單位應依「通關作業及統計代碼」填列，如 500CAN(CAN)，1,234 CTN(CARTON)；如係不同包裝單位構成〔如 500CTN 與 35BAG(BAG)〕，總件數應使用〔535PKG(PACKAGE)〕。 (2)貨物由 2 包以上合成 1 件者，應於件數後用括弧加註清楚；如屬連線申報（含磁片收單）者，應於合成註記之訊息欄位申報「Y」，並於其他申報事項訊息欄內報明上開合成狀況。
37.	總毛重（公斤）(26)	(1)係填報整份報單所報貨物之總毛重，並以公斤 (KGM) 為計量單位。 (2)「小數點」以下取 1 位數。
38.	標記及貨櫃號碼	(1)標記係指貨上之標誌及箱號，依實際出口貨物外包裝上所載填列。 (2)「連線者」申報請參閱進口報單填報說明第 39 項「標記及貨櫃號碼」第(2)點及其他相關說明。 (3)整裝貨櫃 (CY) 裝載者應填列貨櫃號碼(向左齊依序填列文數字，中間不得留空白或填列特殊符號)，其餘則免填。 (4)如不夠使用，可於其他申報事項欄或海關簽註事項欄或續頁之「加總」後填列。
39.	其他申報事項	係供對本報單申報事項另行補充、提示海關承辦關員注意特別處理事項或依有關法令規定應由報關人報明之事項，如無適當欄位可供填報時，應於本欄中申報。例如： (1)復運出口案件（包括國貨、外貨）應填報原進口報單號碼。 (2)需繳納業務費之案件，應填列業務費金額。 (3)按月彙報案件，應加註××月份按月彙報案件。 (4)保稅倉庫進出倉貨物應於本欄填報保稅倉庫代碼及營利事業統一編號。 (5)保稅貨物視同進出口案件之交易對方「參考編號」。 (6)連線申報合成註記填報「Y」者，應於本欄列出其明細。 (7)常年（長期）委任報關核准文號。 (8)申請依長單簡化作業方式之核准文號。 (9)園區事業以合作外銷之三角貿易方式出口，其貨物輸出人為非園區事業者，應於本欄填報園區事業監管編號及

		營利事業統一編號。
		⑽保稅工廠之產品由其他廠商或貿易商報運出口者，應於本欄填報保稅工廠監管編號及營利事業統一編號。
		⑾輸出光罩式唯讀記憶體晶片，除外貨復運出口者外，應於本欄填報登錄證明書號碼。
40.	海關簽註事項	係供海關承辦關員簽註處理情形或加註必要之文字。
41.	條碼處	實際實施方式及日期，另行規定。
42.	通關方式	⑴係海關內部作業使用，進口通關方式計分：C1（免審免驗通關）、C2（文件審核通關）、C3（貨物查驗通關）。 ⑵「連線者」遞送報單時應列印「通關方式」。
43.	申請審驗方式	⑴本欄已公告修正為「申請審驗方式」，請於印製新報單時配合修正（未用完之舊報單仍可繼續使用）。 ⑵係供海關權責人員決定該報單將採行之審驗方式，或供報關人填報申請審驗方式。 ⑶本欄以代碼表示： 　　代碼2：申請「船（機）邊驗放」。 　　代碼3：申請「廠驗」。 　　代碼4：申請「鮮冷蔬果驗放」。 　　代碼6：申請「倉庫驗放」。 　　代碼7：申請「免驗船邊裝（提）櫃貨」。 　　代碼8：申請「書面審查」。 　　代碼9：申請「免驗」。 ⑷「申請審驗方式」代碼「使用說明」，（請參閱「通關作業及統計代碼」）。 ⑸情形較特殊依規定應由報關人報明代碼者，應依規定主動報明。 ⑹報關人未填報代碼者「參加抽驗」，抽中 C3 應予查驗者，以「倉庫驗放」為限。
44.	商港建設費	
45.	推廣貿易服務費	海、空運出口者，以全份報單「實際離岸價格總金額」乘以 0.04% 之得數填報（核計至元為止，元以下不計；未逾 TWD100 者免收）。
46.	合　計	將推廣貿易服務費及其他應收款項各欄加總之總金額填入。
47.	繳納紀錄	報關人免填。
48.	證明文件核發、聯別、份數、核發紀錄	⑴請報關人填列與背面申請欄相同之聯別、份數；並選擇以黏貼規費證或列印「國庫專戶存款收款書兼匯款申請書」繳納文件費，逐筆者並予註明，未註明者按月彙總。 ⑵由海關依實際核發情形作紀錄。
49.	（報單背面）申請證明文件、聯別、申請份數	⑴依實際需要證明文件之聯別、份數填明申請。 ⑵請參閱報單背面填報注意事項第 3 項。
50.	報單續頁	續頁填報方式與首頁相同。

資料來源：貨物通關自動化報關手冊。

三、出口通關作業程序

(一)出口貨物報關、放行時限

1.正常投單報關——以輪船公司向海關預報的「截止收貨日期」為「截止收單日期」。

　　(1)未連線者：船公司在星期一至星期五下班前 1 小時，星期六上午 12 時前向海關投單報關。

　　(2)已連線者：船公司報關時間可延長至「截止收單日」當日的 24 時。用電腦傳輸申報即可。

2.逾時投單報關——出口貨物於「截止收貨日」進倉，但未能在正常投單時間報關，而仍需補報關者，可於「截止收單日」次一工作日上午海關上班後 1 小時內，繳足規費及攜帶蓋有「逾時投單」章戳的出口報單辦理報關即可。

3.放行時限：

　　(1)前一日收單未處理完畢的報單。

　　(2)前一日以連線方式申報，於當日上午海關上班後 1 小時內補送的 C2、C3 報單。

海關如在辦公時間內無法處理完畢時，應主動加班，並且免收規費。

(二)出口貨物通關程序

1.貨物通關自動化方案——79 年 11 月行政院核定「貨物通關自動化方案」，要求財政部於 4 年內全面實施海空運貨物通關的自動化，以便配合貿易自由化、國際化的經濟政策。財政部因而將海關、資策會及財政部內有關人員籌組「貨物通關自動化規劃推行小組」來推行關務自動化、國際化。

財政部於 81 年 9 月依據關稅法第 10 條第 3 項訂定、發布了「貨物通關自動化實施辦法」(簡稱「通自法」)，並於同年 11 月完成空運貨物通關自動化，爾後在 83 年 11 月基隆關稅局完成海運進口部分正式上線，在次年元月又完成出口部分的正式上線，最後在 84 年 6 月高雄、臺中關稅局也完成海運通關自動化作業。使臺灣繼日本、新加坡之後第三個實施通關全面自動化的國家。

2.貨物通關自動化——**貨物通關自動化** (Cargo clearance automation) 是指海關將辦理貨物通關的作業與所有的出進口商、倉儲業、報關業、銀行和保險業等相關業者及國貿局、科學管理園區、各簽審機關、航空貨運站、港務局和

FORM 12-3

核准日期	
核准案號	

長期委任書

　　委任人＿＿＿＿＿＿＿＿＿＿為辦理進口、出口、轉運（口）貨物通關作業需要，茲依據關稅法第 22 條第 1 項規定，委任受任人（報關業者）＿＿＿＿＿＿＿＿＿自＿＿年＿＿月＿＿日迄＿＿年＿＿月＿＿日止，代為辦理通關過程中依規定應為之各項手續，受任人對之均有為一切行為之權，並包括：簽認查驗結果、繳納稅費、提領進口貨物、捨棄、認諾、收受　貴關有關報關貨物之一切通知與稅費繳納證等文件（或訊息）、領取報關貨物之貨樣，以及辦理出口貨物之退關、退關轉船、提領出倉等之特別委任權。

　　委任人如嗣後擬對受任人之權限加以限制或予終止委任時，應先以書面通知　貴關，經　貴關更新委任資料後始發生效力，否則不得以其事項對抗　貴關。

　　此致

財政部關務署＿＿＿＿關

委任類別：□進出口商□保稅廠商□船（航空）公司
　　　　　（請勾選"∨"，未委任者請打"×"）

委任人：＿＿＿＿＿＿＿＿＿＿＿＿＿＿＿＿（簽章）
　　　　負責人姓名：＿＿＿＿＿＿＿＿＿＿（簽章）
　　　　統一編號：＿＿＿＿＿＿＿＿＿＿＿
　　　　船（航空）公司請另填代號：＿＿＿＿＿＿
　　　　海關監管編號：＿＿＿＿＿＿＿＿＿
　　　　地址：＿＿＿＿＿＿＿＿＿＿＿＿＿
　　　　電話：（　　）＿＿＿＿＿＿分機

受任人：＿＿＿＿＿＿＿＿＿＿＿＿＿＿＿＿（簽章）
　　　　負責人姓名：＿＿＿＿＿＿＿＿＿＿（簽章）
　　　　報關業者箱號：＿＿＿＿＿＿＿＿＿
　　　　地址：＿＿＿＿＿＿＿＿＿＿＿＿＿
　　　　電話：（　　）＿＿＿＿＿＿分機

中　華　民　國＿＿＿＿年＿＿＿＿月＿＿＿＿日

FORM 12-4

關 0 1 0 0 2

出口報單

類別代號及名稱(6)　G5 國貨出口	聯別	共 1 頁 收單 第 1 頁

報關人名稱、簽章	專責人員 姓名、簽章
報關 股份有限公司	

報單(收單關別 出口關別 民國年度 船或關代號 裝貨單或收序號) 收單編號或託運單號碼(13)
號碼 AA / 96 / 1234 / 5678 NIL
(7)

統一編 12345678　海關監管　繳 1
號(8)　　　　　　　　編號(9)　　(10)

貨物輸出、出售人(中、英文)名稱、地址

基隆市報關商業同業公會
KEELUNG CUSTOM BROKER ASSOCIATION
基隆市孝三路39號3樓301室

理單編號

報關日期(民國)(14) 輸出口岸(15) TWKEL
96 年 01 月 02 KEELUNG

離岸價格　全額
(16)　TWD 1,860,132

FOB Value USD 57,146.91

00 (1)	00000 (2)

案號
(11)

買方統一編號　(12)　　HYCMBR
(及海關監管編號)
名稱、地址
HAPPYDAY CUSTOM BROKER ASSOCIATION
3FL.NO.39 XAOSUN RD. HONGKONG

運費(17) USD 400.00

保險費(18) USD 50.00

檢附文
件字號
(3)

加 得
應 費用
減 (20)

貨物存放處所(4) KELE100F 聯興東岸 運輸方式(5) 2

申請沖 買方國家及代碼(22) HK 目的地國家及代碼(23) HKHKG 出口船(機)名及呼號(班次) H3LB 外幣匯率
退原料 HONG KONG HONG KONG (24)LUCK STAR 0701S 32.55000
稅(21) N

項次 (27)	貨物名稱、品質、規格、製造商等(28)	商 標	輸出許可證號碼一項次(29) 輸出入貨品分類號列(30) 檢 別 號 量 統計號別 (主管機關指定代號)	淨重(公斤)(31) 數量(單位)(32) (統計用)(33)	簽 審 機 關 專 用 欄	離岸價格(34) FOB Value (新台幣)	統計方式(35)
1.	"NO BRAND" BRASS ROD 25.5m/m-ROHS	NIL	7407.21.10.00-8 (	6,042.4 6,042.4 KGM		1,067,435 (	02
2.	"NO BRAND" BRASS ROD 27 m/m-ROHS	NIL "		1,156 1,156 KGM		204,216 (	02
3.	"NO BRAND" BRASS ROD 28.5m/m-ROHS	NIL "	(	3,331.2 3,331.2 KGM		588,481 (	02
	TOTAL:		( )(	10,529.6 10,529.6 KGM	)	1,860,132 ( )	

總件數(5) 單位	總毛重(公斤)(36)	海關簽註事項		商港建設費	
11 BDL	10,560.4			推廣貿易 服務費	744

標記
及貨 HY
櫃號 (IN DIA.)
碼 B/NO.1-11
MADE IN TAIWAN
CFLU2970686 2200 (1)FCL/FCL

建檔	補檔

公估計費	放行

合 計 744

核發准單	電腦審核

繳
前
記
錄

證
明
文
件
核
發

聯別 份數 核發紀錄

其他申報事項 委任書:00060035自950601至981130日止

通關方式	(申請)密驗方式

紡拓會等相關單位，利用電腦連線，以**電子資料相互傳輸**（Electronic data interchange，簡稱 EDI）來達成海空運貨物艙單遞送、報關、貨物存儲、提領、繳稅、查驗、放行及其他相關作業等等的通關手續的全面自動化。換言之，實施通關自動化後，凡相關業者均可在營業處所將有關報單資料、運輸艙單、進出會資料輸入電腦，經過連線，透過**關貿網路**（Trade-VAN，簡稱 T/V，也就是通關網路，VAN 係指 Value added network 縮寫）自動傳輸給海關，海關再利用各項系統審核相關資料，再將有關訊息傳輸給報關人配合辦理，節省傳統的作業上文件重登的人力及易產生的錯誤外，並疏解集中投單的通關瓶頸問題，以達到短期目標的加速通關並提昇服務品質的目的，而長期目標則是達到國際貿易無紙化。

從上所述，在通關自動化裡強調電腦連線，並不是指業者直接與海關連線，而是另行設置關貿網路，連線者透過該網路彼此傳輸資料，因此，與關貿網路連線者有相關單位、相關業者和海關。至於關貿網路的作業是每日 24 小時，每月的第 2、4 週之週日 12:00 至 14:00 從事維護外，日、夜間都受理傳輸。所以，採貨物通關自動化後，在無形效益上來看，有下列幾點：

(1)海關每日處理報單能量提高，節省人事成本，又因 24 小時受理投單，故能疏解通關瓶頸。

(2)減少關員介入的人為偏差及風紀案件的發生。

(3)報關業者可線上掌握報單處理狀態、節省人力。

(4)縮短通關時間，減少倉棧費用。

3.出口貨物通關流程──出口貨物通關步驟可分為：

(1)收單。

(2)驗貨。

(3)分估。

(4)放行。

免驗者跳過第(2)步驟；部分貨物將第(2)步驟移至最後辦理。

4.貨物通關方式──在通關自動化作業下，貨物通關方式可分為三類：

(1) C1 通關（免審免驗通關）：通關時，出口貨物可立即裝船出口，海關免審主管機關許可、證明或合格文件。至於書面報單及發票、裝箱單等文件，應由報關人列管一年。

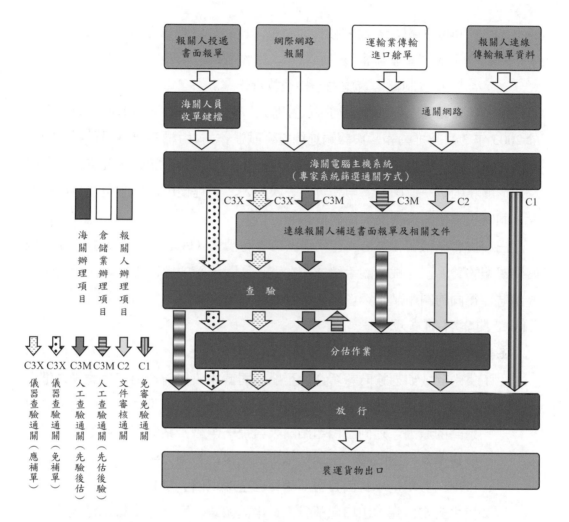

(2) C2 通關（文件審核通關）：通關時，海關須審核主管機關許可、核准、同意、證明或合格文件無誤後免驗貨物放行。報關人於核定為 C2 後，報關人依電腦連線通知於「翌日辦公時間終了以前」向海關補送書面報單及相關文件。經海關收單及完成分估作業後放行。但經海關核定為無紙化通關者，得免向海關補送書面報單及相關文件。

(3) C3 通關（貨物查驗通關）：貨物查驗通關案件分為：

① C3M（人工查驗）：又可分為先驗後估及先估後驗 2 種方式：

(a)先驗後估：先辦理驗貨，驗畢再辦理分估作業。

(b)先估後驗：先辦理分估作業，再查驗放行，例如船（機）邊驗放、倉庫驗放等案件。

② C3X（儀器查驗）：海運專用，又可分為：

　　　　　　⑷免補單：不需審核書面報單，貨物需經過儀器查驗通關。

　　　　　　⑸應補單：需審核書面報單，貨物需經過儀器查驗通關，並暫時先
　　　　　　　　在管制區內實施先儀檢後放行作業。

　　為改善貨物進出口的整體通關放行時效，建立無障礙通關環境，我國政府
於 2003 年 3 月起推動報驗與報關連線整合試辦作業，由標準檢驗局及關稅總局
共同會銜同意通關網路業者建立「簽審加值中心」，作為報驗與報關連線出入口
及加值服務的單一窗口，將申報資料一次輸入、全程使用，以避免資料重複輸
入，同時提昇檢驗簽審文件比對成功率。

　　出口貨物免徵關稅，海關僅代徵出口貨物價格（FOB 價格）萬分之 4 的推
廣貿易服務費。已完成通關手續或正在辦理通關手續的出口貨物，因故退關或
註銷時，得向海關申請退還已繳納的推廣貿易服務費。

　㈢退關案件的處理

　　1.放行前：

　　　⑴貨未到：如遇逾時報單案件至船公司截止收貨前，出口貨物仍未進倉
　　　　者則須辦理退關。其手續為報關人繕具報告單一份註明出口貨物尚未
　　　　運到的原因，逕向出口組結關人員提出申請，案經出口組經辦關員將
　　　　裝貨單及大副收據、出口報單等註銷後，報關人將這些單據取回，並
　　　　於出口報單正本背面簽署「證件已全部取回」字句。

　　　⑵貨未到齊：先向出口組放行人員申請派驗，即將出口報單派至驗貨場
　　　　查驗實際到貨數量情形，再送回出口組憑以辦理退關，此時因貨物數
　　　　量與原申報有出入，故裝貨單及大副收據的數量已有變動，經出口組
　　　　經辦人員更正後，報關人將更正後的裝貨單及大副收據各影印一份並
　　　　附上報告單申請退關後，取回證件並憑申請書、裝貨單及大副收據的
　　　　影本到倉庫提貨出倉。

　　2.放行後：

　　　⑴全部退關：船公司因艙位不足等原因無法裝載出口，而使簽放的報單
　　　　必須退關 (Shut out)，此時船公司艙單上必已列明該裝貨單係屬退關，
　　　　海關本身亦已知該貨無法裝船，故辦理退關，須檢附報告單向出口組
　　　　結關人員申辦，並準備裝貨單與大副收據影本經海關核准加註「依據
　　　　退關清單紀錄本案貨物全部退關，有關原簽放文件已全部收回銷印，

准予報關人辦理提貨出倉手續。」字句後，辦理提貨出倉。

⑵部分退關：檢附報告單，經海關核明實際退關數量，在報告單上加註「根據退關清單紀錄本案貨物共有（　　）件退關，除裝貨單外，有關文件已收回更正並已據實調整本報單有關項目，退關貨物准予提取出倉。」字句後，辦理退關。

 ## 四、裝船通知

出口商將貨物裝運出口後，將有關運送數量、金額、裝運船舶及日期等事項立即發出**裝船通知**（Shipping advice，如 FORM 12–5），其目的為：

　1. 便於買方購買保險——在 FAS、FOB 或 CFR 等條件下，貨物的風險在裝載港的船邊或船上移轉至買方。因此賣方對買方所發出貨物裝運的有關事項，應以電報或其他方式即時通知買方，以便其在進口地能適時購買保險，以避免因通知延誤而發生意外。

　2. 便於買方預售貨物——賣方裝運通知除以電報通知外，並須寄送貨運單據副本及裝運樣品各幾套給買方，買方收到這些資料後，即可著手向其客戶推銷、預售該項貨物。

　3. 便於買方提貨——買方可利用該項資料計算貨物何時到埠，到埠後需用若干倉儲，以及依該裝運貨物的重量及體積推算應負擔若干運費，以便能順利報關提貨。

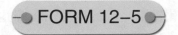

ABC TRADING CO., LTD.

NO.4 SEC.1 YEN JIOU YUAN RD.,
TAIPEI, TAIWAN

SHIPPING ADVICE

Date: Oct. 31, 20–

Dear Sirs:

We have the pleasure to submit, hereby, the shipping advice to you.

Your Order No.　　:　A–223
L/C No.　　　　　　:　SA–547/3796
Commodity　　　　:　SPORT SHIRTS
Quantity　　　　　:　500 Doz.
Sailing Date　　　:　Oct. 30, 20–
Port of Loading　　:　KEELUNG
Destination　　　　:　NEW YORK
Documentary Copy: Invoice　　　　　　1
　　　　　　　　　　Packing List　　　　1
　　　　　　　　　　B/L　　　　　　　　1
　　　　　　　　　　Insurance Policy　　1

We hope that the above mentioned articles will reach you in good order.

Yours very truly,
ABC Trading Co., Ltd.

C. Y. Chang

一、海關業務

(一)徵稅

(二)緝私

(三)退稅

(四)保稅

(五)統計

(六)修建燈塔

(七)代辦業務

(八)執行外匯貿易管理

二、出口報關前應準備事項

(一)洽訂艙位

(二)辦理出口簽證

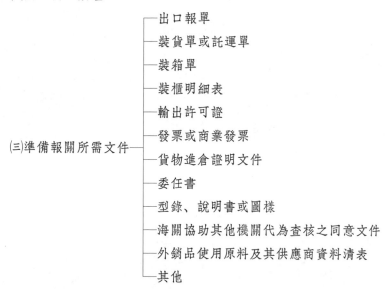

(三)準備報關所需文件
- 出口報單
- 裝貨單或託運單
- 裝箱單
- 裝櫃明細表
- 輸出許可證
- 發票或商業發票
- 貨物進倉證明文件
- 委任書
- 型錄、說明書或圖樣
- 海關協助其他機關代為查核之同意文件
- 外銷品使用原料及其供應商資料清表
- 其他

(四)準備報關裝船（機）

三、出口通關作業程序

(一)出口貨物報關、放行時限

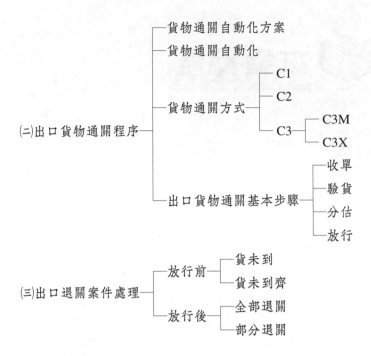

```
                      ┌─貨物通關自動化方案
                      │
                      ├─貨物通關自動化
                      │
                      │                   ┌─C1
                      │                   │
                      ├─貨物通關方式────────┼─C2
                      │                   │        ┌─C3M
㈡出口貨物通關程序──────┤                   └─C3─────┤
                      │                            └─C3X
                      │                        ┌─收單
                      │                        │
                      │                        ├─驗貨
                      └─出口貨物通關基本步驟──────┤
                                               ├─分估
                                               │
                                               └─放行
```

```
                         ┌─放行前──────┬─貨未到
                         │            │
                         │            └─貨未到齊
㈢出口退關案件處理─────────┤
                         │            ┌─全部退關
                         └─放行後──────┤
                                      └─部分退關
```

四、裝船通知

㈠便於買方購買保險

㈡便於買方預售貨物

㈢便於買方提貨

一、是非題

( ) 1. 出口報單種類很多，一般最常用的為 G3。

( ) 2. 貨物的出口報關都由貨主自行辦理。

( ) 3. 海關進出口金額統計，將其差額稱之為出超、入超。

( ) 4. 出口商與船公司洽訂艙位，需取得裝貨單。

( ) 5. 進出口貿易統計係以 CIF 計價。

二、選擇題

( ) 1. 進口貿易統計係以 (1)FOB (2)CFR (3)CIF 計價。

( ) 2. 以下何者不是出口通關的程序？ (1)驗貨 (2)分估 (3)徵稅。

( ) 3. 以下何者不是貨物通關自動化方式之一？ (1)C1 (2)C2 (3)C3。

( ) 4. 下列哪一項單據非出口報關應具備文件？ (1)裝貨單 (2)商業發票 (3)輸入許可證。

( ) 5. 下列何種文件不是出口報關必備的文件？ (1)裝貨單 (2)輸出許可證 (3)包裝單。

( ) 6. 下列何種文件是出口報關必備的文件？ (1)委任書 (2)出口貨物裝入貨櫃申請書 (3)出口報單。

三、翻 譯

1. 出口報單

2. 裝貨單

3. 大副收據

4. 輸出檢驗合格證

5. 裝船通知

6. Packing list

7. Customs broker

8. Dock receipt

9. Instruction for despatch of goods

10. Customs

四、問答題

1. 試介紹海關的業務有哪些?

2. 出口商將貨物運出後,立即發出裝船通知 (Shipping advice),其目的何在?

3. 目前我國進出口貿易統計有哪些單位?

4. 出口報關應準備哪些文件?

五、工作習題

請老師安排學生到海關參觀,然後由學生撰寫參觀心得。

第十三章

匯票與貨運單據

第一節　貿易單據的類別

貿易單據是指在國際貿易中，貿易商所用到的各種文件、書表、單據或證件而言。其中有貿易商自己製作的，也有非貿易商本身，如運送人、保險人或檢驗機構等所製作的，對貿易商而言，前者屬內部單據，後者屬外來單據。

貿易商自己所製作的單據中，常見的有：報價單、訂單、購貨確認書、售貨確認書、買賣契約、匯票、商業發票、包裝單、重量尺碼單等，至於非貿易商本身所製作的單據，常見的有：信用狀、提單、保險單、檢驗證明書、產地證明書等。

貿易單據如以其性質加以分類，可分為契約單據、財務單據及貨運單據。報價單、訂單、購貨確認書、售貨確認書以及買賣契約書等，均以買賣條件為主要內容，故可歸屬於契約單據；信用狀及匯票等則與貨款的收付有關，可稱為**財務單據** (Financial documents)；至於提單、保險單、商業發票、包裝單以及檢驗證明書等，或為證明貨物已交運，或為證明貨物已保險，或為證明貨物品質、數量，均與貨物的運送有關，是為**貨運單據** (Shipping documents)。

這些貿易單據常因進口國家的不同規定，因而須由出口商提供不同的文件。故我們可將常見的貿易單據以不同的類別列表如下頁所示。

上列各項貿易單據之中，契約單據及財務單據中的信用狀，貨運單據中的運送單據及保險單據已另有專章說明，本章將以匯票及其他貨運單據的介紹為主。

第二節　匯　票

 ## 一、匯票的意義

匯票（Bill of exchange，簡稱 B/E 或 Draft）是票據的一種。匯票是發票人簽發一定的金額，委託付款人於指定的到期日，無條件支付與受款人或執票人的票據。在性質上屬於委託證券，是由發票人委託付款人付款，而與本票的由發票人自己付款者有別；同時匯票又屬於信用證券，而與支票的屬於支付證券者不同。

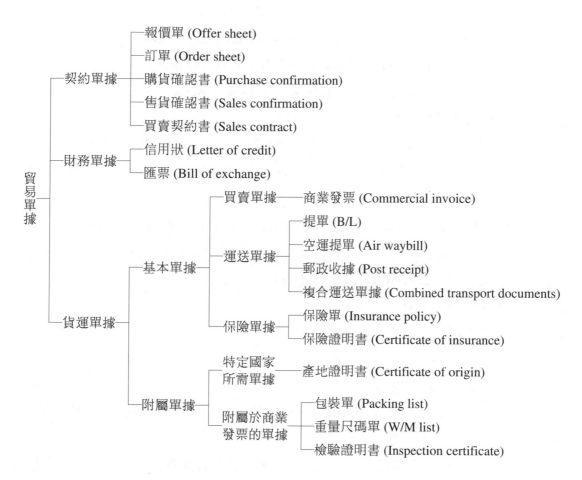

二、匯票的關係人

㈠發票人 (Drawer)

所謂發票人，就信用狀實務而言，乃依信用狀的授權，以開狀銀行所指定付款行或進口商為被發票人而簽發匯票的受益人。

因此，發票人可分兩種：⑴就一般匯票而言，發票人為出口廠商；⑵就求償匯票而言，發票人為押匯銀行。故以發票人欄而言，出口廠商須填具出口廠商名字及有權人員的**簽名** (Signature)，二者缺一不可，且此種簽名須與所附單據的簽名相同。

㈡被發票人或付款人 (Drawee, Payer)

一般而言，被發票人可區分為下列三種：

1.以開狀銀行為被發票人——"Drawn on us" 中的 us 係指 Issuing bank 而言。

2.以進口商為被發票人（尤其是託收時，均以 Buyer 為被發票人）：

⑴ "Drawn on applicant", "Drawn on accreditors", "Drawn on accountee", "Drawn on them"：即以信用狀申請人為被發票人。

⑵ "Drawn on buyer"：即以國外買主為被發票人。

3.以指定的付款銀行為被發票人：

⑴ "Drawn on advising bank"：即以國內通知銀行為被發票人。

⑵ "Drawn on Bank of America, New York"：即以國外第三銀行為被發票人。

㈢受款人 (Payee)

匯票的受款人，為匯票的主要債權人，其記載方式約有下列兩種：

1.不可轉讓匯票：

記名式：如 "Pay to ABC Trading Co., Ltd., Taipei."

2.可轉讓式匯票：

⑴不記名式：如 "Pay to the bearer"，即以執票人為受款人。

⑵指示式：如 "Pay to the order of XYZ Trading Co., Ltd., Taipei"，即憑 XYZ 公司的指示付款。

⑶綜合式：如 "Pay to ABC Trading Co., Ltd. or bearer"，即以 ABC 公司或執票人為受款人。

但實務上，大多數押匯銀行為保障債權及簡化押匯程序，大多採用指示式，事先印好以本身為受款人的空白匯票供受益人填具。如 FORM 13-1，即以第一銀行 (First Commercial Bank) 為受款人。

如上所述，可轉讓式匯票可憑受款人的背書而行使轉讓的權利，一般而言，其背書又可分為兩種：

⑴空白背書 (Blank endorsement)：指不記載被背書人（即受讓人）的姓名或商號，而僅由背書人（即讓與人）簽名的背書方式，如：

"Pay to the order of any bank, banker or Trust Co., First Commercial Bank, International Banking Department"

....

Authorized signature

(2)**記名背書** (Full endorsement)：指記載被背書人（即受讓人）的姓名或商號，而由背書人（即讓與人）親自簽名的背書方式，如：

"Pay to the order of American Express International Banking Corp.

For First Commercial Bank, International Banking Department"

....

Authorized signature

 ## 三、匯票的種類

根據分類標準的不同，匯票有下列幾種分類：

㈠按匯票的發票人是否為銀行，可分

1.**銀行匯票** (Banker's draft)──銀行匯票是以銀行為發票人，委託其國外分行或聯號付款的匯票。在國際貿易上，進口商為償付貨款，乃備款向銀行購買銀行簽發的匯票，自行寄交出口商，出口商即持向付款銀行領取貨款。這種匯款方式亦即通常所稱的**票匯**（Demand draft，簡稱 D/D）。

2.**商業匯票** (Commercial bill of exchange)──商業匯票是商場上通常使用的匯票，國際貿易上使用的匯票大都是這種匯票。出口商輸出貨物後，即簽發商業匯票，憑以讓售銀行或委託銀行代收。前一種情形是有信用狀擔保的場合；後一種情形則為以託收的**付款交單** (D/P)、**承兌交單** (D/A) 付款方式交易的場合。

㈡按匯票是否附有貨運單據以支持匯票的信用，可分

1.**跟單匯票** (Documentary bill or draft)──匯票附有貨運單據或其他單據支持匯票信用的，稱為跟單匯票。如匯票是根據信用狀簽發，則除附上信用狀外，另附上信用狀要求的有關單據，即可讓售與銀行，一般稱為押匯。如無信用狀擔保，雖匯票附有貨運單據，也是跟單匯票，但銀行通常不接受押匯，只能以託收方式代為收取貨款。（無信用狀擔保的跟單匯票如經投保託收方式 (D/P、D/A) 輸出綜合保險或發票人為信用卓著的公司，銀行或可考慮接受押匯。）

2.**光票** (Clean bill or draft)──匯票未附有任何貨運單據的，稱為光票。在國際貿易上，出口商常為推廣某些新產品或開拓新市場，而以寄售方式將貨物

運交其國外代理商，到一約定時間即簽發不附單據的光票委託銀行寄往國外銀行向受託人（代理商）提示付款，以收回貨款。

(三)按匯票付款期限 (Tenor) 的不同，可分

1.即期匯票 (Sight bill or draft, Demand bill or draft)——即期匯票是付款人見票 (On demand, At sight) 即付的匯票。出口商輸出貨物後，即簽發跟單匯票讓售銀行（有信用狀擔保時）或請銀行託收（無信用狀擔保時），出口地銀行將跟單匯票寄至進口地銀行（如為信用狀交易，進口地銀行即為開狀銀行，並且通常情形為匯票的付款人，如此，開狀銀行收到匯票即須付款，至於開狀銀行與進口商的關係則為另一層關係），進口地銀行即提示進口商（非信用狀交易時），進口商見票後應即付款贖單。

2.遠期匯票 (Time bill or draft, Usance bill or draft)：

(1)發票後定期付款匯票：即發票日後一定期間內付款的匯票。如 at 30 days after date，即以發票日後 30 天的屆滿為到期日。

(2)見票後定期付款匯票：即見票日後一定期間內付款的匯票。如 at 30 days after sight，即以見票日後 30 天的屆滿為到期日。

實例：

種　類	發票日	見票日	付款日
發票後 30 日付款	4 月 15 日	5 月 13 日	5 月 15 日
見票後 30 日付款	4 月 15 日	5 月 13 日	6 月 13 日

(3)定日付款匯票：匯票上載以特定年月日為到期日的匯票，即定日付款匯票。

上述匯票除即期匯票外，其餘三種，執票人為保障票據權利，通常均向付款人提示請求承兌。尤其是見票後定期付款匯票，承兌日即為見票日，所以為確定到期日，必須提示付款人請求承兌。

至於承兌方式，通常是在匯票上蓋上「承兌」字樣，並由承兌人簽名，例如：

Accepted

XYZ Trading Co., Ltd.

Glory Wang, Manager（親筆簽字）

Nov. 12, 20–

須注意，辦理承兌時，切要填上承兌日期，否則無法確定到期日。

 ## 四、匯票的製作

國際貿易上所使用的匯票，是屬於國外匯票 (Foreign bills)，文字一般多採用英文，格式是橫條式（如 FORM 13–1）。這種匯票有的是發票人或發票地在國外，有的是付款人或付款地在國外，所以與發票人、付款人均在國內的國內匯票 (Inland bills) 不同。因此，其製作內容包含有：

FORM 13–1

Bill of Exchange

Draft No. _____1_____

Exchange for _____3_____　　　　　　　　　Taipei, Taiwan _____2_____

At _____4_____ sight of this FIRST of Exchange (Second of the same tenor and date being unpaid) Pay to the order of

FIRST COMMERCIAL BANK

The sum of _____5_____

　　　　　　　　　　　　　　　　　　　　　　　Value received

Drawn under Letter of Credit No. _____6_____ dated _____7_____

Issued by _____8_____

To　　　9

　　　　　　　　　　　　　　　　　　　　　10

1.匯票號碼──由發票人自行編號。

2.發票地點和發票日期──發票地點屬相對必要記載事項，平常銀行所備

的空白格式已印就，如未記載，則以發票人的營業處所、住所為發票地點。發票日期則為絕對必要記載事項，其作用在：

　　⑴確定發票人在簽發匯票時有無權利能力。

　　⑵確定到期日、提示期限、承兌提示期限、利息起算日等的計算標準。

　　3.匯票金額──匯票金額必須是**一定金額** (A sum certain in money)，應將幣別及阿拉伯數字填上。約略金額（如 About US$10,000.00）的匯票無效。

　　4.到期日──是匯票付款人履行付款的期限，如為見票即付，即在這欄填打一橫線或是 "×××" 符號，如為見票後 30 日付款，即在這欄填上 "30 days after"。

　　5.匯票文字金額──這欄填匯票的大寫金額。如 US DOLLARS TEN THOUSAND ONLY，金額應與第三欄的阿拉伯數字金額相符。

　　6.信用狀號碼──依據信用狀上的開狀號碼填寫。

　　7.開狀日期──依據信用狀上的開狀日期填寫。

　　8.開狀銀行──以信用狀的付款條件下，在信用狀上都會有表明受益人授權開發匯票字樣，因此發票人（即受益人）在開匯票時要註明開立此匯票是依據開狀銀行在何時所開的第幾號信用狀。以便將來開狀銀行查證。

　　9.付款人──**付款人** (Payer) 即**被發票人** (Drawee)，是匯票的主債務人。如為信用狀交易，一般是以信用狀的開狀銀行為付款人，其營業處所為付款地。但有時信用狀規定匯票以進口商或開狀銀行的聯號為付款人的例子也很多。如無信用狀的交易，匯票一般均以進口商為付款人。

　　10.**發票人** (Drawer)──即簽發匯票的人，通常為出口商。

五、匯票實例

㈠實例資料

　　在第六章 FORM 6-1 信用狀的內容中，我們可知現有資料有：

　　1.發票日期、地點──通常為裝船日期，假設裝船日為 Oct. 30, 20–，發票日期與裝船日期相同。

　　2.匯票金額──US$11,035.00。

　　3.匯票期限──為**即期匯票** (Sight draft)。

　　4.開狀銀行──為 American Express International Banking Corp.。

5. 開狀日期——September 20, 20–。

6. 信用狀號碼——SA–547/3796。

7. 付款人——因信用狀上註明 "drawn on us"，故為開狀銀行。

8. 發票人——為出口商，ABC Trading Co., Ltd.。

　　至於未知資料，出口商在開立匯票時自行設立，如匯票號碼為 AS–7981。

㈡實　例

Bill of Exchange

Draft No. ___AS-7981___

Exchange for ___US$11,035.00___　　　　　　　　　Taipei, Taiwan ___Oct. 30, 20–___

At _____xxxxx_____ sight of this FIRST of Exchange (Second of the same tenor and date being unpaid) Pay to the order of

FIRST COMMERCIAL BANK

The sum of ___US DOLLARS ELEVEN THOUSAND THIRTY FIVE ONLY___

　　　　　　　　　　　　　　　　　　　　　　　　　　Value received

Drawn under Letter of Credit No. ___SA-547/3796___　dated ___Sep. 20, 20–___

Issued by ___American Express International Banking Corp.___

To　American Express International Banking Corp.

　　　　　　　　　　　　　　　　　　　　　　ABC Trading Co., Ltd.

第三節　基本貨運單據

　　在本章第一節表中得知基本貨運單據有買賣單據、運送單據和保險單據，由於運送單據與保險單據已有專章說明，故本節僅介紹買賣單據——商業發票。

 ## 一、商業發票的意義

　　商業發票 (Commercial invoice) 又稱發貨清單或發貨票，係出口商於貨物裝運出口時，開給進口商作為進貨的憑證，簡稱發票 (Invoice)，商業發票同時具

有貨物清單 (List of goods shipped)、債務通知書 (Statement of account) 及帳單 (Debit note) 的性質。商業發票具有貨物清單的性質，是因其重視貨物本身的說明。賣方在貨物裝運以後，為讓買方明瞭其債務，通常都以發票的副本，連同提單與保險單（在 C&I、CIF 及 CIP 時）的抄本寄給買方，俾買方在付款方面，能有所準備，故商業發票也具有債務通知書的性質，又商業發票不但記載金額及其細帳，且載明各筆金額間的關係，故商業發票具有帳單的性質。

 ## 二、商業發票的種類

商業發票依其是否須經簽認，可分為：

㈠普通商業發票 (Commercial invoice)

即由出口商所製作，而不須簽認的商業發票。實務上又稱簽名發票 (Signed invoice)。

㈡證實商業發票 (Certified commercial invoice)

即出口商所製作，而須由其本人或他人簽認的商業發票。又可分為：

1. 宣誓商業發票 (Sworn commercial invoice)——即發票人在其發票上加註宣誓其內容及價值正確無訛，如無特殊要求，發票人可在發票上加註下列類似文句："We swear that the content and value of this invoice are true and correct in every respect."。

2. 領事簽證商業發票 (Visaed commercial invoice)——即普通商業發票經進口國駐出口地的領事館或有關單位的簽證，用以取代領事發票者。

㈢副署商業發票 (Countersigned commercial invoice)

即普通商業發票經進口商駐出口地的代理商或其他授權單位（人員）副署者，其目的不外乎控制出口商如約交貨。

㈣驗證商業發票 (Verified commercial invoice)

即發票人的簽章經出口地銀行驗證者，其目的不外乎確認出口商簽署的真實性。

 ## 三、商業發票的製作

商業發票的格式（如 FORM 13-2）並無固定，其內容通常包含有下列要項：

⑴發票號碼 (Invoice number)：通常係按開製發票的先後順序編列。

⊸●⊸ FORM 13-2 ⊸●⊸

<u>INVOICE</u>

No. _____(1)_____   Date:_____(2)_____

INVOICE of _____(3)_____

For account and risk of Messrs. _____(4)_____

Shipped by _____(5)_____ **Per** _____(6)_____

sailing on or _____(7)_____ **From** _____(8)_____ **to** _____(9)_____

L/C No. _____(10)_____ **Contract No.** _____(11)_____

- -

Marks & Nos.	Description of Goods	Quantity	Unit Price	Amount
(12)	(13)	(14)	(15)	(16)
	(17)			
	(18)			
		(19)		

⑵發票日期 (Invoice date)：為製作發票的日期，此日期宜與裝運日期同一天，商業發票的日期不得遲於信用狀的有效日期或提示押匯、付款或承兌期限。

⑶商品名稱及數量：發票上通常有 "Invoice of..." 的字樣，在 Invoice of 的後面空白處填上商品名稱與數量，且須與⒀欄貨物記述及⒁欄的數量一致。

如以郵政包裹發貨時，則將 "Parcel post" 字樣填在 "Shipped by" 之後。

⑷抬頭人：商業發票的抬頭人，除契約或信用狀另有規定外，須以開狀申請人為抬頭人 (UCP 600 第 18 條 (a) 項規定)。當開狀申請人即為買方時，即以買方為抬頭人。但事實上買方不一定是開狀申請人，而且買方為求提貨的便利，有時要求以其國內客戶 (如工廠) 為抬頭人，在此場合，信用狀上往往規定 "Invoice should mention ××× Co., Ltd. as accountee"，此時信用狀上的 Accountee 與商業發票上的抬頭人即不同。如信用狀無特別指示，即以信用狀上 "For account of" 後面的商號名稱作為抬頭人，記載於商業發票上 "For account and risk of" 之後。如信用狀有特別指示時，當依其指示者為抬頭人。

⑸發貨人：即出口商。

⑹船名或其他運送工具名稱：船舶由裝載港直駛目的港者，在 "Per" 之後記入船名，如 "Per S.S. Hai Tai"；空運時，將 "Airlift" 或 "Airfreight" 字樣填入 "Per" 之後。

⑺啟航日期 (Sailing date)：其日期原則上固然宜與提單日期一致，但因有 "About" 字樣，不一定必須與提單上 On board date 同一日。

⑻裝運地：在貨櫃運輸，裝運地有裝載港 (Port of loading) 及收貨地 (Place of receipt) 之分，在信用狀要求海運提單時，提單上的裝載港必須與信用狀所規定者相符。因此商業發票上的裝運地也應與信用狀所規定者相符。

⑼卸貨地：即進口地及港埠或目的地，在貨櫃運輸，卸貨地也有卸貨港與交貨地之分，在信用狀要求海運提單時，須與提單及信用狀規定一致。但如有轉運時，也必須在此註明，如 "To be transhipped at Hong Kong into S.S. Hupeh"，但如只知其轉運港，不知船名時，可僅記轉運

港，如 "To be transhipped at Hong Kong"。

⑽信用狀號碼：填入信用狀號碼，但須與信用狀上所示者一致。

⑾契約號碼：填上契約或訂單號碼，也可免填。

⑿**嘜頭及件號 (Marks & Numbers)**：原則上須按照信用狀的規定表示。如未規定，則由受益人自行填載，發票上的嘜頭與件號應與運送單據及其他單據上所示者一致。

⒀貨物、勞務或履約行為記述：商業發票上有關貨物、勞務或履約行為的記述必須與信用狀上所載者相符 (UCP 600 第 18 條 (c) 項規定)，此為強行規定，所有信用狀當事人均須嚴格遵守。至於其他一切單據，其貨物說明得使用不與信用狀上貨物的說明有所牴觸的統稱。所謂「貨物、勞務或履約行為的記述」，不僅指貨物、勞務或履約行為的名稱，而且包括其品質、規格及其他附帶說明。

⒁**數量 (Quantity)**：商業發票上所載貨物數量不應與運送單據上所載者矛盾。

⒂**單價 (Unit price)**：除單價外尚須將貿易條件如 FOB Keelung、CIF London 等表示在單價欄上面。並將幣類如 US Dollar、Sterling Pound、HK Dollar 等標明。

⒃商業發票金額 (總金額)：商業發票的總金額乃貨物單價與裝運數量的相乘積，表示進口商應付的金額，通稱為**發票金額** (Invoice amount, Invoice value)，也稱發票毛額。

⒄**大寫金額 (Amount in words)**：商業發票上大寫金額應與**小寫金額** (Amount in figures) 一致。

⒅其他事項：如

　①簽發匯票或發票所依據的信用狀：寫明開狀銀行、開狀日期及信用狀號碼。

　②保險情形：在 FAS、FOB 及 CFR 等情形保險通常由買方付保，因此，可註明 "Insurance buyer's care" 或 "Insurance to be effected by buyer"；在 CIF 或 C&I 的場合，則可記明保險公司、保險金額及保險單號碼等。

⒆製作人的**簽字 (Signature)**：除信用狀另有規定外，發票不需要簽署 (UCP 600 第 18 條 (a) 項 (iv) 款規定)，但商業發票通常由受益人在發

票上簽署，以表示由其本人作成。至於簽署方式，有手簽式 (Manual)、
印章式 (Stamped)、打孔式 (Perforated) 簽字等。

 ## 四、商業發票實例

依據 FORM 4–5 及 FORM 6–1 的資料，我們可製作商業發票如下。

ABC TRADING CO., LTD.
INVOICE

No.　0107　　　　　　　　　　　　　　　　　　　Date:　　Oct. 30, 20–

INVOICE of　　500 dozens of Sport Shirts

For account and risk of Messrs.　　XYZ TRADING CO., LTD.

Shipped by　　ABC TRADING CO., LTD.　　　　**Per**　　S. S. "CAPE HENRY" Voy. No. 13078

sailing on or　　Before Oct. 30, 20–　　**From**　　Keelung　　　　**to**　　New York

L/C No.　　　　　　　　　　　　　　**Contract No.**　　　　　　　　　　

Issued Bank　　　　　　　　　　

Marks & Nos.	Description of Goods	Quantity	Unit Price	Amount
◇ XYZ ◇ NEW YORK C/No.1-50 MADE IN TAIWAN R.O.C.	SPORT SHIRTS STYLE A Silk fabric for men's	500 dozs. vvvvvvvv	CIF NEW YORK US$22.07 vvvvvvvv	US$11,035.00 vvvvvvvvvv
	SAY TOTAL US DOLLARS ELEVEN THOUSAND THIRTY FIVE ONLY			
			ABC TRADING CO., LTD. Manager *C. Y. Chang*	
	E. & O. E.			

第四節　附屬貨運單據

一、包裝單

(一)包裝單的意義

包裝單 (Packing list) 又稱為包裝清單、裝箱單、花色碼單或內容明細表 (Specification of contents)，為出口商所製作，用以說明所裝運商品的明細，可作為商業發票的補充文件，包裝單的主要用途如下：

1. 可作為承運人點收或點交貨物的參考文件。

2. 承運人可用做核計運費的參考文件。

3. 海關驗貨通關的參考文件。

4. 可作為公證行查對貨物包裝件數的參考文件。

5. 進口商可用以核對貨物件數或其他資料。

6. 保險公司理賠時的必要文件之一。

商業發票上所表示者只是貨物數量的籠統數字，至於詳細內容，例如各種不同規格的貨品裝入何箱，各箱的重量、體積以及尺寸各若干，則無法一一表示，乃由裝箱單來表示。

(二)包裝單的製作

包裝單的內容可分為兩大部分，第一部分與商業發票的上半段大致相同，除記載買方名稱、承運運輸工具名稱、裝運日期、起迄港口名稱之外，還列有商業發票號碼以便互相對照。第二部分為包裝單的主體部分，須按件號順序，記載每件內所裝貨物的花色、數量、每件淨重、毛重或皮重、每件體積或尺寸等，然後再列出總淨重、總毛重及總體積，最後由出口商簽名。

包裝單的格式（如 FORM 13-3）並無固定，其製作內容包含有下列：

(1)流水編號：原則上須與商業發票的流水編號一致，但也可免標示。

(2)製作日期：須與商業發票製作日期一致。

(3)簡單記述貨物名稱及其數量，且須與(13)欄記述相符合。

(4)填上信用狀上的開狀申請人名稱、地址，但另有規定者，從其規定。

(5)發貨人：通常填上信用狀受益人名稱、地址，如信用狀已轉讓者，由

受讓人替代。

(6)運送工具：船運時，填上船名，此船名必須與提單上所示者一致。如為空運，則將 "S.S." 字樣刪除，另填上 "Airlift" 或 "Airfreight" 等類似字樣，郵遞時，則將 "S.S." 刪除，另填上 "Air parcel post" 或 "Surface parcel post" 等字樣。

(7)啟航或投遞日期：須盡量與提單或郵政收據所示日期相同。

(8)裝運港口、機場或投遞地名稱：須與信用狀或提單所載者相符。

(9)卸貨地名稱：須與信用狀規定或提單所載者相符。

(10)裝運嘜頭 (Shipping marks)：如信用狀或契約有特別指定者，從其指示，散裝貨物無嘜頭者，免填。

(11)包裝件號：應與提單及商業發票上所載者相同，例如：C/No. 1–200。

(12)貨物的記述：貨物的記述雖可使用 General term，但照信用狀所示或契約所規定者記述最安全。

(13)貨物數量：應與提單或商業發票所記載者相同。

(14)貨物總淨重：填入貨物總淨重。

(15)貨物總毛重：其總毛重應與運送單據上所示者一致。

(16)貨物總才積（體積）：其總才積應與運送單據上所示者一致。

(17)裝運貨物總件數或總重量：須與運送單據上所示者一致。例如：Say two hundred cartons only.

(18)信用狀所要求的附加條款。

(19)簽署人名稱及其簽字：與商業發票相同，應由出口商簽署。

● FORM 13–3 ●

PACKING/WEIGHT LIST

No. _____(1)_____   Date:_____(2)_____

PACKING LIST of _____(3)_____   **MARKS & NOS.**

For account and risk of Messrs. _____(4)_____   (10)

_____

Shipped by _____(5)_____

Per S.S. _____(6)_____

sailing on or _____(7)_____

From _____(8)_____ to _____(9)_____

Packing No.	Description	Quantity	Net Weight	Gross Weight	Measurement
(11)	(12)	(13)	(14)	(15)	(16)
	(17)				
	(18)		(19)		

(三)包裝單實例

我們可依據第四章第二節出口價格計算表的資料和商業發票的實例，就可製作包裝單如下。

ABC TRADING CO., LTD.
PACKING/WEIGHT LIST

No.　__0107__　　　　　　　　　　　　　　　　　　　　　Date:　__Oct. 30, 20–__

PACKING LIST of　__500 dozens of Sport Shirts__

For account and risk of Messrs.　__XYZ TRADING CO., LTD.__

MARKS & NOS.

◇XYZ◇
NEW YORK
C/No. 1-50
MADE IN TAIWAN
R.O.C.

Shipped by　__ABC TRADING CO., LTD.__

Per S.S.　__S. S. "CAPE HENRY" Voy. No. 13078__

sailing on or　__before Oct. 30, 20–__

From　__Keelung__　　　　to　__New York__

Packing No.	Description	Quantity	Net Weight	Gross Weight	Measurement
C/No.1-50	Sport Shirts Style A	500 doz.	@48 kgs.	@50 kgs.	0.6m×0.6m×0.5m
50 CTNS vvvvvvvvvv			2,400 kgs. vvvvvvvvvvv	2,500 kgs. vvvvvvvvvvv	9 CBM vvvvvvv

SAY TOTAL FIFTY CARTONS ONLY.

ABC TRADING CO., LTD.
Manager

C. Y. Chang

E. & O. E.

二、產地證明書

(一)產地證明書的意義

產地證明書（Certificate of origin，簡稱 C/O）乃證明貨物係在某地製造或生產的憑證。目前部分國家規定某些貨物進口時必須檢附產地證明書。通常信用狀規定要提供領事發票或海關發票者，多可免再提供產地證明書，因該類發票中已含有產地證明書的內容。

(二)產地證明書的作用

1. 供作享受優惠稅率的憑證──若干國家的進口稅率，有國定稅率 (National or general tariff) 與協定稅率 (Conventional tariff) 或優惠稅率之分。協定稅率較國定稅率為低。但其適用範圍僅限於與輸入國訂有關稅協定的國家所製造或生產的貨品，欲享受協定稅率，即須提出產地證明書。

2. 防止貨物來自敵對國家──有些輸入國有時因政治、軍事關係，禁止從某些地區輸入貨物，或僅准許輸入若干特定的貨物。在此情形，輸入國海關亦往往要求提供產地證明書證明貨物的來源。

3. 防止外貨傾銷──輸入國為防止外國產品的傾銷，除實施配額制度外，又規定須提供產地證明書，供作管制的參考。

4. 供作海關統計──輸入國為瞭解貨物從哪些國家進口，往往亦要求提供產地證明書，供作統計與管理上的參考。

(三)產地證明書的格式

產地證明書的格式（如 FORM 13-4）隨簽發人不同視情形而定，通常約有下列幾種情形：

1. 由同業公會簽發。

2. 由出口商自行簽發──為聲明其所輸出的貨品是在本國生產製造或加工的證明。

3. 由輸出國政府核准的簽發單位簽發：依民國 102 年 1 月 17 日修訂的「原產地證明書及加工證明書管理辦法」：

(1)一般原產地證明書的簽發單位：由貿易局核准的簽發單位：

　①財團法人。

　②工業團體。

③商業團體。

④農會。

⑤漁會。

⑥省級以上的農業合作社。

⑦省級以上的農產品產銷協會。

(2)特定原產地證明書的簽發單位：經貿易局核准簽發特定原產地證明書的簽發單位：

①工業團體。

②商業團體。

③農會。

④漁會。

⑤省級以上的農業合作社。

⑥省級以上的農產品產銷協會。

 ## 三、檢驗證明書

為防範出口商裝運不符合標準品質或契約規格的貨品，進口商常常要求出口商須提出**檢驗證明書** (Inspection certificate)。此外，為符合輸入國海關的規定，進口商也要求出口商提供檢驗證明書。

檢驗證明書除為保障出口品質，維護國家信譽或依輸入國海關的規定須由輸出國政府機構簽發外，其餘各種場合，大多由下列機構簽發：

1.製造廠商或同業公會的檢驗機構。

2.公證人、公證行、鑑定人。

3.進口商的分公司或指定代理人。

4.政府機構。

由製造廠商簽發的檢驗證明書稱為 "Manufacturer's inspection certificate"。具規模的大廠商均有完善的檢驗設備及技術，出廠的貨品均經嚴格檢驗，以保證品質標準化與契約規格相符，其所出具檢驗證明書亦多為進口商所接受。

由公證行（公司）簽發的檢驗證明書稱為**獨立檢驗證明書** (Independent inspection certificate) 或**公證報告** (Survey report)。進口商為期出口商履約，得要求提供獨立公證行所出具的檢驗證明書。此類證明書的格式視交易貨品性質而定。

FORM 13-4

1.出口人名稱及地址 Exporter's Name and Address	CERTIFICATE NO.
	Page
2.進口人名稱及地址 Importer's Name and Address	**CERTIFICATE OF ORIGIN** (Issued in Taiwan) **APPLICATION**
3.裝船日 On Board Date 4.船(機)名/航(班)次 Vessel/Flight No. 5.裝貨港 Port of Loading	6.卸貨港 Port of Discharge 7.目的地國 Country of Destination

8. 貨品明細含名稱、型號、規格、包裝標誌及編號 Description of Goods; Packaging Marks and Numbers	9. 數量/單位 Quantity/Unit

本證不得塗改，其經塗改者，無效。This certificate shall be considered null and void in case of any alteration.

| 申請人（出口人）切結：The exporter hereby declares that：
1.本證明書內所列之貨品原產地為臺灣。
　The goods listed in this certificate originate in Taiwan.
2.上述內容均已據實填報，並遵守「原產地證明書及加工證明書管理辦法」
　之規定，如有不實或有違法情事，願依貿易法第 28 條規定接受行政處
　罰。
　This certificate is truthfully filled out and in compliance with the "Regulations Governing Certificates of Origin and Certificates of Processing". Any false statement made in this document or violation of the relevant laws is subject to administrative penalty in accordance with Article 28 of the "Foreign Trade Act".

申請人（出口人）統一編號 Applicant's (exporter) Business Account Number

申請人（出口人）名稱、地址 Applicant's (export) Name and Address | 10.生產廠商名稱及地址 Producer's Name and Address

茲證明本證明書內所列之貨品原產地為臺灣，本證明書將建檔保存二年。
It is hereby certified that the goods described in this certificate originate in Taiwan, and that this certificate shall be preserved and filed for two (2) years. |
| Stamp of exporter | Authorized signature |

至於相當於檢驗證明書的英文名稱尚有 Certificate of quality report of inspection，以及 Certificate of analysis 等。檢驗證明的項目，除了品質、規格外，通常尚包括數量、包裝等等。唯究應包括哪些項目，應依信用狀的規定。

 ## 四、重量尺碼證明書

按**裝運重量** (Shipping weight) 買賣時，出口商通常須向進口商提出重量證明書，證明所裝重量與約定者相符。又按**卸貨重量** (Delivered weight) 買賣的場合，貨品如有缺量，進口商也必須提出重量證明書，才能向出口商、輪船公司或保險公司索賠。又船公司計算運費時或依重量或依尺碼計算費用時，也必須提供重量尺碼證明書。此項證明書或在出口地製成或在進口地製作，視情形而定。

重量尺碼證明書（Weight/Measurement certificate or list，如 FORM 13-5）的簽發人通常有公證人 (Superintendent)、公證行 (Superintendent company)、重量檢定人 (Surveyor weigher) 以及公認丈量人 (Authorized sworn measurer) 等。

但如信用狀只要求提供重量尺碼證明書，而未進一步規定由何人出具時，可由受益人自行出具（UCP 600 第 14 條 (f) 項）。

繕製重量尺碼證明書時，須注意下列事項：

1.重量尺碼證明書上的重量通常包括毛重與淨重兩種，但有些國家（如美國）對於某些貨品（如纖維製品）的進口，尚規定須載明 Net weight（即貨物本身的重量），在這種場合，自應詳細載明。

2.重量尺碼證明書上的度量衡究應使用**公制** (Metric system) 抑**英制** (British system) 或其他制度？除另有規定外，應使用信用狀上所用的度量衡。

3.重量尺碼證明書上的毛重尺碼宜與運送單據上所載者相同。

FORM 13–5

Shipper					
KAISEI SANGYO CO., LTD.					
OKAMOTO FREIGHTERS LTD.					

NIPPON KAIJI KENTEI KYOKAI

(JAPAN MARINE SURVEYORS & SWORK MEASURES ASSOCIATION)

FOUNDED IN 1913 & LICENSED BY THE JAPANESE GOVERNMENT

Certificate No.

1300-10420-0005386(03)

Sheet

1

Certificate Issued

YOKOHAMA NOV. 4, 20-

Ref. No. (for our reference)

M2090-1538 004 (0339) 0239

CERTIFICATE AND LIST

OF

MEASUREMENT AND/OR WEIGHT

Ocean Vessel	Port of Loading
VIRGINIA	YOKOHAMA

Port of Discharge	Date & Place of Measuring and/or Weighting
KAOHSIUNG	NOV. 3, 20-, YOKOHAMA

Marks & Nos.	No. of P'kgs.	Kind of P'kgs.	Description	G.W.	Meast.
T.F.M.C KAOHSIUNG KSCL-F116 MADE IN TAIWAN C/NO. 1-2					
			"GOLD" VENEER ROTARY KNIFE	KG	CU. METER
	2 CASES			680	0.265
DETAILS:	CASE M CM M CM M CM L W H			KG	CU. METER
	1 2 89 0 27 0 18			360	0.140
	2 2 58 0 27 0 18			320	0.125

We hereby certify that the above measurements and/or weights of the goods

were taken by our measurers solely for reasonable ocean freight in accorsance

with the provisions of recognized rules concerned.

一、貿易單據的類別

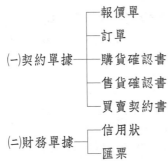

```
                  ┌── 報價單
                  ├── 訂單
     ㈠契約單據 ───┼── 購貨確認書
                  ├── 售貨確認書
                  └── 買賣契約書

     ㈡財務單據 ───┬── 信用狀
                  └── 匯票
```

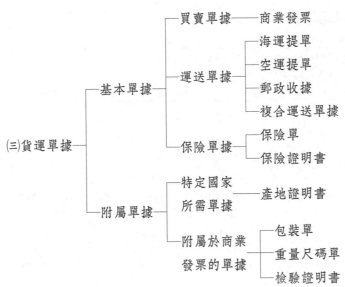

```
                                  ┌── 買賣單據 ── 商業發票
                                  │
                                  │                    ┌── 海運提單
                                  │                    ├── 空運提單
                   ┌── 基本單據 ──┼── 運送單據 ────────┤
                   │              │                    ├── 郵政收據
                   │              │                    └── 複合運送單據
                   │              │
     ㈢貨運單據 ───┤              └── 保險單據 ────────┬── 保險單
                   │                                  └── 保險證明書
                   │
                   │              ┌── 特定國家
                   │              │   所需單據 ──────── 產地證明書
                   └── 附屬單據 ──┤
                                  │                    ┌── 包裝單
                                  └── 附屬於商業 ──────┼── 重量尺碼單
                                      發票的單據        └── 檢驗證明書
```

二、匯　票

㈠匯票的意義：發票人簽發一定的金額，委託付款人於指定的到期日，無條件支付與受款人或執票人的票據

```
                   ┌── 發票人
     ㈡匯票的關係人 ─┼── 被發票人或付款人
                   └── 受款人
```

```
                              ┌─ 按匯票的發票人是否為銀行分 ──┬─ 銀行匯票
                              │                              └─ 商業匯票
                              │
  ㈢匯票的種類 ─────────────────┼─ 按匯票是否附有貨運單據以支持匯票的信用分 ──┬─ 跟單匯票
                              │                                            └─ 光票
                              │
                              └─ 按匯票付款期限的不同分 ──┬─ 即期匯票 ── 發票後定期付款匯票
                                                         └─ 遠期匯票 ──┬─ 見票後定期付款匯票
                                                                       └─ 定日付款匯票
```

三、貨運單據

<table>
<thead>
<tr><th colspan="2">種　類</th><th>英文名稱</th><th>單據簽發者</th><th>接受
單據者</th><th>作　用</th></tr>
</thead>
<tbody>
<tr><td rowspan="3">基本貨運單據</td><td>商業發票</td><td>Commercial invoice</td><td>出口商</td><td>進口商</td><td>1. 買賣貨物清單
2. 供進口商辦理進口報關用</td></tr>
<tr><td>提　單</td><td>Bill of lading</td><td>運輸公司</td><td>託運人</td><td>1. 可作為收據
2. 運送契約憑證
3. 為物權憑證</td></tr>
<tr><td>保險單</td><td>Insurance policy</td><td>保險公司</td><td>要保人</td><td>保險事故發生時，受益人可提出理賠的要求</td></tr>
<tr><td rowspan="4">附屬貨運單據</td><td>包裝單</td><td>Packing list</td><td>出口商</td><td>進口商</td><td>1. 承運人點收或點交貨物的參考文件
2. 承運人核計運費的參考文件
3. 海關驗貨通關的參考文件
4. 公證行查對貨物包裝件數的參考文件
5. 進口商用以核對貨物件數或其他資料
6. 保險公司理賠時的必要文件</td></tr>
<tr><td>產地證明書</td><td>Certificate of origin</td><td>出口商
商會／同業公會
貿易局核准的簽發單位</td><td>進口商</td><td>1. 供作享受優惠稅率的憑證
2. 防止貨物來自敵對國家
3. 防止外貨傾銷
4. 供作海關統計</td></tr>
<tr><td>檢驗證明書</td><td>Certificate of inspection</td><td>製造商／同業公會
公證人／公證行／鑑定人
進口商分公司／指定代理人
政府機構</td><td>進口商</td><td>防範出口商交運不符合契約所定品質或規格的貨物</td></tr>
<tr><td>重量尺碼證明書</td><td>Weight/Measurement certificate</td><td>公證人／公證行／重量檢定人／公認丈量人
出口商</td><td>進口商</td><td>1. 出口商可證明所交運重量
2. 船公司計算運費時的依據</td></tr>
</tbody>
</table>

一、是非題

(　　) 1. 契約是貨運單據之一。

(　　) 2. 匯票具有帳單性質。

(　　) 3. 商業發票製作日期不得遲於信用狀的有效日期或提示押匯、付款或承兌期限。

(　　) 4. 信用卓著的廠商所出具的 Manufacturer's inspection certificate 是進口商所願接受的貨運單據。

(　　) 5. 見票後定期付款匯票，承兌日即為見票日，所以為確定到期日，必須提示付款人請求見票。

(　　) 6. 包裝單是商業發票的補充文件。

(　　) 7. 進口商發現貨品如有缺量時，可提檢驗證明書才能向出口商索賠。

(　　) 8. 以信用狀為付款條件，其匯票的發票人多為信用狀的受益人。

(　　) 9. 保險單是由保險人簽發的文件。

(　　) 10. 進口商為防止出口商裝運不符合標準品質，因此常要求出口商須提出重量尺碼證明書。

二、選擇題

(　　) 1. (1)商業發票　(2)保險單　(3)信用狀　是出口商於貨物裝運出口時，開給進口商作為進貨的憑證。

(　　) 2. (1) B/E　(2) L/C　(3) B/L　是貨運單據。

(　　) 3. 下列何種貨運單據不具備有法律效力？　(1)包裝單　(2)提單　(3)保險單。

(　　) 4. 進口商可用　(1)檢驗證明書　(2)包裝單　(3)商業發票　來核對貨物件數。

(　　) 5. 下列何種貨運單據無法供進口國海關查核出口商有無傾銷情形？　(1)領事發票　(2)商業發票　(3)預期發票。

(　　) 6. (1)重量尺碼證明書　(2)檢驗證明書　(3)產地證明書　不是由公證行所簽發的貨運單據。

(　　) 7. (1)信用狀　(2)保險單　(3)包裝單　是貿易商所簽發的貨運單據。

(　　) 8. (1)商業發票　(2)保險單　(3)匯票　是進口國家所需的貨運單據。

(　　) 9. 副署商業發票與領事簽證商業發票的不同點在於前者　(1)不供統計用　(2)不收

簽證費用 (3)無法知其貨物原產地。

（ ） 10.下列何種貨運單據是保險公司理賠的必要文件? (1)商業發票 (2)包裝單 (3)產
地證明書。

三、翻 譯

1. 商業發票

2. 證實商業發票

3. 領事簽證商業發票

4. 包裝單

5. 產地證明書

6. Bill of exchange

7. Inspection certificate

8. Shipping document

9. Survey report

四、問答題

1. 產地證明書的作用。

2. 證實商業發票可分哪幾種?

3. 常見貿易商製作的貿易單據有哪些?

五、工作習題

1. 請根據下列資料，填製匯票（填入附表空白匯票）:

  (1) Beneficiary of L/C: XYZ Trading Co., Ltd. Taipei

  (2) Applicant: ABC Trading Co., London

  (3) Opening Bank: Westminster Bank, London

  (4) Negotiating Bank: HUA NAN COMMERCIAL BANK. LTD.

  (5) Invoice Amount: Stg. 150,000.

  (6) Date of Invoice: June 20, 20–

  (7) L/C No. 321 Dated May 01, 20–

  (8) Some Clauses in L/C:

    We hereby authorize you to draw on us at 90 days after sight for account of ABC Trading
    Co., Ltd... We hereby agree with drawers, endorsers and bona, fide holders of the draft(s)
    drawn in compliance with the terms and conditions of this credit that the same shall be duly
    honoured on presentation to the drawee if negotiated on or before July 5, 20–.

Bill of Exchange

Draft No.

For _____   Taipei, Taiwan _____

At _____ sight of this FIRST of Exchange (Second the same tenor and date being

unpaid) Pay to the order of HUA NAN COMMERCIAL BANK, LTD.

The sum of _____

_____ value received

Drawn under _____

Irrevocable L/C NO. _____ dated _____

TO _____

_____

_____

_____

2.試根據信用狀的資料，製作商業發票。

Except so far as otherwise expressly stated, this documentary credit is subject to the "Uniform Customs and Practice for Documentary Credits" (2007 Revision). International Chamber of Commerce (Publication No.600).

AMERICAN EXPRESS INTERNATIONAL BANKING CORP.		
NEW YORK. N.Y.P.O.B. 740 10008		Date: January 5, 20–

☐ This refers to our cable of today through the advising bank. ☒ This credit is forwarded to the advising bank by airmail.	Issuing bank's Credit No. S1540/472	Advising bank's Credit No.
Advising Bank: HUA NAN COMMERCIAL BANK LTD. Taiwan, Taipei.	Amount: US$8,000.00	
	Expiry Date: July 5, 20–	
Beneficiary: KWOK WAH TRADING CO., LTD. 139 CHUNG KING NORTH ROAD. TAIPEI, TAIWAN.	Applicant: TAT LEE TOY INDUSTRIES CO., LTD. 44 Wall St., 10005. NEW YORK U.S.A.	

Dear Sirs:

We hereby issue this Irrevocable Letter of Credit in your favor available by your draft drawn on us at sight bearing the clause: "Drawn under AMERICAN EXPRESS INTERNATIONAL BANKING CORP. Letter of Credit No. S1540/472." Accompanied by the following documents:

1. Commercial Invoice in quadruplicate.
2. Packing List in quadruplicate.
3. Insurance by buyer.
4. Full set of Clean On Board Ocean Bills of Lading drawn to the order of AMERICAN EXPRESS INTERNATIONAL BANKING CORP. And marked: "FREIGHT PREPAID" Notify: Buyers.
5. Shipments as follows:
   2,000 dozen C&F New York to be shipped via ocean.
6. All correspondent bank charges are for account of the beneficiary.
   Covering: PLASTIC TOY.

Shipment from: Taiwan port 　　　　to: New York	Bill of Lading must be dated on/before: May 20, 20–	Partial Shipments prohibited/~~permitted~~	Transhipments prohibited/~~permitted~~
The amount of each draft negotiated, with date of negotiation, must be endorsed hereon by the negotiating bank. We hereby agree with you and with negotiating banks and bankers that drafts drawn under and in compliance with the terms of this credit shall to the drawee. 　　Very Truly Yours, 　　AMERICAN EXPRESS INTERNATIONAL 　　BANKING CORP. Issuing Bank (authorized signature)		Advising Bank's notification Place, date, name, and signature of advising bank.	

補充資料：　① Mark:

NEW YORK
C/ No. 1-200
Made in Taiwan
R. O. C.

② Ship Name:
S. S. "ORIENTAL EXPERT"
Voy. No. 340 S.

③ 裝船日期 May 10, 20–

④ 發票金額： US$8,000.00　　⑤ 押匯日期：May 15, 20–

第十四章

進出口結匯

第一節　進出口商規避匯率變動風險的方法

一、匯率的意義

匯率 (Exchange rate) 為外匯匯率 (Rate of foreign exchange) 的簡稱，係指外匯的價格而言，也即一國貨幣在外匯市場與他國貨幣的兌換比率。例如 1 美元可兌換新臺幣 30 元，則美元與新臺幣的匯率為 1：30。

匯率的主要作用，站在本國的立場言，可用以表示或衡量本國貨幣的**對外匯價** (Foreign exchange value of money) 或對外價值，以便使外匯買賣雙方作為外匯買賣的根據，從而進出口廠商也可根據匯率作為折算的標準，計算其成本與收益，而利貿易的進行。

二、匯率變動風險的規避

我國自 67 年 7 月 11 日採行機動匯率制度之後，新臺幣與外幣之間的匯率，隨時有變動的可能，也就是說，新臺幣隨時有升值或貶值的可能。這種匯率變動，無異又增加了進出口商的營運風險。進出口商為減免因匯率變動而來的風險，自有必要採取適當的因應措施，以規避損失。茲特將規避匯率變動風險的因應措施或預防對策介紹於下，進出口廠商可視本身的條件斟酌採用，以求實效。

1.瞭解外匯貿易的管理與其變遷，以收預測之效——匯率發生變動必有其變動的背景原因，諸如貿易收支的多寡、國際收支的情形、國際經濟的變動及國際金融的變化等等，均足以影響匯率的變動。進出口商應隨時注意其動向。同時，進出口商對我國外匯及貿易管理的動態，以及兩者間的配合情形，也應予深入的瞭解，作為研判匯率變動趨勢的參考，以收預測之效，而預先做適當的因應措施。

2.維持進出口業務的平衡，藉以抵銷匯率變動風險——匯率的變動，對進口與出口的影響正相反，本國幣值上升，對出口不利，但對進口卻有利；反之，本國幣貶值，對出口有利，但對進口卻不利。因此，廠商如能盡量維持進口金額的平衡，則匯率變動的風險將可因而抵銷。

3.分散貿易地區，使用各種貨幣交易，以達風險的分散——我國目前掛牌的外幣有美元、英鎊等十多種，這些外幣的強弱並非一致，往往是此漲彼跌。因此，廠商如能分散貿易地區，使用多種貨幣交易，則匯率升降風險，可因而彼此抵銷。

4.約定匯率變動風險由對方負擔或由雙方分擔：

　　⑴出口商在買賣契約中約定：「貨價係以新臺幣 34 元對 1 美元的匯率計算，訂約後若新臺幣對美元升值，賣方因此所受損失，概由買方負擔。」或進口商在買賣契約中約定：「貨價係以新臺幣 34 元對 1 美元的匯率計算，訂約後若新臺幣對美元貶值，買方因此所受損失，概由賣方負擔。」但這種匯率風險的轉嫁方式，除非賣方或買方處於優勢地位，否則不易為對方接受。

　　⑵比較可行的是，基於衡平原則 (Principle of equity) 在買賣契約中約定，匯率變動風險由買賣雙方各負擔一半。例如約定："Exchange risks, if any, to be borne by both parties equally."

5.改用本國貨幣交易——即本國廠商與外國廠商交易時，約定以本國幣交易。以這種方法轉嫁匯率風險，必須本國廠商居於優勢地位，且本國幣為國際通貨 (International currency) 才可行，否則不易為對方接受。

6.使用強勢貨幣或弱勢貨幣交易——即出口商改採強勢貨幣交易；而進口商則採弱勢貨幣交易。

7.調整價格——即出口商以有貶值趨勢的外幣報價時，為避免將來該外幣貶值而遭受損失，可藉調高售價方式，規避風險；反之，進口商以有升值趨勢的外幣進口貨物時，可要求賣方降低售價。

8.改採提前付款或延後付款方式——若本國幣有升值趨勢，則出口商可要求以預付貨款或即期信用狀方式交易；反之，進口商則可要求以延後付款或遠期信用狀方式交易。

9.避免簽發或接受長期訂單——在本國幣有升值趨勢時，出口商應避免接受交貨期較長的訂單；反之，在本國幣有貶值趨勢時，進口商應避免簽訂交貨期較長的訂單。

10.利用遠期外匯買賣，規避匯率變動風險——即本國幣有升值趨勢時，出口商可向外匯銀行預售外匯；反之，本國幣有貶值趨勢時，進口商可向外匯銀

行預購外匯。

若進口商預期本國幣有貶值趨勢時，可向銀行借款購買外匯存入外匯存款帳，至付款日期即以該筆外匯支付。

總之，進出口廠商規避匯率變動風險的方法不少，而應採取哪些方法，或哪些方法可行，必須斟酌本身條件，不可一概而論。

第二節　出口結匯

出口商將出口貨物所得的外匯結售予外匯指定銀行的行為，稱為「出口結匯」。出口商結匯外匯的方式，計有信用狀方式、預付貨款方式、跟單託收方式、寄售方式等。

一、信用狀方式的出口結匯

憑信用狀的出口結匯，一般稱為出口押匯。所謂出口押匯，乃指出口商於貨物裝運出口後，簽發以買方或其代理人（即開狀銀行等）為付款人的匯票並以代表貨物的單據作為擔保，以貼現方式或讓售方式，售予出口地外匯銀行，藉以收回其貨款，外匯銀行則轉向買方或其代理人收回所墊款項的一種程序。目前，我國所指出口押匯，僅限憑信用狀辦理的押匯，至於無信用狀的出口押匯（即付款交單 (D/P)、承兌交單 (D/A) 項下的押匯）則不在其範疇內。銀行的押匯行為在本質上是對於出口商的一種授信行為。因此，通常於受理押匯之前，銀行應就出口商的信用，做適當的調查，認為信用良好，才受理申請。就押匯銀行而言，承作押匯須承擔很多風險，例如：

1.開狀銀行破產、倒閉——押匯銀行在墊付票款後，如遇國外開狀銀行信用惡化，宣告破產倒閉，則無異失去信用狀的保障。

2.開狀銀行不誠信——開狀銀行在信用狀開出之後，即應獨自對信用狀負責，不能以單據以外的其他理由拒絕。然而有些信用不佳的開狀銀行，在進口地市場情況惡化，進口商無意或無力付款時，即不顧信譽，對單據吹毛求疵，尋找無關緊要的理由予以拒付，或拖延付款。

3.單據的瑕疵——信用狀交易是單據交易，如果提示的單據不符合信用狀條件，開狀銀行當然得予以拒付；而押匯單據雖經詳細審核，但仍可使用追索

權，收回所墊付的款項。但如匯票（單據）業經由開狀銀行或被發票人付訖，那麼，出口商就不致被追回票款。

(一)辦理開戶手續

凡出口商至押匯銀行處辦理第一次的押匯往來時，均須依照該押匯銀行的規定辦理開戶，以後再至該押匯銀行時，銀行才會受理，其作業為：

1.辦理徵信——出口押匯為銀行對出口商提供融資，藉此賺取手續費及差額匯率的授信業務。因此，押匯銀行必須先對出口商做信用調查。而廠商則得依銀行規定提供有關資料，經徵信滿意後，廠商始可辦理開戶手續。

2.送交簽章登記卡——出口商將印鑑及簽名簽蓋在簽章登記卡上（如FORM 14-1）送交押匯銀行留存，以便往後對具有該簽章的文件單據負一切責任。

3.簽具質押權利總設定書——**質押權利總設定書**（General letter of hypothecation，簡稱 L/H），簡稱出口押匯約定書，為銀行印定好的單據供押匯申請人簽具，其內容雖各銀行略有不同，但其要點為在約定雙方當事人的權利義務，如：押匯申請人授權銀行得於匯票承兌或付款後，將單據交與承兌人或付款人；押匯申請人授權銀行或其代理人，遇付款人拒付或破產清理時，得自由處理貨物抵償一切損失，如貨物變賣所得價款淨額不足以償還票款時，對不足之數得向押匯申請人求償等是。出口商簽具這種設定書須覓妥保證人連帶保證。

4.開立外匯活期存款帳戶——凡有關出口所取得的外匯，應以實收到的金額及幣別存入指定銀行外匯存款戶中，當然，在開立此帳戶時，須填外匯存款印鑑卡（如 FORM 14-2），此空白卡片由銀行提供。

(二)辦理出口押匯應備的文件

1.押匯必備文件：

(1)出口押匯申請書：每筆押匯出口商均須簽立出口押匯申請書，這種申請書押匯銀行備有空白格式（如 FORM 14-3），出口商可向銀行索取。申請書除填上匯票號碼、金額、信用狀號碼、開狀銀行並貼足印花外，有關押匯單據名稱申請書上已印明，只須註上張數即可，無須再填寫其他文字。

FORM 14-1

統一編號＿＿＿＿＿＿

簽 章 登 記 卡

茲為本公司行號與貴行有關外匯業務往來使用之簽章登記如左：凡具有該簽章之文件單據，本公司行號願負一切責任，即請存驗。

此 致

商業銀行

（中文）客戶名稱
代表人
住址
電話

（授信約書印鑑定）

核	章
年 月 日	

簽

章

（如用英文簽名請簽填於背面）

88.10. 2,000 圖01 (19×15.5cm)

客戶英文名稱 Customer	
營業處所 Address	電話 Tel.

單 簽 (Single)	會 簽 (Joint)
Mr. ＿＿＿＿＿＿＿＿＿＿ 　　(Full Name & Title) Will Sign ＿＿＿＿＿＿＿＿＿ Mr. ＿＿＿＿＿＿＿＿＿＿ 　　(Full Name & Title) Will Sign ＿＿＿＿＿＿＿＿＿ Mr. ＿＿＿＿＿＿＿＿＿＿ 　　(Full Name & Title) Will Sign ＿＿＿＿＿＿＿＿＿	
上列任何單簽均屬有效 Each one of above will be valid.	會簽使用方法 Method of using above

備　考 Remarks	

FORM 14-2

第一商業銀行 外匯存款印鑑卡　　帳　號
FIRST COMMERCIAL BANK　Signature Card for Foreign Exchange Deposit　A/C No._____

	印　鑑　式　樣（二） Specimen Signature or Seal（二）	印　鑑　式　樣（一） Specimen Signature or Seal（一）	主　　管
未使用請劃線註銷 右列印鑑式樣（二）如			
			核　對　人 （存戶觀簽及 背面資料）

第一商業銀行 台照
TO: FIRST COMMERCIAL BANK
兹送上本戶印鑑請予存驗且任用一式均屬有效
DEAR SIRS:
I/WE, THE UNDERSIGNED, HEREBY REQUEST YOU TO OPEN A FOREIGN
EXCHANGE DEPOSIT ACCOUNT FOR ME/US IN ACCORDANCE WITH SEAL(S) OR
SIGNATURE(S) ATTACHED AND EACH ONE OF ABOVE SPECIMEN WILL BE VALID.

簽章 SIGNATURE SEAL
中華民國　年　月　日
DATE: _ _ _ _ _ _ _ _ _ _

外存006（9×19公分）88.9.300東

開　戶　日　期 Date of Opening A/C				營業執照字號 Business Licence No.						
戶　　　名 Name　(in full)				營利事業統一編號 Profit ent uniform No.						
代表人姓名 Representative				身分證統一編號或護照號碼 ID Card No. or Passport No.						
				出　生　年　月　日 Date of Birth						
職　　　業 Occupation				籍　　　　貫 Nationality					性別 Sex	
通　訊　處 Address	（公司）	縣 市	區鎮 路街	（鄉）里 段　巷		（村） 弄	鄰 號之		（樓）	
	（代表人）	縣 市	區鎮 路街	（鄉）里 段　巷		（村） 弄	鄰 號之		（樓）	
電　　　話 Tel.　No.				扣繳憑單：□逕寄 　　　　　□面交		對帳單：□逕發 　　　　□免發				
備　　　註 Remarks										

● FORM 14-3 ●

出口押匯／貼現申請書

第一商業銀行 澳門分行 台照：　　　　　　　　　　　　　　日　期

　　茲檢附本公司依據＿＿＿＿＿＿＿行第＿＿＿＿＿＿＿＿號信用狀所簽發之匯票／收據金額＿＿＿＿＿

（號碼＿＿＿＿＿＿＿＿＿＿）及下列各項單據，請惠予辦理押匯／貼現：

Drafts 匯票	Commercial Invoice 商業發票	Bill of Lading 海運提單	Air Waybill 空運單據	FCR/Post Receipt 貨運承攬商/郵政收據	Insurance Policy 保險單	Cert. of Origin. 產地證明書	Inspection Cert. 檢驗書	Weight List/Cert. 重量單	Packing List 包裝單	Beneficiary's Cert. 受益人證明書

所提示有關文件內容倘與信用狀條款、統一慣例
相關規定及國際標準銀行實務規定不符者，仍請
貴行惠予辦理押匯／貼現，本公司保證若貴行因而
遭受損害時，當由本公司負責全數償還。

　　　　　　　申　請　人：＿＿＿＿＿＿＿＿＿＿＿＿＿＿＿＿

　　　　　　　　　　　　　（請蓋原留印鑑 Authorized Signature）

　　本公司證明所有與本筆出口押匯／貼現有關之信用狀，包括其修改書等業經全部向貴行提示無誤。

　　至上項押匯貼現款，請依照外匯管理之有關規定結付。

　　本公司同意如因單據上之欠缺、瑕疵或因單據正由貴行審核中，致不能及時完成押匯／貼現手續，而使本公司蒙受匯率變動之損失時，概由本公司自行負擔與貴行無涉。

　　本公司保證貴行於押匯後十二天內或貼現到期日收妥本筆押匯／貼現款，並保證絕不使貴行因辦理本筆押匯／貼現而遭致任何損害。本筆押匯貼現票據如發生退票、拒付或因開狀銀行或付款銀行倒閉或外匯短缺或郵遞轉撥等情事，致使貴行未能於上述期限內收妥款項時，不論為該票據金額之全數或一部，本公司於接獲貴行通知後，願立即如數以原幣清償所欠本金，並就貴行墊付押匯／貼現款之實際期間，按押匯／貼現日貴行所訂一般外匯業務利率加年息 2.50%，加計遲延利息償還，並願負擔一切有關之費用。絕不以票據之要件欠缺、法律上各項手續不完備、或時效消滅等情事為藉口，而拒絕清償。

　　本公司茲聲明願拋棄一切之抗辯權，並免除拒絕證書之作成及票據債權保全上之通知及其他法定手續，並願依照本公司另立之「出口押匯約定書」（或「出口押匯總質權書」）所列條款履行責任。

本筆押匯／貼現款項處理方式如下：（於□內擇一註記）

☐ 全部結售貴行並將款項撥入本公司設於貴行之澳門幣支票／儲蓄存款第＿＿＿＿＿＿號帳戶。

☐ 全部撥入本公司設於貴行之原幣別支票／儲蓄存款第＿＿＿＿＿＿號帳戶。

☐ 金額＿＿＿＿＿結售予貴行，並將款項撥入本公司設於貴行之澳門幣支票／儲蓄存款第＿＿＿＿＿號帳戶；其餘金額
　　＿＿＿＿＿請撥入本公司設於貴行之原幣別支票／儲蓄存款第＿＿＿＿＿＿號帳戶。

☐ 俟出口款項收妥後，請悉數撥入本公司設於貴行之 ☐澳門幣☐原幣別支票／儲蓄 存款第＿＿＿＿＿號帳戶。

☐

申　請　人(中文)：
　　　　　　(英文)：
統　一　編　號：
地　　　址(中文)：
　　　　　　(英文)：
電話／聯絡人：

主　　　管
核章/經辦

＿＿＿＿＿＿＿＿＿＿＿＿＿＿＿＿＿＿＿＿

（請蓋原留印鑑 Authorized Signature）

⑵匯票：除少數「憑收據付款信用狀」及「憑單據付款信用狀」外，銀行一般不能僅憑信用狀及有關單據接受押匯，而一定需要由出口商開具匯票，附上信用狀及有關單據才肯辦理。匯票雖非貨運單據，但卻是重要的財務單據，所以銀行收受押匯單據時，每以匯票排在最上面，其次為信用狀，再其次才為有關貨運單據。

⑶信用狀正本：以便押匯銀行審核貨運單據及匯票是否與信用狀所規定內容符合。

⑷貨運單據：視信用狀上所規定的貨運單據來準備。

2.視某些條件準備押匯文件──如匯出匯款申請書，出口商須給付國外客戶銷貨佣金時，就須在押匯時，填寫此單（如 FORM 14-4），假設押匯銀行核准出口商押匯時，可將此銷貨佣金扣除後將餘款依出口押匯申請書上規定撥入出口商所要求指定的帳戶內。

㈢押匯單據的審核

受益人想憑信用狀兌款，就必須提出符合信用狀中所規定的匯票（有時可免除）及單據；同時，銀行受理押匯、付款時，亦必須先審核匯票及單據是否符合信用狀。以下為銀行審核項目有：

1.信用狀。

2.匯票。

3.商業發票。

4.運送單據。

5.保險單據。

6.包裝單、重量尺碼單。

7.產地證明書。

8.檢驗證明書。

9.其他單據。

㈣付款與計費

1.手續費──依出口押匯金額 1‰ 計收，最低費用為新臺幣 500 元正。

2.郵費──按地區別加收，如由開狀銀行以外的銀行償付者，另外加收郵費。

3.匯款費用 (Remittance fee)──出口商支付國外佣金時應加收匯費。

4.電報費──視實際開支收取。

FORM 14-4

Taipei Fubon Bank
台北富邦銀行

匯出匯款申請書
APPLICATION FOR OUTWARD REMITTANCE

本行匯款編號
OUR REF. NO

匯款分類編號
CLASSIFIED NO.

申請日期：
DATE

匯款金額 AMOUNT OF REMITTANCE		受款人 BENEFICIARY (59)
幣別 CURRENCY	金額 AMOUNT	帳號 A/C NO :
		名稱 NAME :
		地址 ADDRESS :

匯款方式 REMITTANCE METHOD

☐ 電匯 TELEGRAPHIC TRANSFER

☐ 票匯 DEMAND DRAFT

☐ 其他 OTHERS _____

電話 TEL NO :

受款人往來銀行 ACCOUNT WITH BANK (57)

銀行代號 SWIFT CODE:

銀行名稱 NAME :

地址 BRANCH/ADDRESS :

匯款性質 NATURE OF REMITTANCE:

☐ 進口貨品價款 COST OF IMPORT

☐ _____

國別 COUNTRY :

繳款方式 SOURCE OF FUNDS

1. ☐ 新台幣 NT DOLLARS

2. ☐ 外存 FX DEPOSIT

3. ☐ 外幣現鈔 FX CASH

4. ☐ 其他 OTHERS _____

中間銀行 INTERMEDIARY BANK (56) 受款人往來銀行之存匯行

致受款人附言（可略） MESSAGE FOR BENEFICIARY (OPTIONAL) (70)

國外收款人身分別：
BENEFICIARY TYPE

☐ 政府 GOVERNMENT

☐ 公營事業
GOVERNMENT OWNED ENTERPRISE

☐ 民間 PRIVATE

費用（含國外銀行費用） DETAIL OF CHARGES (71A)

☐ BEN 國內及國外費用，由受款人負擔 All charges are to be borne by the beneficiary.

☐ SHA 國內費用由匯款人負擔，國外費用由受款人負擔 Charges on the sender's side to be borne by the applicant, charges on the receiver's are to be borne by the beneficiary.

☐ OUR 國內及國外費用，由匯款人負擔 All charges are to be borne by the applicant.

如申請人未特別聲明，本匯出匯款之費用視同勾選 SHA
If not selected, all charges related to the transaction will be deemed as SHA.

☐ 加發電文 MT202 COV.

申請人 APPLICANT

中文名稱 CHINESE NAME :

英文名稱 ENGLISH NAME :

證照號碼 ID / TAX NO :

出生日期 DATE OF BIRTH :

地址 ADDRESS :

電話 TEL NO :

※外國自然人 FOR NON-CITIZEN：

國籍別 NATIONALITY : _____

證照種類 ID TYPE :

☐ 護照 PASSPORT :

☐ 居留證 RESIDENT ID :

核發日期 ISSUING DATE :

有效日期 EXPIRY DATE :

☐ 其他 OTHERS _____

作業中心		營業單位： _____ 分行	
主 管	經 辦	主 管	經 辦

For bank use only

申請人簽章
APPLICANT SIGNATURE _____

11- 2011 (99. 5. 500本) 廣興

5.付款——押匯銀行付款，根據當天銀行的買入匯率扣除下列費用後，再依押匯申請書上出口商指定的銀行轉存其帳戶內。

(1)手續費。

(2)郵電費。

(3)匯費。

(4)出口押匯墊款利息：外匯銀行墊付出口押匯款，在國外銀行付款前對押匯廠商收取墊付新臺幣的利息，其利息的計算日數視亞洲地區和歐美地區來區分。

(5)出口押匯貼現息：在遠期信用狀時使用。

(6)出口押匯瑕疵息：如單據交予押匯銀行時有瑕疵，致使收帳較慢而銀行墊款時間較長，故通常就加收一星期左右的瑕疵息。

(7)轉押匯息：如有轉押匯時，則銀行收帳時間較長，因此需酌收利息。

6.發結匯證實書——事實上它的性質是一張帳單（如 FORM 14–5），從此單出口商將很明顯可瞭解自己所得到的貨款是多少。

我們可看下圖來實際瞭解押匯程序。

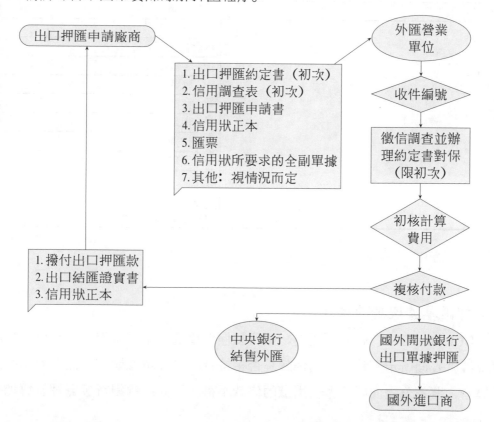

● FORM 14–5 ●

_____銀行　□ 出口結匯證實書　□ 三角貿易　□ 大陸出口
_____分行　□ 其他交易憑證
　　　　　　　□ 遠期外匯交割
　　　　　原契約書號碼：

幣別：　　　　　　　　　　　　　　　　　　　　　日期：

出口押匯編號：		押匯總額：	
出口商名稱：中文　　　　英文	扣付原幣	存入外匯存款	
		轉匯國內他行	
營利事業統一編號：		轉匯國外他行	
付款方式：		扣還外銷貸款	
□ 即期信用狀　□ 遠期信用狀　□ D/A　□ D/P		扣還外幣貸款	
		扣付佣金	
信用狀號碼：		扣付國外費用	
		旅行支票、外幣現鈔	
匯款地區國別：		償還進口外幣融資	
		其他（請詳細註明）	
付款期限：　　　　　　　　　　天		成交金額：	
		匯率@	
		折合新臺幣金額 NT$	
	扣除新臺幣費用	手續費	
		匯費	
		郵費	
		電報費	
		出押息	
		貼現息	
		應付新臺幣淨額 NT$	

_____銀行　具

第二聯：送中央銀行外匯局

(五)押匯單據瑕疵的處理

　　UCP 600 第 14 條 (a) 項規定：銀行須僅以單據為本審查提示，藉以決定該
等單據就表面所示與信用狀的條款是否相符合。各該單據如在表面上顯示彼此
歧異者，將認為表面所示與信用狀的條款不符。因此押匯銀行發覺押匯單據有

瑕疵的情況下其處理的方式有：

　　1.修改信用狀──建議出口商向進口商要求開狀銀行修改信用狀與貨運單據不符的條款。

　　2.更正、補全單據──要求出口商將瑕疵不符或缺少的單據更正補齊再來押匯，唯單據的更正應在信用狀的有效期間內及單據提示的期間內。

　　3.改託收付款 (Collection)──如果貨運單據與信用狀所規定的內容不符之處甚為嚴重時，開狀銀行拒絕付款的可能性就會很大。因此，押匯銀行得告知出口商改用託收方式來辦理，也就是改為付款交單 (D/P)、承兌交單 (D/A) 方式，待票款收妥後再付款。

　　4.電報押匯 (Cable negotiation)──押匯銀行將單據不符的內容以電報告知開狀銀行，以便對方明確告知是否付款。

　　5.保結押匯 (Under reserve, against a guarantee)──押匯銀行准予出口商押匯，但必須要出口商提出保結書 (Letter of indemnity，簡稱 L/I)，當然，於必要時還須提出擔保品。如開狀銀行接受貨運單據並付款則不予追索且通知出口商解除保證責任。反之，開狀銀行拒絕接受時則出口商須將原先從押匯銀行處所得之押匯貨款連同利息一併償還於押匯銀行。此種作法可達到銀行發揮資金融通的功能。保結書的格式是由各押匯銀行印製的，出口商（即立保證書人）在保結書（如 FORM 14-6）上填寫即可。其製作內容如下：

　　⑴銀行編號。

　　⑵保證書開立的日期。

　　⑶讓購匯票的號碼。

　　⑷信用狀上規定的付款人的名稱。

　　⑸信用狀上規定匯票的金額。

　　⑹信用狀的號碼。

　　⑺開狀銀行的名稱。

　　⑻信用狀規定的內容。

　　⑼提示不符文件上的內容。

　　⑽出口商（即開立保證書人）簽名。

　　6.拒絕承作押匯。

● FORM 14-6 ●

台北富邦銀行

擔 保 書

LETTER OF INDEMNITY

日期
Date :

Dear Sirs,

兹為請求　貴行墊付本公司所開匯票及（或）單據
In consideration of your negotiating or discounting our Draft and/or Documents

金額　　　　　　　　　係依信用狀第　　　　　　　　號所簽發
for　　　　　　　　　under Letter of Credit No.

其開狀銀行為
issued by

鑒於信用狀條款規定
which stipulates:

而所提有關文件內容則為
whereas the relative documents indicated:

兹本公司保證若　貴行墊付上項與信用狀條款不符之單據致遭受損害時
We hereby undertake to indemnify you for whatever loss and/or damage that you may sustain

當由本公司負責全數償還
due to the above-mentioned discrepancy(ies).

申請人
Faithfully yours,

二、單據的背書及編號

㈠匯票的背書

匯票上的受款人通常係押匯銀行，因此，在寄出之前，押匯銀行須做適當的背書。除非另有規定，通常以付款銀行為被背書人。例如：

Pay to the order of

Bank of Tokyo（付款銀行）

for ABC Bank（押匯銀行）

_____

Signature

如須轉押匯時，以指定押匯銀行為被背書人。

㈡提單的背書

如果信用狀規定提單上的受貨人為押匯銀行時，押匯銀行應在提單背面背書，至於究竟是空白背書抑或需背書給開狀銀行，視信用狀規定而異。例如：

Deliver to the order of

XYZ Bank（開狀銀行）

for ABC Bank（押匯銀行）

_____

Signature

㈢保險單的背書

如果信用狀規定保險單的被保險人為押匯銀行時，押匯銀行應在保險單背面背書。至於應以空白背書抑或記名背書，則依信用狀規定。例如：

Claims, if any, pay to the order of

XYZ Bank（開狀銀行）

for ABC Bank（押匯銀行）

_____

Signature

㈣單據的編號

為了便於辨認單據係由某一銀行寄發，以及該單據係屬於某一押匯案號，習慣上，押匯銀行在寄發之前，多在單據上加蓋押匯銀行的押匯案號。

三、押匯款的求償

押匯銀行於付出押匯款後，即可依信用狀規定求償收回墊出的押匯款。至於求償方式可分為四種：

(一)扣帳方式

如開狀銀行在押匯銀行設有存款帳戶，且信用狀中又授權押匯銀行逕自其存款扣帳時，押匯銀行於墊出押匯款後，即可逕自其存款扣帳。

(二)信函求償 (Mail reimbursement)

信用狀規定押匯銀行於付出押匯款後，可以信函或簽發匯票向指定的補償銀行 (Reimbursing bank) 求償者，押匯銀行可於付出押匯款後，依信用狀規定以信函或簽發匯票向指定的補償銀行求償。

(三)電報求償 (T/T reimbursement)

如信用狀規定押匯銀行得以電報方式向指定銀行求償者，押匯銀行於付出押匯款後，即可發出求償電報。茲例示一求償電報供參考：

> YOUR CREDIT NO. 123 OUR BP NO. 321 DRAFT FOR USD 12,500 PRESENTED AND NEGOTIATED TODAY WE CONFIRM THAT ALL TERMS AND CONDITIONS OF THE CREDIT HAVE BEEN COMPLIED WITH STOP PLS CREDIT THE PROCEEDS TO OUR ACCOUNT WITH YOURSELVES UNDER CABLE TO US

(四)交單求償

有些信用狀規定，開狀銀行於收到與信用狀相符的單據後，即將依寄單（押匯）銀行的指示，將押匯款匯付至指定的地方。在此場合，押匯銀行可在單據的伴書 (Covering letter) 上註明類如："Please remit the proceeds to our A/C with Chemical Bank under advice to us." 的條款。

 ### 四、其他方式的出口結匯

(一)預付貨款

於訂立買賣契約等後，國外進口商即以電匯 (T/T)、信匯 (M/T)、票匯 (D/D) 或外幣支票（須先辦理託收）等方式預付貨款，出口商將外匯結售外匯銀行之後，即可將貨物裝運出口。貨物出口後，出口商即將貨運單據直接寄給國外進口商。

㈡跟單託收

如買賣契約約定的付款方式不是憑信用狀付款，則出口商所簽發的跟單匯票，除非出口商信用卓越，一般情形下銀行都不願押匯，而僅允以代收的方式將匯票及有關單據寄往進口地的往來銀行（即代收銀行），於進口商付款後交付單據 (D/P) 或承兌匯票後交付單據 (D/A)。進口商付款後，進口地的代收銀行即將貨款匯來出口地的託收銀行，出口地託收銀行乃將這筆貨款扣除託收手續費及郵電費後，將餘款交付出口商。託收的出口結匯手續與憑信用狀押匯者並無差異。

㈢寄　售

寄售是出口商將貨物先運交進口地的代理商（受託人），委託其代為出售，等貨物售出，再將扣除寄售佣金及費用後的餘款匯付出口商。貨款的清償通常採取下列三種方式之一：

1.出口商開發無跟單的光票，以代理商為付款人，委託銀行代收，銀行收到票款後即結購這筆外匯，扣除託收費用後將餘款交付出口商（出口商可保有外匯）。

2.代理商以電匯或信匯方式將貨款匯交出口商，出口商將外匯結售與外匯銀行（或不結售，而自行保有外匯）。

3.代理商以私人支票或向銀行購買**銀行支票** (Cashier's check) 或匯票寄出口商，出口商收到支票或匯票後即委請銀行辦理託收，銀行收到外匯後即予結購，並將貨款交付出口商（出口商也可保有外匯）。

㈣分期付款

買賣契約如約定以**分期付款** (Installment) 方式付款時，通常都要求進口商提供**銀行保證書** (Bank guarantee) 或**擔保信用狀** (Stand-by L/C)。在分期付款條件下的交易，貨款到期進口商即應依約償還，否則即由開發銀行保證書或擔保信用狀的銀行代為清償。所以，按分期付款方式交易的貨款清償方式有下列兩種：

1.進口商依約按期將應付貨款以匯款方式 (T/T、M/T) 透過銀行匯交出口商。

2.如到期出口商未收到匯款，則開發匯票併同規定的單據，憑銀行保證書或擔保信用狀委請外匯銀行收款。

第三節 轉押匯

一、轉押匯的意義

所謂轉押匯，乃為限押信用狀 (Special credit) 下的一種產物。在限押信用狀下，受益人本來應逕向信用狀所指定的押匯銀行申請押匯事宜，但往往因受益人與該指定押匯銀行無往來關係，或因與其往來關係不密切，或因其他原因，而不能或不願逕向該指定押匯銀行申請押匯。在此情形下，受益人乃向往來關係密切的銀行（第一押匯銀行）申請押匯。然後，由該第一押匯銀行，依照信用狀規定將單據轉向指定押匯銀行（稱為再押匯銀行或第二押匯銀行）提示申請再押匯 (Re-negotiation) 事宜。這種做法在我國實務界中稱為轉押匯。從再押匯銀行而言，稱為再押匯。轉押匯流程圖如下所示：

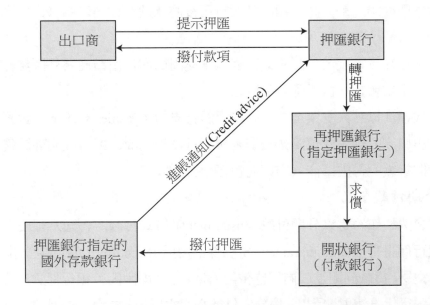

二、出口商對轉押匯的認識

轉押匯對出口商而言，與一般押匯並無實質上的差異，不同點是出口商須負擔較多的費用，以及須提早申請押匯時間而已。以下就須辦理轉押匯時，出口商應注意事項加以說明：

1.提早提示單據申請押匯——限押信用狀的有效期限通常以 L/C 指定押匯銀行為準。換言之，第一押匯銀行必須於信用狀有效期限內，將單據向再押匯銀行（指定押匯銀行）提示。在此情形下，由於第一押匯銀行處理押匯需若干時間，故受益人必須在信用狀有效期限到期前幾天，將單據送到押匯銀行，以便其能在有效期限內，將單據向再押匯銀行提示。

2.押匯手續費——受益人除須負擔一般押匯手續費（目前為 1‰）外，尚須負擔轉押匯費用（目前為 1‰）。

3.轉押匯息——受益人除負擔一般押匯貼現息（按 7 天或 12 天計算）外，尚須負擔 7 天的轉押息。

由上述可知，須辦理轉押匯者，受益人須多負擔費用，受益人最好不接受限押信用狀，以免負擔不必要的費用。

 ## 三、銀行對轉押匯的認識

是否須辦理轉押匯，對銀行審單人員至為重要。如限押信用狀由他行押匯，而審單人員未予以注意，將單據逕寄國外開狀銀行，則有遭拒付的可能。萬一遭拒付，將無法獲得押匯申請人（出口商）的諒解。此外，由於轉押匯過程中多出一家銀行（再押匯銀行）的介入，以致常常發生收帳的延誤，影響資金的運用。

至於信用狀是否限定某銀行押匯，應從信用狀內容加以判斷，限押條款措詞千變萬化，茲就常見者加以說明：

1. Negotiation under this L/C is restricted to the advising bank——如押匯銀行非該 L/C 的通知銀行，則須辦理轉押匯。

2. Draft drawn under this credit is negotiable thru Bank of Taiwan——如第一押匯銀行不是臺灣銀行，則須辦理轉押匯。

3. Available by beneficiary's draft(s) thru Bank of Taiwan——限由臺灣銀行押匯。

4. The advising bank holds special instructions regarding reimbursement——只有通知銀行才知道求償方式，因此其他銀行承作押匯後，只好向通知銀行辦理轉押匯。

5. All documents are to be transmitted by ABC Bank, Taipei to us in one cover

——單據須由 ABC 銀行轉交開狀銀行，因此其他銀行承做押匯後，須向 ABC 銀行辦理押匯。

6. For advising bank only: Please airmail all documents to us in one cover——限由通知銀行押匯。

7. For all your payments, please draw on/or debit our US$ account, under copy to us, with your New York office——限由通知銀行押匯（文中 your 係指通知銀行）。

8. This credit remain valid until Oct. 30, 20– for negotiation with yourselves only——限由通知銀行押匯（文中 yourselves 係指通知銀行）。

第四節　進口結匯

在進行國際貿易過程中，進口商為支付國外出口商貨款，而向外匯指定銀行申購所需外匯，並經由外匯指定銀行轉付國外出口商，這種外匯買賣的行為，稱為進口結匯。

在目前，進口商進口貨物除若干尚須經過進口簽證手續外，都不須簽證。簽證手續已於第五章有所說明，本節所要討論的，是關於進口商如何到外匯銀行辦理進口結匯的手續。由於付款方式的不同，進口結匯的手續也有不同，本節就此分別說明如下：

一、信用狀方式的進口結匯

進口商以開發信用狀方式辦理進口結匯，可分兩個階段，第一階段是申請開發信用狀時的開狀結匯，已於第六章第六節有所說明，此處不再重複。

第二階段是匯票與貨運單據到達開狀銀行後，開狀銀行與進口商的作業如下：

(一)進口單據的審核與處理

開狀銀行對進口結匯單據的審核，應依據信用狀條款、信用狀統一慣例、審查信用狀項下單據的國際標準銀行實務 (ISBP) 及該國有關法令辦理，由於審核工作對於確保銀行與進口商的權益有直接的關係，應審慎辦理才是。

1.審核的原則：

(1)開狀銀行收到押匯銀行寄來的匯票及貨運單據時，應該在合理的時間

內，迅速而正確地加以審查。UCP 600 第 14 條 (b) 項規定，開狀銀行應自提示日之次日起最長五個銀行營業日，以決定提示是否符合，超過此期間則不得退單而應付款。

(2)開狀銀行僅能就單據本身正誤來決定是否付款，也就是以在單據的表面上須與信用狀上的規定條件相符，才予付款。如發現有瑕疵時，應將決定的要旨附具理由，以電報通知押匯銀行。並說明單據正由本行保管聽候處理或是已退還於押匯銀行途中。

(3)如進口商已辦理擔保提貨者，即使發現單據有瑕疵也不得拒付。

2.單據的處理——各種單據經審核無誤後，在單據上逐張加蓋進口結匯編號，並且均編同一號碼。

3.帳務的處理——銀行視客戶別及信用狀的期限種類分開記帳，詳載墊款金額、國外押匯日（起息日）、利率、結欠金額等項於明細帳及即期或遠期信用狀的登記簿上，憑以控制各該進口商進口押匯墊款的額度，收回外幣墊款時作相反的記載。

4.通知進口商——繕打進口單據到達通知書（如 FORM 14-7），詳記其內容，如屬遠期信用狀交易並應載明本金利息及到期日。

5.收回外幣墊款——開狀銀行收回給進口商的外幣墊款後，交付提單及有關文件予進口商憑以報關提貨。

(二)進口商應辦事項

1.即期信用狀的情形——付款贖單，國外出口商運出貨物辦妥押匯後，即由國外押匯銀行將跟單匯票寄到開狀銀行，開狀銀行當即通知進口商付款贖單，進口商將開狀銀行墊款部分及利息付清後，即可取得單據辦理提貨。

2.遠期信用狀的情形——以開發遠期信用狀方式辦理進口結匯，其手續與即期信用狀並無多大差異，但有下列各點須加說明：

(1)遠期信用狀的受益人（即出口商）根據信用狀規定開發遠期匯票，即可向押匯銀行請求承購並取得扣除貼現息後的票款，而進口商則在匯票到期時才向開狀銀行辦理結匯事宜，這是一般所說的遠期信用狀。如果遠期信用狀載明貼現息及費用由進口商負擔，則這種遠期信用狀對出口商而言，與即期信用狀了無差異，只是在匯票未經開狀銀行付訖前尚未解除票據責任而已。

● FORM 14-7 ●

第 一 商 業 銀 行　　　進口單據到達通知書

分行：

幣別：　　　　　　□未贖單　□已贖單　□即期　□遠期　　日期：

IMPORTER						ISSUING DATE		NEG. DATE
L/C NO.		IB NO.				REIM. BANK NO.		B/L DATE
DRAWER						TENOR		MATURITY
	DRAFT	INV.	B/L	INS.	BENE. CTF.	CTF. ORIG.	P/L	W. M/L	INSP. CERT.	OTHER
D O C U	ORIG.									
	DUP.									
DRAFT AMOUNT				預結匯 NO.		NEG. BANK		
保證金抵用		貼現息				未結匯金額		

DOCUMENTS ARE SHOWN THE FOLLOWING DISCREPANCY(IES):

敬啟者：

上列單據已到達，為維護　貴客戶之權益，請即來行檢視單據及在進口單據到達聲明書上註明是否接受，於三日內來行辦理贖單／承兌手續，以便提取單據；對於有瑕疵之單據，亦請於進口單據到達聲明書上註明是否接受，於三日內寄回本行，倘七日內仍未見覆，視同貴客戶已同意接受單據並付款。至於信用狀所未規定之文件或單據，係屬受託轉交僅供貴客戶收執參考，本行不負審核之責。

FIRST COMMERCIAL BANK

───────────────

AUTHORIZED SIGNATURE

⑵根據遠期信用狀所簽發的匯票,通常是見票或裝船後定期付款的匯票,押匯銀行接受押匯後,即將匯票寄到承兌銀行請求承兌,匯票承兌後寄回押匯銀行。

經承兌的匯票,押匯銀行可視市場利率的高低,加以運用。如該銀行適用的貼現率高於市場貼現率,則押匯銀行將保留該匯票,等到期再向承兌人提示請求付款;假如該銀行貼現率低於市場貼現率,則押匯銀行即可能將該匯票在市場上賣出,賺取貼現息差額。

⑶開發遠期信用狀,銀行所承擔的風險較開發即期信用狀為大,進口商除訂立墊款契約外,尚須提供抵押品或本票,貨到時並應出具信託收據,銀行方准交付單據供其提貨。

 ## 二、託收方式的進口結匯

1.付款交單 (D/P) 方式的進口結匯——出口商所簽發的即期匯票,如非憑信用狀簽發,除出口商信用卓著銀行可接受押匯外,一般情形,銀行只允以託收方式代為收取貨款。這種匯票也是跟單匯票,匯票附有單據。出口地的外匯銀行承受押匯或託收後,即將跟單匯票寄到其在進口地通匯銀行,進口商接到銀行通知後,繳付新臺幣向銀行結購外匯清償票款,即可取得單據辦理報關提貨。依一般慣例,託收票款費用通常由出口商負擔。

2.承兌交單 (D/A) 方式的進口結匯——出口商所簽發的非信用狀項下遠期匯票,經出口地銀行受理代收後,即連同單據寄往進口地通匯銀行,進口商接到銀行通知後,即前往銀行辦理匯票的承兌事宜。經承兌後,即可取得承兌交單契約中所規定之交貨單據,辦理報關提貨事宜。俟承兌匯票到期,再前往銀行辦理結匯貨款事宜。銀行則將結匯貨款匯付出口地託收銀行。

 ## 三、寄售方式的進口結匯

依規定,國外供應商(寄售人)可以其貨品委託經貿易局核准登記的營利事業,以寄售方式辦理進口。貨物進口後,受託人應自行洽存於保稅倉庫,取得保管單,並以倉邊交貨的條件洽銷寄售貨物。寄售貨品的買受人,於訂購後即比照一般進口手續辦理,向外匯銀行結購外匯以匯款方式支付國外供應商,另憑保管單出倉辦理報關提貨。

四、分期付款方式的進口結匯

以分期付款方式進口貨物，出口商裝出貨物後，即向進口商簽發匯票，透過外匯銀行請求承兌，等到期日分別提示付款人請求付款。付款方式有採取逆匯方式的，即出口商委請託收銀行將經承兌的匯票向付款人提示請求付款，進口商即依付款日的銀行賣出匯率結購外匯清償票款；也有採取順匯的，即屆到期日前由進口商結購外匯請銀行將票款匯往其國外聯號，出口商領款時須憑原經進口商承兌的匯票領取票款，付訖的匯票則寄還進口商。

 ## 五、記帳方式的進口結匯

進口商以記帳 (O/A) 方式進口貨物者，於到貨時，持輸入許可證（免證者除外）及提單等辦理報關提貨。屆結匯時，檢附海關進口證明書，向銀行辦理結匯。

一、匯　率

（一）意義：係指外匯的價格，也即一國貨幣在外匯市場與他國貨幣的兌換比率

（二）匯率變動風險的規避方式

- 瞭解外匯貿易的管理與其變遷，以收預測之效
- 維持進出口業務的平衡，藉以抵銷匯率變動的風險
- 分散貿易地區，使用各種貨幣交易，以達風險的分散
- 約定匯率變動風險由對方負擔或由雙方分擔
- 改用本國貨幣交易
- 使用強勢貨幣或弱勢貨幣交易
- 調整價格
- 改採提前付款或延後付款方式
- 避免簽發或接受長期訂單
- 利用遠期外匯買賣，規避匯率變動風險

二、出口結匯

（一）意義：出口商將出口貨物所得的外匯結售予外匯指定銀行的行為

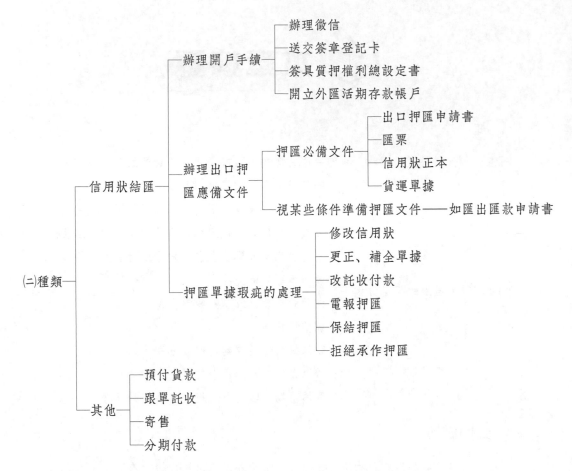

```
                                        ┌─ 辦理徵信
                           ┌─ 辦理開戶手續 ─┤─ 送交簽章登記卡
                           │             ├─ 簽具質押權利總設定書
                           │             └─ 開立外匯活期存款帳戶
                           │                          ┌─ 出口押匯申請書
                           │             ┌─ 押匯必備文件 ─┤─ 匯票
                ┌─ 信用狀結匯 ─┤─ 辦理出口押   │             ├─ 信用狀正本
                │            │  匯應備文件 ─┤             └─ 貨運單據
                │            │            └─ 視某些條件準備押匯文件 ── 如匯出匯款申請書
                │            │                 ┌─ 修改信用狀
                │            │                 ├─ 更正、補全單據
                │            │                 ├─ 改託收付款
(二)種類 ─┤            └─ 押匯單據瑕疵的處理 ─┤─ 電報押匯
                │                              ├─ 保結押匯
                │                              └─ 拒絕承作押匯
                │            ┌─ 預付貨款
                │            ├─ 跟單託收
                └─ 其他 ─────┤─ 寄售
                             └─ 分期付款
```

三、轉押匯

(一)轉押匯的意義

(二)出口商對轉押匯的認識

(三)銀行對轉押匯的認識

四、進口結匯

(一)意義：進口商為支付國外出口商貨款，而向外匯指定銀行申購所需外匯，並經由外匯
　　指定銀行轉付國外出口商

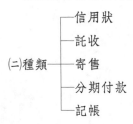

```
            ┌─ 信用狀
            ├─ 託收
(二)種類 ─┤─ 寄售
            ├─ 分期付款
            └─ 記帳
```

一、是非題

（　）1.押匯所需用的貨運單據，須視信用狀上的規定來準備。

（　）2.銀行收受押匯單據時，應有信用狀、貨運單據及（或）匯票，還需要出口押匯申請書。

（　）3.在 CIF 的貿易條件下，押匯銀行可代扣保險費並存入保險公司的外幣存款帳內。

（　）4.轉押匯時，銀行的收帳時間較長，故利息較高。

（　）5.本國幣值貶值對出口不利，進口有利。

（　）6.本國幣有貶值的趨勢，出口商可向外匯銀行預售外匯，以規避匯率變動的風險。

二、選擇題

（　）1.本國幣值上升，對何者不利？　(1)出口　(2)進口　(3)視情形而定。

（　）2.匯出匯款申請書是用在出口商須給　(1)利息　(2)佣金　(3)匯費　時，所需附上的文件。

（　）3.下列何者單據不是出口商在押匯時必備的文件？　(1) B/E　(2) L/C　(3) E/P。

（　）4.憑　(1)信用狀　(2)託收　(3)寄售　的出口結匯一般稱為出口押匯。

（　）5.下列何者單據是出口商在第一次押匯時須準備的文件？　(1) L/C　(2) L/H　(3) T/R。

（　）6.銀行接受押匯時，通常須由出口商開具　(1) L/C　(2) L/H　(3) B/E。

（　）7.下列押匯文件何者不是出口商所開立的？　(1)押匯申請書　(2)匯票　(3)信用狀。

（　）8.信託收據適用於　(1) Sight L/C　(2) Usance L/C　(3) D/P。

三、問答題

1.押匯銀行承作押匯須承擔哪些風險？

2.押匯單據如遇瑕疵時的處理方式有幾種？

3.何謂出口結匯？

4.何謂進口結匯？

5.出口商在進行遠期外匯買賣時，應注意哪些？

四、工作習題

1. 國內外匯市場美元匯率為 USD1 = NTD34，國際外匯市場歐元匯率為 USD1 = EUR0.9，新加坡幣匯率為 USD1 = SGD1.7，日圓匯率為 USD1 = JPY99，請根據以上資料求算歐元、新加坡幣及日圓對新臺幣的匯率。

2. 出口商根據信用狀的規定備妥單據向押匯銀行辦理押匯取得貨款，但開狀銀行卻藉故拒付，則押匯銀行是否可以向出口商追回押匯金額？

3. 開狀銀行拒付貨款，出口商應如何因應？

第十五章

進口報關、檢驗
與提貨

第一節　進口報關

　　凡按照政府有關進口法令規定，將外國貨物輸入我國境內者，均須遵照**海關** (Customs house) 規定的手續辦理報關，而後才能提貨進口。這種程序稱為**進口通關** (Import customs clearance)。通關即為通過海關之意。進口通關手續，一般多委託**報關行** (Customs house broker, Customs broker) 辦理，因為報關行熟悉各種報關文件的製作及通關程序。至於所稱報關，就是指申報通關之意。

 ## 一、進口報關的準備工作

　　1. 探詢船期——進口商對於載運進口貨物的船舶及其預定抵埠日期，通常可經由下列三個途徑獲悉：

　　⑴根據出口商的**裝貨通知** (Shipping advice) 得知。出口商將貨物裝出後，例將單據副本寄送進口商或經由其代理商轉交進口商。尤其在進口商負責保險的交易條件下，如 FOB、CFR 等，在貨物裝船時，出口商更應將裝出貨物明細、船名、**預定開航日期** (ETD)、**預定到達日期** (ETA) 及裝卸貨港口名稱等電告進口商。從這些資料再與進口地該船舶的代理人聯繫，即可獲得確切的到達日期。

　　⑵根據外匯銀行轉來的單據得知。出口商辦妥押匯後，押匯銀行即將押匯文件 (單據) 寄送進口地外匯銀行，再由外匯銀行通知進口商贖單。從這單據中，進口商自可獲悉船名及有關資料。一般而言，除近海地區，如臺灣香港間、臺灣琉球間，因單據經銀行輾轉處理寄達常晚於船舶到達外，大多可於船舶到達前收到單據，獲悉裝船的有關資料。

　　⑶根據船公司代理人的到船通知得知。出口商洽訂艙位時，已在**提單**上的**受通知人** (Notify party) 欄填上進口商名稱地址。船舶到達進口港後，船公司代理人即根據隨船運到的提單抄本上所載的受通知人通知進口商準備辦理提貨。

　　2. 準備報關文件——進口商取得提單及其他有關單據，並應備齊報關所需一切文件。

二、進口貨物報關期限

　　1.一般進口報關期限——依關稅法第 16 條第 1 項規定,進口貨物的申報,應由納稅義務人自裝載貨物的運輸工具進口日的翌日起 15 天內向海關辦理,如果不依此項規定期限辦理報關者,自報關期限屆滿的翌日起,依關稅法第 73 條第 1 項規定,按日加徵滯報費新臺幣 200 元。

　　倘若滯報費徵滿 20 天仍不辦理報關者(即自裝載貨物的運輸工具進口日的翌日起 35 天內未報關),海關即可依關稅法第 73 條第 2 項規定將其貨物變賣,所得價款,扣除應繳納關稅及必要費用外,如有餘款,由海關暫代保管,納稅義務人得於 5 年內申請發還,逾期繳歸國庫。依照前述規定變賣的進口貨物,在海關變賣前,如納稅義務人擬報關進口者,可依關稅法施行細則第 56 條規定,向海關申請按實際滯報日數或滯納日數繳納滯報費或滯納費,補辦報關或繳稅手續。

　　2.預報進口報關期限——進口貨物的申報,除前述一般報關期限外,依照關稅法第 16 條第 1 項規定,納稅義務人並得在貨物進口前,預先申報。

　　依照財政部根據關稅法第 16 條第 3 項規定所訂頒的「進出口貨物預行報關處理準則」規定,海運進口貨物,如輪船公司或其代理行於有關船舶抵埠前 5 天內,向海關遞送預報進口艙單,則該船運進口貨物的有關貨主（即納稅義務人）,得檢齊報關應備的各項單據,於載運貨物的船舶抵埠前,向海關預行辦理報關繳稅手續,俟貨物由船舶運達時,除依規定准予免驗者外,經海關查驗無訛後即予放行提貨。

 三、進口貨物報關應備的文件

　　1.進口報單（如 FORM 15–1）——此報單有多種類別,其中使用最多的是外貨進口報單（Application for import: Foreign goods,編號為關 01001）,其表格由海關印製,亦可由業者自印,並用套版式將內容列印。

　　2.發票或商業發票 (Commercial invoice)——一份,繳驗的發票應由賣方簽署。

　　3.裝箱單 (Packing list)——一份,散裝、大宗或單一包裝貨物,不論是否查驗均免附。

FORM 15-1

(簡 5105)

關 01001

進口報單

類別代號及名稱(7)	聯別

共　頁　收單
第 1 頁

報單（收單關別　轉自關別　民國年度　船或關代表　艙單或收序號）
號碼
(8)　／　／　／　／　／　　理單編號

| 報關人名稱、簽章 | 專責人員 姓名、簽章 | 統一編 號(9) | 海關監管 編號(10) | 繳 (11) | 進口日期(民國)(16) 年 月 日 | 報關日期(民國)(17) 年 月 日 |

納稅義務人(中、英文)名稱、地址

| 離岸價格(18) FOB Value | 幣別　金　額 |
| 運　費 (19) | |

案號(12)　特(13)

| 保險費 (20) | |

(1)　(2)

賣方國家代碼、統一
編號、海關監管編號、
名稱、地址(14)

| 加　(21) 應 費用 減　(22) | |

提單號數(3)

起岸價格(23)

貨物存放處所(4)　運輸方式(5)

CIF Value　TWD

起運口岸及代碼(6)　進口船（機）名及呼號（班次）(15)

| 國外出口日期(民國)(24) 年 月 日 | 外幣匯率 |

項 次 (27)	貨物名稱、牌名、規格等(28)	生產國別(29) 輸出入貨品分類號列(31) 稅 則 號 別 （主管機關指定代號）	輸入許可證號碼——項次(30) 統計 號別	檢查 號碼	單 價 (32)	條件、幣別 金　額	淨重(公斤) (33) 數量(單位) （統計用)(35)	價格 完稅數量(36)	進口稅率 (37)	從價(38) 從量	納稅辦法(38) 貨物稅率(39)
						( )	( )				
						( )	( )				
						( )	( )				
						( )	( )				

總件數(25)	單位	總毛重(公斤)(26)	海關簽註事項		進　口　稅	

標記及貨櫃號碼

| | 商港建設費 | |
| | 推　廣　貿　易 服　務　費 | |

收檔建檔補檔　核發稅單

分估計稅銷證　稅款登錄

其他申報事項

分估複核　放行

| 稅　費　合　計 | |
| 營業稅稅基 | |

通關方式　(申請)審驗方式　滯 納 金（日）

4.輸入許可證（Import permit，簡稱 I/P）──如貨品免簽證者則可免繳，又簽審機關與關貿網路連線傳輸輸入許可證內容者，得免檢附。

5.委任書──一份，由報關人與納稅義務人共同簽署，其用途在確定報關行之委任關係。如整年均委任同一家，可專案申請整年僅辦理一次，免逐案委任。

6.貨價申報書──一式二份（如 FORM 15-2），應報明有無特殊關係、交易條件、費用負擔情形。但如旅客行李、郵包、樣品、餽贈品、免稅貨品、國貨復運進口貨物、政府機關及公營事業進口貨物、保稅工廠、加工出口區、農業科技園區及科學工業園區事業進口的保稅貨物等均可免繳。

7.產地證明書（Certificate of origin，簡稱 C/O）。

8.型錄、說明書或圖樣──配合海關查核需要提供。

9.裝櫃明細表 (Container loading list)──一份，如一份報單申報整裝貨櫃二只以上時應檢附。

10.其他──依有關法令規定應檢附者。

 ## 四、進口報單填寫方法

進口報單（如 FORM 15-1）的填寫方法說明於下。

項次	欄位名稱 （電腦處理編號）	填報說明
1.	報關人名稱、簽章 (1)	(1)應填列本報單之報關人中文名稱。電子傳輸時名稱、簽章免傳。 (2)虛線小格內，填列報關人向海關借用之候單箱號（3 位數）或含報關業箱號附碼（1 位）。 (3)本欄係供報關人簽名蓋章之用。如係納稅義務人自行報關者，應加蓋公司行號章及負責人章，二者均應與輸入許可證上所蓋者相同。如報關業係受委任報關者，其所加蓋之公司行號章、負責人章以業經向海關登記之印鑑為限。 (4)委託報關業連線報關補送之書面報單，免加蓋報關業及其負責人章及簽名。
2.	專責人員姓名、簽章(2)	(1)係指經「專門職業及技術人員普通考試專責報關人員考試」或「專責報關人員資格測驗」及格，向海關登記作為第 1 欄所載報關業之「專責報關人員」，負責本份報單內容審核簽證人員填列姓名之用。電子傳輸時姓名、簽章免傳。納稅義務人自行報關者免填。 (2)虛線小格內依各關稅局規定填列。 (3)委託報關業連線報關補送之書面報單，免加蓋專責人員章及簽名。

3.	提單號數(3)	⑴依提貨單上所載填列或傳輸，海運提單號數如超過 16 碼，連線者取後 16 碼傳輸。 ⑵空運併裝進口者，應將主提單號數 (MAWB NO) 填報於上方，分提單號數 (HAWB NO) 填於下方。 ⑶科學園區自海運進口之貨物，應填列轉運申請書進口編號後 8 碼（即「船隻掛號」＋「艙單號碼」）。 ⑷如無提單號數或保稅貨出倉案件，則填列「NIL」。
4.	貨物存放處所(4)	⑴進口貨物卸存之倉庫或貨櫃集散站、進口貨棧、保稅倉庫、物流中心之名稱及代碼（詳請參閱「通關作業及統計代碼」）填於此欄。 ⑵可在提貨單上查得或由報關人向船（航空）公司查詢。 ⑶機邊提貨者填列機放倉之代碼（如 C2003）。 ⑷船邊免驗提貨或船邊驗放者，填報船舶靠泊之碼頭代碼〔如停靠基隆港西二碼頭，則填報 KELW020W（基隆港區貨物卸存地點代碼）〕。 ⑸快遞貨物填列快遞專區之代碼 (C2011)。 ⑹貨物存放兩個以上之處所時，此欄填報主要存放處所及其代碼，另於「其他申報事項」欄內報明其他存放處所及件數。 ⑺保稅工廠或自由港區事業售與記帳廠商或內銷補稅及按月彙報等案件，空運填報如「ZZZZZ」、海運填報如「000AZZZZ」。
5.	運輸方式(5)	⑴本報單貨物是用下列何種方式載運，可於方格內選填其代碼「⑴海運非貨櫃（有包裝雜貨）、⑵海運貨櫃、⑶空運（非貨櫃）、⑷空運貨櫃、⑸無、⑹海運非貨櫃（無包裝散貨）」（詳請參閱「通關作業及統計代碼」）。 ⑵國內交易案件，應選填(5)。
6.	起運口岸及代碼	⑴填列貨物最初起運口岸之名稱及代碼（右上方格子內），如由德國漢堡運臺之貨物在新加坡轉船來臺，本欄仍應填漢堡 (Hamburg；代碼 DE HAM)。 ⑵其名稱可從提貨單或輸入許可證上查到，其代碼（請參閱「通關作業及統計代碼、五十一、聯合國地方代碼」）。 ⑶如屬國內交易案件，應於右上方格子內填列代碼「TWZZZ」。
7.	類別代號及名稱(7)	請參閱貨物通關自動化報關手冊（以下簡稱本手冊）第參、六節填報。
8.	報單號碼(8)	⑴填列時應依「報單及轉運申請書編號原則」之規定辦理（請參閱第貳、九節），計分 5 段：收單關別／轉自關別／民國年度／船隻掛號或報關箱號／艙號或序號。 第 1 段：收單關別，2 位大寫英文字母代碼（應注意存倉地點）。如基隆關稅局進口組為 AA，請參閱本手冊第參、五節（六）項。 第 2 段：轉自關別：2 位大寫英文字母代碼。如非由他關稅局轉運來者免填，應予空白。 第 3 段：中華民國年度，用阿拉伯數字填列。 第 4 段：A. 海運填「船號」（請參閱第貳、八節「船隻掛號編號原則」）。

		B. 空運報單、科園區報單及海運郵局報單則填「報關業箱號」，如 001、003（詳請參閱「通關作業及統計代碼」）。 第 5 段：海運報單填艙單號碼，用 4 位阿拉伯數字。 　　　A. 未滿 4 位數時，前面用「0」填補，例如「0032」。 　　　B. 空運報單及海運郵局報單用 5 位流水號，由報關業自行編列。 　　　C. 科園區報單用 5 位流水號，由園區報關業及廠商自行編列。 (2)加工出口區、農業科技園區空運進口之報單編號，請參閱「報單及轉運申請書編號原則」第㈢ 3.項之說明。 (3)雜項報單之填列，請參閱「報單及轉運申請書編號原則」第㈤項之說明。
9.	納稅義務人（中英文）名稱、地址(9) (10)(11)(12)(13)	(1)填報應以正楷字體書寫或打字機、PC 繕打，依中文名稱、英文名稱、地址順序填列。如用戳記加蓋，其長度不得超過 8.5 公分，寬不得超過 2 公分。傳輸時中文名稱免傳；地址得免傳，但列印在報單上，一定要使用中文。 (2)納稅義務人為科學工業園區或農業科技園區廠商者，應於中文名稱前填報上述園區統一電腦代碼。 (3)「統一編號」欄(9)，應填列營利事業統一編號；非營利事業機構，填其扣繳義務人統一編號；軍事機關填八個「0」，外人在臺代表或機構無營利事業統一編號者填負責人「護照號碼」（前 2 碼固定為「NO」，以免與廠商或身分證統一編號混淆）；個人報關者，填其身分證統一編號。 (4)「海關監管編號」欄(10)： 　　A. 納稅義務人為保稅工廠、加工出口區區內事業、農業科技園區、科學工業園區園區事業、自由港區事業者等，需於「海關監管編號」欄(10)填報海關監管編號。 　　B. 納稅義務人申請營業稅自行具結記帳者，應於買方「海關監管編號」欄(10)填報「營業稅自行具結記帳廠商編號」，未填列者視同不申請記帳。 (5)「繳」字欄(11)供填稅費繳納方式，其代碼（詳請參閱「通關作業及統計代碼」）： 　　「1」先稅後放銀行繳現（向銀行或駐海關收稅處繳納者）。 　　「2」納稅人／報關業者帳戶即時扣繳（含預繳稅費保證金）。 　　「3」先放後稅銀行繳現（向銀行或駐海關收稅處繳納者）。 　　「4」先放後稅啟動納稅人帳戶扣繳（EDI 線上扣繳）。 　　「5」先放後稅啟動報關業者帳戶扣繳（EDI 線上扣繳）。 　　「6」先稅後放啟動納稅人帳戶扣繳（EDI 線上扣繳）。 　　「7」先稅後放啟動報關業者帳戶扣繳（EDI 線上扣繳）。 　　「8」彙總清關繳納。 (6)凡在「繳」字欄填列「2」者，應在「案號」欄(12)填列海關核給之預繳稅費保證金帳號，在「繳」字欄填列「3」、「4」、「5」者，應在「案號」欄(12)填列海關核准先放後稅案號。 (7)「特」字欄(13)，係供報明與賣方是否具有「特殊關係」，應填

		「Y」（表示有特殊關係）或「N」（表示無特殊關係）。 (8)凡法令規定應由買賣雙方聯名繕具「報單」者： 　　A. 其委任報關者，不論個案委任或長年委任，得免在本欄或賣方欄加蓋公司行號及負責人印章。 　　B. 其未委任報關之一方或自行報關之他方得出具切結書以代替在本欄或賣方欄加蓋公司行號及負責人印章。
10.	賣方國家代碼、統一編號、海關監管編號、名稱、地址 (14)	(1)賣方如為國外廠商： 　　A. 以出具發票之廠商所在地之國家或地區為準，應填列其「代碼」（填在虛線空格第 1 格內）及「英文名稱」，其代碼請參閱「通關作業及統計代碼」。 　　B. 在虛線第 2 格填列發貨人公司英文名稱首 3 個字各字之首尾（但 Company 應填 CO 為例外）；如 World Trading Company 應填 WDTGCO；若發貨人在美國，應於該代碼後另行加填州別代碼（2 個字母，如加州為 CA；請參閱「通關作業及統計代碼」），如 WDTGCOCA。 　　C. 虛線空格第 3 格免填。 (2)賣方如為國內廠商時： 　　A. 在虛線第 2 格內填列營利事業統一編號。 　　B. 如同時具有保稅工廠、加工出口區區內事業、科學工業園區園區事業、農業科技園區或自由港區事業身分時，則另行在虛線第 3 格內填列海關監管編號。 (3)依序填列中文名稱（如賣方為國內廠商時）、英文名稱、地址。傳輸時中文名稱免傳；賣方如為國內廠商，地址得免傳，但列印在報單上限使用中文。 (4)同第 9 項第(8)目。
11.	聯　　別	(1)第一聯為正本，係海關處理紀錄用聯。 (2)視需要可加繕副本，分別為： 　　A. 第二聯：進口證明用聯。 　　B. 第三聯：沖退原料稅用聯。 　　C. 第四聯：留底聯（經海關加蓋收單戳記後發還）。 　　D. 第五聯：其他聯（各關稅局依實際需要規定使用之）。
12.	頁　　數	(1)應填列本份報單共幾頁，首頁為第 1 頁，次頁為第 2 頁，如共 2 頁時，則首頁填「共 2 頁第 1 頁」，次頁為「共 2 頁第 2 頁」。 (2)「進口小客車應行申報配備明細表」應與報單併計編頁次。
13.	理單編號	係填海關電腦所編歸檔用流水號碼，報關人免填。
14.	進口船（機）名及呼號（班次）(15)	(1)右上虛線小格填列船舶呼號或機名班次。 (2)海運填報載運本報單所申報貨物之船舶名稱及 4 位或 6 位英文字母及阿拉伯數字摻雜之呼號。船名及呼號可由提貨單上查明。 (3)空運者則為進口機名及班次，機名填航空公司英文簡稱（為 2 位文字碼），班次則用阿拉伯數字（4 碼）填列，航空公司英文簡稱及數字之間空 1 碼，總長度共 7 碼，如華航「CI 0008」（即 CI 後空 1 格，再填班次 0008）。惟加工出口區空運貨物以訊息傳送時，於「船舶呼號」欄則填列「NIL」，而於

		「航次」欄位填列「進口機名及班次」。 (4)如屬國內交易案件，本欄填「NIL」。
15.	進口日期(16)	(1)有關「日期」之填報，一律按民國年月日為序填報。如 85.04.30。 (2)係填明載運本報單貨物的運輸工具進口日期： 　A. 其日期可於提貨單上查到，亦可由艙單資料查明。 　B. 至船舶進口日期之認定，請參閱第陸、二節（進口艙單）之規定。 　C. 如以查詢方式查證日期時，以「繫泊日期」為準填報；如「繫泊日期」尚未鍵入，則以「預定到港日期」為準填報。 (3)保稅倉庫及物流中心出倉進口案件 (D2)，此欄填列「申請出倉進口日期」，惟如實際出倉進口日期早於海關收單日期，則以「收單日期」作為申請出倉進口日期〔81.8.28. (81)臺普徵字第 01651 號函〕。 (4)保稅倉庫、物流中心相互轉儲或運往保稅工廠、加工出口區區內事業、農業科技園區或科學工業園區園區事業 (D7) 之案件比照(3)填報方式辦理。 (5)自由港區事業貨物輸往課稅區（含補稅案件）、保稅區者，以報關日期作為進口日期。但經核准辦理按月彙報者，以最後一批貨物出區日期視同進口日期。
16.	報關日期(17)	(1)將報單遞進海關申報的日期填於此欄。由報關業照實際日期填明，本欄作為核計是否逾期報關及核計外幣匯率之基準日。如因報單申報不當或應附文件不全，致海關不予收單時，以補正後海關收單日期作為基準日。 (2)「連線者」以訊息傳輸送達通關網路之日期為準。
17.	離岸價格(18)	(1)幣別代碼請參閱「通關作業及統計代碼」。發票如為 FOB 金額，應直接填入。發票如為 CFR 金額，應減去運費後填入。發票如為 CIF 金額，應減去運費及保險費後填入。 (2)如「幣別、金額」欄位不夠用時，可將幣別填列於上方，金額填於下方（即一欄當二欄使用）。
18.	運費(19)	運費係指將貨物運達輸入口岸實付或應付之一切運輸費用，填報時其依據資料順序如下： (1)以提單所載金額填入。 (2)提單未載明者，以發票上註明之運費金額填列。 (3)發票、提單上均無運費金額時，應由進口人向船（航空）公司查明運費率自行核算後填入。 (4)本欄幣別如與離岸價格不相同時，應轉換為與其相同之幣別後，再折算填入。
19.	保險費(20)	(1)依發票、保險單據或國內收費之統一發票所載實付金額填報。 (2)如未投保且未實際支付保險費之進口貨物，免加計保險費(此欄應填「0」，並在貨價申報書中報明；依規定免附貨價申報書者，則在報單「其他申報事項」欄位上加註「未投保」)。 (3)同第 18 項「運費」第(4)點。

20.	應加減費用(21)(22)	(1)應「加」費用，係指未列入上述 FOB 或 CFR 或 CIF 價格內，但依交易價格規定應行加計者，例如由買方負擔之佣金、手續費、容器費用、包裝費用……等之合計金額，並應與貨價申報書所填內容相符。 (2)應「減」費用，係指已列入上述 FOB 或 CFR 或 CIF 價格內，但依交易價格規定可以扣除者，例如進口後所從事之建築、設置、裝配、維修、技術協助費用、運輸費用、遞延支付（如 D/A 付款條件）所生利息……等之合計金額。 (3)如無前述(1)、(2)應加減費用者，此欄應填「0」。
21.	起岸價格(23)	起岸價格，即一般貿易所稱之 CIF 價格。係(18)加計至(21)欄〔或扣除第(22)欄〕之總金額填入。其與外幣匯率相乘即得新臺幣起岸價格。
22.	國外出口日期(24)	(1)海運為「提單所載之出口國裝船日期」；空運為「提單所載飛機在貨物輸出地起飛日期」；郵包為「包裹提單所載寄件日期」。 (2)國內交易案件請填報報關日期。
23.	外幣匯率	(1)依關稅總局驗估處「每旬」所公布之「報關適用外幣匯率表」所列之「賣出匯率」為準。 (2)新臺幣交易案件，填「1.0」。 (3)報關後經海關「簡 5106 不受理報關原因通知」訊息回覆，其原因屬 A、C、D 類者應重新申報，其匯率之適用以實際重報之日期為準。
24.	項次(27)	本欄依「發票」所列貨物順序，用阿拉伯數字 1、2、3……逐項填列。
25.	貨物名稱、牌名、規格等(28)	(1)依發票、輸入許可證所載填報（如與實際不符，則按實際進口者申報），惟如影響貨物價格、稅則歸屬或大陸物品輸入規定之各項因素（例如：規格尺寸、加工層次或方法、材質、成分及其比率、調製或保存方式及用途等）未載列清楚者，則須加以補充。傳輸時按貨物名稱、牌名、型號、規格、順序分列為原則；如無法分列，得均申報於貨物名稱內（但進口汽車應按順序分別填列）。 (2)保稅貨物案件申報時，原料之買方、賣方料號及成品型號首先填報（列印）於貨名之前；牌名、規格、原進倉報單號碼及項次依序填報（列印）於貨物名稱之後。 (3) A. 車輛案件連線申報時，進口報單訊息（空運簡 5105A、海運簡 5105S），應依「海、空貨物通關自動化作業訊息說明表」規定，填報相關車輛資料項目。其中 G34「貨物名稱、牌名及規格」部分，應填報 E1 貨物名稱、E2 牌名、E3 型號、E4 規格等資料；G35「車輛專用項目」部分，應填報 E1 年份（型式年份 Model Year）、E2 車型、E3 車門、E4 排氣量、E5 汽缸數、E6 座位數、E7 排檔、E8 使用無鉛汽油（92 或 95）、E9 觸媒轉化器、E10 左邊駕駛、E11 車身號碼等資料。如屬電動車者，於進口報單訊息 (5105A、5105S) 有關「車輛專用項目」之排氣量欄位，填報馬達功

率（瓦數或馬力）以代替 CC 數。

  B. 機器腳踏車進口連線申報時於 G34「貨物名稱、牌名及規格」部分，應填報 E1 貨物名稱、E2 牌名、E3 型號、E4 規格等資料；G35「車輛專用項目」部分應填報 E1 年份（型式年份 Model Year）、E2 車型、E4 排氣量、E5 汽缸數、E6 座位數、E7 排檔、E8 使用無鉛汽油（92 或 95）、E9 觸媒轉化器、E11 車身號碼等資料，E3 車門、E10 左邊駕駛等欄位則限制為空白，不得填寫。

  C. 拖車進口連線申報時於 G34「貨物名稱、牌名及規格」部分，應填報 E1 貨物名稱、E2 牌名、E3 型號、E4 規格等資料；G35「車輛專用項目」部分應填報 E1 年份（型式年份 Model Year）、E2 車型、E11 車身號碼等資料，E3 車門、E4 排氣量、E5 汽缸數、E6 座位數、E7 排檔、E8 使用無鉛汽油（92 或 95）、E9 觸媒轉化器、E10 左邊駕駛等欄位則限制為空白，不得填寫。

⑷如有共同的貨物名稱時，得於各該所屬項次範圍之第一項申報即可。

⑸申報 2 項以上者，應於「貨名」欄之下填寫「TOTAL」，並在「淨重、數量」及「完稅價格」兩欄填報合計數（TOTAL 之後無需要再填報「以下空白」或「無續頁」之類之文字）。

⑹貨名資料長度超過 390Byte（簡 5105 為 385Byte）時，應在報單「申請審驗方式」欄填報代碼「8」（補送報單時應列印全部內容）。

⑺進口舊品者，應於本欄填報 "Used" 字樣；並於「申請審驗方式」欄填報代碼「8」，進口人均應報明來貨廠牌、規格、型號、出廠序號、製造年月。

⑻申請野生動物或其製品輸入時，應先填列動物之學名，再填列其俗名（貨品名稱）〔⒀臺總局徵字第 03995 號函；農委會 83 農林字第 3030814A 號函〕。

⑼「長單」得以彙總方式填報（請參閱貳拾貳章）。

⑽進口電影片、碟影片者，應於本欄據實填報貨品之廠牌或發行人。

⑾報運菸品進口時，應於「規格」欄依序填報有效日期（西元年月日 8 碼或西元年月 6 碼）、產製日期（西元年月日 8 碼或西元年月 6 碼）、有效期限（月）、生產批號、尼古丁含量、焦油含量及製造業者名稱（有效日期、產製日期及生產批號擇一填報；填報產製日期者應另加註有效期限），各項目以空格 1 格分隔，無資料時填報 "0"；並應於牌名欄填報牌名。單一報單內多項次，且非全部皆為菸品時，應於「貨物名稱」欄填報警語；單一報單內多項次，且全部皆為菸品時，應於「其他申報事項」欄填報警語。

⑿報運變性酒精進口時，應於「規格」欄填報變性劑 4 位代碼。
  〔按國庫署為協助業者正確填報菸酒應申報事項，提供⑾、⑿轉碼程式（內含變性劑代碼）查詢，其網址為：https://gaze.nta.gov.tw/dnt-bin/APDNT/ImportTransCode.html〕。

		(13)報運輸入規定為 F02 之貨品時，如進口非供食品用途者，應註明「非食品等級 (NOT FOOD GRADE)」或其他文字顯示為非食品等級。 (14)報運輸入規定為 F01、F02 之貨品時，其進口報單第 28 欄之牌名欄位不得空白，未填報者，一律列入 B 類錯單並通知補正。 (15)報運進口生鮮、冷藏、冷凍、鹹、浸鹹、乾或燻製之牛肉，應填明「去骨」或「帶骨」牛肉。
26.	生產國別(29)	(1)應填貨物的生產「國名」及其「代碼」。如由香港進口德國貨，應填德國而非香港，從發票上可以找到。此外，從標記上亦可獲悉，如 MADE IN JAPAN，應填 JAPAN JP。代碼請參閱「通關作業及統計代碼」。 (2)發票上同一項貨物分由 2 個以上國家所製造，應依國別再予分項申報。
27.	輸入許可證號碼——項次(30)	(1)本欄位除供輸入許可證號碼、項次填報之用外，亦供填報其他簽審機關輸入許可文件（許可證、合格證、同意函文件及簽審機關公告專用代碼、稅則增註規定減免稅捐或適用特定稅率案件等）之號碼、項次填報（列印）及金門、連江縣政府核發大陸地區農水產品進口同意文件之號碼、項次填報之用。 (2)如與上項使用同一份者，免再填「號碼」（即僅使用一份者，只於首項填報即可），惟傳輸訊息時仍應傳送。 (3)「項次」順序與許可證完全一致者，可免填報（但傳輸時仍應傳）。 (4)如 1 項貨物有 2 份或以上之 I/P 者，第 2 份或以上應依序填報於次 1 項之相對應欄位。 (5)輸入許可證如經修改或補發，報關時仍應採原證號碼填列。 (6)無許可證者應填「NIL」。 (7)本欄位填報金門、連江縣政府核發大陸地區農水產品進口同意文件之號碼、項次之填報方法：本欄位為文數字 14 碼，前 2 碼固定為 CT, 第 3、4 碼為關別代號，後 10 碼為同意文件之號碼，號碼不足 10 碼者，於號碼前以 0 補足至 10 碼，號碼超過 10 碼者，取後 10 碼；項次為 3 碼，若無項次，請填報「000」，並自 95 年 12 月 11 日起施行。
28.	輸出入貨品分類號列、稅則號別、統計號別、檢查號碼、主管機關指定代號(31)	(1)應查閱「中華民國海關進口稅則輸出入貨品分類表合訂本」填列（共應填列 11 碼；請參閱第捌、進口報單填報實例）。 (2)進口貨物應屬之海關進口稅則號別，計 8 位碼。進口人或其代理人如有不明白應列何號別者，可事先檢齊型錄、說明書等資料及樣品向各關稅局進口組（課）申請進口貨物稅則預先審核，申請書可自本總局網站之稅則稅率查詢系統下載。 (3)輸出入貨品分類號列為 10 位碼，係由「8 位碼」「稅則號別」，之後加「2 位碼」作為統計及進出口簽審之依據。10 位碼後之「1 位碼」為「檢查號碼」，下列進口貨物應於輸出入貨品分類號列附碼（訊息格式：貨品分類號列附碼）填報 PT(Preferential tariff treatment)： A. 符合臺巴（巴拿馬）、臺瓜（瓜地馬拉）、臺尼（尼加拉瓜）、

臺薩宏（薩爾瓦多、宏都拉斯）自由貿易協定（臺薩部分，自 97 年 3 月 1 日生效實施；臺宏部分，自 97 年 7 月 15 日生效實施）原產地規則，適用優惠關稅待遇之進口貨物。

B. 符合低度開發國家進口特定產品，給予免關稅待遇者。

C. 符合海峽兩岸經濟合作架構協議 (ECFA) 臨時原產地規則，適用貨品貿易早期收穫計畫優惠關稅待遇之進口貨物。

(4)本欄「號列」務必謹慎填報避免錯誤，如貨物不止一種，應逐項報列。否則「專責報關人員」將受海關處分：

　A. 連線報單係以所申報之 CCC 號列來判定應否簽審之重要依據，放行後經海關事後結果，發現虛報 CCC 號列規避輸入規定，依關稅法規定處分外，另移主管機關處理。

　B. 如確實不諳申報者，可依(2)辦理或主動在「申請審驗方式」欄填報「8」（申請書面審查），則（專責報關人員）可免受處分〔關稅總局(81)公字第 00021 號公告〕。

(5)例如鮮蘋果為「0808.10.00.00-2」。

(6)適用進口稅則「增註」之減、免稅物品，應於此欄第 2 行填報適用之稅則章別與增註項目，例：適用稅則第 38 章增註二之規定免稅物品，則填報或連線列印 (3802)；增註項目如有適用不同之減稅稅率時，則於增註項目後加填 A 或 B 或 C ……例 (3802A)、(3802B)……。

(7)「主管機關指定代號」：

　A. 「應回收之容器輸入業者」應於進口時依照行政院環境保護署公告「應回收容器物品之 CCC 號列」填報容器材質及容積之主管機關指定代碼，以利該署收取「回收清除處理費」。

　B. 下列進口貨物應檢附出口國合法認證機關簽發之有效原產地證明書供海關查核，並於本欄(主管機關指定代號欄)填報原產地證明書號碼：

　　(a)符合臺巴（巴拿馬）、臺瓜（瓜地馬拉）、臺尼（尼加拉瓜）、臺薩宏（薩爾瓦多、宏都拉斯）自由貿易協定（臺薩部分，自 97 年 3 月 1 日施行；臺宏部分，自 97 年 7 月 15 日生效實施）原產地規則，適用優惠關稅待遇之進口貨物。

　　(b)符合低度開發國家進口特定產品，給予免關稅待遇者。

　　(c)符合海峽兩岸經濟合作架構協議 (ECFA) 臨時原產地規則，適用貨品貿易早期收穫計畫優惠關稅待遇之進口貨物。

　C. 產地證明書電子化作業：廠商採以電子資料傳輸方式傳送進口產地證明書者，須經由通關網路辦理傳輸，並於本欄（主管機關指定代號欄）填報原產地證明書號碼。

　D. 「主管機關指定代號」欄填報原產地證明書號碼之填報方法：

　　(a)符合自由貿易協定，適用優惠關稅待遇之進口貨物或低度開發國家進口特定產品，給予免關稅待遇者：產地證明書號碼為文數字 14 碼以內，前 4 碼為西元年度後 10 碼

		為序號；序號不足 10 碼者，於序號前以 0 補足至 10 碼。 (b)產地證明書電子化作業：文數字 14 碼，填報於第 1 欄。同時填報容器材質及容積之主管機關指定代碼者，填報於第 2 欄。 (c)符合海峽兩岸經濟合作架構協議 (ECFA) 臨時原產地規則，適用貨品貿易早期收穫計畫優惠關稅待遇之進口貨物，大陸核發之產地證明書編號共 16 位碼，請自第 2 位碼起填報（即第 1 位碼 "H" 免填報），共須填報 15 位碼。 (8)進口整套機器設備拆散、分裝，申請按「整套機器設備應列之稅則號別徵稅」者，最好在進口前事先申請核准，並於報關時檢附核准函影本。
29.	單價、條件、幣別、金額(32)	(1)單價條件依發票所載填列，如單價不含運費及保險費者，填 FOB 或 FAS；含運費者填 CFR；含運費及保險費則填 CIF；含保險費者填 C&I。若按修理費、加工費課徵關稅者，應填報修理費之單位價格。（代碼請參閱「通關作業及統計代碼」）。 (2)幣別代碼，依發票所載，以標準化之單位填列。代碼請參閱「通關作業及統計代碼」。 (3)金額依發票所載填列。 (4)如金額長度超出現有欄位時，可彈性跨越左右欄位空白處填列，被佔用欄位之內容必須降低或提高位置填列。 (5)各項單價之幣別如有兩種以上，應轉化為同一種幣別再填報。
30.	淨重（公斤）(33)	(1)依裝箱單填列，如實際與文件記載不符者，應按實際進口情形申報。 (2)淨重係指不包括內外包裝之重量，一律以公斤（代碼 KGM）表示之。 (3)「小數點」以下取一位數。
31.	數量（單位）(34)	(1)依發票所載填其計價數量及單位代碼（例如發票所載為布類 1,000 碼，則在此欄填 1,000 YRD。）（請參閱「通關作業及統計代碼」）。如實到數量與發票所載不符，應依實到數量填報，否則一旦涉及漏稅即受處罰。 (2)如貨物不止 1 項時，應逐項填報。 (3)如數量（單位）長度超出現有欄位時： 　A. 可彈性跨越左右欄位空白處填列，被佔用欄位之內容必須降低或提高位置填列。 　B. 如數量位數較長時，亦可轉換為「百單位」或「千單位」申報，惟轉換之單位須為「通關作業及統計代碼」內所列之計量單位。如：HPC（百個）、HST（百套）、KPC（千個）……等。 (4)「保稅貨物案件」申報時，於此欄第 2 行填報（列印）「B：記帳數量及單位」。
32.	數量、單位（統計用）(35)	(1)本欄應否填列，以海關進口稅則「合訂本」上單位欄內所載單位為準，如其單位僅為公斤（代碼 KGM）或公噸（代碼 TNE），因已有「淨重」欄顯示其內容，本欄可免填；如單位欄內所載單位除公斤（代碼 KGM）或公噸（代碼 TNE）外，

		尚有其他單位者，應依照該單位算出數量，填入統計用數量括弧（　）空白處。例如稅則號別 6403.19.00.90–1 單位載有公斤（代碼 KGM）和雙（代碼 NPR），則統計用數量（　）內需填雙（代碼 NPR）之數量。 (2)本欄單位以代碼填列，舉例如下： 　A. Piece 代碼 PCE：第 1、6、12、40、41、85、90、91、92 章。 　B. Meter or Metre 代碼 MTR：第 37 章。 　C. Square Meter 代碼 MTK：第 48、50～60 章。 　D. Cubic Meter 代碼 MTQ：第 44 章。 　E. Liter 代碼 LTR：第 22 章。 　F. Pair 代碼 NPR：第 64 章。 　G. Kilo Volt Ampere 代碼 KVA：第 27 章。 　H. ONE HUNDRED STICKS 代碼 HSK：第 24 章。 　I. ONE THOUSAND STICKS 代碼 KSK：第 24 章。 　J. Head 代碼 HED：第 1 章。 　K. Dozen 代碼 DZN：第 60、61、65、66 章。 　L. SET 代碼 SET：第 84、85、90、92 章。 　M. UNIT 代碼 UNT：第 86、87、88、89 章。 (3)酒類數量、單位（統計用），應於本欄正確填報。
33.	完稅價格、完稅數量(36)	(1)從價課稅貨物在上半欄填「完稅價格」(計至元為止，元以下四捨五入)。 (2)從量課稅貨物在下半欄填「完稅數量」，如 900TNE、1,500MTR，從價課徵者免填。 (3)從量或從價從高課徵者，兩種均需填報，俾利擇高徵稅。 (4)保稅成品內銷、樣品等案件，如採完稅價格扣減時，則於完稅價格之第 2 行列印或填報扣減後之完稅價格，並以括弧「（　）」顯示之。 (5)按加工費，租賃費等減稅扣減等案件，亦於完稅價格之第 2 行申報扣減後之完稅價格，並以「（　）」括弧顯示之。（申請審驗方式填列 8）。
34.	進口稅率從價、從量(37)	進口稅則之國定稅率分為 3 欄。第 1 欄之稅率適用於世界貿易組織會員，或與中華民國有互惠待遇之國家或地區之進口貨物。第 2 欄之稅率適用於特定低度開發國家、開發中國家或地區之特定進口貨物，或與我簽署自由貿易協定之國家或地區之特定進口貨物。不得適用第 1 欄及第 2 欄稅率之進口貨物，應適用第 3 欄稅率。進口貨物如同時得適用第 1 欄及第 2 欄稅率時，適用較低之稅率（以貨物本身之「原產地」為準，非以「輸出國」為準）。 (1)稅率依海關進口稅則所載填列。 (2)從價課徵者填百分比，如 20%；從量課徵者填單位稅額，如 TWD15.6/KG。 (3)需徵平衡稅、反傾銷稅或報復關稅者，於此欄之下半欄填列（連線者於此列印）其代碼及稅率。 (4)適用進口稅則增註減稅或免稅時，依減稅或免稅稅率填列（申請審驗方式填列 8）。

35.	納稅辦法(38)	依「通關作業及統計代碼 7-1、7-2」之納稅辦法選擇適當之代碼填列。
36.	貨物稅率(39)	(1)本欄除供填列貨物稅率外，亦供營業稅、特種貨物及勞務稅、菸酒稅、菸品健康福利捐、推廣貿易服務費等填列之用；如均免徵者，此欄免填。 (2)如貨物稅率有特殊計算法者，在同一格內下方表示之，如用於汽車冷、暖氣機之壓縮機 20%×8（「連線者」列印時以 20% 表示）。
37.	總件數、單位(25)	(1)依提貨單上所載總件數填列，單位應依「通關作業及統計代碼」填列，如 500CAN(CAN)1,234CTN(CARTON)；如係不同包裝單位構成〔如 500CTN 與 35BAG(BAG)〕，總件數應使用 PKG〔535PKG(PACKAGE)〕。 (2)提單所載總件數與本批實際來貨件數不同時，應分別報明。 (3)貨物由 2 包以上合成 1 件者，應於件數後用括弧加註清楚。如屬連線申報（含磁片收單）者，應於合成註記之訊息欄位申報「Y」，並於其他申報事項訊息欄內報明上開合成狀況。
38.	總毛重（公斤）(26)	(1)係填報整份報單所報貨物之總毛重，並以公斤 (KGM) 為計量單位。 (2)「小數點」以下取 1 位數。
39.	標記及貨櫃號碼	(1)標記係指貨上之標誌（嘜頭 Marks）及箱號 (Case No)，依提貨單所載填列。 (2)「連線者」申報時，標記圖形如電腦未能直接傳送者，改以文字敘述，敘述之順序及方式為： 　A. 先填報（或傳輸）圖形內文字或與圖形標誌結合之文字。 　B. 次行填報（或傳輸）圖形標誌並以 " " 框之或以「IN（圖形）」表示。如 "TRIANGLE" 或 INTRIANGLE。 　C. 圖形外之文字接於圖形標誌下行填報或傳輸。 (3)常見之圖形標誌有： 　A. 圓形 (CIRCLE)：傳輸或填報 CIRCLE 或 CIR。 　B. 正方形 (SQUARE)：傳輸或填報 SQUARE 或 SQ。 　C. 矩形 (RECTANGULAR)：傳輸或填報 RECTANGULAR 或 REC。 　D. 三角形 (TRIANGLE)：傳輸或填報 TRIANGLE 或 TRI。 　E. 菱形 (DIAMOND)：傳輸或填報 DIAMOND 或 DAI。 　F. 橢圓形 (OVAL)：傳輸或填報 OVAL。 　G. 星形 (STAR)：傳輸或填報 STAR。 　H. 如屬其他圖形 (OTHER) 則傳輸或填報 OTHER。 (4)貨櫃號碼依提貨單上所載填列，其填列原則依序為貨櫃號碼、貨櫃種類、貨櫃裝運方式（請參閱「通關作業及統計代碼」）；非貨櫃裝運及併裝櫃貨物者免填貨櫃號碼。如有貨櫃裝運方式為 5 或 6(Part) 者，因需數份報單同時處理，因此，務必報列清楚。 (5)同一收貨人進口兩批以上貨物，合裝同一貨櫃，應同時申報且貨櫃裝運方式應申報屬 FCL(PART) 類。

		(6)當併裝貨物提單上之標記為 N/M(NO Marks) 時，應事先向通關之稽查倉棧單位申請重行標記，始於報單上申報傳輸。
		(7)標記資料長度超過 385Byte（字元）時，應在報單「申請審驗方式」欄填報代碼「8」（補送報單時應列印完整之標記）。
		(8)如不夠使用，可於其他申報事項欄或海關簽註事項欄或續頁之「加總」之後填列。
40.	其他申報事項	係供對本報單申報事項另行補充、提示海關承辦關員注意特別處理事項或依有關法令規定應報明之事項，如無適當欄位可供填報時，應於本欄內申報。例如： (1)復運進口案件（包括外貨、國貨）應填報原出口報單號碼。如為國貨復運進口 (G7) 案件，並應另行填報「是」或「否」再出口，及復進口原因，以憑查核原出口是否有退稅。此外，為便於報單資料之傳輸與電腦核銷作業，應同時利用該報單之「原進倉報單號碼及原進倉報單項次欄位」逐項傳輸欲核銷之原出口報單號碼及項次。電腦核銷作業採「1 項對 1 項」方式核銷原出口報單，該原出口數量應大於或等於復運進口數量，否則必須拆項（亦即增項）。 (2)需繳納業務費之案件，應填列業務費金額。 (3)保稅工廠原料、呆料申請補稅內銷案件 (G2)，應檢附海關核准文件，並於本欄加註：核准內銷文號、期限及核准內銷額度等。如係按月彙報案件，並加註××月份內銷按月彙報補稅，繳交保證金等資料。 (4)稅捐記帳案件，應填列保函號碼。 (5)非保稅原料誤報運為保稅原料申請補稅案件 (G2)，應於本欄報明原進口報單 (B6、D7) 號碼及該報單放行日期。 (6)按月彙報案件，應加註按月彙報之「月份」。 (7)保稅貨物：A. 內銷補稅時之內銷補稅原因。B. 視同進出口案件之交易對方「參考編號」。 (8)適用進口稅則增註免稅或減稅物品，應填報有關機關證明文件字號。 (9)保稅倉庫或物流中心進出倉貨物應於本欄報明保稅倉庫或物流中心代碼及營利事業統一編號。 (10)連線申報合成註記填報「Y」者，應於本欄列出其明細。 (11)依「戰略性高科技貨品輸出入管理辦法」規定進口高科技貨品申請於抵達證明書 (DV) 上核章者，在本欄載明：「本批貨物為戰略性高科技貨品，請海關予以核章」。 (12)進口同一稅則號別貨品，如先前該貨品之稅則尚屬「未決案件」，應於本欄敘明，並於「申請審驗方式」欄填報代碼「8」。 (13)同一項貨物之產地有兩個以上之產地而無法分開報明者，應於本欄敘明，並於「申請審驗方式」欄填報代碼「8」。 (14)申請核發報單副本者，應於本欄填列。 (15)運費、保險費（有特別加註說明之必要者）。 (16)常年（長期）委任報關核准文號。 (17)申報進出口長單申請依簡化作業方式者，請填列「海關列管編號」。

		(18)兩張以上不同國外廠商發票併同於一份報單報關，除於 10.「賣方國家代碼、統一編號、海關監管編號、名稱、地址(14)」欄位填報一家國外廠商資料外，應於本欄內填報其他國外廠商資料。(92 年 6 月 12 日臺總局徵字第 0920104020 號函)，本欄位長度為 200 byte 不敷使用時，請繕打在每份發票申報之報單最後項次欄位，例如：在第 10 項註明 1–10 賣方國家代碼及統一編號等。 (19)應課徵貨物稅及特種貨物及勞務稅之貨物，於填列「貨物稅率(39)」欄位不敷使用時，應於本欄報明該貨物之特種貨物及勞務稅稅率。
41.	海關簽註事項	係供海關承辦關員簽註處理情形或加註必要之文字（如證明進口事實）。
42.	條碼處	實際實施方式及日期，另行規定。
43.	通關方式	(1)係海關內部作業使用，進口通關方式計分：C1（免審免驗通關）、C2（文件審核通關）、C3（貨物查驗通關）。 (2)「連線者」遞送報單時應列印「通關方式」。
44.	申請審驗方式	(1)本欄已公告修正為「申請審驗方式」，請於印製新報單時配合修正（未用完之舊報單仍可繼續使用）。 (2)係供海關權責人員決定該報單將採行之審驗方式，或供報關人填報申請審驗方式。 (3)本欄以代碼表示： 　代碼 2：申請「船（機）邊驗放」。 　代碼 3：申請「廠驗」。 　代碼 4：申請「鮮冷蔬果驗放」。 　代碼 6：申請「倉庫驗放」。 　代碼 7：申請「免驗船邊裝（提）櫃」。 　代碼 8：申請「書面審查」。 　代碼 9：申請「免驗」。 (4)「申請審驗方式」代碼「使用說明」（請參閱「通關作業及統計代碼」）。 (5)情形較特殊依規定應由報關人報明代碼者，應依規定主動報明。 (6)報關人未填報代碼者「參加抽驗」，抽中 C3 應予查驗者，以「倉庫驗放」為限。
45.	進口稅	(1)係全份報單各項進口稅額加總後填報，分項稅額計至小數點第 3 位，加總後元以下不計。 (2)如部分繳現，部分記帳，應在同一行上、下或左右分開填報。
46.	商港建設費	
47.	推廣貿易服務費	海、空運進口者，以全份報單各項完稅價格加總，乘以 0.04% 之得數填報（核計至元為止，元以下不計；未逾 TWD100 者免收）。
48.	空白欄	稅費欄前 2 格稅款項目固定，依序為進口稅、推廣貿易服務費（如第 45、47 項次說明），其下 4 個空格供需要時就貨物稅、營業稅、特種貨物及勞務稅、菸酒稅、健康福利捐、平衡稅、反傾銷稅、報復關稅、滯報費（日）等項，依序選填（貨物稅、營業稅、滯報費（日）請依第 49、50、51 項次說明填報）。

49.	貨物稅	⑴貨物稅「從價課徵」者，其「完稅價格」之計算規定如下： 　　貨物稅完稅價格＝關稅完稅價格＋進口稅稅額。 ⑵「貨物稅稅額」依下列式核計： 　　A.「從價課徵」者：貨物稅完稅價格×貨物稅稅率（請參考貨物稅條例）。 　　B.「從量課徵」者：貨物稅完稅數量×貨物稅（單位）稅額。 ⑶貨物稅完稅價格不包含「推廣貿易服務費」〔⑻臺總局徵字第01092 號函〕。
50.	營業稅	⑴營業稅稅額＝營業稅完稅價格×營業稅稅率 (5%)。 　　依加值型及非加值型營業稅法第 41 條規定，貨物進口時，應徵之營業稅由海關代徵之。 ⑵免徵營業稅者，本欄免填。
51.	滯報費（日）	依關稅法第 16 條及第 73 條規定辦理，未依規定於進口日之翌日起 15 日內報關者，自報關期限屆滿之翌日起，按日加徵滯報費新臺幣 200 元。如 95 年 1 月 1 日進口，1 月 21 日報關，則滯報 5 日 (21－1－15＝5)，滯報費額為 200 元×5＝1,000 元，即填報「5」日，「1,000」元。
52.	稅費合計	本欄依「進口稅」加「推廣貿易服務費」、「貨物稅」、「營業稅」、「特種貨物及勞務稅」、「菸酒稅＋健康福利捐」、「平衡稅」、「反傾銷稅」、「報復關稅」、「滯報費」等各欄之總金額填入。
53.	營業稅稅基	⑴「營業稅稅基」即營業稅的完稅價格，規定如下：關稅完稅價格＋進口稅稅額＋菸酒稅（含菸品健康福利捐）＋貨物稅稅額＝營業稅稅基。 ⑵不論課徵營業稅與否，本欄均應填列。 ⑶營業稅稅基不包含「推廣貿易服務費」〔⑻臺總局徵字第01092 號函〕。
54.	滯納金（日）	海關第 1 次填發稅款繳納證或傳輸該訊息之翌日起 14 日內未繳納者，應加徵「滯納金」： ⑴「進口稅」應自第 15 日起照應納稅額按日加徵滯納金萬分之五。 ⑵逾期繳納「營業稅」、「貨物稅」或「特種貨物及勞務稅」者，應自繳納期限屆滿之翌日起，每逾 2 日按滯納之金額加徵百分之一 (1%) 滯納金。惟僅加計 30 日，超過 30 日部分，加計「利息」一併徵收。 ⑶由於滯納金核計複雜，易生錯誤，造成困擾，因此，逾限繳納者，限向「海關指定之銀行駐海關收稅處」繳納。 ⑷滯納金及繳納紀錄欄報關人免填。
55.	報單背面	⑴背面各欄報關人免填。 ⑵應貼之規費證，如正面無位置時可黏貼於背面。
56.	報單續頁	續頁填報方式與首頁相同。

資料來源：貨物通關自動化報關手冊。

● FORM 15-2 ●

關 01039

貨 價 申 報 書　　　年　月　日

納稅義務人　中文 _____
　　　　　　英文 _____
　　　　（名稱）　　　　　　　　（地址）

向 _____
　　（輸出國名稱）　　　　（出口商名稱及地址）

採購進口
　（貨物名稱　　　　　　　　　　　　　於　民國　年 月 日 出口
　　及 數 量）　　　　　　　　　　　　　　（國外出口日期）

茲依關稅法令之規定，將本批貨物交易價格有關事項，據實申報如下，如有虛偽，願受處罰。此致

財政部　關稅局 _____ 分支關所　進口報單第 ／ ／ ／ ／ 號

一、本公司與賣方間之關係（相關項目打「ｖ」）
（　）1.買賣雙方之一方為他方之經理人、董事或監察人。
（　）2.買賣雙方為同一事業之合夥人。
（　）3.買賣雙方具有僱傭關係。
（　）4.買賣之一方直接或間接持有或控制他方百分之五以上之表決權股份。
（　）5.買賣之一方直接或間接控制他方。
（　）6.買賣雙方由第三人直接或間接控制。
（　）7.買賣雙方共同直接或間接控制第三人。
（　）8.買賣雙方具有配偶或三等親以內之親屬關係。
（　）9.無以上任何一種關係。

二、本批交易之條件（相關項目打「ｖ」或選項，或並予補充說明）
（　）1.本公司對本批貨物之使用或處分受有限制。
（　）2.本批貨物交易附有條件，致價格無法確定。其條件為：_____
（　）3.依交易條件，本公司使用或處分之部分收益應屬賣方，其金額不明確，其條件為：_____
（　）4.買賣雙方具有特殊關係。
　　　（1）影響本批貨物之交易價格。
　　　（2）不影響本批貨物之交易價格。
（　）5.本批貨物係付（1）租賃費、（2）使用費、（3）_____。其金額為：_____
（　）6.本批貨物無買賣行為，係：（1）寄售貨物、（2）贈送品、（3）廣告品、（4）樣品、（5）展覽品、（6）外銷品退貨、（7）受託加工貨品、（8）以貨易貨、（9）

三、各種費用負擔情形

費 用 名 稱	（ 幣 別　 ）金 額	
	發票記載	實際發生
（一）運至輸入口岸之		
（1）運費、裝卸費及搬運費		
（2）保險費		
（3）		
（4）		
（二）由本公司負擔之佣金、手續費、容器及包裝費用。		
（三）由本公司無償或減價提供賣方用於生產或銷售本批貨物之下列物品及勞務：		
（1）原材料、零組件及類似品		
（2）工具、鑄模、模型及類似品		
（3）生產所消耗之材料		
（4）在國外之工程、開發、工藝、設計及類似勞務		
（四）依交易條件由本公司支付之專利權及特許權之權利金及報酬。		
（五）本公司使用或處分進口貨物實付或應付賣方之金額（即第二項3款之金額）。		
（六）應扣除費用：		
（1）		
（2）		
（3）		
（4）		

納稅義務人印及章	負責人印章	海關審核關員

四、離岸價格	
五、間接支付部分之貨款	
六、合計　發票價格（條件）	
實際起岸價格	
七、如無買賣行為，實付租賃（使用）費	

五、進口貨物通關流程與方式

1.進口貨物通關流程——目前進口貨物通關作業，其通關步驟可分為：

　(1)收單。

　(2)驗貨。

　(3)簽審、分估。

　(4)徵稅。

　(5)放行。

　免驗者跳過第(2)步驟，驗放案件第(2)步驟移至最後辦理。

　2.進口貨物通關方式——報單經海關電腦邏輯檢查比對相符後登錄收單時間，同時由海關電腦專家統根據各項風險因子篩選通關方式，並發送訊息通知報關人。通關方式如下（貨物通關自動化實施辦法第 13 條）：

　(1) C1 通關（免審免驗通關）：免審書面文件，免驗貨物放行。

　(2) C2 通關（文件審核通關）：審核書面文件，免驗貨物放行。

　(3) C3 通關（貨物查驗通關）：貨物查驗通關放行。本通關方式可分為：

　　① C3M（人工查驗）：又可分為先驗後估及先估後驗兩種。

　　② C3X（儀器查驗）：又可分為免補單及應補單兩種。

 ## 六、進口貨物應繳納稅費與報關費用

1.稅費種類及其計算——進口貨物，應繳納的稅費，目前有下列幾種：

　(1)進口關稅：依照關稅法規定，進口關稅係以完稅價格乘以稅率計收，其計算公式為：

　　進口關稅 = 完稅價格×貨物進口稅率

　(2)商港服務費：港務局徵收的費用，散雜貨按計費噸計收，整櫃貨按櫃計收。併櫃貨按計費噸計收（空運進口貨物免徵商港服務費）。

　(3)推廣貿易服務費：為拓展貿易，因應貿易情勢，支援貿易活動，凡出進口人輸出入的貨品，由海關統一收取最高不超過輸出入貨品價格 0.04% 的推廣貿易服務費。不足新臺幣 100 元者免付。

　　推廣貿易服務費 = 完稅價格×0.04%

　(4)貨物稅：進口貨物如為貨物稅條例所定應徵收貨物稅的貨物，其貨物

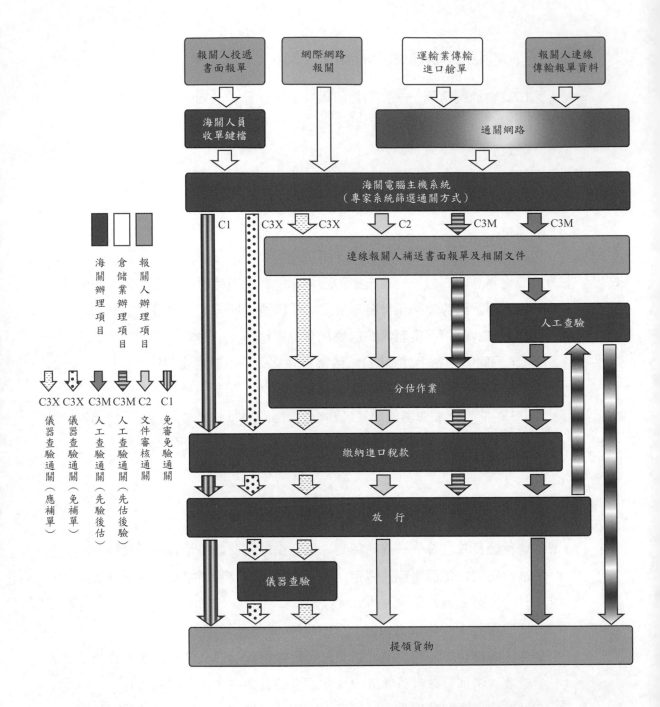

稅由海關代徵。其計算公式為:

貨物稅 =（完稅價格 + 進口關稅）× 貨物稅率

(5)營業稅: 依加值型及非加值型營業稅法, 應由海關代徵者, 其計算公式如下:

①從價課徵貨物:

營業稅 =（完稅價格 + 進口關稅 + 貨物稅）× 稅率 (5%)

②從量課徵貨物: 應依下列規定核計關稅完稅價格後, 再依上述計算公式核計營業稅:

$$關稅完稅價格 = \frac{關稅從量課徵稅額}{從量關稅的折算稅率}$$

2.繳納方式——繳納方式, 計有四種:

(1)繳現: 由納稅義務人持憑海關掣發稅單在繳稅期限向駐關代庫銀行繳納稅款。

(2)記帳: 如果進口貨物的關稅可依法記帳者, 則只須辦理記帳手續, 海關即可將貨物放行准予提領。記帳的情形計有三種, 即「外銷品原料稅款記帳」、「外銷品原料稅款具結記帳」及「專案記帳」。

(3)線上扣繳: 適用在與海關連線的貨主。

(4)匯付: 以匯款方式, 由往來銀行透過指定連線金融機構分別匯入國庫存款戶或海關專戶。

3.繳納期限——進口貨物應繳稅捐,應自稅款繳納證送達之翌日起 14 天內繳納。凡未依限繳納者, 自繳稅期限屆滿的翌日起, 照欠繳稅額按日加徵滯納金萬分之五。滯納金徵滿 30 天仍不繳納時, 由海關變賣貨物, 扣除應納關稅及必要費用外, 如有餘款, 由海關暫代保管。納稅義務人得於 5 年內申請發還, 逾期繳歸國庫。

納稅義務人如不服海關對其進口貨物所核定的完稅價格（不服稅則亦同）時, 得於規定繳稅期限（30 天內）, 依規定格式, 以書面向海關聲明異議, 請求復查。

4.報關費用——報關事務固然可由各進口商或出口商自行辦理, 但通常都委交給報關行代辦。其收費標準, 報關業同業公會有訂定的收費標準, 但是, 幾乎沒有一家報關行是完全按照公會所訂定的收費標準來收取費用, 只會比標

準少，不會多。貨物種類繁多，報關公會實無法按貨物的種類來訂定個別的報關費標準，所以其公訂的收費標準，只能歸屬幾個大類，標準訂高而不訂低。所以一般進出口商習慣上以「行情標準」再視該筆貨物的數量多少，與報關行議價。

第二節　進口檢驗與檢疫

一、進口檢驗的意義

政府為保障國內動植物的安全及消費者的利益，除對於進口動植物及其產品必須施行檢疫外，其他商品則由經濟部視實際需要，對特定商品施行檢驗。需要實施檢驗的商品必須檢驗合格領得證書後，才能辦理報關提貨。目前執行進口商品檢驗的機構為行政院經濟部標準檢驗局。至於動植物及加工品的檢驗及檢疫，其主管機關為行政院農委會動植物防疫檢驗局。

二、應施檢驗品目

應施檢疫或檢驗的商品，除植物方面依「中華民國輸入植物或植物產品檢疫規定」，動物方面依「動物及動物產品輸入檢疫條件」由行政院農委會動植物防疫檢疫局負責施行檢疫外，其他商品則由經濟部視實際需要，隨時公告增減。目前應施檢驗商品項目，多與安全有關。詳細應施商品項目，標準檢驗局及其所屬各分局均備有「應施檢驗商品品目表」，進口廠商可洽索參閱。

三、檢驗程序

(一)報　驗

1.填具申請書與合格證（電腦上線單位免附）向到達港口（機場）檢驗機構報驗，其屬經指定需經型式認可者，並附具檢驗機構型式認可的證明。

2.附送有關結匯證件或海關報單或其他銷貨證件。

3.繳費。

4.領取並貼掛檢驗標識。

㈡取　樣

1.在商品堆置地點作外觀檢查。

2.依國家標準的規定取樣，並給取樣憑單。

3.報驗商品經取樣後未獲檢驗結果前，非經報准不得擅自移動。

4.輸入商品，其體積龐大或需特殊取樣工具取樣，無法在碼頭倉庫取樣者，得申請具結提運封存於指定地點取樣檢驗。

㈢檢　驗

1.依規定標準執行檢驗，評定合格或不合格。

2.未定標準者，依暫行規範或標示成分檢驗。

3.因特殊原因，其標準低於規定標準者，應先經主管機關核准。

4.檢驗時限超過 5 日以上得申請具結先行放行，並予封存。

㈣發　證

1.經檢驗合格者發給合格證書，不合格者發給不合格通知書。

2.經檢驗不合格者，報驗人於接到通知後 15 日內得請求免費複驗一次。

3.複驗就原樣品為之，原樣品已無剩餘或已不能再加檢驗者，得重行取樣。

 ## 四、檢驗標準

商品的檢驗標準，由主管機關依國際公約所負義務，參酌國家標準、國際標準或其他技術法規指定；無國家標準、國際標準或其他技術法規可供參酌指定者，由主管機關訂定檢驗規範執行。

輸入商品如因特殊原因，其規格與檢驗標準不同者，應先經標準檢驗局核准。

 ## 五、免驗規定

應施檢驗之商品，有下列情形之一者，得免檢驗：

1.輸入商品經有互惠免驗優待原產國政府發給檢驗合格證書。

2.各國駐華使領館或享有外交豁免權之人員，為自用而輸出入。

3.輸出入非銷售之自用品、商業樣品、展覽品或研發測試用物品。

4.輸入或國內產製之商品供加工、組裝後輸出或原件再輸出。

5.輸入或國內產製應施檢驗商品之零組件，供加工、組裝用，其檢驗須以

加工組裝後成品執行，且檢驗標準與其成品之檢驗標準相同。

　　6.輸入或國內產製之商品供軍事用，並附有國防部各直屬機關公函證明。

　　7.輸入或國內產製之商品供緊急人道救援物資用，並取得相關政府機關證明文件。

 ## 六、動植物檢疫及霍亂衛生檢疫

　　1.動植物檢疫──為防止動植物疫病、蟲害自國外輸入我國及傳佈，以保障國內動植物健康，對於輸入我國或過境的動植物及其產品，需經行政院農委會動植物防疫檢疫局港口檢驗機構檢疫合格，發給檢疫證明書，才准通關放行。

　　2.霍亂衛生檢疫──為防止霍亂疫病侵入，以保障我國民及動物健康，對於水產品物及部分動植物的進口，依傳染病防治條例，需經行政院衛生署所屬港埠檢疫單位檢疫合格，發給檢疫合格證書，才能報關提貨。

 ## 七、檢驗費

　　依商品檢驗規費收費辦法之附表一所列，商品檢驗費率與最低費額如下所列，其中各項檢驗費若超過新臺幣 100,000 元者，超過部分減半計收：

檢驗別及檢驗模式	商品類別	檢驗費率（%）	最低費額（新臺幣元）
逐批檢驗及監視查驗	化學肥料類、石油製品類	0.1	500
	橡膠氣胎類、室內裝修耐燃材料類	0.3	1,000
	小麥、大麥、玉米、黃豆產品	0.05	200
	小麥、大麥、玉米、黃豆產品除外之農畜水產品及其加工品類	0.15	200
	僅執行 EMC 單項檢驗之產品	0.1	300
	空氣調節器	0.27	1,000
	資訊類產品	0.1	350
	紡織品、陶瓷面磚、袋包箱及鞋類產品	0.1	200
	除前八項以外之產品	0.25	500
管理系統監視查驗	符合管理系統查驗商品	0.2	100

第三節　進口提貨

一、海運進口貨物的提貨

海運進口貨物提貨可分為五種方式，茲逐一說明如後。

(一)一般提貨手續——倉庫提貨手續

進口貨物經辦妥報關、納稅及放行手續後，進口商通常需先雇妥卡車或貨櫃拖車，向倉庫業主繳納棧租，並將提貨單向駐庫關員核章，然後，向倉庫管理員辦理提領貨物出庫手續。

提貨時應注意件數是否相符，貨箱是否完整，如有短損，應立即停止提貨，會同倉庫及公證行開箱點查過磅，並取得倉庫或船公司短損證明，以為索賠的根據。如出倉後才發現短損，倉庫概不負責，所以提貨時不可不注意。又如有短損情形，應查詢船公司有無向海關辦妥短卸報告，經海關登記有案的，即可作為嗣後補運或退還溢收稅捐及結匯款項的根據。

(二)船邊提貨手續

進口如為貨物鮮貨、易腐物品、活動物、植物、有時間性之新聞及資料、危險品、放射性元素、骨灰、屍體、大宗及散裝貨物及其他特殊情形，進口商應辦理**船邊提貨** (Take delivery at ship's side) 手續。船邊提貨通常不將貨物卸入碼頭倉庫，而由輪船在其停泊處所將貨物卸下，在船邊交與收貨人。船邊提貨應於船舶抵埠前，洽請船公司或其代理人申請，並應於船公司或其代理人向海關遞送預報進口艙單後，向海關提出加註「預報」字樣的進口報單，申請預報進口。經海關核准簽發**卸貨准單** (Free along ship permit) 並在提貨單蓋印後，即移送驗貨單位，等輪船進港後，再查驗放行。

(三)貨櫃提貨手續

1.裝運貨物進口的貨櫃，如為**滿裝貨櫃** (FCL)，並且貨物是工廠進口的自用器材原料，則可根據船邊提貨方式，貨櫃卸下後儲進港口碼頭，依一般進口貨物方式辦理報關提貨，直接運往進口商處所。但目前甚少採用這種方法。

2.一般處理進口貨櫃貨物方式是先由貨櫃船公司或其代理行和相關的貨櫃集散站作聯保單，向海關申請簽發正副特別准單各一份，海關碼頭關員即憑正

本在貨櫃加上封鎖，並填發貨櫃運送單。貨櫃運到集散站後，駐站關員即加驗對，他方面集散站憑船公司送來的艙單收櫃，經過磅、檢查後，如為**併裝貨櫃 (LCL)** 則拆櫃將各貨進倉，如為滿裝貨櫃則不拆櫃。進口商經船公司通知後前往集散站提貨仍須憑提貨單並在駐站關員監視之下放行，併裝貨櫃各貨主自行雇車運走，滿裝貨櫃則由拖車連同貨櫃一起運走。進口商提貨所須向海關申辦的各項手續，與一般提貨手續並無不同。

　　3.受貨人提貨時應注意事項──因為受貨人有提貨的義務，因此受貨人須注意的就是提貨的時效性。貨櫃提貨，進口通常有 7 天的免費期，出口有 5 天，超過時限就要支付延滯費。因此在接到到貨通知後應盡量在規定免費期內去提貨。提貨時如發現瑕疵，則有一**檢驗 (Survey)** 的程序，最好是採**會同公證 (Joint survey)** 的方法。因為經由 CY 的貨櫃運輸，每一個櫃上都會有**海關驗封條 (Custom seal)**，每一封條上也都有編號，如果海關封條沒有損壞跡象，貨櫃外表沒有破損，那麼當貨櫃提回工廠打開後發現貨品損壞，要船公司賠償，通常船公司可以拒賠。因為當初貨物是由貨主自行提櫃裝填的，輪船公司根本不經手，自然無從負責起。如果受貨人在提貨後發現櫃上的海關封條有異狀，或是封條編號與原來不符，那麼就應該在 3 天內立刻向輪船公司提出，超過了 3 天，船公司就可以拒絕受理。

　㈣**共同海損提貨手續**

　　當輪船在航海途中發生共同海損時，因收貨人須與其他貨主及船東分攤共同海損，所以船公司於船舶到達後公告宣佈共同海損，並一面聘請熟諳航運的理算師，一面通知貨主申報貨值，根據提貨單規定理算規則，估定全部船舶及貨物價值與損害的百分比例，通知貨主預付相當數額的「共同海損保證金」，或由其承保的保險公司出具保證函，然後才能領到提貨單報關提貨，將來理算結果，再行多退少補。這項共同海損如在保險公司承保範圍以內時，貨主墊付的保證金，應由保險公司如數歸墊並負擔利息。如所提貨物有部分損害時，並應請保險公司及公證行會同點驗，以為索賠的依據。

　　取得提貨單後的提貨手續，與前面所述者同。

　㈤**進口貨物比貨運單據先到的提貨手續**

　　1.擔保提貨──國際買賣如以信用狀為付款條件時，當出口商接到信用狀後，即請求製造商製造產品，辦理簽證、保險、報關、裝船、押匯等手續，而

進口商則等候開狀銀行的贖單通知於付款或匯票上承兌即可領取貨運單據報關提貨，但如遇到貨物運抵進口港而進口商仍未接到開狀銀行的貨運單據已到達的通知時，進口商可向船公司索取「擔保提貨書」表格，到開狀銀行填寫「擔保提貨申請書」（Application for L/I，如 FORM 15-3），辦理進口結匯繳清貨款，請開狀銀行簽發「擔保提貨書」（如 FORM 15-4），再執向船公司換取小提單，向海關辦理要求驗關，繳納關稅、提貨等手續，此即稱為擔保提貨，若貨運單據寄達後，應抽出提單正本在背面加蓋取消保證責任的文句並經背書後，向船公司換回保證書繳回開狀銀行註銷。

擔保提貨制度的興起，最主要的原因為如遇進口地與出口地距離不遠，常有進口貨物已到達進口地而押匯銀行寄出的匯票及單據（包括提單）尚未寄達開狀銀行的情況發生。在此情形下，進口商為減免海關倉儲費用及滯報費，避免失去銷售機會及貨物品質的變化，乃有擔保提貨制度的產生。

2.副提單背書——倘進口商已從出口商接到副提單 (Duplicate B/L)，也可檢附結匯證實書、商業發票及副提單，前往開狀銀行，填具副提單背書申請書（Application for duplicate B/L endorsement，如 FORM 15-3），付清結匯餘額貨款本息，請求銀行在副提單上背書，以便憑向船公司換取小提單，辦理報關提貨手續。這裡所謂副提單實為出口商依信用狀規定逕寄進口商的正本提單，而非無效的提單抄本 (Non-negotiable copy of B/L)。

二、空運進口貨物的提貨

(一)一般通關的提貨手續

貨物運達後，運送人（通常多屬航空貨運承攬業）即通知進口商領取空運提單（MAWB 或 HAWB），憑以報關。經海關放行即可持向儲放貨物的貨物集散站 (Cargo terminal) 倉儲業者，繳納倉庫使用費辦理提貨（以進口商為受貨人時）；或先持向銀行（以銀行為受貨人時）辦理背書授權手續（由銀行出具「授權書」(Bank release) 或稱「切結書」、「進口提單更改受貨人聲明書」，名稱不一），再憑以辦理報關提貨。提貨時，應注意貨物件數是否相符，貨物外包裝是否完整，如有短損或毀損，應即停止提貨，會同倉庫及公證行開箱點查及過磅，並取得短損或毀損證明作為日後索賠根據。

㈡預先清關的提貨手續

為配合空運貨物迅速通關處理的需求，加速貨物通關，報關人可使用電腦向轄區海關傳送**預行報關** (Pre-clearance) 的空運進口貨物。經海關審核結果認為免查驗的貨物，或經簽審機關連線完成簽審 (C2) 的貨物，於運達時即可由海關逕行機邊驗放，不必進倉，並以電腦傳送放行訊息至連線報關行及倉儲業者，同時由海關自動列印放行通知單，供報關人檢同提單向倉庫提領貨物。

預先清關貨物於 24 小時全天候通關，不必進倉。對倉儲業者辦理交換完畢後，報關人即可進行提貨，以爭取時效。

 ## 三、電報放貨

現代國際航運發達，近距離國家間的國際貿易，往往一天內貨物即可運抵目的港。因此，有些出口商為配合進口商的提貨時效，持正本提單搭機以便貨物運抵目的港時，可憑正本辦理提貨。這種做法不僅花錢又費時。於是在航運實務，有「電報放貨」(Cable/telex/fax release) 的提貨方式。

所謂「電報放貨」（簡稱電放）即出口商為配合進口商能適時提領貨物，乃於貨物交運後，將正本提單全套繳回運送人（船公司），請其以電報要求進口地的船務代理，在不交付提單的情形下，放行所託運的貨物。為了維護有關利害關係人的權益，在辦理「電報放貨」時，出、進口商須分別在出、進口地辦理下列手續：

㈠L/C 付款方式時的電報放貨

1. 出口商要求運送人電報放貨的流程：

⑴提出電報放貨申請書：表明其託運的貨物，因時間倉促，為爭取提領貨物時效，請求運送人拍電報通知目的港的船務代理，將託運的貨物交給提單上所指定的收貨人 (Consignee)，即進口商。

⑵繳回全套正本提單。

⑶運送人收到「電報放貨」申請書（或切結書），審查內容無誤時，即以電報通知目的港的船務代理，放行貨物。

⑷辦理電報放貨後，在收回的全套正本提單上加蓋 "Surrendered" 字樣的戳章，然後發還出口商，憑以辦理出口結匯（憑 L/C 交易，L/C 上規定 Surrendered B/L acceptable）。"Surrendered B/L" 即為所謂的已電放

FORM 15-3

副 提 單 背 書
擔 保 提 貨　申請書　(APPLICANTION FOR BILL OF LADING ENDORSEMENT/ISSUANCE OF LETTER OF GUARANTEE)

華南商業銀行 台照　　　　　　　　　　　　　日期：
To：HUA NAN COMMERCIAL BANK, LTD.　　　DATE：＿＿＿＿
Dear Sirs：

茲 檢 附 副 提 單　　／　　擔 保 提 貨 書 請　　貴 行 惠 予 背 書／簽 署
We enclose herewith for your endorsing/countersigning the duplicate Bill of Lading/our Letter of Guarantee
以　　　　便　　　　向 (船公司)　　　　　　　請 求 提 取 下 列 貨 物，該 貨 物 係 由
issued by/addressed to ＿＿＿＿＿＿＿　　　　　for delivery of the following cargoes shipped from
(出口港)　　　　　　　運抵(進口港)　　　　　裝 載 於(船名)
＿＿＿＿＿　　　　to ＿＿＿＿＿　　　　　　per S. S. ＿＿＿＿＿

L/C No. (信用狀號碼)	B/L No. (提單號碼)	Marks (嘜頭)	Commodity (貨名)	Quantity (數量)	Amount (金額)

貴 行 因 背 書　　／　　簽 署 上 項 副 提 單　　／　　擔 保 提 貨 書 致 引 起 之 一 切 後 果，
In consideration of your endorsing/countersigning this duplicate Bill of Lading/Letter of Guarantee, we hereby agree
均 由 本 申 請 人 負 責，絕 不 使　　貴 行 因 此 而 蒙 受 任 何 損 失。茲 同 意 倘
to hold your harmless for all consequences that may arise from your so doing. We further agree that any discrepancies
嗣 後 寄 達　　貴 行 之 單 據 與 信 用 狀 條 款 有 任 何 不 符 時，本 申 請 人 願 意 無 條 件 接 受，
appeared on original documents which shall be received by you later on shall be acceptable to us in every respect
並 願 意 放 棄 抗 辯 權。並 同 意 擔 保 提 貨 後 提 單 寄 達 時，即 將 上 項 擔 保 提 貨 書 換 回 送 還
without recourse to you and that on receipt of Bills of Lading for the above shipment we will deliver the said Letter
貴 行 註 銷，或 委 由　　貴 行 代 勞 將 該 項 提 單 逕 交 船 公 司 換 回 上 項 擔 保
of Guarantee to you for cancellation or you may deliver the Bill of Lading direct to the steamship company on our
提 貨 書，以 便 解 除　　貴 行 之 保 證 責 任。
behelf to release your Letter of Guarantee.
倘 若 於 申 請 副 單 背 書／擔 保 提 貨 之 同 時，正 本 單 據 已 寄 達　貴 行 時，請　貴 行 同 意 本 申 請 人
In case, at the time of this application, the original documents have been received by you, this application form shall
以 此 申 請 書 代 替「承 領 單 據」之 收 據 領 回 下 列 單 據。至 於 該 進 口 單 據 縱 有 瑕 疵，本 申 請 人 亦 願 意
serve as our receipt of import documents and our approval to release any guarantee held by you or your correspondent
接 受 不 予 追 究，並 授 權　貴 行 轉 知　貴 行 之 通 匯 行 解 除 保 留 或 一 切 擔 保 責 任。
for any discrepancies which may include therein.

DFT.	INV.	B/L	CTF. ORIG	P/L	W.M/L	INS POL	CTF	

茲同意倘國外押匯銀行以電詢方式要
求押匯時（單據有瑕疵）貴行有權直
接授權國外押匯銀行付款，不須徵求
本申請人之同意。

背書/簽署日期：　　　　E/D
L/G　NO.　　　申請人：

簽章人：　　　　　核對人：　　　　　＿＿＿＿＿＿＿＿＿＿＿＿＿
　　　　　　　　　　　　　　　　　　　　　（請蓋原結匯印鑑）
　　　　　　　　　　　　　　　　　營利事業統一編號：
　　　　　　　　　　　　　　　　　電話號碼：

擔　保　提　貨　書

LETTER OF GUARANTEE

for Delivery without Surrender of Bill of Lading

To: TUNCHO LINE CORPORATION

(1) M'S: SUM ASTER (2) Voy$ V–4 (3) B/L$ KK–52 (4) Arrival Date: Oct. 19, 20–

			(9) Shipper 託運人或交運貨物人	Sanabo Co., Ltd.
(5)	Marks & Nos. 嘜 頭 號 數	E.E.C. KEELUNG C/No. 1–20 MADE IN JAPAN	(10) Port of Loading 裝 載 港	Kobe, Japan.
			(11) Port of Discharge 卸 貨 港	Keelung
(6)	Description of goods 貨 物 名 稱	Dry-wet paper strengthening agent. Polyfix No. 301	(12) Remarks 備　　註	L/C No. 7QH1/00330/219 US$1,070.00
(7)	Numbers of Pkgs 件　　數	20 Drums		
(8)	Weight/Measurement 重 量／材 數	1,100 kgs.		

Dear Sirs:

　　We are advised that you issued a bill or bills of lading covering the above shipment, and the goods have been discharged at the above port of discharge. We desire that the goods be delivered to the signatory party claiming to be the rightful owner, but we are now unable to surrender the bill or bills of lading due to the non-arrival, or loss.

　　For your granting us delivery of the goods, we agree and undertake to indemnify you fully against all consequences and/or liabilities of any kind whatsoever directly or indirectly arising from or relating to the said delivery and immediately on demand against all payments made by you in respect of such consequences and/or liabilities, and we further agree and undertake to surrender you the said Bill of Lading immediately on receipt or within one month after this date.

　　We also agree and undertake, upon demand, to pay you freight and/or charges due on the goods aforesaid.

上開貨物係由貴公司承運，據悉業已抵達並卸貨完畢。

茲因提單尚未到手，而該貨亟待領取，爰請惠予先辦提貨，一俟提單到來，並即補交無誤；如因此發生糾紛或損害，立保證書人願負一切責任，其應由我方負擔之運費及／或費用，當即賠償不填。

　　　　此　致

東和海運株式會社

(13) **FIRST COMMERCIAL BANK**

Consignee 負責人

_____

Banker's Signature

提單。「已電放提單」已失去權利證券的法律性質。

2.進口商接到目的港船務代理通知後，提領貨物的流程：

(1)提示其為放貨電報所指明受貨人的身分證明。

(2)提出切結書，表明自己確實係放貨電報指明的受貨人，領取貨物後如有任何糾紛，由進口商負責，與目的港的船務代理一概無涉。

(3)目的港船務代理在確認無誤後，即簽發小提單 (Delivery order) 交給進口商憑以辦理報關手續。

(二)匯付方式時的電報放貨

可分為兩種情形：

1.先裝運後匯款：

(1)賣方交運貨物後取得 B/L，並立即電知買方匯款。

(2)買方向進口地銀行申請以 T/T 匯出貨款予賣方。

(3)出口地匯入銀行馬上通知賣方前來領取貨款。

(4)賣方將全套 B/L 繳回出口地承運船公司。

(5)出口地承運船公司立即以電報通知進口地船務代理放貨給賣方指定的買方。

2.先匯款後裝運：

(1)買方向進口地匯出銀行以 T/T 匯款予賣方。

(2)出口地匯入銀行通知賣方前來領取貨款。

(3)賣方交運貨物，取得 B/L。

(4)賣方將全套 B/L 繳回出口地承運船公司。

(5)出口地承運船公司將全套 B/L 上加蓋 "Surrendered" 字樣的戳章，然後電告進口港的船務代理放行貨物。

電報放貨基本上是為了便利收貨者（進口商）能夠免憑提單提領貨物。所以就臺灣來說，近洋航線的海運貨物（例如運往東南亞、東北亞地區）才有以電報放貨的情形。至於空運方面，並無電報放貨的做法。

本章摘要

一、進口報關

(一)意義: 申報進口通關

(二)進口報關的準備工作 ─┬─ 探詢船期
　　　　　　　　　　　　　└─ 準備報關文件

(三)進口貨物報關期限 ─┬─ 一般進口報關期限
　　　　　　　　　　　　└─ 預報進口報關期限

(四)進口貨物報關應備的文件 ─┬─ 進口報單
　　　　　　　　　　　　　　　├─ 商業發票
　　　　　　　　　　　　　　　├─ 裝箱單
　　　　　　　　　　　　　　　├─ 輸入許可證 (免除許可證者, 除外)
　　　　　　　　　　　　　　　├─ 委任書
　　　　　　　　　　　　　　　├─ 貨價申報書
　　　　　　　　　　　　　　　├─ 貨櫃集中查驗吊櫃通知單
　　　　　　　　　　　　　　　├─ 產地證明書
　　　　　　　　　　　　　　　├─ 型錄、說明書或圖樣
　　　　　　　　　　　　　　　├─ 裝櫃明細表
　　　　　　　　　　　　　　　└─ 其他

(五)進口貨物通關程序 ─┬─ 收單
　　　　　　　　　　　　├─ 驗貨
　　　　　　　　　　　　├─ 簽審、分估
　　　　　　　　　　　　├─ 徵稅
　　　　　　　　　　　　└─ 放行

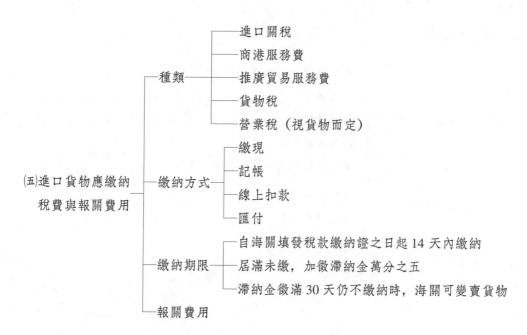

```
                        ┌─ 進口關稅
                        ├─ 商港服務費
                  ┌ 種類 ┼─ 推廣貿易服務費
                  │     ├─ 貨物稅
                  │     └─ 營業稅（視貨物而定）
                  │     ┌─ 繳現
                  │     ├─ 記帳
(五)進口貨物應繳納 ┼ 繳納方式 ┼─ 線上扣款
   稅費與報關費用  │     └─ 匯付
                  │     ┌─ 自海關填發稅款繳納證之日起 14 天內繳納
                  ┼ 繳納期限 ┼─ 屆滿未繳，加徵滯納金萬分之五
                  │     └─ 滯納金徵滿 30 天仍不繳納時，海關可變賣貨物
                  └ 報關費用
```

二、進口檢驗與檢疫

(一)進口檢驗的意義：保障國內動植物的安全及消費者的利益

```
               ┌─ 植物方面──依「中華民國植物檢疫限制輸入規定」辦理
(二)應施檢驗品目 ┼─ 動物方面──依「中華民國輸入動物及畜產品檢疫條件」辦理
               └─ 其他──視實際需要隨時公告增減
```

```
          ┌─ 報驗
          ├─ 取樣
(三)檢驗程序 ┼─ 檢驗
          └─ 發證
```

(四)檢驗標準：參酌國家標準、國際標準或其他技術法規；若無國家標準、國際標準或其
　　　　　　他技術法規，則由主管機關訂定檢驗規範執行

(五)免驗規定

```
(六)動植物檢疫及霍亂衛生檢疫 ┼─ 動植物檢疫──經行政院農委會動植物防疫檢疫局港口
                          │            檢驗機構檢疫合格，發給檢疫證明書
                          └─ 霍亂衛生檢疫──經行政院衛生署所屬港埠檢疫單位檢
                                        疫合格，發給檢疫合格證書
```

(七)檢驗費：按進口價格 (CIF) 計算

三、進口提貨

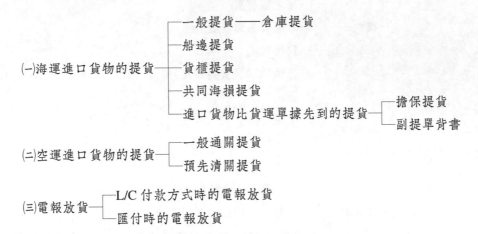

一、是非題

( ) 1.一般進口報關期限為船舶進口的翌日起 30 天內。

( ) 2.空運進口貨物免徵商港服務費。

( ) 3.貨物稅的計算為完稅價格乘以貨物稅率。

( ) 4.副提單實為出口商依信用狀規定逕寄進口商的抄本提單。

( ) 5.擔保提貨書為開狀銀行所製作的。

二、選擇題

( ) 1.下列何者文件是進口報關必備的文件？ (1) D/O (2) C/O (3) Catalog。

( ) 2.進口商採預報進口時，於載運貨物的輪船抵埠前 (1) 5 天 (2) 10 天 (3) 15 天 之內，向進口地海關遞送預報進口艙單。

( ) 3.進口貨物應繳稅捐，應自海關填發稅款繳納證之日起 (1) 10 天 (2) 14 天 (3) 15 天 內繳納。

( ) 4.預報海運進口貨物的方式為 (1)倉庫提貨 (2)船邊提貨 (3)貨櫃提貨。

( ) 5.以下何者是屬於免審免驗的進口通關方式？ (1) C1 (2) C2 (3) C3。

三、問答題

1.進口商探詢船期有些什麼方式？

2.簡述進口通關的步驟。

3.如沒有擔保提貨的方式對進口商會有什麼影響？

4.進口貨物比貨運單據先到的提貨方法為何？

四、工作習題

如果出口商經郵寄來的全套貨運單據，即 B/L、INVOICE、產地證明書等都是 COPY，進口商為了希望能盡早提貨，是否能以擔保提貨的方式就可取貨？是否有其他的要求條件？（亦即銀行押匯的文件尚未轉來前）

第十六章

國際貿易索賠
與國際仲裁

第一節　索賠的意義與種類

從前面各章所述可知國際貿易進行的過程相當複雜，不但需要經過一段漫長的時間，而且涉及眾多的關係人。在這段漫長的交易過程中，當買賣雙方的任何一方受到委屈或蒙受損害時，即可向負有責任的對象索賠，如不獲圓滿解決，糾紛即隨之而起。國際貿易的索賠與糾紛是從事實務的人所最感困擾的事，但事實上又不能避免。因此本章特就這個問題加以說明。

索賠一詞的英文，叫做 Claim，在貿易實務中最常見的索賠，有買賣索賠 (Trade claim, Business claim)、運輸索賠 (Transportation claim) 及保險索賠 (Insurance claim)。以下分節加以說明。

第二節　買賣索賠

買賣索賠是買賣當事人之間的索賠，以相對人為索賠對象。在國際貿易上，以這類索賠引起的糾紛最多。在運輸索賠及保險索賠上，運送人及保險人所應賠償的範圍及賠償的金額，多有成例可循，較少發生爭執。而在買賣索賠上，一方受損害程度如何，應賠金額若干，並無一定標準。所以在國際貿易上因買賣索賠發生糾紛，終而對簿公堂尋求法律解決的，屢見不鮮。讀者對本節所述，勿掉以輕心。

一、買賣索賠的分類

買賣索賠常見的有：

(一)賣方索賠與買方索賠

索賠由賣方提出的，是為賣方索賠 (Seller's claim)，例如買方不履行付款義務時賣方即可向買方提出索賠。索賠由買方提出的，是為買方索賠 (Buyer's claim)，買方索賠比起賣方索賠在種類及範圍上更為繁多，而常成為國際貿易上的一大問題。

(二)正當的索賠與不當的索賠

在實務上，就索賠人提出的索賠是否正當而言，可分為正當的索賠與不當

的索賠。這種分類法乃為極重要的概念，有助於被索賠人對被索賠事件的處理。

1.**正當的索賠 (Right claim)**——正當的索賠又稱**真正的索賠 (True claim)**，或合理的索賠，乃指因買賣當事人的一方未能履行其契約義務，而致使相對人遭受損害，據此而提出的索賠而言。下面所述以買賣契約內容為根據的索賠，多屬這種正當的索賠。被索賠人對於索賠人所提出的這種索賠，應予合理的補償，否則難免導致糾紛或甚至涉訟。

2.**不當的索賠 (Wrong claim)**——不當的索賠又稱不合理或無理的索賠，乃基於片面的 (Self-conceited, Self-satisfactory, Self-complacement) 理由所做的草率索賠，或基於惡意 (Bad faith) 或誤解 (Misunderstanding) 或指超出常理範圍漫天要價的索賠。如加細分，可分為下面四種：

(1)**誤解的索賠 (Misunderstood claim)**：例如對方誤會貿易條件，以為交貨時間不符，即提出索賠。例如以 CIF 條件銷智利 (Chile) 貨物一批，約定交貨期 (Time of delivery) 為 6 月間，實際上賣方也於 6 月間交運 (Effect shipment)，貨物於 8 月初運抵智利港口，買方以交貨期不符為由而提出索賠。實際上，依各種解釋規則，CIF 條件的交貨期是指賣方將貨物交付運送人裝上運輸工具的日期，而非在目的港**實際交貨** (Actual delivery) 的日期，買方對貿易條件認識不夠致有此誤解。

(2)**轉嫁的索賠 (Shift claim)**：

①因買方本身的疏忽或不小心而發生的事故，轉向賣方索賠。例如以 CIF Inchon 條件成交，貨物最後的目的地則為首爾 (Seoul)，買方因疏忽未指示賣方水險加保到首爾，也未自行投保仁川 (Inchon) 到首爾這段的內陸運輸險，貨物正好在內陸轉運途中受損，保險公司拒予賠償，買方乃以包裝不善為由轉向賣方索賠。

②因市場變化，進口貨物下跌，買方不甘受損，藉口單據不符或品質不佳等理由，向賣方索賠，此即所謂**市場索賠 (Market claim)**。

(3)**誇大的索賠 (Exaggerated claim)**：貨物可能略有損壞，但買方卻誇大其受損程度，向賣方請求鉅額賠償，以備對方討價還價。又如賣方交貨逾規定期限數日，買方以拒絕接受貨物要脅迫使賣方接受鉅額賠償。

(4)**謀略的索賠 (Plotted claim)**：

①買方提出索賠的真正目的並不在於獲得賠償，而於事先已知道將為

賣方所拒絕，但仍予提出，一旦被拒絕，乃以索賠未獲圓滿解決為由取消尚待履行的契約部分，這種聲東擊西的索賠方式，稱為**虛構的索賠** (Fabricated claim)。

②賣方報價過高，買進顯無利潤可圖，但為維持公司生存或獲取不正當利益，乃一開始即有計畫的設計索賠陷阱，捏造索賠原因。例如故意開出有陷阱的信用狀，誘使賣方不小心違反信用狀條件，從而迫使賣方減價。這種索賠稱為**惡意的索賠** (Malafide claim)。

二、索賠的內容（或形式）

索賠的內容是指**索賠人** (Claimant) 向**被索賠人** (Claimee) 所要求的具體內容而言。這種具體內容，可分為二大類：第一類為請求金錢的索賠。第二類為非金錢上請求的索賠。

請求金錢的索賠，是指索賠人向被索賠人提出金錢的索賠而言。這類請求金錢的索賠有：

1.**拒付貨款** (Refuse payment of cost)──例如：因品質不佳，遲延裝船，而拒付。

2.**要求減價或折價** (Ask reduction in prices)──例如：因品質不佳，遲延裝船，而要求減價或折價。

3.**要求賠償損失** (Request reimbursement of loss)：

⑴買方索賠：例如：賣方遲延裝貨，致買方因工廠停工而發生的損失。

⑵賣方索賠：例如：買方不開或遲開信用狀，開發不當的信用狀。

非金錢上請求的索賠，是指索賠人向被索賠人提出金錢以外的索賠而言。這類索賠往往附帶要求支付金錢。例如：

1.**拒收貨品** (Refusal of goods) 並要求退還貨款──同時若因而影響工廠停工而發生損失 (Loss in production) 或因須另補進貨物而發生損失 (Loss in covering purchase)，則這種附帶損失也可一併向賣方索賠。

2.**掉換貨物** (Requirement of substitute goods)──若貨物不符契約規定，即可一方面拒收貨物，他方面要求賣方另行補運合乎契約的貨物。

3.**補交**──賣方短交時可要求其補交。

4.**修護**──通常要求修護的情形，以機器類居多，如故障或損壞可經修護

而恢復的，經修護後，買方往往仍可要求賣方再給予若干的賠款。

　　5.要求履約 (Request performance of contract)──即賣方或買方要求對方按照契約條件 (Terms and conditions of contract) 履行之意，例如對於不依約交運貨物時，買方要求賣方照約交運是。又如買方遲遲不開發信用狀時，賣方要求買方依約開發信用狀是。對這類索賠，如被索賠人，相應不理，索賠人自可要求其因不履約而蒙受的損失賠償。

　　6.取消契約 (Cancellation of contract) 或取消契約餘額 (Cancellation of balance of contract)──前者為要求取消全部契約 (Whole contract)，後者為要求取消未裝運或未履行部分的契約。這類取消的請求有時可能附帶請求損害賠償，有時僅作取消的要求。

　　7.道德制裁 (Moral sanctions)──例如拒絕往來、通報同業、請貿易主管當局列入黑名單。

　　上述各種方式的索賠，有時是單獨提出，有時則同時提出。

 ## 三、索賠的提出

(一)提出索賠時應注意事項

　　1.索賠的提出應力求迅速──索賠的提出，應於發現索賠原因後合理時間 (Reasonable time) 內提出，如時間一耽誤，不但證據散失，且失去索賠的意義。很多索賠都是因經過不當時間後才提出，以致貽誤時機，索賠效果大為減低。

　　賣方為要求買方於合理期間內提出索賠起見，通常多在買賣契約上規定索賠的期限，限定買方如有索賠情事，應於收到貨物後幾天內或貨到目的港後幾天內，或自提單日期後幾天內提出。

　　總之，賣方對於裝運出口的貨物品質，不能無限期負責，通常必有一限期，應於契約或交易協議書中預為規定，如未有這項規定時，買方應於發覺後迅速提出索賠，有些習慣為應於到貨後 14 日內提出索賠，換句話說，進口商應於貨到後 14 天內提出索賠，否則出口商可能不予受理。

　　2.提出索賠的內容應力求正確──迅速提出索賠固然重要，但不能因為「速度」而隨便提出內容不正確的索賠。換句話說，一旦要提出索賠，就要力求內容正確，並且必須要有充分的根據與理由。通常為證明其索賠有理，於拆開一、二件貨物後，如發現情勢嚴重，應立即停止拆箱，並馬上電告出口商請派代表

或通知契約中規定的鑑定人會同檢驗，以便同時確定損失程度，並出具檢驗報告供作索賠的憑據。

3.提出索賠應以誠信 (Truthfulness and faith) 為原則──商業往來應以誠信為原則，索賠也一樣。因此，提出索賠時，千萬不可有虛偽或欺騙的情事，更不可提出市場索賠。此外，也不可感情用事。

㈡發出索賠的通知

自買方而言，貨物到埠後應立即檢查，如果發現數量短失、包裝不善、破損、或貨物有殘損等情事，應立即向賣方發出索賠的通知 (Notice of claim)。這項通知，有時除了向賣方發出外，必要時也應同時向承運商及保險公司發出，因為索賠的最後解決往往與向保險公司或承運商的索賠有密切而且錯綜複雜的關係存在。

至於賣方對買方發出的索賠通知，主要的有買方不開發信用狀或遲開信用狀或開來不當的信用狀。

㈢提出正式索賠時應提出的文件

買方向賣方提出正式索賠時，應提出的主要文件，通常有：

1.索賠函 (Claim letter, Claim note)。

2.索賠清單 (Statement of claim)。

3.鑑定報告 (Survey report)。

4.借項通知單 (Debit note)。

5.其他單據文件 (Other documents)。

 四、索賠的受理

當接到對方的索賠通知或索賠函後，被索賠者應立即採取適當的行動，並妥予解決，切勿置之不理。通常收到索賠要求後的處理程序為：

㈠研討索賠通知

如前述發出索賠通知僅是索賠人為爭取時效，於發現可索賠事由後立即向被索賠人發出的初步通知 (Preliminary notice) 而已，通常內容簡略。因此，被索賠人於收到索賠通知之後除就其索賠內容作有關的審核研判外，應作必要的準備，以便收到正式索賠函之後，可立即採取行動，至於其審核要領如下。

㈡審核索賠的要領

1.應審核事項——收到索賠函電後，首先應研究索賠內容，這項研究包括：

⑴以冷靜的頭腦詳閱對方索賠函電，切忌慌張。首先分析索賠人的措辭，是否有不清楚或牽強之處，或前後矛盾之處，再進一步研判來文措辭表達方式，藉以察覺其索賠是否公正有理，或者是無理取鬧，或者只是市場索賠或惡意的索賠而已。

⑵審核索賠是否在合理期間內提出。索賠應迅速提出，是為國際間公認的慣例。如買賣契約已訂明提出索賠期限，被索賠人應注意買方所提出的索賠是否在規定期限內，這是索賠成立與否的主要關鍵。因為逾期的索賠 (Delayed claim) 其原因很可能是索賠人在當地因本身引起糾紛，企圖轉嫁給賣方，也很可能是因市場行情下跌而藉口提出市場索賠。

⑶研究其索賠的理由是否充分？合理？出口商不能憑進口商片面理由爽快理賠，世界各地進口商有專以索賠為業的，有專以索賠彌補市價損失的，不可不加防範。在認付前必須確定買方提出的理由是否屬實，索賠的內容是否合理。

2.索賠證據文件的檢討——國外寄來的索賠證據文件種類很多，非可盡信，實務上常有記載 (Statement) 不實或措辭含糊或計算錯誤者，如進一步與原買賣契約核對也可能發現對方索賠有欠合理的。因此，被索賠人應就對方所提出的索賠證據詳加檢討。

㈢調查索賠發生的情況，探求索賠原因

調查索賠發生的情形，就被索賠人而言，乃為最重要的事項，這與索賠原因的探求有極密切的關係。因為從調查索賠發生的情形，可以獲悉所以發生索賠的原因。由此可以判斷對方所提出的索賠是否有理由，也可據以確定其索賠的責任所在，以及探討轉嫁索賠的可能性，更可供作將來防止類似索賠情事的發生。

㈣研究索賠轉嫁的可能性

出口商如接到國外的索賠，應即詳研其索賠是否合理，如認為合理，即應研究有無可能將其移轉給廠家或船公司、貨運承攬人、報關行或包裝公司。但這項轉嫁，並非隨便藉詞將其應自己負責的推諉他人，而是根據調查結果，提出確實的證據，據以向他人索賠、轉嫁。

第三節 運輸索賠

 一、向船公司的索賠

(一)船公司的責任範圍

船公司收受運費為託運人運送貨物，由裝貨至交貨的全部過程中，應負責保持貨物的原狀，亦即船公司對於貨物的滅失、毀損、延誤、遲到等損害，除非能舉證證明船方在收受、運送、交貨過程中並未怠忽責任，也無任何過失，否則即不能免除賠償的責任。換句話說，理論上船方除不可抗力或因貨物的性質或因託運人或受貨人的過失所造成的損害外，例須負賠償責任（民法第 634條）。但在實務上船公司於簽訂運送契約時，多在契約內或提單內依海商法規定的免責條款以限制其所負責任。

一般船公司負賠償責任的事項（也就是不能免責的事項），大約只限於下列範圍：

1.不到貨──或稱為「遺失」，也就是船舶在一路風平浪靜而並無意外事故的情形下，失落所承運的貨物。

2.短卸──是指船舶在風平浪靜的情況下，短卸所承運的貨物而言。

3.堆積不當──是指所承運貨物，因船艙中堆積不當所受的損害，例如將麵粉與糖裝載於同一艙內致兩者混合，或在輕的貨物上堆積笨重的機械致貨物受損。

4.處理粗魯──是指裝貨、卸貨、及堆貨時，貨物因搬動粗魯或不小心所受的損害。

5.偷竊、挖竊──是指貨物在船公司負責運送期間，因偷竊、挖竊所受的損害。

6.海水損害──即貨物在風平浪靜的情況下，因接觸海水所受的損害。

7.雨中強行裝卸──指船方為早日開航，強行在雨中實施裝卸所受的損害。

8.未經託運人同意將貨物裝載在甲板上所受的損害。

9.未拒絕裝載禁運或偷運貨物以及貨物性質足以損害船舶與人健康者，因而發生的損害。

10.無正當理由而變更航程所受的損害。

11.未使船舶具有安全航行能力所致的損害。

12.未使船舶配置相當海員、設備及供應所致的損害。

(二)船公司的責任期間

1.傳統運送——海運運送人負責運送期間 (Duration of carriage)，依海牙規則 (Hague Rules)，始於貨物裝載上船之時，而止於貨物卸離船之際。又依我國海商法規定:「卸載之貨物離船時，運送人或船長解除其運送責任」。然而何種情形方可視為貨物已裝上或卸離船，海牙規則或海商法卻無明確規定。就習慣而言，除傭船場合須看如何約定外，一般定期船船公司承運貨物的條件，多為 End of ship's tackle（或稱 Tackle to tackle service），運送期間是開始於貨物在裝貨港搬上船邊索具，而終止於貨物在卸貨港從索具中卸落船邊，換句話說，也就是 Ship-side to ship-side service。所以其責任期間為 From tackle to tackle。至於貨物收受後裝載前或卸載後交付前，運送人佔有貨物期間，運送人雖仍應依海商法第 61 條規定負責，但得以免責條款方式約定減免責任。

2.貨櫃運送——貨櫃運送與傳統運送不同。其應負責的運送期間，原則上始於裝船港貨櫃基地 (Container terminal) 時，而止於卸貨港貨櫃基地，所以其責任期間為 From terminal to terminal（但在 Door to door service 的場合，其責任期間應為 From door to door）。

(三)船公司賠償金額標準

運送人因過失而違反處理承運貨物應有的注意時，對於承運貨物的毀損、滅失應負責任。即使對於貨物的遲到也應負責任，除非運送人能證明其在處理貨物時已有必要的注意及處置，才可免除其責任。至於運送人應賠償金額，依據海牙威士比規則的規定，賠償金額應依契約卸載或應予卸載之時地的貨物價值計算，貨物的價值則依交易價格定;若無交易價格，應依市價;或如無交易價格或市價，應參照同種類、同數量貨物的正常價值定之。至我國民法對於賠償金額的計算則有下列的規定:

1.民法第 216 條規定——損害賠償，除法律另有規定或契約另有訂定外，應以填補債權人所受損害及所失利益為限。

2.民法第 638 條規定——運送物有喪失、毀損或遲到者，其損害賠償額，應依其應交付時目的地之價值計算之。運費及其他費用，因運送物之喪失、毀

損，無須支付者，應由前項賠償額中扣除之。

　　有關損害額的計算雖有前述法律規定，但在實務上大多依起運地價格加保險費及運費 (CIF) 的總值為準。

　　此外，船公司都訂有最高賠償限額，其規定大致如下：

　　1.貨價經託運人於裝載前申報並註明於提單者，按申報價值賠償。

　　2.貨價未經聲明者，依據海牙威士比規則，最高賠償額為每件或每單位 10,000 法郎或發生毀損或滅失貨載毛重每公斤 30 法郎，以較高者為準。美國海上貨運條例規定為每件 500 美元。我國海商法第 70 條則規定以每件**特別提款權**（Special drawing right，簡稱 SDR） 666.67 單位或每公斤特別提款權 2 單位計算所得的金額，兩者較高者為限。

　　3.因遲到的損害賠償金額，以其貨物全部損失時可得請求的賠償額為最高限。

　　㈣**索賠注意事項及索賠手續**

　　1.賠償的請求要件：

　　　⑴**損害通知** (Notice of loss or damage) 及時限：依海商法第 56 條（仿海牙規則第 3 條第 6 項）的規定，有受領貨物權利的人，如欲對運送人主張因貨物的毀損、滅失所發生的損害賠償時，應於法定期限內，以書面向運送人或其代理人發出損害通知，其情形如下：

　　　①如貨物的毀損、滅失顯著時，受領權利人應在提貨前或當時將毀損、滅失情形以書面通知運送人。但提貨前或提貨當時，貨物的損壞業經運送人會同公證的，不必另以書面通知。

　　　②如貨物的毀損、滅失不顯著時，受領人應於提貨後 3 日內，以書面通知。

　　　③受領人若不以書面通知，亦可在收貨證件上註明毀損或滅失。

　　　在①、②的場合，如貨主未及時發出通知，則貨主的提貨，將視為（海牙規則則為「推定為」）運送人已按照提單交出貨物。

　　　⑵損害通知人與通知對象：依海商法第 56 條規定，損害通知以運送人為對象。這種規定已經不能適應現代的運輸方式，海牙規則則規定 To the carrier or his agent at the port of discharge，因此貨主對運送人的代理人所為的損害通知也應視為與對運送人的通知有同樣的效力。同理，損

害的通知也不必全由受領權利人辦理。受領權利人的代理人或其他與
受領權利人有利害關係的人也可代理通知。

　2.索賠時應提出的文件──貨主向承運人索賠時，應提出下列文件：

　(1)索賠函。

　(2)附屬單據 (Supporting documents)：

　　①提單正本或副本。

　　②公證報告或短損報告 (Damage & Shortage report)。

　　③原始發票。

　　④借項通知單：有些船公司不要求。

　　⑤包裝單 (Packing list)。

　　⑥海關申報進口證明。

　3.損害賠償的起訴期限──如上所述，貨物受損後，受損數量及金額一經
確定，即可向運送人提出正式索賠。如運送人拒賠或雙方意見不一致時，自可
交付調解或仲裁。如仍無結果，只有訴訟一途。但依海商法第 56 條、海牙規則
第 3 條第 6 項規定，貨主如欲向運送人提起訴訟，應於提貨後 1 年內起訴，如
貨物未經運到 (即全損)，則應於原可提貨之日起 1 年內提起訴訟，逾期承運人
即免除責任，換句話說，貨主的損害賠償請求權即消滅。

 ## 二、向航空公司的索賠

(一)航空公司的責任範圍

　在國際航空運輸中，有關航空公司的責任範圍目前多依華沙公約 (Warsaw
Convention) 規定為準。茲就以該公約為根據說明航空公司的責任範圍：

　1.航空公司對於已登記的貨物，在航空運送期內，有毀壞、滅失或損害時，
應負賠償責任。

　2.航空運送的貨物，因遲到所受的損失，運送人應負賠償責任，本公約對
於貨物是否遲到未規定標準。至於以條款規定時間表或以其他方法所預定的時
間表，都屬於預定的時間標準，並非保證的確實時間，所以不成為契約的一部
分，尚須就各種情形視其是否超過合理時間以決定其是否遲到。

(二)航空公司的責任期間

　航空公司對已經登記的貨物，在「航空運送期」內，有毀壞、滅失或損害

時，應負責賠償，所以航空公司的責任期間為「航空運送期」。這裡所指「航空運送期」是指貨物交付運送後的期間而言，即在航空站中、在航空器上或在飛行場外降落的任何地方，均包括在內。

(三)航空公司賠償金額標準

在國際航空運輸方面,航空公司對於承運貨物所遭受損害的賠償標準如下:

1.依華沙公約規定，國際航空運輸，除非託運人於託運前報值 (Declare value)，否則航空公司對滅失、毀損、遲到所負責任以每公斤 250 金法郎為限（這裡所稱法郎，指重量 65.5 公絲，含純金 900‰ 的法國法郎而言）。而 250 金法郎約等於 20 美元。

2.如貨主在提單 "Declared value for carriage" 所申告金額超過每公斤 20 美元，同時依航空公司運價表支付有關費用，則航空公司的責任限制為申告金額，但理賠時仍以實際損失金額且能提出證明者為限。

3.貨物如僅一部分滅失、毀損或遲到，則在衡度重量以決定運送人的限制責任時，應以相關單一包件或多數包件的總重量為對象。

(四)索賠注意事項及索賠手續

1.損害通知及時效──索賠人必須在下列期限以書面向有關航空公司提出索賠要求:

　(1)可見毀損 (Visible damage) 必須在發現當時。不可見毀損應於收到貨物
　　　後 14 天內。

　(2)遲到: 於收到貨物後 21 天內。

　(3)滅失: 簽發提單 120 天內。

2.索賠時應提出文件:

　(1)索賠函。

　(2)發票。

　(3)包裝單。

　(4)公證報告。

　(5)空運提單副本。

　(6)其他文件。

3.起訴時效──貨主依規定提出異議，而遭拒賠或雙方意見不合時，得提交調解、仲裁或訴訟。但依華沙公約第 29 條規定，損害賠償請求權，自目的地

到達之日起，或航空器應行到達之日起，或停止運送之日起，因 2 年內不提起訴訟而消滅，所以起訴時效為 2 年。

第四節　保險索賠

國際貿易中涉及相關的保險索賠，除針對貨物本身的海上貨物保險索賠外，還有輸出保險制度下，專對貨物價款無法收回時損失的索賠；而本節所要介紹的僅限於海上貨物保險索賠，至於輸出保險索賠手續已於前面輸出保險專章中述及，茲不重複。

投保人所以要將貨物付保，目的是在貨物受到損壞時可得到賠償，所以懂得如何投保而不懂得如何索賠，仍不實用。海上貨物保險方面的索賠以向保險人索賠的手續如何進行為重心，茲介紹如下。

 ## 一、保險索賠的注意事項

海上貨物保險索賠的一般應注意事項可分為四點說明：

1.損失證明及通知──貨物在漫長的運輸途中常發生滅失或損害。貨主為便於索賠提供證明文件，應作有關的公證檢驗，並迅速通知保險人或其代理人。

2.確實控制索賠權時限──索賠都有時間的限制，如忽略而逾越時限，雖有充分的理由與證據，也無法獲得賠償，所以應注意索賠時效。

貨物抵埠，自承運船隻卸下後，應盡速公證提貨，如因其他事故無法迅速提貨時，至遲應於卸貨完畢之日起 60 天內公證提貨，以免逾越保險單時限。因逾期提貨，事後發現損失而要求賠償時，保險公司將根據規定予以拒賠。我國海商法第 151 條規定：「要保人或被保險人，自接到貨物之日起，1 個月內不將貨物所受損害通知保險人或其代理人時，視為無損害」，所以索賠文件送出不得耽擱。

3.索賠文件必須齊全──索賠進行採實證主義，因此如無確切的證明文件，則無法獲得圓滿結果。所以索賠事件發生時，應先檢查有關交涉文件是否齊全，缺一即難免函件往返，不只耽誤時效，而且增加處理的困難。

4.向事故責任人索賠──貨物雖已投保保險，但並非因有保險，則任何原因的損失均可向保險公司索賠，所以應注意交涉程序。但為保留索賠權計一方

面向事故責任人提出索賠，一方面也提出保險索賠，例如貨物的短卸或貨物包裝的破損，應先向承運商（運送人或其代理人）辦理公證手續，並取得短卸證明書 (Short-landing report) 或承運商及港務局會簽的事故證明單，以便由收貨人向承運商索賠，或由保險公司於賠付並取得代位請求權後，轉向承運商索賠。這項索賠期限，依我國海商法第 56 條規定，自受領貨物之日起或自應受領之日起 1 年。

 二、索賠手續

　㈠全損的索賠手續

　　貨物發生全損的情形，貨主也許在提貨前已獲悉，也許在提貨時才知道發生了全損，因此其索賠的手續也就略有不同。茲分述如下：

　　1.貨主在提貨前已獲悉貨物發生全損時（即貨物在航海中發生全損）──這時向保險公司索賠應提出下列文件：

　　　⑴索賠函及借項通知單。

　　　⑵保險單。

　　　⑶商業發票正本或副本。

　　　⑷包裝單或重量證明書副本。

　　　⑸提單全份。

　　　⑹海難證明書副本 (Sea protest copy)。

　　　⑺承運人全損證明書 (Certificate of total loss from the carrier) 或船方出險通知書。

　　　⑻公證報告（限於全損，並應於規定期限內作委付通知）。

　　　⑼向運送人所發出索賠函副本或其拒賠函。

　　2.收貨人收到貨物後，才發現發生全損時──向保險公司索賠時，除前述⑴～⑷、⑻、⑼等文件外，尚須提出下列文件：

　　　⑴提單抄本。

　　　⑵輪船貨載授受證 (Delivery and receiving certificate or boat note)。

　　　⑶其他能證明各項事實及各項費用的文件。

　㈡單獨海損的索賠手續

　　單獨海損的索賠乃最常見的保險索賠，當貨物到埠提貨時，如遇有損失而

發生索賠事故，其處理手續較為繁雜。茲將單獨海損索賠手續分兩部分敘述於下：

1.索賠通知──貨主在獲知貨物遭受損害的消息後，應迅速對保險公司或其代理人發出索賠通知，等到索賠金額算出後，再備妥正式索賠函件連同其他單據，向保險公司正式請求賠償。

2.正式索賠時應提出的文件──貨主向保險公司提出索賠要求時，除須發出正式索賠函件外，並應同時添附有關的單據。例如：索賠帳單或索賠計算書 (Statement of claim)、說明賠償的計算書，在索賠金額需要計算時，通常須添附於索賠函件，一併向保險公司提出；保險單正本或副本或其號碼、公證報告正本或副本、提單、商業發票副本一式兩份或副本乙份、經簽證的影印本 (Certified true copy with authorized signature) 二份和包裝單正本或副本二份等等。

㈢共同海損的索賠手續

共同海損在一般貿易上很少發生，但我們仍須知道，以免共同海損發生時影響索賠。如果船隻在中途發生共同海損事故（如擱淺、焚燬、觸礁或船隻破裂入水等），必定有電報拍回目的地船公司，船公司照樣通知收貨人，這時收貨人須立即通知保險公司備案。

一經獲悉發生共同海損便要留意輪船抵達日期，當輪船抵達時，應即請保險公司及承運人委請公證人會同公證。因共同海損多少的確定及如何分攤，乃由共同海損理算師 (Average adjuster) 製定共同海損理算書 (Statement of general average)，這種計算往往費時甚久，因此船公司多委託公證人先作估計而製成共同海損保證書 (Average bond) 給收貨人簽署，並要求收貨人交付一筆共同海損保證金 (G.A. deposit) 而先行提貨。這種共同海損保證金，可請保險人代為繳納或簽發共同海損保證函 (G.A. letter of guarantee) 以代替保證金。收貨人要求保險人繳納保證金或簽發保證函時應提出：承運人通知函副本、保險單（或保險單號碼）或起運通知書號碼、商業發票、提單、包裝單或重量證明單副本各三份並背書，和共同海損保證書正副本三份等文件。

第五節　國際仲裁

一、仲裁的意義與運用

國際貿易索賠與糾紛的解決，一般所採取的方法，不外由當事人自行和解、由第三者出面調解、提交仲裁機構仲裁以及提出訴訟由法院判決等，將於第六節述及。以上各種解決方法優劣互見，手續繁簡也不同，各有其適用範圍。事實上，糾紛不大的，當事人多能以友好方式自行解決，如不能解決，再進一步邀請第三者出面調解。如情況嚴重，雙方相持不下，才進而提交仲裁甚或提起訴訟。就現代貿易實情看來，循法律途徑提起訴訟來解決貿易糾紛的較少，這不僅是因訴訟手續相當複雜，並且訴訟採取三審定讞制度，從起訴以迄最後確定判決，往往稽延時日。而且兩造花費在律師費、訴訟費用及執行費用上的金錢，也頗為可觀。一方縱令勝訴，也可能得不償失，於是乃有仲裁制度的產生。所謂仲裁，乃由當事人雙方約定，將彼此間現在或將來的爭議，由選定的仲裁機構來裁定解決紛爭的方法。現代大多數國家，有的在民事訴訟法中規定有關仲裁的條文，有的則制定單行仲裁法規或條例，規定糾紛可以仲裁方式來解決。

二、仲裁的優點

1.快速──以仲裁方式解決當事人間的爭議，手續簡單，所費時間不多，且一經判斷 (Award) 即告確定 (Final)，並拘束當事人，比訴訟程序簡單，可獲得迅速的解決。

2.經濟──各仲裁機構均訂有一定的仲裁費用標準（大多依標的金額累進比例計費），仲裁費用有限。一般而言，雙方當事人所須負擔的仲裁費用比訴訟費用要少，因此可節省雙方當事人的費用。

3.專家裁決──仲裁人由雙方當事人審慎選擇，多為精通國際貿易實務，具有豐富的商務經驗與學識，對所爭執的問題熟悉，故其所作判斷，易使當事人心悅誠服。這是仲裁的最大優點。

4.可保密──商務上的爭議，常涉及到雙方當事人的業務機密，如付諸訴訟，無異是將機密公開，非雙方當事人所願。而仲裁乃私人間解決糾紛的方法，

可在祕密情況下進行，藉以保持商業上的祕密。

　　5.具有法律效力──仲裁人所作判斷具有法院裁判效果，如同法院確定判決的效力。因此，在商務上，為有關當事人樂於採用。

　　6.溫和處理──仲裁判斷比訴訟手段溫和方便，國際商務經營不易，既經辛苦建立的客戶業務關係應予珍惜。雙方偶有爭執，應盡量避免對簿公堂，以免破壞未來業務的繼續往來。仲裁判斷的進行，事先取得當事人共同同意，因此仲裁的基礎較為溫和，不致完全破壞雙方情誼。

三、仲裁的效力

　　仲裁判斷的效力如何，對當事人仲裁意願影響甚大。茲分別說明仲裁判斷在國內及國際間的效力。

(一)國內效力

　　我國仲裁法第 37 條規定：「仲裁人之判斷，於當事人間，與法院之確定判決，有同一效力。仲裁判斷，須聲請法院為執行裁定後，方得為強制執行。但合於下列規定之一，並經當事人雙方以書面約定仲裁判斷無須法院裁定即得為強制執行者，得逕為強制執行：一、以給付金錢或其他代替物或有價證券之一定數量為標的者。二、以給付特定之動產為標的者……」。所謂確定判決，係指法院訴訟的判決，再也不得以上訴方法請求廢棄或變更判決之意。判決確定之後，即產生確定力、形成力與執行力三種法律效力。依上述規定，仲裁判斷原則上只具有其中的確定力與形成力，欲強制執行則必須聲請法院為執行裁定。但有關金錢事項當事人雙方曾以書面約定仲裁判斷無須法院裁定即得逕為強制執行者，得逕為強制執行。因此，只要在買賣契約書中規定仲裁條款，並約定仲裁判斷無須法院裁定即得逕為強制執行，則仲裁判斷具有強制執行的效力，不必再聲請法院為執行的裁定。

(二)國際效力

　　國際貿易糾紛的當事人往往各屬不同國籍，因此仲裁判斷的作成能否在各當事人所在國被承認與執行，關係當事人的權益甚大。一國的仲裁判斷與司法判決一樣，具有獨立自主權力，他國本無承認與執行的義務。然而，現今國與國之間的往來相當頻繁，如各國都拒絕外國仲裁判斷在本國的效力，則仲裁判斷即失去意義，仲裁制度勢必式微。因此，在尊重各國主權獨立與維護仲裁當事人權益的衡量下，仲裁判斷在國際間的效力益形複雜。

第六節　貿易糾紛解決的方法

 一、貿易索賠與糾紛的解決要領

(一)力求合理，並以誠信為原則

解決貿易索賠與糾紛的第一要領是「力求合理」。換句話說，**合理的解決** (Reasonable settlement) 是處理貿易索賠的最基本原則，須知**衡平法則** (Principle of equity) 乃為一切商務往來的根本原則，欲求索賠合理解決，自應遵循衡平法則。

(二)發揮最高的智慧及技巧

對於索賠，應以最高度的貿易經驗及知識應付。對方的索賠是否合理，對方的要求是否正當，均須憑貿易經驗及知識來判斷。

(三)在可能範圍內，當事人間盡量以友好方式私自和解

當索賠不遂引起糾紛，當事人雙方應盡全力由雙方以**友好** (Amicably) 方式自行謀求解決。這種方式既無額外費用的負擔，一切又在極友善的氣氛中進行，不致傷及情感。所以是解決國際貿易買賣雙方間索賠糾紛最理想的方式。

就實務而言，貿易雙方間所發生的爭執、糾紛，大部分都由雙方自行解決，除非雙方的意見相差太大，甚少付諸調解、仲裁或訴訟。

(四)應迅速解決，切忌拖延

對方既提出索賠，其期待早日解決自屬意中事，尤其對於嚴重案件，更宜早日解決。如拖而不決，則對雙方均不利。通常接到對方索賠函電時，宜先用電報扼要答覆，而後再以信函詳為解釋。

(五)力求以最小的損失解決

在解決糾紛爭執時，當事人應努力謀求以**最小的損失** (Minimum loss) 解決問題。索賠人固然企求補償全部損失，但被索賠人卻謀以最小的損失解決索賠。索賠人欲求損失可獲全部補償，自應提出對方能接受的充分**證據文件** (Document of proof) 以證明其所蒙受的實際損失。反之，被索賠人欲求以最小的損失解決索賠，自應充分探求索賠的原因，分析對方的索賠內容，舉證反駁對方的索賠為**不當** (Undue) 或**誇大** (Exaggerated)，同時被索賠人在探求索賠原因

時，應判斷其責任由何人負擔，藉以設法轉嫁。

㈥維持友好關係，不可失去顧客

應付索賠糾紛，應待人以禮，切須記住：一、二宗交易的利益或可犧牲，但顧客必須保留。

㈦索賠函電措辭應力求謹慎

切記「待人以禮者，人亦能竭誠以待之」，不宜使用不恭敬言辭。對方即使一無是處，也應婉言釋辯，應付索賠猶如長程賽跑，切忌一開始即氣短，反唇相譏。

二、貿易索賠與糾紛的解決途徑

㈠當事人間自行妥協

所謂**當事人間自行妥協** (Compromise between the parties) 就是由當事人，以**友好方式** (Amicable manners) 直接就糾紛案件的內容與解決方案互相磋商、溝通，直至獲致圓滿達成協議，而不由第三者的直接參與即告解決者而言，任何商事糾紛，由當事人直接妥協，具有下列各項優點：

1.當事人對於整個交易過程最為清楚，而且當事人對於發生糾紛的環境、原因與發展過程也知之最深，因此，由雙方自行和解，最為妥當。

2.由當事人自行妥協，最能顧及雙方間的情誼，不僅可迅速獲致圓滿的解決，且不致影響到將來的往來關係。

3.假如糾紛能自行妥協，而不對外張揚，當能維持良好信譽，不致給別人不良形象。

㈡經由第三人調解

所謂**調解** (Mediation, Conciliation) 就是由發生爭端當事人以外的**調解人** (Conciliator)，居間協調當事人的爭執，以謀求雙方同意合理解決糾紛的方法。任何商事糾紛，最好由當事人自行妥協，但如無法自行妥協，則可試著經由第三者的出面協調，謀求解決。經由調解途徑解決爭端，有下列優點：

1.調解可在保密情況下進行，使當事人的糾紛事件不致在商場上傳開，從而可維護當事人的對外商譽，保持良好形象。

2.調解並非一種強制手段，糾紛當事人可在相當友善氣氛下接受調解人的解決方案，從而可維持當事人間的情誼。

3.調解的手續簡便迅速，所費有限。

調解的缺點為經由一般第三人提出的調解方案僅供當事人參考，對當事人並無拘束力 (Binding force)。當事人一方如不同意調解方案，其調解即告失敗。

處理調解的調解人，應具有廉正高潔、大公無私的品格，且有豐富的貿易知識與經驗，否則無法提出使各方都能折服的調解方案。廣義的調解人包括一般人、公會、商會、政府機構、法院或仲裁機構等，其中關於個人、公會、商會的調解屬一般第三人的調解；至於由政府機構參與的調解，例如貿易局，因其具有處罰權力，其調解已非單純的調解。又經法院調解成立者，與法院的確定判決有同一效力。

(三)經由仲裁機構仲裁

國際貿易中所發生的爭執或糾紛如不能由當事人以友誼的方式自行解決，通常都邀請第三者作合情合理公正的處理，以避免正面的法律訴訟。所謂第三者或為調解人或為仲裁機構或仲裁人。如由仲裁機構或仲裁人出面裁定解決，則稱為仲裁 (Arbitration)，以別於由調解人協調解決的調解。在國際上，以仲裁方式解決貿易糾紛是常例。

(四)經由訴訟途徑解決

即向法院提起訴訟，並依法院的判決 (Judicial decisions) 解決貿易糾紛，循法律途徑解決貿易糾紛，往往曠日費時，損耗金錢及精神，除非不得已，多非當事人所願採取。

三、貿易索賠與糾紛的預防

貿易索賠與糾紛如同人體生病，防患於病之未發，當比治病於已發更為重要，雖然生病不可避免，但如平時小心謹慎，則生病機會必然減少，萬一生了病也較輕微容易治療。同理，在貿易進行過程中，如能經常小心預防，則必能減少索賠與糾紛。

1.誠信原則的遵守——商務往來，均建立在互相信任的基礎上。尤其國際貿易遠隔重洋，買賣任何一方如有違背誠實信用原則，則不僅貿易糾紛層出不窮，交易也難繼續進行。因此，欲防範貿易索賠與糾紛的發生，端視於雙方的嚴格遵守誠信原則。

2.嚴格選擇交易對象，並詳辦徵信調查——從事國際貿易的雙方遠隔重洋，

無法經常面對面洽談，因此應嚴格選擇往來對象，並做好徵信工作。一般從事貿易的人，往往認為只要憑信用狀交易，則對方信用情況可不必考慮，此乃嚴重錯誤，因為信用狀無法阻止進口商藉口挑剔單據的瑕疵，以拒付貨款為手段，強迫出口商折價，也無法阻止出口商以偽造單據，詐騙貨款。

　　3.隨時注意對方市場情況的變動——明瞭對方市場的變動，以及財稅、金融、關稅、對外貿易各項措施，保持敏感性，既可發展業務，又可防止市場索賠的發生。

　　4.熟諳國際貿易慣例，及對方國家法令。

　　5.洽談交易及報價、接受報價時應慎重，切勿馬虎或粗心大意。

　　6.簽訂貿易契約時應審慎研訂契約條款，避免使用模稜兩可的辭語。尤宜靈活運用免責或限制責任的條款，避免負擔無限責任。

　　7.從事貿易必須以自己能力所及為範圍，不可不自量力，冒險行事，尤其對經營新貨品，更應三思而後行。

　　8.簽署任何文件之前，須先熟讀該文件內容，如有任何疑義或不明之處，應要求對方澄清。

　　9.不要勉強接受不合理的訂單。

　　10.嚴格履行契約條款。

　　11.盡量利用公證檢驗制度。

　　12.盡量利用保險制度——為轉嫁貨物毀損及短少風險應投保適當貨物海上保險，承兌交單 (D/A)、付款交單 (D/P) 出口則加保輸出保險。

　　13.注重品質管制——貨物製造前，必須嚴格選擇原料，使貨物符合契約訂的品質標準。

　　14.從契約訂立、生產、交貨、信用狀交易過程到契約完全履行為止，均須做好追蹤查核 (Follow up) 工作，掌握貿易流程，對於發生糾紛的徵兆或易啟糾紛之處，迅謀補救或採取防止之道。

一、索賠的意義與種類

(一)意義 ┬ 狹義——損害賠償、賠款、違約金、慰撫金等的請求
　　　　 └ 廣義——除狹義外，尚包括抱怨、紛爭及糾紛等

(二)種類 ┬ 買賣索賠
　　　　 ├ 運輸索賠 ┬ 船公司索賠
　　　　 │　　　　　└ 航空公司索賠
　　　　 └ 保險索賠

二、買賣索賠

(一)買賣索賠的分類 ┬ 賣方索賠與買方索賠
　　　　　　　　　 └ 正當的索賠與不當的索賠

(二)索賠的內容（或形式）┬ 請求金錢的索賠
　　　　　　　　　　　　└ 非金錢上請求的索賠

(三)索賠的提出 ┬ 提出索賠時應注意事項
　　　　　　　 └ 發出索賠的通知

(四)索賠的受理 ┬ 研討索賠通知
　　　　　　　 ├ 審核索賠的要領
　　　　　　　 ├ 調查索賠發生的情況，探求索賠原因
　　　　　　　 └ 研究索賠轉嫁的可能性

三、運輸索賠

(一)向航空公司的索賠 ┬ 船公司的責任範圍
　　　　　　　　　　 ├ 船公司的責任期間
　　　　　　　　　　 ├ 船公司賠償金額標準
　　　　　　　　　　 └ 索賠注意事項及索賠手續

（二）向航空公司的索賠┬航空公司的責任範圍
　　　　　　　　　　├航空運送人的責任期間
　　　　　　　　　　├航空公司賠償金額標準
　　　　　　　　　　└索賠注意事項及索賠手續

四、保險索賠

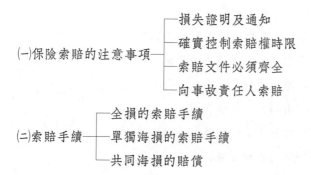

（一）保險索賠的注意事項┬損失證明及通知
　　　　　　　　　　　├確實控制索賠權時限
　　　　　　　　　　　├索賠文件必須齊全
　　　　　　　　　　　└向事故責任人索賠

（二）索賠手續┬全損的索賠手續
　　　　　　├單獨海損的索賠手續
　　　　　　└共同海損的賠償

五、國際仲裁

（一）仲裁的意義與運用

　　意義：乃由當事人雙方約定，將彼此間現在或將來的爭議，由選定的仲裁機構來裁定
　　　　　解決紛爭的方法

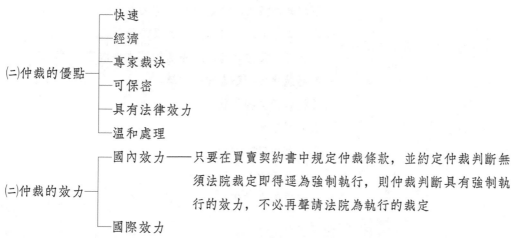

（二）仲裁的優點┬快速
　　　　　　　├經濟
　　　　　　　├專家裁決
　　　　　　　├可保密
　　　　　　　├具有法律效力
　　　　　　　└溫和處理

（二）仲裁的效力┬國內效力——只要在買賣契約書中規定仲裁條款，並約定仲裁判斷無
　　　　　　　│　　　　　須法院裁定即得逕為強制執行，則仲裁判斷具有強制執
　　　　　　　│　　　　　行的效力，不必再聲請法院為執行的裁定
　　　　　　　└國際效力

六、貿易糾紛解決的方法

(一)貿易索賠與糾紛的解決要領———
- 力求合理，並以誠信為原則
- 發揮最高的智慧及技巧
- 在可能範圍內，當事人間盡量以友好方式私自和解
- 應迅速解決，切忌拖延
- 力求以最小的損失解決
- 維持友好關係，不可失去顧客
- 索賠函電措辭應力求謹慎

(二)貿易索賠與糾紛的解決途徑———
- 當事人間自行妥協
- 經由第三人調解
- 經由仲裁機構仲裁
- 經由訴訟途徑解決

(三)貿易索賠與糾紛的預防———
- 誠信原則的遵守
- 嚴格選擇交易對象，並詳辦徵信調查
- 隨時注意對方市場情況的變動
- 熟諳國際貿易慣例，及對方國家法令
- 洽談交易及報價、接受報價時應慎重
- 簽訂貿易契約時應審慎研訂契約條款
- 從事貿易必須以自己能力所及為範圍
- 簽署任何文件之前，須先熟讀該文件內容
- 不要勉強接受不合理的訂單
- 嚴格履行契約條款
- 盡量利用公證檢驗制度
- 盡量利用保險制度
- 注重品質管制
- 做好追蹤查核工作

一、是非題

（　）1.買賣索賠係指買方要求賣方的索賠。

（　）2.傳統海運運送人負責運送期間,始於貨物裝載上船之時,而止於貨物卸離船之際。

（　）3.貨物已投保保險,則任何原因的損失均可向保險公司索賠。

（　）4.逾期的索賠,被索賠人可不予賠償。

（　）5.因市場變化致使買方向賣方索賠稱為市場索賠。

二、選擇題

（　）1.貨櫃運送其責任期間為　(1) From tackle to tackle　(2) From door to door　(3) From teminal to terminal。

（　）2.在　(1) FOB　(2) CFR　(3) CIF　的貿易條件下,買方可因賣方投保不當,而要求索賠。

（　）3.貨物的毀損、減失不顯著時,受領人應於提貨後　(1) 3 日　(2) 5 日　(3) 10 日　內,以書面通知。

（　）4.買主的損害賠償請求權須於提貨後　(1)1 個月　(2)半年　(3)1 年　內起訴,逾期則承運人即免除責任。

（　）5.下列何種索賠毋須附上提單文件?　(1)買賣索賠　(2)運輸索賠　(3)保險索賠。

三、問答題

1.非金錢上的索賠有哪些方式?

2.提出索賠應注意哪些事項?

3.買方向賣方提出正式索賠時,應提出什麼文件?

4.貿易索賠與糾紛的解決途徑有些什麼方法?

四、工作習題

1.國外開來信用狀採購某種物品,本公司接獲信用狀後轉讓予某工廠,以 CY-CY 方式出貨,工廠在貨物出廠上櫃時即在貨櫃加簽封,待貨櫃運到國外客戶倉庫開啟檢點者發現短裝,國外客戶隨即向保險公司索賠,保險公司表示 CY-CY,貨櫃封條完整,可見短裝

係自始短裝，非海上運送事故所發生，拒予理賠，請問此時買方可否向本公司或工廠或應跟保險公司索賠？

2.請問有沒有可能先向運送人索賠 "Damage" 及 "Shortage"，回頭再向保險公司索賠一次？

第十七章

國際經貿組織

　　國際經貿組織繁多，有全球性的，也有區域性的；有實體性的，也有鬆散性的。國際組織的出現可追溯到十九世紀初。但是國際經貿組織的迅速發展則是二次大戰以後的事。目前各種國際經貿組織有三百個以上，但從全球經貿體系的發展來看，發生重要作用的只有十來個而已。

第一節　全球性經貿組織

一、世界貿易組織 (WTO)

㈠基本介紹

　　英文全名為 World Trade Organization，係在「關稅暨貿易總協定」(General Agreement on Tariffs and Trade，簡稱 GATT) 完成階段性任務後取而代之的全球性經貿組織。由一百一十七個參與 GATT 烏拉圭回合談判的國家於 1993 年 12 月達成協議，簽署了世界貿易協定，並於 1995 年 1 月正式成立世界貿易組織 (WTO) 取代 GATT，成為推動與規範全球自由貿易的新組織，被稱為「經貿聯合國」。迄 2014 年 8 月為止，共有一百五十九個會員，我國於 2002 年 1 月 1 日成為 WTO 的第一百四十四個會員，正式名稱為「臺灣澎湖金門馬祖單獨關稅領域」，簡稱「中華臺北」(Chinese Taipei)。

㈡功　能

　　WTO 設立的宗旨在於經由 WTO 內的完整架構，以確使 WTO 協定所涵蓋的各項協定能有效履行，依 WTO 第 3 條規定可知，WTO 的主要功能有下列五項：

　　1.強化 WTO 協定與多邊貿易協定的履行、管理、運作以及長遠目標的達成；同時亦為複邊貿易協定的履行、管理及運作提供一架構。

　　2.為會員國提供一談判的論壇,而利於會員國間多邊貿易關係協商的進行。

　　3.掌理爭端解決程序與規則瞭解備忘錄。

　　4.掌理貿易政策檢討機制（Trade policy review mechanism，簡稱 TPRM）。

　　5.適時與 IMF、IBRD 及其附屬機構密切合作。

㈢組織架構

　　依 WTO 第 4 條規定，WTO 有下列幾個內部機構：

1.部長級會議 (Ministerial conference)——由全部會員國的部長級代表所組成，每 2 年至少開會一次（聯合國大會係 1 年一次），部長級會議為執行 WTO 機能的機構，必要時得採取相關的行動以實現 WTO 的機能。部長級會議時，或基於特定會員國的邀請，就多邊貿易協定事項有決定權，但其決定應依 WTO 協定及特定的多邊協定程序為之。

2.一般理事會 (General council)——係由各會員國代表組成，為了避免頻繁的召開部長級會議，乃創設理事會在部長級會議休會期間，就特別重要事項代行有關的職權及依規定賦予理事會的職權，理事會係於必要時召開。

理事會的兩項重要任務：

(1)擔任附屬書類二所訂紛爭解決備忘錄底下紛爭解決機構（Dispute settlement body，簡稱 DSB）的職責。

(2)負責附屬書類三所訂檢討貿易政策機制底下的檢討貿易政策機構的任務。

3.一般理事會外，另外設立三個特別理事會，由各會員國代表所組成，於必要時得隨時集會，且得設置輔助機構。：

(1)商品貿易理事會 (Council for trade in goods)：負責監視附屬書類 IA 有關的多邊貿易協定運作的情形。

(2)服務業貿易理事會 (Council for trade in services)：負責監視附屬書類 IB 有關的服務業貿易協定執行情形。

(3)貿易有關的智慧財產權理事會 (Council for trade-related aspects of intellectual property rights)：負責監視附屬書類 IC 有關 TRIPS 協定有關的執行情形。

4.部長級會議將設立貿易發展委員會；國際收支平衡委員會；預算、財務及行政委員會。

5.複邊貿易協定（Plurilateral trade agreement，簡稱 PTA。又稱多邊貿易協定 (Multilateral agreement)）下設置的機構複邊貿易協定得設置必要的機構，嚴格而言它並非 WTO 的機構，僅能在 WTO 體制的架構下活動，同時應定期的向一般理事會報告活動的狀況。

6.秘書處 (Secretariat)——由部長級會議任命秘書長，並設有職員若干人。

二、國際商會 (ICC)

　　英文全名為 International Chamber of Commerce，成立於 1920 年，總部設於法國巴黎，係民間組織。其成立宗旨為促進全球各國商會的合作，以改善國際貿易，制定有關國際性工商慣例與規則（例如 UCP、URC、Incoterms 等），從事國際間有關商務糾紛的調解與仲裁，並增進各國商業團體的聯繫及互助。我國於 1931 年加入該會，並於 1966 年在臺北成立「國際商會中華民國總會」(Chinese Business Council of the ICC in Taipei)。

 # 第二節　區域性經貿組織

　　由於 WTO 多邊貿易談判進展不順利，各會員國紛紛藉由區域結盟來加深貿易自由化，各國之間簽訂「區域貿易協定」(Regional trade agreement，簡稱 RTA) 或「自由貿易協定」(Free trade agreement，簡稱 FTA) 遂蔚為一股風潮。目前全球實施的 RTA/FTA 已超過三百個，WTO 的會員國幾乎都已簽署一個以上的 RTA/FTA。全球區域經貿整合，從最早發展的歐洲區域經濟整合，到北美自由貿易協定的簽署，而後則是亞洲區域經濟的整合。經過半世紀的發展，三大板塊的區域經濟整合規模已然形成。茲簡要介紹如下：

 ## 一、亞太經濟合作會議 (APEC)

　　英文全名為 Asia-Pacific Economic Cooperation，成立於 1989 年，成立時有十二個會員，分別是北美地區的美國及加拿大，東北亞地區的日本及南韓，東協國家的新加坡、印尼、泰國、馬來西亞、菲律賓及汶萊，以及大洋洲的澳洲及紐西蘭。成立目的在經由諮商會議，尋求亞太地區經貿政策的協調，促進亞太地區貿易自由化與區域合作，維持區域的成長與發展。後來有我國、香港、中國大陸、墨西哥、巴布亞新幾內亞、智利、秘魯、俄羅斯、越南等陸續加入，共有二十一個會員國。

 ## 二、東南亞國協 (ASEAN)

　　英文全名為 Association of Southeast Asian Nations，簡稱東協，於 1967 年 8

月在泰國曼谷成立，總部設在印尼的雅加達，會員國有菲律賓、泰國、馬來西亞、新加坡、印尼、汶萊、柬埔寨、越南、寮國、緬甸等十國。成立宗旨為促進貿易合作，促進區域和平及穩定。2010 年中國大陸加入，成為東協加一。而東協加三（中國大陸、南韓、日本）的自由貿易區也已成形。

 ## 三、歐洲聯盟 (EU)

英文全名為 European Union，簡稱歐盟。其前身為歐洲共同體（European Communities，簡稱 EC），於 1993 年 10 月改稱為 European Union。迄 2014 年 8 月為止，共有二十八個成員國。人口超過 5 億。經過半世紀的努力，歐盟已先後實行共同外貿、農漁業政策，統一內部市場，實現商品、人員、資本及服務的自由流通，成為經濟與貨幣聯盟，歐元區國家已達十八個（拉脫維亞於 2014 年加入）。

 ## 四、北美自由貿易協定 (NAFTA)

英文全名為 North American Free Trade Agreement，由北美地區三個國家，即加拿大、美國和墨西哥，於 1992 年 8 月在美國首都華盛頓所締結的自由貿易協定 (FTA)，主要協定內容為消除彼此之間關稅及非關稅貿易障礙（例如外匯管制、配額、輸入許可等），促進公平競爭條件，增加區域內投資機會，提供區域內的智慧財產權保護，並遵守 NAFTA 規章所訂的爭端解決條款。區域內彼此貨物可免除關稅，相互流通，但對區域以外的國家，則可維持原關稅與貿易障礙。

 ## 五、經濟合作暨發展組織 (OECD)

英文全名為 Organization for Economic Co-operation and Development，成立於 1961 年 9 月，總部設於巴黎，其主要宗旨為促進會員國的經濟發展，達成充分就業，提高生活水準，維持金融穩定，擴大自由貿易。迄 2013 年為止，共有三十四個會員國。

第三節　我國簽署區域性自由貿易協定 (FTA) 的情形

 一、已簽訂雙邊 FTA 者

㈠中國——海峽兩岸經濟合作架構協議 (ECFA)

英文全名為 Economic Cooperation Framework Agreement。本協議由我國海峽交流基金會與中國大陸海峽兩岸關係協會於 2010 年 6 月簽署，協議目標為：

　1.加強和增進雙方之間的經濟、貿易和投資合作。

　2.促進雙方貨品和服務貿易 (trade in goods and trade in service) 進一步自由化，逐步建立公平、透明、便捷的投資及其保障機制。

　3.擴大經濟合作領域，建立合作機制。

談判協議中，國際貨品貿易 (Trade in Goods) 及服務貿易 (Trade in Service) 的談判已超過一年，但進度緩慢。

ECFA 是「經濟合作協議」(Economic cooperation agreement，簡稱 ECA) 或「自由貿易協定」(FTA) 的一種。兩者的差異不大，如果一定要區別，只能說 FTA 偏向強調貨品貿易的關稅降低；ECA 則比較強調經濟合作，包括關稅減讓、勞工、環保、經濟等面向，其涉及內容較 FTA 更大。

㈡新加坡——臺星經濟夥伴協議 (ASTEP)

英文全名為 Agreement between Singapore and the Separate Customs Territory of Taiwan, Penghu, Kinmen and Matsu on Economic Partnership。ECFA 於 2010 年 6 月簽署後，臺灣在對外簽署自由貿易協定上，獲得突破性的進展。例如臺灣與新加坡即於 2010 年 8 月共同發表洽簽經濟合作協議 (ECA) 可行性的聲明。2010 年 12 月進行首次會談，並於 2011 年 5 月在新加坡舉行首輪談判。於 2013 年 11 月 7 日完成簽署，2013 年 12 月 27 日立法審查通過，並於 2014 年 4 月 19 日生效。ASTEP 涵蓋貨品貿易、服務貿易、投資、爭端解決、電子商務、關務程序及政府採購等議題。

㈢紐西蘭——臺紐經濟合作協議 (ANZTEC)

英文全名為 Agreement between New Zealand and the Separate Customs

Territory of Taiwan, Penghu, Kinmen, and Matsu on Economic Cooperation。於 2013 年 7 月 10 日簽署，2013 年 12 月 1 日生效。

㈣其他國家

　　1.巴拿馬。

　　2.瓜地馬拉。

　　3.尼加拉瓜。

　　4.薩爾瓦多。

　　5.宏都拉斯。

這五個國家與我國貿易總額的比重所占有限。

 ## 二、洽簽中的雙邊 FTA 或 ECA

・美國──臺美貿易暨投資架構協定 (TIFA)

英文全名為 Trade and Investment Framework Agreement。TIFA 會議的構想始於 1992 年 12 月初美國貿易代表訪臺時，提出簽署臺美雙邊「貿易暨投資架構協定」的建議，臺美雙方於 1994 年 9 月正式簽署 TIFA。

TIFA 是臺美貿易夥伴間為解決彼此關切的經貿事項，所建立的一種諮商管道或平臺。TIFA 會議前後開了六屆（第六屆會議日期為 2007 年 7 月），主要議題包括洽簽雙邊投資協定，智慧財產權、保護貿易安全、關稅減讓等。至 2008 年，臺美 TIFA 會議因美牛議題而停開。中斷超過五年的 TIFA 會議，於 2013 年恢復談判，召開第七屆會議，談判進度緩慢備感挫折。2014 年 4 月於華盛頓舉行第八屆 TIFA 會議。

 ## 三、爭取加入的區域經濟組織（複邊 FTA）

㈠跨太平洋夥伴協定 (TPP)

英文全名為 Trans-Pacific Partnership，為區域經濟整合的一種。2005 年由汶萊、智利、紐西蘭及新加坡四國協議發起的泛太平洋夥伴關係，稱為「跨太平洋戰略經濟夥伴關係協定」(Trans-Pacific Strategic Economic Partnership Agreement)。2008 年 9 月美國加入後，改稱為「跨太平洋夥伴協定」(TPP)，同時邀請澳洲、秘魯和越南加入談判。從此，TPP 由美國主導。迄 2013 年 12 月，成員國已有十二國（發起國有四個，已加入談判的國家有八個），另外，臺灣、

南韓、菲律賓、寮國等國家亦表達加入意願。由於美國主導的 TPP 廣邀東協國家加入，展現新的經濟戰略布局，因此有人懷疑此舉與中國主導的「區域全面經濟夥伴關係」(RCEP，參下文介紹)，有對抗的動機。

(二)區域全面經濟夥伴關係 (RCEP)

英文全名為 Regional Comprehensive Economic Partnership，即 2012 年 11 月在第 21 屆東亞峰會提出的區域自由貿易組織，由東協十國倡議，邀請中國大陸、南韓、日本、紐西蘭、澳洲及印度共同籌組「十加六」(即東協十國加六國)，消除貿易壁壘、創造自由投資環境、擴大服務貿易等，建立統一市場的自由貿易協定。表面上，RCEP 是由東協主導，然而實質上，最具影響力的是中國大陸。RCEP 自 2013 年開始談判，目標在 2015 年底完成，假如順利簽訂，它將涵蓋全球人口的 45%，GDP 總值將達全球年生產總值的 1/3。

本章摘要

一、全球性經貿組織

(一) WTO

(二) ICC

二、區域性經貿整合

(一) APEC

(二) ASEAN

(三) EU

(四) NAFTA

(五) OECD

三、我國簽署區域性 FTA 的情形

(一) 已簽訂的國家

　1. 中國

　2. 新加坡

　3. 紐西蘭

　4. 巴拿馬

　5. 瓜地馬拉

　6. 尼加拉瓜

　7. 薩爾瓦多

　8. 宏都拉斯

(二) 洽簽中雙邊 FTA 的國家——美國

(三) 爭取複邊 FTA 的國家

　1. TPP

　2. RCEP

一、是非題

（　）1. GATT 自 1948 年 1 月 1 日生效。

（　）2. WTO 於 1995 年 1 月 1 日成立。

（　）3. WTO 成立後，GATT 功能即完全由 WTO 取代。

（　）4. 我國於 2002 年 1 月 1 日成為 WTO 第 144 個會員。

（　）5. 我國原為 GATT 的原始締約國，嗣因故於 1950 年退出。

二、選擇題

（　）1. WTO 為　(1)國際性組織　(2)區域性組織　(3)洲際性組織。

（　）2. WTO 於　(1)1995 年　(2)1994 年　(3)2002 年　取代 GATT。

（　）3. WTO 功能主要有　(1)五項　(2)三項　(3)四項。

三、問答題

WTO 的功能為何？

圖表來源

國貿條規解說與運用策略

張錦源、劉鶴田／著

　　本書除詳細解說與分析 Incoterms® 2010 的內容外，更用心歸納出 Incoterms 的 12 個基本原則，並佐以相關的案例來幫助讀者瞭解，且各章末皆附有習題供讀者練習，是一本理論與實務並重的書籍。此外，本書尚從策略面剖析廠商與業界人士選用貿易條件的方式，並對與貿易物流有關的付款方式、運送組織及保險應用等皆有具體的闡述，深信對廠商、業界人士以及相關科系的學生能有很大的幫助。

國際貿易付款方式的選擇與策略

張錦源／著

　　在國際貨物買賣中，付款方式常成為買賣雙方反覆磋商的重要事項。在實務上，常因付款方式無法談妥，以致失去交易的機會，相當令人惋惜。國際貨物買賣的付款方式有相當多種，哪一種付款方式最適合當事人？當事人選擇付款方式的考慮因素為何？如何規避有關風險？各種付款方式的談判策略為何？針對以上各種問題，本書有深入淺出的分析與探討，讀者如能仔細研讀並靈活運用，相信可以在詭譎多變的貿易戰場中，獲得最後的勝利！